Bozen 15.09.10

Michael Landau

Eva Tigmann

Eva Tigmann / Michael Landau

UNSERE VERGESSENEN NACHBARN

Schriftenreihe Geschichte, Politik & Gesellschaft
der Stiftung Demokratie Saarland

BAND 12

Eva Tigmann / Michael Landau

Unsere vergessenen Nachbarn

Jüdisches Gemeindeleben auf dem Land

Familien und ihre Schicksale am Beispiel der Synagogengemeinden der Gemeinde Nohfelden

in memoriam
Gerhard Heckmann
Olga Liesmann

RÖHRIG Universitätsverlag
St. Ingbert 2010

Bibliografische Information der Deutschen Nationalbibliothek
Die Deutsche Nationalbibliothek verzeichnet diese Publikation in der Deutschen Nationalbibliografie; detaillierte bibliografische Daten sind im Internet über <http://dnb.d-nb.de> abrufbar.

Postfach 1806, D-66368 St. Ingbert
www.roehrig-verlag.de

Titelbild: Teile des Puppenservice der Lotte Koschelnik

Umschlaggestaltung:
Grafische Werkstatt, Thomas Störmer, www.grafische-werkstatt.de
Satz: Karoline Bommersbach
Druck: Strauss GmbH, Mörlenbach
Printed in Germany 2010
ISBN 978-3-86110-477-3

INHALT

VORWORTE

Grußwort des Bürgermeisters 10
Vorwort des Herausgebers 11
Vorwort von Richard Bermann 12
Vorwort von Armin Lang 14
Vorwort von Professor Herbert Jochum 17

EINLEITUNG 20

TEIL I

Familienbuch der Synagogengemeinden der Gemeinde Nohfelden 29

- Die Familien 31
- Namensänderungen gemäß des Napoleonischen Dekrets 183
- Auswanderungswillige im 19. Jahrhundert 185
- Die Gefallenen des Ersten Weltkrieges 190
- Auszug aus dem Adressbuch für den Landesteil Birkenfeld von 1930 191
- Die Opfer der nationalsozialistischen Judenverfolgung, die in der Gemeinde Nohfelden geboren wurden oder nach 1933 dort lebten. 193

TEIL II

Ein Zentrum jüdischen Lebens im Amt Nohfelden 200

- Früher Antijudaismus im Fürstentum Birkenfeld 202
- Drei Konfessionen in Sötern 207
- Jüdische Berufs- und Arbeitswelt 210
- Organisation der jüdischen Gemeinden 216

Einrichtungen der Synagogengemeinden 218

- Die Synagogen 218
- Die Friedhöfe 227
- Die Mikwen 232

Jüdisches Schulwesen im Amt Nohfelden 240

- Das jüdische Schulwesen in Sötern 253
- Das jüdische Schulwesen in Bosen 260
- Die jüdische „Notschule“ in Bosen und das Schicksal der Schüler 269

TEIL III

Ausgrenzung und Vernichtung 277

- Vogelfrei! – der Entzug der Staatsbürgerschaft 278
- Durch Emigration nach 1933 Überlebende 283
- Die Novemberpogrome in Sötern und Bosen 288
- Die „Entjudung“ des Haus- und Grundbesitzes -„Arisierung“ und Ghettobildung 310
- Die Versteigerung des beweglichen Besitzes 321
- Liste der Wohnhäuser aus jüdischem Besitz und das Schicksal der letzten jüdischen Bewohner 326
- Die II. Koblenzer Deportation vom 30. April 1942 343
- Die IV. Koblenzer Deportation vom 27. Juli 1942 349
- Die Opfer nach Deportationsort und –datum 356
- Schicksal der Familie Kahn aus Gonnesweiler 364
- An ihrem Wohnort Verbliebene 368

Zeitzeugen

- Interviews mit Helmut K. und Günter H. 371
- Erinnerungen von Else Teutsch Gottlieb 382
- Zur Familie des Lehrers Levi Katz 385
- Die Familie Jost während der NS-Zeit 387
- Bericht von Lewis Baum 393

- Die Geschichte der Lilli Klein 393
- Das Schicksal der Familie Koschelnik 395

Benutzte Literatur in Auswahl 400

Ausgewertete Archive 404

Privatsammlungen und Zeitzeugen, Dank an 404

Material über Internet 405

VORWORTE

Es freut mich, dass Sie mit diesem Buch erstmals einen zusammenfassenden Überblick über die Familiengeschichte der jüdischen Bevölkerung in unserer Gemeinde in Händen halten können. Nachdem bereits vor Jahren Familienbücher mit den genealogischen Daten der Bevölkerung katholischen und evangelischen Glaubens erschienen, liegen diese Daten nun auch für die dritte große Konfession vor.

Bis zum Holocaust stellten Bürger jüdischen Glaubens vor allem in den Dörfern Sötern, Bosen und Gonnesweiler jeweils einen stattlichen Teil der Einwohnerschaft. Die Friedhöfe in Sötern und Gonnesweiler erinnern bis heute daran.

Familienbücher dienen üblicherweise in erster Linie dazu, interessierten Personen die Möglichkeit zu eröffnen, die Namen und Lebensdaten ihrer Vorfahren zu erforschen oder Verwandtschaftsbeziehungen nachzuvollziehen.

Dem vorliegenden Familienbuch kommt hingegen vornehmlich die Aufgabe zu, an die jüdischen Mitbürgerinnen und Mitbürger zu erinnern und das Andenken an ihr Leben und Wirken in unseren Dörfern lebendig zu halten. Dies ist besonders wichtig, weil nur von den wenigen Überlebenden der Nazi-Gräuel noch Nachfahren leben, die aber fast alle außerhalb unserer Region, die meisten in Übersee, wohnen. Dennoch werden sich viele Bürger beim Blättern in diesem Buch an ehemalige Schulkameraden und Nachbarn erinnern.

Ich wünsche mir, dass dieses Buch aber auch dazu beiträgt daran zu erinnern, zu welch unfassbaren Taten Menschen durch den Glauben an eine politische Ideologie in der Lage sind. Die Erinnerung kann helfen, dass etwas Vergleichbares nie wieder geschieht.

Mein Dank gilt allen, die dazu beigetragen haben, dass dieses Buch erscheinen konnte. Vor allem den Autoren Michael Landau und Eva Tigmann spreche ich meine Anerkennung für ihre Leistung zur Erforschung des jüdischen Lebens in unserer Gemeinde und Region aus!

Andreas Veit
Bürgermeister der Gemeinde Nohfelden

Menschen jüdischen Glaubens lebten seit Jahrhunderten in den saarländischen Gemeinden Sötern und Bosen. Als zahlenmäßig kleine religiöse Minderheit, aber mit wichtigen Funktionen im ländlichen Wirtschaftsleben hatten sie Teil an einer vielfältigen, traditionsgebundenen ländlichen Kultur. Die jüdischen Nachbarn waren eingebunden in eine Dorfgemeinschaft, die auf ihre Tätigkeiten im Waren-, Vieh- und Getreidehandel, aber auch als Kreditgeber angewiesen war. Es hatte sich ein keineswegs konfliktfreies, aber dennoch nachbarschaftliches Verhältnis zwischen Christen und Juden entwickelt.

Dies ist heute schon fast vergessen. Erst die systematische Diffamierung, Entrechtung und schließlich Ermordung der Menschen jüdischen Glaubens in der Zeit des Nationalsozialismus zerstörte diese gewachsenen nachbarschaftlichen Beziehungen. Heute, mehr als 60 Jahre nach dem Holocaust, drohen unsere ehemaligen jüdischen Nachbarn endgültig in Vergessenheit zu geraten.

Mit dem vorliegenden Werk von Eva Tigmann und Michael Landau ist erfreulicherweise ein erster Schritt getan, dieses Kapitel jüdischer Geschichte, das ja auch ein Kapitel unserer eigenen Geschichte darstellt, für immer aus der Vergessenheit zu retten und für alle Zukunft aufzubewahren. Mit dieser Veröffentlichung werden einem breiten Publikum Inhalte veranschaulicht, die bislang kaum thematisiert wurden. Die hier vorgelegte Studie zur Geschichte des jüdischen Lebens auf dem Lande am Beispiel der Synagogengemeinden Sötern und Bosen ist ein grundlegender Baustein zur Aufarbeitung der jüdischen Geschichte an der Saar. Sie wird die Erinnerung an die fast schon vergessenen jüdischen Nachbarn und ihren wichtigen Anteil an der ländlichen Kultur unseres Landes wach halten.

Friedel Läpple
Vorsitzender der Stiftung Demokratie Saarland

Der erste schriftliche Hinweis auf die Existenz von Juden in der Saar- Mosel- Region stammt aus dem Jahre 888, für die Juden war es bis heute eine wechselvolle Zeit. Immer wieder fanden Ausgrenzungen, Diffamierungen und Verfolgungen statt. Über Jahrhunderte wurden Juden als Sündenböcke abgestempelt und für alles Übel verantwortlich gemacht. Wie sollte man da zu einem einträglichen Miteinander gelangen? Immer blieben Juden eine Minderheit die teilweise geduldet, oftmals verfolgt, zumindest aber argwöhnisch betrachtet wurde.

Erst mit der französischen Revolution im Jahre 1789 veränderte sich die Situation allmählich. Erst in Frankreich, später auch im deutschen Vielvölkerstaat erlangten die Juden ein gewisses Maß an Gleichberechtigung, was zu ihrer teilweisen Integration führte. Damit war der Weg frei sich wirtschaftlich zu etablieren und mehr Anerkennung und Normalität zu erlangen. Die frühzeitliche Judenpolitik im Saar-Mosel-Raum begünstigte die Ansiedlung jüdischer Familien und es entstand eine spannungsarme Normalität im Alltagsleben. Eine Zeit in der Juden und Nichtjuden Handel miteinander trieben, sich in Vereinen zusammenfanden und im ersten Weltkrieg gemeinsam und patriotisch für ihr Land kämpften.

Aber es sollte, und wir mussten es grausam erfahren, nur eine Emanzipation auf Widerruf werden. Ab 1933 warfen die immer zunehmende Macht von Nazi-Deutschland und der damit anwachsende Antisemitismus ihre Schatten voraus, was mit der Volksabstimmung 1935 auch für die saarländischen Juden das Leben extrem erschwerte und bestenfalls zur Flucht ins Ausland führte. Die, die dablieben, merkten eine rasche Veränderung ihrer Lebensumstände. Wie konnte es dazu kommen, dass gute Nachbarn plötzlich wegschauten, den Kontakt mieden, ihren Kindern das Spielen mit den jüdischen Nachbarskindern untersagten? Wie war es möglich, dass man seine Arbeit verlor, im Verein, dem man lange Zeit angehörte, plötzlich unerwünscht war und überall zum Boykott jüdischer Geschäfte aufgerufen wurde? Der Antisemitismus fand am 9. November 1938 seinen ersten Höhepunkt. Synagogen wurden geplündert und in Brand gesteckt, Wohnungen und Geschäfte jüdischer Menschen wurden verwüstet, die Menschen auf die Straße getrieben, geschlagen und gedemütigt, viele auch getötet. Und es sollte noch schlimmer kommen. Eine unglaubliche Tötungsmaschinerie wurde von den Nationalsozialisten in Gang gesetzt, was über 50 Millionen Menschen das Leben kostete, davon alleine 6 Millionen Juden.

In den meisten Gemeinden, in denen ehemals jüdisches Leben existierte, leben heute keine Juden mehr. Um so mehr ist es allen Lokalhistorikern, Heimatforschern und auch den Schulen zu danken, die sich mit der Erforschung der Geschichte jüdischen Lebens in ihren Gemeinden befassen und so dafür sorgen, dass die Nachwelt nicht ganz vergisst, was sich im dunkelsten Kapitel deutscher Geschichte zugetragen hat. Deshalb gilt mein besonderer Dank den Autoren Michael Landau und Eva Tigmann für ihre aufwendigen Nachforschungen über die ehemaligen jüdischen Familien in der Gemeinde Nohfelden. Mit diesem Buch bereichern sie die immer noch recht schmale Literaturbasis über die Geschichte der saarländischen Juden und fördern so das Erinnern.

Wir in der jüdischen Gemeinschaft haben von Kindheit an gelernt, dass Erinnern ein wichtiger Bestandteil unserer Geschichte ist. Der Talmud sagt: „Das Geheimnis der Erlösung heißt Erinnerung." Wir sind es den Opfern der Shoa schuldig, sie und ihre Leiden niemals zu vergessen! Wer diese Opfer vergisst, tötet sie noch einmal!

Richard Bermann
Vorsitzender der Synagogengemeinde Saar

„Damit es nicht vergessen wird – Beiträge zur Geschichte der Synagogengemeinden des Kreises St. Wendel", heißt die erste Veröffentlichung des Adolf-Bender-Zentrums. Sie erschien 1988.

Mit diesem Familienbuch der Synagogengemeinde der Gemeinde Nohfelden setzen Eva Tigmann und Michael Landau einen weiteren Akzent im Bemühen, die Geschichte der Menschen jüdischen Glaubens aus unserer Region aufzuarbeiten und fortzuschreiben.

Jahrhundertelang lebten Christen und Juden friedlich in unseren Dörfern zusammen, waren gute Nachbarn, Freunde, Vereinskameraden und Berufskollegen, bis die Nationalsozialisten das Schreckliche wahr machten, die jüdischen Mitbürgerinnen und Mitbürger zuerst ausgrenzten, dann drangsalierten, quälten und mordeten. So werden in diesem Buch Familien mit ihrer Lebensgeschichte dargestellt, die überwiegend auf der Flucht oder in der Gaskammer endeten.

Dies alles geschah in den dreißiger und vierziger Jahren des vorigen Jahrhunderts. Die Geschichte dieser Familien wurde verdrängt und vergessen, bis sie das Adolf-Bender-Zentrum in der zweiten Hälfte der achtziger Jahre in der genannten Veröffentlichung erstmals aufarbeitete. Auf Spurensuche mussten damals die Verfasser des Werkes gehen, um die ersten Quellen zu finden, aus denen dann interessante Einzelschicksale oder die Geschichte der Synagogengemeinden wurden.

Der Zeitpunkt der Veröffentlichung im Herbst 1988 war kein Zufall. Damals vor 50 Jahren - in der Nacht vom 9. auf den 10. November 1938 – fand in Deutschland das später zynisch „Reichskristallnacht" genannte Judenpogrom statt. In dieser Nacht zogen Horden von Nationalsozialisten plündernd und mordend durch die Straßen, setzten jüdische Gotteshäuser und Gemeindeeinrichtungen in Brand und plünderten sie aus. Wohnungen und Geschäfte wurden beschädigt, ausgeraubt und zerstört. Kinder, Frauen und Männer würden misshandelt, verspottet, verletzt und getötet.

Damit setzte eine neue Phase in der Vorgeschichte des „Holocaust" ein, der bereits 1933 mit dem Boykott jüdischer Geschäfte in organisierter Form begann und 1935 durch die Nürnberger Rassegesetze seine Fortsetzung fand. 1941 wurden die Juden durch Befehl zum Tragen des Gelben Sterns gebrandmarkt, bevor 1942 auf der „Wannsee-Konferenz" die Entscheidungen für die „Endlösung der Judenfrage", d.h. für die physische Ausrottung des jüdischen Volkes im deutschen Machtbereich fiel.

Dies alles spielte sich vor aller Augen und nahezu überall da ab, wo Juden als deutsche Bürger und Nachbarn wohnten, auch bei uns! Jeder/jede konnte es sehen, alle hörten zumindest davon. Dennoch gibt es beschämend wenig Zeugnisse für einen mutigen Schritt oder ein mutiges Wort des Eintretens zum Schutz dieser bedrängten Menschen. Dennoch, es gab sie, die stillen Helden, die mutigen Helfer. Sie sind gute Vorbilder für uns.

Auch wenn viele Deutsche, sicher auch viele Menschen in unserer Region keineswegs zu den Nazi-Untaten beigeistert Zustimmung bekundet haben, oft mit betretenem Schweigen reagierten oder angewidert wegsahen, so waren viele, zu viele auch „willige Vollstrecker".

Nun geht es heute nicht mehr darum, die damals für diese Untaten Verantwortlichen noch einmal anzuklagen. Es ist das Erbe zu prüfen: Haben wir – 70 Jahre danach – aus dem Geschehenen gelernt? Wie steht es heute um unser soziales und humanes Miteinander, um unsere „Leidenschaft für den Nächsten", unabhängig von Rasse, Religion, Hautfarbe, und Nationalität. Welche Rolle spielt heute die humane und soziale Bildung in unseren Bildungsstätten und im familiären Alltag? Ich bin sicher - trotz aller Fortschritte – es gib noch und immer wieder viel zu tun. Wir neigen immer noch dazu, den Holocaust als ein Ereignis anzusehen, das nur die Menschen jüdischen Glaubens betrifft. Wir übersehen dabei, dass er in der Regel von Menschen christlichen Glaubens ausging, und dass es deswegen um uns geht. „Auschwitz" kann bei uns entdeckt werden, auch im Kreis St. Wendel – unsere Vergangenheit gehört zu uns.

Deshalb geht es heute, wenn wir in diesem Familienbuch der jüdischen Gemeinden Nohfeldens Namen mit Bildern und Geschichten zusammenbringen, wenn wir ihre Friedhöfe würdigen, natürlich um die Menschen in diesen Gräbern, aber auch um die Millionen, an deren Gräbern wir nicht trauern oder uns erinnern können.

Trotz allem, es wäre falsch, einseitig die Juden nur als Objekt und Opfer der deutschen Geschichte zu beschreiben. Nein, unsere jüdischen Mitbürgerinnen und Mitbürger waren und sind Träger einer eigenen Kultur, immer in Wechselbeziehung mit der sie umgebenden christlichen Kultur, waren maßgebliche Mitgestalter der Kultur unseres Landes, unserer Dörfer, in der Musik, im Theater, in der Literatur, im Bauen, Wohnen und Gestalten, im Wissen, Lehren und Lernen, aber auch im Verhalten.

Kultur drückt sich auch im menschlichen Umgang, in Festen und Feiern, in Freud und Leid aus. Wie wir miteinander umgehen und zusammen leben, in der Kultur des Miteinanders, der Anerkennung, des gegenseitigen Respekts und natürlich auch des Erinnerns – was ist uns wichtig, was ist uns heilig, drückt sich aus, ob und wie humane Werte uns prägen und antreiben.

So schlagen die jüdischen Familien mit ihrer Geschichte Brücken von gestern zu heute und morgen, zwischen Menschen unterschiedlichen Glaubens und geben damit Aufträge an uns und all diejenigen, die nach uns kommen. Es bleibt zu hoffen, dass die wenigen Zeugnisse dieser Familien, ihrer Kultur, ihre Friedhöfe, ihre ehemaligen Wohnhäuser, Synagogen, Schulen, usw. nicht völlig vergessen und dem Verfall preisgegeben werden.

Die Vielfalt des Materials, welches zwischenzeitlich gesammelt ist, würde uns erlauben, eine ständige Ausstellung, ein „Jüdisches Landgemeindemuseum im Kreis St. Wendel" zu errichten. Es wäre eine ganz hervorragende Ergänzung der vielfältigen Darstellung der Geschichte der Menschen unserer Region, wenn auch dieser vergessene und verdrängte Teil, der in besonderer Weise allen Nachgeborenen ins Gedächtnis gerufen werden müsste, eine ständige Präsentation in einem Heimatmuseum im St. Wendeler Land erhielt. Die Gemeinde Nohfelden könnte hier der zentrale Ort sein.

Es bleibt zu hoffen, dass mit diesem Familienbuch auch ein Impuls zur dauernden Darstellung der besonderen Geschichte der Menschen jüdischen Glaubens aus unserer Nachbarschaft gegeben wird.

Armin Lang
Vorsitzender des Adolf-Bender-Zentrums e.V.

Die ersten Juden kamen wohl mit den römischen Soldaten durch und auch in unsere Region, durch die wichtige Handelsstraßen verliefen und die mit Metz und Trier neben Köln die frühesten jüdischen Gemeinden aufweist. Doch in der bald darauf einsetzenden Völkerwanderung verlieren sich weitgehend die Spuren.

Erst im 9. Jahrhundert mehren sich wieder die Hinweise. Unter Karl dem Großen wird das Gebiet um Mosel, Rhein und Maas zu einem Wirtschaftszentrum ersten Ranges mit Kontakten bis hin in den islamischen Orient. In diesem Zusammenhang wanderte auch eine kleine Anzahl risikobereiter und wirtschaftlich risikofähiger – d.h. auch vermögender jüdischer Familien - aus der Provence und Italien in Deutschland ein, die sich allmählich zu Gemeinden zusammenschlossen.

In diesem Zeitraum existierten rund 20 Gemeinden, vorwiegend am Rhein, an der Donau und weit nordöstlich an Elbe und Saale. Die Juden ließen sich vorwiegend in den Städten, meist in Bischofstädten nieder wie Köln, Trier, Metz, Mainz, Speyer, Worms und Magdeburg. Dieses urbane Judentum fand durch die geradezu in Mode gekommenen Vertreibungen im 14. und 15. Jahrhundert ein Ende. Die wohlhabend gewordene Stadtbürgerschaft drängte nach größerer Teilhabe an der Macht und versuchte sich der jüdischen wirtschaftlichen Konkurrenz zu entledigen und dabei gleichzeitig die jeweilige geistliche oder weltliche Stadtherrschaft als Schutzmacht der Juden zu schwächen. In der religiös aufgeladenen Atmosphäre der Tod bringenden Pestwellen in dieser Zeit glaubte man in den Juden die eigentlichen Verursacher gefunden zu haben. Die Juden flohen entweder nach Osten oder suchten Unterschlupf auf dem Land.

Es entstand allmählich eine eigene jüdische Landkarte mit Siedlungsschwerpunkten vor allem im Süden des Reiches, im Elsaß, in Schwaben und Franken, in der Pfalz und auch im Birkenfelder Land. Viele dieser Juden verlegten sich auf den Viehhandel, andere versuchten es mit Agrarprodukten wie Tierfutter, Hopfen oder auch Tabak. Sie eröffneten eine Schankwirtschaft, oft mit einer Metzgerei oder einem kleinen Lebensmittel- oder Gemischtwarenladen verbunden. Die Juden besorgten auch günstige Waren aus der benachbarten Stadt und boten sie als Trödler und Hausierer der übrigen Dorfbevölkerung zum Kauf an. Auch gewährten sie den Bauern häufig beim Viehkauf die nötigen Kredite, und deshalb blieben die Landwirte im Allgemeinen auch ihre treuen Kunden. Die meisten Juden jedoch gingen einer unselbständigen Tätigkeit nach und lebten mit ihren oft großen Familien am Rande des Existenzminimums.

Bis ins 19. Jahrhundert bestimmte diese Existenz auf dem Lande das Bild des deutschen Judentums. Die Emanzipation und Assimilation der Juden infolge der Französischen Revolution mit ihrer rechtlichen Gleichstellung eröffnete ihnen wieder die Rückkehr in die Städte. Der Börsenkrach 1873 in der großen Depressionszeit mit wirtschaftlichem Zusammenbruch und die allgemeine Agrarkrise verschafften dem nun um sich greifenden politischen Antisemitismus auch unter den Bauern immer mehr Anhänger. Im Rahmen der großen allgemeinen Landflucht verließen auch immer mehr Juden die ländlichen Regionen und siedelten sich mehr und mehr in den neu entstehenden Industriezentren an oder verließen sogar das Land in Richtung Übersee. Die wenigen auf dem Land verbliebenen Juden wurden dann schließlich wie auch ihre städtischen Glaubensbrüder ein Opfer der nationalsozialistischen Gewaltherrschaft.

Die Welt dieses süddeutschen Landjudentums ist noch weitgehend unerforscht. In den letzten Jahren haben vor allem Funde unbrauchbar gewordener heiliger Texte und anderer kultischer Objekte auf den Dachböden ehemaliger Landsynagogen einen Zugang zu dieser vergangenen Welt des ländlichen Judentums eröffnet. Mit dem vorliegenden Werk von Michael Landau und Eva Tigmann ist erfreulicherweise ein erster Schritt getan, dieses Kapitel jüdischer Geschichte, das ja auch ein Kapitel unserer eigenen Geschichte darstellt, für immer aus der Vergessenheit zu retten und für alle Zukunft aufzubewahren. Eine wie auch immer geartete museale Präsentation des saarländischen Landjudentums könnte die Erinnerung an diese untergegangene Welt lebendig halten.

Prof. Herbert Jochum
geschäftsführender Vorsitzender
der Christlich-Jüdischen Arbeitsgemeinschaft des Saarlandes (CJAS)

EINLEITUNG

Die vorliegende Veröffentlichung soll erinnern, erinnern an Menschen, die einst Nachbarn waren, Nachbarn in allen Gemeinden mit jüdischen Mitbürgern. Ihre Namen sind schon vergessen, ihre Schicksale meist nur wenig erforscht. Dennoch sind noch viele Spuren ihres Lebens unter uns zu entdecken, ihre Erforschung ist möglich.

- Gab es in meiner Gemeinde „jüdisches Leben"?
- Welche jüdischen Familien waren unsere Nachbarn?
- Wie war das Leben in einer Synagogengemeinde organisiert?
- Was geschah in der Zeit des Nationalsozialismus?
- Wer wurde wann deportiert und ermordet?
- Wer überlebte durch Emigration?

Diesen und anderen Fragen gingen die Autoren nach und wählten dabei als Untersuchungsraum die Gemeinde Nohfelden im nördlichen Saarland. Exemplarisch sollte nachgewiesen werden, dass viele der Fragen beantwortet werden können, andere unbeantwortet bleiben müssen.
Bewusst wurde nur in Teilen des Buches die übliche Darstellungsweise historischer Themen gewählt. Überwiegend wurden Daten, Fakten und Zeitzeugnisse dokumentarisch zusammengestellt, die dazu auffordern sollen, die Zeugnisse aus einer Landjudengemeinde in die große Geschichte einzuordnen und eigene Erkenntnisse zu suchen. Die Autoren wünschen sich, dass diese Suche vor allem in Schulen stattfindet, dass Lehrer und Schüler gemeinsam die Veröffentlichung nutzen, um dieses Kapitel unserer Geschichte erfahrbarer zu machen
Der **erste Teil** des Buches ist wie ein traditionelles Familienbuch gestaltet.
Das ursprüngliche Projekt eines Familienbuches der Synagogengemeinden von Nohfelden wurde schon vor über 20 Jahren geplant und in Angriff genommen. Die Recherchen in Archiven, Standesämtern, Familien-, Heimat- und Gedenkbüchern, die Informationen von Zeitzeugen usw. erwiesen sich als eine Puzzlearbeit, die in manchen Teilen sehr weit vorankam, in anderen unvollständig bleiben musste, weil die nötigen Quellen einfach nicht mehr vorhanden sind. Es konnten, wenn auch teilweise fragmentarisch, weit über 500 Familien dokumentiert werden.[1]
Mehrere Motive lagen dieser Arbeit zugrunde. Familienforschung und Familienbücher haben eine lange Tradition in der deutschen Geschichtsschreibung. Schon zu Beginn des 20. Jahrhunderts begann man damit, die früheren Einwohner verschiedener Orte

1 Wie allgemein üblich wurde bei der Darstellung der Familien im ersten Teil des Buches wegen der Vielzahl der herangezogenen Quellen auf Anmerkungen verzichtet. Bei Abweichungen wählten die Autoren die wahrscheinlichere Variante.

genealogisch zu erfassen von der ersten Erwähnung des Namens bis in die aktuelle Zeit. Interessante Informationen ließen sich hier, trotz der trockenen Fakten, herausfiltern. Wanderungsbewegungen innerhalb der Region, aber auch darüber hinaus bis nach Übersee werden deutlich. Ein- und Auswanderungen prägten die Entwicklung der jeweiligen Bevölkerung. Soziale und politische Hintergründe werden greifbar, wie z.B. die hohe Kinderzahl der Familien aber auch die Kindersterblichkeit, sowie die hohe Sterblichkeit der Mütter.

In der Zeit des Nationalsozialismus bekamen die genealogischen Forschungen eine neue Dimension und einen zweifelhaften Beigeschmack, schließlich hatte jeder deutsche Staatsbürger nachzuweisen, dass seine Familie, oder besser seine „Sippe" bis ins letzte nachweisbare Glied „arisch" war, d.h. dass insbesondere keine jüdischen Wurzeln vorhanden waren. Nach dem Krieg bestand weiterhin Interesse an der Familienforschung. Die „deutschen Ortssippenbücher" wurden weitergeführt. In Frankfurt sowie in Leipzig gibt es Zentralstellen für Personen- und Familiengeschichte, auch im Saarland.

In unserer Region erschienen fast flächendeckend eine Vielzahl solcher Familienbücher. Was auffällt, ist die Tatsache, dass die in einzelnen Orten lebenden jüdischen Familien teilweise nur bruchstückhaft beziehungsweise gar nicht aufgeführt werden. Dies hängt mit der konfessionellen Ausrichtung verschiedener Familienbücher zusammen, die naturgemäß vorwiegend kirchliche Quellen nutzten. Andersgläubige Einwohner tauchen nur marginal auf. Bei Auswertung der Standesamtsakten sind jedoch andere Ergebnisse möglich.

Innerhalb der jüdischen Bevölkerung selbst war Familienforschung weitgehend unbekannt. Sie wurde fast nur von Rabbinerfamilien aus Traditionsbewusstsein betrieben. Erst im 20. Jahrhundert entwickelte sich im Judentum ein verstärktes Interesse an genealogischer Forschung. 1924 gründete Arthur Czellitzer die „Gesellschaft für jüdische Familienforschung", die sich um die Sammlung familienkundlichen Materials bemühte. Es entstand ein großes Archiv, außerdem erschienen vierteljährlich die „Mitteilungen zur jüdischen Familienforschung" mit einem Suchblatt zur gegenseitigen Unterstützung bei der genealogischen Arbeit. Bis Mitte der 30er Jahre des vorigen Jahrhunderts entstanden mehrere Ortsgruppen, die sich gegenseitig bei der Erstellung von Stammtafeln oder Chroniken unterstützten. Der Machtantritt der Nationalsozialisten bereitete der genealogischen Arbeit innerhalb der jüdischen Bevölkerung ein jähes Ende. [2]

---

2 Vortrag von Dr. Andrea Lorz am 12.02.2003 : http://www.lgg-leipzig.de

Es gab also in unserer früheren Bevölkerung Einwohner, die zwar über Jahrhunderte in unseren Dörfern verwurzelt waren, die Leben, Kultur und Sprache mitgeprägt hatten, deren Namen jedoch größtenteils verschwunden sind. Unter Zwang mussten sie ihre Heimat verlassen. Diejenigen, denen es nicht gelungen war, ihren Besitz zu verkaufen und ins Ausland zu emigrieren, wurden in die Konzentrationslager des Ostens deportiert und ermordet. In einigen Jahrzehnten werden die Zeitzeugen, die sich noch an ihre jüdischen Nachbarn erinnern können, nicht mehr da sein und die Inschriften auf den Grabsteinen der jüdischen Friedhöfe immer unleserlicher werden. Das Fehlen dieser Menschen hat in unserer Bevölkerung eine tiefe Lücke hinterlassen. Das vorliegende Familienbuch soll wenigstens ihre Namen wieder in Erinnerung rufen und lebendig erhalten.

Wie schon erwähnt, wurde die Arbeit an diesem Projekt schon vor längerer Zeit begonnen, konnte aber aus verschiedenen Gründen, wobei berufliche Umorientierung und der Zeitfaktor die wichtigsten sind, erst in den letzten Jahren intensiv weitergeführt werden. Die Materialfülle war allerdings noch angewachsen. Weitere Quellen wie Internet und Bildmaterial wurden eingearbeitet.

Wann sich die ersten jüdischen Siedler in unseren Dörfern niederließen, lässt sich nur ungefähr sagen. Nach dem Dreißigjährigen Krieg waren die Orte in unserer Region fast völlig entvölkert. Bosen beispielsweise war 1635 durch durchziehende Heere völlig niedergebrannt worden. Die noch verbliebenen 11 Einwohner fanden Zuflucht in Sötern. Die Territorialherren tolerierten angesichts dieser Situation auch die Niederlassung jüdischer Familien in ihrem Herrschaftsbereich. Das Schutzgeld, das die Juden zu zahlen hatten, war eine willkommene Einnahmequelle für die Steuerkasse. 1716 lebten bereits 15 jüdische Familien in Sötern und 5 in Bosen. Eine erste namentliche Aufzählung aus der Söterner Gemeinderechnung von 1756 enthält die steuerpflichtigen Juden: *„Jud Aaron, Jud Benjamin, Jud Sander, Jud Abraham, Jud Mordgen, Jud Gerschel, Jud Mausche"*.

Die Namen stammen aus der Bibel oder aus dem Jiddischen. Wir haben hier noch keine Familiennamen, eine typische Erscheinung im Judentum. Aber bereits einige Jahrzehnte später tauchen die ersten Familiennamen in einem Verzeichnis der „Söterner und Bosener Schutzjuden aus dem Jahre 1790" auf:[3]

Sötern: Löw Chan, Sender Israel, Feis Salomon, Marx Abraham, Isaac Moses, Moses Löw, Aron Moses, Aron Sander, Jekuf Löw

Bosen: Gottlieb Juda, Jekuf Gottlieb, Aron Herz, Abraham Juda, Michel Juda, Wolf Löw

---

3 LHA Koblenz, Best. 53, C 45, Nr. 171

Diese Listen ermöglichten jedoch immer noch keine systematische Erfassung der jüdischen Familien unserer Region. Anders als die christlichen Kirchen, die seit dem 16. Jahrhundert Kirchenbücher führten, in denen Geburts-, Tauf-, Heirats- und Sterbedaten der Gemeindemitglieder eingetragen wurden, war diese offizielle Beurkundung in der Synagoge unüblich. Es liegen uns also bis 1800 keine umfassenden Familienregister vor.
Dies änderte sich erst, als unsere Region 1794 von französischen Truppen besetzt wurde. Nach und nach wurde eine neue Verwaltung nach französischen Muster eingeführt. Im Frieden von Lunéville wurde das linke Rheinufer und damit auch unsere Region offiziell an Frankreich abgetreten. Die Orte Sötern und Bosen gehörten beispielsweise zur Mairie (Bürgermeisterei) Otzenhausen, Kanton Hermeskeil, Arrondissement Birkenfeld im Département de la Sarre. Bereits 1792 waren in Frankreich im Zuge der Trennung von Staat und Kirche die Zivilehe und die Zivilstandsregister eingeführt worden. Die ältesten Register der Bürgermeisterei Otzenhausen stammen aus dem Jahr 1800. Hier finden wir nun erstmals auch die Geburts-, Heirats- und Sterbeeinträge der jüdischen Einwohner. Seit der Neuaufteilung der Region im Wiener Kongress in den Jahren 1816/17 gehören die Orte Sötern und Bosen zum Standesamtsbezirk Nohfelden.
Für Verwirrung in der Erfassung der Einträge in den Personenstandsregistern sorgte ein Dekret Napoleons vom 20. Juli 1808. Es besagte, dass *„Diejenigen Untertanen unseres Reiches, die den hebräischen Gottesdienst befolgen und die bisher keine festen Geschlechts- und Vornamen hatten, ...verpflichtet sein [sollen], solche binnen drei Monaten nach Veröffentlichung unseres gegenwärtigen Dekrets anzunehmen und sie vor den Beamten des Zivilstandes der Gemeinde, wo sie ansässig sind, zu erklären. ...Es sollen nicht als Geschlechtsnamen angesehen werden ein aus dem Alten Testament entnommener Name, noch der Name einer Stadt....“*
Auch für unsere Region existiert eine solche Namensurkunde. Herr Walter Kasel[4] aus Saarbrücken berichtete 1962 in einem Aufsatz in der Saarbrücker Zeitung über dieses Dokument. Es befand sich zu diesem Zeitpunkt in Privatbesitz. Das Deckblatt des Namensregisters trägt den Titel:
„Département de la Sarre, Mairie de Otzenhausen
Registre des Déclarations faits par les Juifs. Conformément au Décret impérial du 20 juillet 1808“.

4 Der 1989 verstorbene Walter Kasel arbeitete von 1948 bis 1965 als Kantor, Religionslehrer und Seelsorger der Synagogengemeinde Saar. Nach seiner Pensionierung war er weiterhin ehrenamtlich in der jüdischen Gemeinde tätig.

Das Dokument besteht aus 12 Blättern, die durch den Gerichtspräsidenten der ersten Instanz, Eschweiler, am 26. Oktober 1808 nummeriert und unterzeichnet wurden. Bestimmt waren sie für den Bürgermeister in Otzenhausen. Insgesamt enthält das Register 62 Erklärungen jüdischer Bürger. Kasel berichtet, dass in vielen Fällen die Familiennamen beibehalten und nur die Vornamen eingedeutscht wurden. In anderen Fällen bleibt der Familienname und wird lediglich verkürzt. So wird z.B. aus Alexander Sender und aus Löw wird Lion. Der Familienvater gab für alle Familienmitglieder die Namen an und unterschrieb auch für sie. Leider ist dieses für unsere Zwecke so wichtige Dokument trotz zahlreicher Nachforschungen nicht mehr auffindbar. So konnten viele Namensänderungen erst nach längeren Untersuchungen rekonstruiert werden. Andere waren auch in den Standesamtsregistern vermerkt.

Bei der weiteren Erstellung des Familienbuches konnte traditionell gearbeitet werden, d. h. dass alle in Frage kommenden Standesamtsakten gesichtet und ausgewertet wurden.

Im 19. Jahrhundert wanderten große Teile der jüdischen Bevölkerung aus. Wie in den meisten Familienbüchern wurden sie auch hier namentlich erfasst. Die Benennung als „Auswanderungswillige" resultiert daraus, dass in den einschlägigen Quellen oft nur der Wille zur Auswanderung, aber nicht die tatsächliche Durchführung dokumentiert ist. Einige nahmen von ihrer Absicht wieder Abstand, andere kehrten zurück. Eine genauere Untersuchung dieser „Freizügigkeit" steht noch aus.

Im Ersten Weltkrieg hatte auch die Synagogengemeinde Gefallene zu beklagen. Ihnen zum Gedenken wurde in ihrem Gotteshaus eine Tafel angebracht, über deren Verbleib keine Informationen vorliegen. Es wäre wünschenswert, dass die Namen dieser Gefallenen an entsprechender Stelle eingefügt würden, was übrigens geltendem Recht entspricht.

Ein Adressbuch für den Landesteil Birkenfeld aus dem Jahr 1930 stand am Anfang der Erforschung des weiteren Schicksals der jüdischen Bevölkerung der Gemeinde Nohfelden. Die Autoren stellten sich der Aufgabe, den Lebensweg aller in der Gemeinde geborenen oder nach 1933 dort lebenden jüdischen Mitbürger nachzuvollziehen. Auf den bereits vorhandenen Daten des Familienbuches basierend begann eine europa-, manchmal weltweite Suche. Alle erreichbaren Primär- und Sekundärquellen wurden unter Heranziehung der einschlägigen Literatur und den Angaben von Zeitzeugen ausgewertet.

Bis auf wenige Ausnahmen konnte auch die Erfassung möglichst aller Emigrierten und Deportierten verwirklicht werden. Dank an alle, die zur Bebilderung beitrugen.

Bei ihrer jahrelangen, umfangreichen Archivarbeit entdeckten die Autoren zum Teil noch unerschlossene und nicht ausgewertete Quellen, die den Anstoß für den **zweiten Teil** des Buches gaben.
Bisher ist es noch nicht möglich, das Leben der Synagogengemeinden im ländlichen Raum in seiner Gänze zu erfassen. Dennoch gelang es, einiges davon so darzustellen, dass ein Gesamteindruck entstehen kann. Die Gebäude der Einrichtungen der Synagogengemeinden und die Friedhöfe sind größtenteils noch vorhanden. Sie wurden historisch belegt und fotografisch dokumentiert.
Besonderes Augenmerk wurde auf das jüdische Schulwesen gerichtet, das eine größere Rolle im Leben der Synagogengemeinde als bei den christlichen Nachbarn spielte. Selbst als die Synagogengemeinde de facto schon erloschen war, richtete man eine „Notschule“ ein, um den verbliebenen Kindern Wissen zu vermitteln. Der Versuch, die Kinder durch eine Verschickung in Frankfurter Heime zu retten, schlug fehl.
Es sei hier daran erinnert, dass seit 20 Jahren alternative Rundfahrten zu den noch vorhandenen Zeugnissen jüdischer Kultur im Raum Nohfelden durch das Adolf-Bender-Zentrum e.V. organisiert werden. Das Angebot richtet sich vor allem an Schulklassen. Die Verwirklichung der Idee eines dezentralen Museums steht noch aus.

Die Zeit von 1933 bis 1945 wird in der Regionalgeschichtsschreibung meist kurz zusammengefasst, Einzelereignisse kaum in Zusammenhang gestellt. Im **dritten Teil** der Veröffentlichung wird versucht, auch diese Jahre im Untersuchungsraum bzgl. der jüdischen Mitbürger aufzuarbeiten.
Im Reichsgesetz „über den Widerruf von Einbürgerungen und die Aberkennung der deutschen Staatsangehörigkeit“ setzte die NSDAP 1933 Punkt 4 ihres Parteiprogramms von 1920 durch. In der Folge suchten viele den Weg in die Emigration. Über 90 Personen ließen sich bisher aus der Gemeinde Nohfelden ermitteln. Da vielerorts die Einsicht in die Einwohnermelderegister verweigert wird, steht auch hier die Forschung noch am Anfang.
Die Vorkommnisse in der Pogromnacht im November 1938 in größeren Synagogengemeinden sind bekannt. Die Darstellung in den Synagogengemeinden Bosen und Sötern ist einer Arbeit aus dem Jahr 1990 zu verdanken. Sie liegt leider nur in wenigen hektographierten Exemplaren vor. Die damals ausgewerteten Akten stehen heute der Forschung nur eingeschränkt zur Verfügung.
Bei der Auswertung dieser Arbeit und weiterer Aktenbestände aus der Nachkriegszeit wurden von den Autoren nur Tatbestände bis Kriegsende aufgenommen. Die end-

gültige Auswertung dieser Quellen wird wohl einer anderen Generation vorbehalten bleiben.[5]

Dass die „Entjudung des Haus- und Grundbesitzes“ in mehreren Schritten ablief und bis hin zur „Ghettobildung“ in Dörfern führte, ist in der Regionalforschung bis jetzt kaum aufgearbeitet und wird wie eben dargelegt nur schwerlich in naher Zukunft erfolgen. In zwei Transporten wurden die nun auf engstem Wohnraum lebenden Familien in die Lager des Ostens deportiert. Überwiegend Jüngere, 44 Personen, am 30.04.1942 – die Älteren , 26 Personen, am 27.07.1942. Keiner von ihnen überlebte. Einige Mitbürger, vor allem aus „Mischehen“, entkamen diesem Schicksal und lebten nach 1945 weiter in ihrer Heimatgemeinde. Wenige Zeitzeugen schilderten ihre Erlebnisse und trugen zur Erinnerung an die ehemaligen Nachbarn bei. Zwei Tonkrügelchen vom Puppenservice erhielt Olga von ihrer jüdischen Freundin Lotte, als diese ihre Heimat verließ. Ein letztes Andenken – bis heute aufbewahrt.

Andernorts üblich, fehlen in Bosen, Gonnesweiler[6] und Sötern Gedenktafeln für die Opfer unter der jüdischen Bevölkerung. Ein erster Versuch Mitte 1975 durch den evangelischen Pfarrer, eine Gedenktafel allgemeinen Inhalts anbringen zu lassen, hatte keinen Erfolg. Pfarrer Gerhard Großer wollte an der evangelischen Pfarrkirche eine Gedenktafel mit folgender Inschrift anbringen lassen: „Zur Erinnerung an den Leidensweg unserer ehemaligen jüdischen Mitbürger – 1933 bis 1943 – Jesus Christus erbarme Dich über uns – Das Presbyterium Sötern“. Das Presbyterium war mehrheitlich grundsätzlich einverstanden. Dennoch scheiterte das Vorhaben schließlich am Widerstand einiger weniger. Der evangelische Pfarrer verließ die Gemeinde im darauf folgenden Jahr. „Es geht um Vergangenheit und Zukunft, ohne den Finger zu erheben und zu sagen, du und du warst der Verbrecher, hast dies und das damals gemacht. Das wollte ich verhindern, deshalb sollte die Gedenktafel an unsere Kirche kommen und nicht an das Haus desjenigen zum Beispiel, der das Grundstück gekauft hat, wo die Synagoge einmal gestanden hat. Es ging nicht um Rache, sondern um einen Erleichterungsakt für diejenigen, die vielleicht damals schuldig geworden sind. Und mein ganz persönliches Anliegen als Christ und Theologe ist natürlich primär die Buße vor dem Gott Israel.“, so begründete Pfarrer Großer seine Bemühungen um eine Gedenktafel.[7]

---

5 Vgl. hierzu die Kommentierung Wilfried Busemanns zu den BEG-Akten in einer Buchbesprechung im: Arbeitnehmer, Heft 8/2007, S. 38

6 Auf dem jüdischen Friedhof in Gonnesweiler befindet sich eine Gedenktafel mit folgendem Text: „Den ehemaligen jüdischen Mitbürgern von Gonnesweiler, ihren hier ruhenden Toten zur ehrenden Erinnerung. Gemeinde Nohfelden, Synagogengemeinde Saar, 1980“.

7 Deutsche Volkszeitung Nr. 9 vom 26. Februar 1976

Die Skulptur **„Requiem für die Juden“**[8] (gelber Sandstein, Maße: 520*240*110 cm) ist ein Bestandteil der „Straße der Skulpturen“, die 1979 eröffnet wurde. Diese ca. 25 km lange „Open Air Galerie“ ist ein Teil des Saarlandrundwanderweges und führt von St. Wendel an den Bostalsee. Initiiert wurde sie von dem Künstler Leo Kornbrust. Schon in den 30er Jahren hatte der jüdische Bildhauer und Maler Otto Freundlich die Vision zweier völkerverbindenden Skulpturenstraßen: „une voie de la fraternité humaine“ von Norden nach Süden und „une voie de la solidarité humaine en souvenir de la libération“ von der Normandie über Paris bis Moskau. Er wurde 1944 in den Osten deportiert und im Konzentrationslager Majdanek ermordet. Die Skulpturenstraße soll deshalb auch ein Denkmal für Otto Freundlich sein.

8 Broschüre: Straße der Skulpturen, Internationales Steinbildhauersymposion St. Wendel, hrsg. v. Fremdenverkehrsamt Sankt Wendeler Land u.a., S. 37

1980 schuf der israelische Künstler Shelomo Selinger seine Skulptur als Requiem für die ermordeten Juden auch aus unserer Region. Selinger selbst wurde 1928 in Polen geboren. Er überlebte das nationalsozialistische Regime in verschiedenen Konzentrationslagern. Seit 1956 wohnt er in Paris.

Selinger beschreibt die Gliederung der Skulptur folgendermaßen: „Links ein Mensch, der sich die Augen zuhält, um sein letztes Gebet zu sprechen. Unten links ein Cello, das ‚Requiem für die Juden' spielend. Rechts ein beobachtendes Auge. In der Mitte der Form ist ein hebräischer Buchstabe ‚lamed' zu sehen; er ist in der Kabbala das Zeichen für das menschliche Herz, welches die allumfassende Verständigung der Menschen ermöglicht. Zwei Kopfformen (ganz unten) bedeuten ‚Tod'. Oben ist der Anfang eines Gebets eingraviert als Antwortgesang. Auf der anderen Seite sind die Flammen der Erinnerung zu sehen. Eine das Volk segnende Hand – als Zeichen – befindet sich ganz oben."

TEIL I

FAMILIENBUCH DER SYNAGOGENGEMEINDEN DER GEMEINDE NOHFELDEN

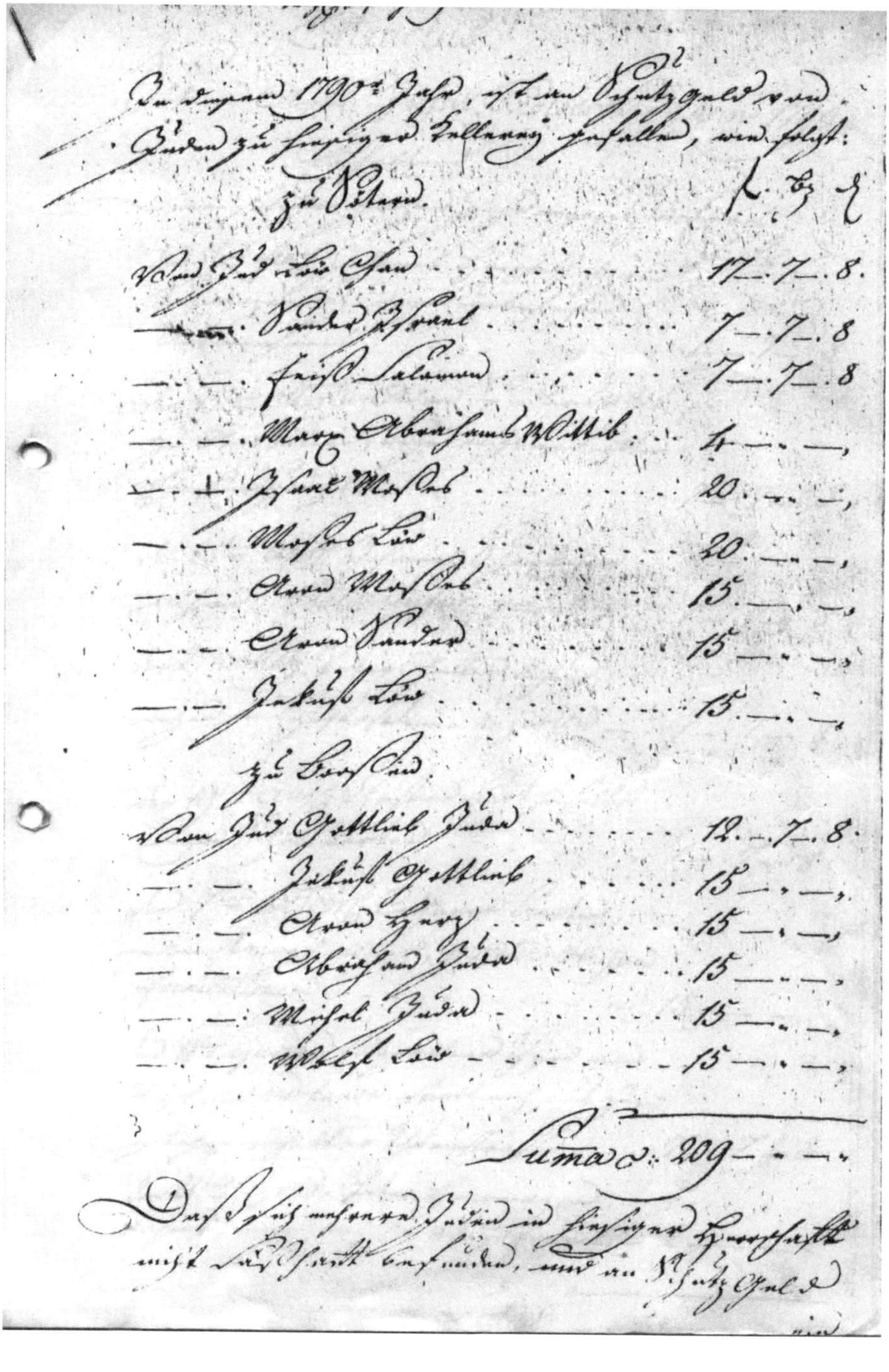
In diesem 1790ten Jahr, ist an Schutzgeld von Juden zu hiesiger Kellerey gefallen, wie folgt:

zu Sötern

	fl.	bz.	d.
Vom Jud Löw Isaac	17	7	8
— Sander Israel	7	7	8
— Feist Salomon	7	7	8
— Marx Abrahams Wittib	4	—	—
— Israel Moses	20	—	—
— Moses Löw	20	—	—
— Aron Moses	15	—	—
— Aron Sander	15	—	—
— Jakob Löw	15	—	—

zu Bosen

	fl.	bz.	d.
Vom Jud Gottlieb Juda	12	7	8
— Jakob Gottlieb	15	—	—
— Aron Herz	15	—	—
— Abraham Juda	15	—	—
— Michel Juda	15	—	—
— Wolf Löw	15	—	—

Summa: 209 — —

Daß sich mehrere Juden in hiesiger Herrschaft nicht sesshaft befunden, und an Schutzgeld ...

LHA Koblenz, Best. 53 C 45
Nr. 171, fol. 19

DIE FAMILIEN

1657:
David Hirsch Feis, Judas Feis

Haushaltungsverzeichnis von 1716:
Sötern:
64 Christenhaushaltungen, 15 Judenhaushaltungen mit zusammen 400 Einwohnern
Bosen:
55 Christenhaushaltungen, 5 Judenhaushaltungen mit zusammen 375 Einwohnern

Schutzbrief von 1730:
Jud Meyer von Wolfersweiler, + 1738

Söterner Kellereirechnung von 1738:
Judt Hertz zu Bosen, Judt Jeckeps zu Bosen

Steuerpflichtige aus der Söterner Gemeinderechnung von 1756:
Jud Aaron, Jud Benjamin, Jud Sander, Jud Abraham, Jud Mordgen, Jud Gerschel, Jud Mausche

Söterner und Bosener Schutzjuden aus dem Jahre 1790:
Sötern:
Löw Chan, Sender Israel, Feis Salomon, Marx Abraham, Isaac Moses, Moses Löw, Aron Moses, Aron Sander, Jekuf Löw
Bosen:
Gottlieb Juda, Jekuf Gottlieb, Aron Herz, Abraham Juda, Michel Juda, Wolf Löw

ABRAHAM Mathias * ; lebte in Sötern
S. von
oo
Scheinquien *
T. von

Kinder
Simon Markus * , oo Wehn Katharina, Rotalben
nannte sich Dietstein Ludwig Karl

ACKERMANN * ; lebte in Gonnesweiler
S. von
oo
Rosa *
T. von

vier Töchter und Mutter 1889 nach Nordamerika
Rosette Ackermann, 18 Jahre, 1889 nach Nordamerika

ACKERMANN Léon *
S. von
oo
Wolff Hertha * 00.00.1924
T. von Wolff Ferdinand und Kahn Bertha, Bosen

fünf Kinder, 1961 in Luxemburg, Antwerpenerstraße 64

ADLER Abraham * 1837, Handelsmann in Illingen
S. von
oo 16.06.1869 in Illingen
Blum Sara * 26.07.1844 in Sötern
T. von Blum Elias und Albert Sara, Sötern

ADLER Max * 23.12.1904 in Illingen, Handelsmann
S. von
oo 15.10.1934 in Illingen
Levy Liselotte Mali * 27.06.1913 in Sötern
T. von Levy Albert und Richard Gisela, Sötern und Birkenfeld

Ehepaar 1934 in Illingen, dann nach Palästina

ARON Aaron * Händler in Sötern
S. von
oo
Benjamin Deule *
T. von

Kinder
Joseph * 1764 in Sötern, + 21.11.1850 in Sötern

ARON Joseph * 1764 in Sötern, ohne Gewerbe, + 21.11.1850 in Sötern
S. von Afron Aaron, Händler, und Benjamin Deule, Sötern
oo
David Gütle * , + vor 1850
T. von

ARON Marx * lebte in Sötern
S. von
oo
Marx Beule *
T. von

Kinder
Joseph * 1774
Marx *ca.1791, +15.03.1811
Gottlieb * 1794 in Sötern, + 06.08.1836 in Sötern

ARON Josef * 16.03.1893 in Euskirchen, Lehrer, wohnte in Sötern ledig, + 05.03.1915, gefallen bei Rozankawyzna (Karpaten), Musketier d. 11. Komp., Reserve Infanterie, Reg. Nr. 222
S. von Aron German und Grüneberg Julia, Euskirchen

BÄR Benjamin (siehe Bleibtreu Christian)

BÄR Louis * 04.01.1848 in Idar, Goldschmied, nach Amerika ausgewandert
S. von Bär Moses und Kaufmann Sara aus Idar
oo 25.02.1874 in Nohfelden
Herz Johanette * 25.11.1846 in Sötern
T. von Herz David, Handelsmann, und Bär Caroline, Sötern

Kinder
Bertha * 1877 in Idar, + 06.05.1886 in Sötern

BARTHOLOMEY Johannes Adam* 1777, Tagelöhner in Otzenhausen
S. von
oo vor 1814
Levy Apollonia *
T. von

Kinder
Anna * 17.10.1813, +17.10.1813

BAUM Leopold * , + 1815 in Sötern
S. von
oo
Wolff Gertrude * , + 1808 in Bosen
T. von

Enkelkind: Baum Bellchen in Sötern

BAUM Ludwig *ca. 1774, + 03.06.1818 in Bosen, früherer Name: Löb Wolf,
S. von Wolf Löb und Gertraud Moses
oo
Sender (Alexander) Carolina (Creule) * 1770 in Bosen, + 18.10.1836 in Bosen
T. von Sender Moses und Moses Gutel, Sötern

Kinder
Michael * 17.10.1799 in Bosen, +31.05.1881 in St. Louis/MO; USA, oo Levi Bräunle
Maria * 1804
Gottlieb * 18.01.1802, + 28.01.1887 in Bosen, oo Fränkel Sara,
28.01.1887 in Bosen, 1830 in Diensten in Herchweiler
Barbara * in Bosen, + 31.05.1832 in Bosen
Rosa (Rosina, Diesel, Rosetta) * 01.04.1807, 13,05,1881 in St. Louis/MO, USA
oo Herz Nathan
Zerreth * 18.12.1812 in Bosen, + 27.10.1812 in Bosen
Amalie * 18.12.1812 in Bosen, oo Gottlieb Michael, + 24.01.1874 in Bosen
Zerle * 1818 in Bosen, + 03.05.1819

BAUM Marx * 1770 in Bosen, + 10.06.1843 in Bosen; Handelsmann, mittelmäßiges Vermögen, früherer Name: Löb Moses
S. von Wolf Löb und Gertraud Moses
oo
Loeb Sara * 1778 in Hinzweiler, + 12.06.1833 in Bosen
T. von Löb Liebmann, Händler, und Jonas Areele

Kinder
Rosalia Natalia (Rösel)* 05.06.1801 in Bosen, oo Ackermann Salomon, Thalfang
Lion * 1802 in Bosen, oo Levi Barbara, + 15.04.1875 in Bosen
Elias * 1805, oo Baum Idgen (Jutta)
Brigitta * 11.1807, oo Herzmann David aus der Waar/Trier
Wolfgang * 12.06.1810, + 16.02.1853 in Bosen, oo Levi Feitchen
Zerf *11.11.1812 in Bosen
Josef * 18,02.1815
Greule * 26.10.1821 in Bosen, + 06.11.1821 in Bosen
Gertraud * 12.08. 1824 in Bosen

BAUM Lion * 02.08.1771, + 11.09.1848 in Bosen, früherer Name: Löb Hirsch, Seifensieder
S. von Löb Wolf und Moses Gertraud, Bosen
oo 22.09.1800
Loeb (Moses, Levi) Martha (Matchen) * ca. 1784 in Sötern, + 08.04.1840 in Sötern,
T. von Loeb Moses u. Löb Gertraud, Viehhändler

Kinder
Mathe (Rosa) * 16.10.1803 in Sötern, 1.oo Wolf Marx
2.oo Hirsch Marx, + 01.12.1869 in Sötern
Jacob * in Sötern, + 29.03.1835 in Sötern
Arige Hirsch * 13.10.1805 in Sötern , + 20.04.1808 in Sötern
Zerle *01.04.1807 in Sötern
Giedel (Johanette) * 11.07.1808 in Sötern, + 05.05.1832 in Sötern
Madelin *27.10.1811 in Sötern

Cheilen * 24.01.1816
Babette * 1817, + 28.02.1881 in Sötern
Maria * 21.08.1818
Kind ohne Name * in Sötern, + 25.07.1819 in Sötern
Carolina * in Sötern, + 03.02.1826 in Sötern
Jüdele * 10.03.1821 in Sötern, + 30.05.1835 in Sötern
Katharina * 14.12.1823 in Sötern, + 05.04.1824 in Sötern
Klara * 08.09.1825 in Sötern, + 16.03.1826 in Sötern
Regina * 25.09.1827 in Sötern, + 11.11.1827 in Sötern

BAUM Joseph (Salomon), früherer Name: Löb Joseph, Weber und Krämer in Bosen
* 1773 in Mergenthal, + 16.05.1827 in Bosen
S. von Löb Wolf und Moses Gertraud, Sötern
oo
Schulem (Salomon, Schlaumen) Esther (Eyten) * 1787 in Filsen bei Trier, + 22.10.1857 in Bosen
T. von Salomon Salomon und Marx Jetta, Filsen/Trier

Kinder
Ludwig * 1798, oo Haas Debet, + 15.06.1875 in Bosen
Gottlieb * 1800
Ludwig * 1801
Wolf Josef *30.01.1802
Gottlieb Josef * 10.02.1804, + 28.01.1884, oo Kahn Henriette
Moses * 04.05.1806, oo .12.1835
Marx * 12.01.1809, + 25.06.1856 in Bosen, oo Haas Sara
Samuel * 31.05.1811, + 08.08.1880 in Bosen, oo Blath Katharina
Jodgen (Juidgen, Idgen, Jutta) * 19.11.1813, oo Baum Elias
Salomon * 17.02.1816, + 06.07.1905 in Bosen, oo Baum Gertrud
Lion * 07.02.1819
Gertraud * 06.05.1821 in Bosen, + 06.05.1821 in Bosen
Guttraud * 20.01.1823 in Bosen, + 22.02.1823 in Bosen

BAUM Gottlieb * 18.01.1802, + 28.01.1887 in Bosen, Krämer in Bosen
S. von Baum Joseph und Salomon Esther, Bosen
oo
Kahn Henriette (Regina Rosetta) * in Tholey, + 31.07.1882 in Gonnesweiler
T. von Kahn Abraham und Isaac Ewa, Tholey

Kinder
Charlotta * 21.07.1833 in Bosen
Josef * 31.01.1835 in Bosen, + 16.12.1838 in Bosen
Daniel * 13.01.1837 in Bosen
Gertraud * 26.03.1839 in Bosen
Rosette * 1841 in Gonnesweiler
Marianne * 05.09.1841 in Gonnesweiler, + 25.11.1907 in Sötern, oo Lion Jacob, Sötern
Salomon * 1844 in Gonnesweiler
Johanna * 18.07.1846 in Gonnesweiler
Johanette * 03.05.1849 in Gonnesweiler

Salomon und Johannetta Baum (24 J. und 22 J.), 1868 nach Nordamerika

BAUM Ludwig * 1798 in Bosen, + 15.06.1875, Kaufmann in Sötern
S. von Baum Joseph und Schlaumen Esther, Bosen
oo 23.12.1824
Haas Debet (Babette) * 1795 in Hottenbach, + 29.11.1863 in Bosen
T. von Haas Marx und Simon Sibille, Hottenbach

Kinder
Barbara * 23.01.1826 in Bosen
Gertraud * 30.09.1827 in Bosen, + 20.12.1916 in Bosen, oo Baum Salomon
Josef * 24.02.1829 in Bosen, oo Haas Sara,
Marx * 29.10.1831 in Bosen, oo Gamiel Barbara
Jutta (Jetta) * 07.10.1833 in Bosen, oo Haas Simon, Hottenbach
Simon * 12.03.1836 in Bosen, + 29.06.1876 in Bosen
Kind ohne Namen * in Bosen, + 05.04.1841 in Bosen

BAUM Gottlieb * 18.01.1802, + 28.01.1887 in Bosen, Handelsmann in Bosen
S. von Baum Ludwig und Alexander Carolina, Bosen
oo 18.01.1827 in Nohfelden
Fränkel Sara * 1800 in Rhaunen, 18.05.1862 in Bosen
T. von Fränkel Gabriel und Levi ......

Kinder
Gertraud * 06.10.1828 in Bosen, + 11.05.1900 in Galena, KS, USA, oo Levy
Gabriel * 30.08.1831 in Bosen, wandert 1856 in die USA aus,
+ 15.01.1927 in Kansas City, KS, USA, oo Nancy
Ludwig * 13.05.1833 in Bosen
Ludwig * 09.08.1834 in Bosen, oo Sender Karolina
Moses Lion * 28.01.1837 in Bosen, + 28,06,1914 in Galena, KS, USA,
oo Gottlieb Theresia
Alexander * 25.05.1839 in Bosen
Daniel * 25.05.1839 in Bosen (evtl. identisch mit Daniel Baum *02.02.1838)
Lion * 27.10.1841 in Bosen
Leopold * 1842, + 14.03.1862 in Bosen
Salomon * 12.12.1843 in Gonnesweiler
August * 31.03.1845 in Bosen, + 03.07.1913 in Los Angeles, CA, USA,
oo Wolf Rosie
Carolina * 31.03.1845 in Bosen, + 01.12,1918 in St. Louis/MO, USA, oo Black Julius *

BAUM Michel * 17.10.1799 in Bosen Handelsmann, 1878 nach Nordamerika von Bosen, +31.05.1881 in St. Louis, MO, USA
S. von Baum Ludwig und Alexander Caroline, Bosen
oo 18.01.1827
Levi Bräunle * 1804 in Bosenbach, aus Kusel, + 11.03.1875 in Bosen
T. von Levi Löb und Germann Caroline (Gerson Kehle), Kusel

Kinder
Ludwig * 20.10.1827 in Bosen, oo Sternberg Rosa, + 09.07.1892 in Rich Hill/MO
Carolina * 21.11.1829 in Bosen, + 25.03.1910 in St. Louis/MO, USA, oo Kahn
Gertraud * 18.02.1833 in Bosen, + 10.09.1907 in St. Louis/MO, USA
oo Meyer Simon Mathes
Johanetta * 28.02.1835 in Bosen, + 24,11.1908 in Shelbyville, KY, USA,

oo Roman Isaac John
Theresia * 19.02.1837 in Bosen, oo Deutsch Joseph
Leopold * 24.03.1839 in Bosen, + 16.12.1912 in St. Louis/MO, USA, oo Harris Amelia
Alexander * 30.03.1841 in Bosen, + 05.02.1842 in Bosen
Jacob * 1843, + 20.02.1882 in St. Louis/MO, USA oo Sternberg Johanetta,
Kind ohne Namen * in Bosen, + 24.10.1845 in Bosen
Kind ohne Namen * in Bosen, + 14.08.1847 in Bosen

BAUM Lion * 1802 in Bosen, + 15.04.1875 in Bosen
S. von Baum Marx und Loeb Sara, Krämer und Bäcker
oo 1830
Levi Barbara * 1804 in Bosen
T. von Levi Ludwig und Juda Regina, Bosen

Kinder
Gertraud * 28.10.1831 in Bosen, oo Hanau Isaac, Wallerfangen
Jacob * 02.03.1835 in Bosen, + 29.03.1835 in Bosen
Magnus * 10.03.1836 in Bosen, 1.oo Eisenkrämer Caroline, 2.oo Daik Martha
Isaak * 14.03.1838 in Bosen, oo Herz Barbara, wohnte in Mettnich
Sara * 24.02.1840 in Bosen
Sara * 05.07.1841 in Bosen, oo Jacob David, Völklingen
Jacob * 23.12.1842 in Bosen, +20.02.1882 in St. Louis, MO, USA
Kind ohne Namen * in Bosen, + 11.06.1843 in Bosen
Rosina (Regina) * 12.01.1845 in Bosen, oo Löb Heinrich; Schweppenhausen
Juliana * 03.03.1847 in Bosen, + 21.07.1847 in Bosen
Babet * 07.06.1848 in Bosen, + 26.10.1849 in Bosen
Karolina * 20.08.1850 in Bosen, + 26.08.1850 in Bosen

BAUM Johanetta * lebte in Sötern
Evtl. T. von Baum Lion und Löb Martha

Kinder
Magdalena * 11.09.1831 in Sötern
Ludwig * 09.08.1834 in Sötern

BAUM Elias * 1805, Krämer in Bosen
S. von Baum Marx, Krämer, und Löb Sara, Bosen
oo 29.08.1833 in Nohfelden
Baum Idgen (Jutta, Johanetta, Jetta) * 19.11.1813
T. von Baum Joseph, Krämer, und Salomon Ester, Bosen

Kinder
Josef * 21.06.1834 in Bosen
Sara * 15.12.1835 in Eiweiler
Leopold * 08.11.1836 in Bosen
Gertraud * 17.06.1841 in Eiweiler
Salomon * 22.05.1843 in Eiweiler
Moses * 31.08.1845 in Bosen
Marx * 18.08.1853 in Bosen, + 11.10.1857 in Bosen

BAUM Wolfgang * 12.06.1810 in Bosen, + 16.02.1853 in Bosen; Handelsmann und Bäcker

S. von Baum Marx, Krämer, und Löb Sara, Bosen
oo 09.12.1835 in Nohfelden
Levi Feitchen (Fraitchen) * 1809 in Aach
T. von Levy Lißer, Handelsmann, und Ruball Denz

Kinder
Ludwig * 07.11.1836 in Bosen, + 06.03.1895 in Bosen, oo Rothschild Caroline
Leopold * 08.10.1838 in Bosen
Sara * 13.01.1841 in Bosen
Theresia * 13.01.1844 in Bosen, vor 1870 in Metz,
oo Eisenkrämer Ferdinand, Lehrer in Birkenfeld
Moses * 21.11.1846 in Bosen
Magdalena * 06.07.1849 in Bosen
Gertraud * 07.03.1852 in Bosen

BAUM Marx * 1809, + 25.06.1856 in Bosen, Krämer in Schwarzenbach und Bosen
S. von Baum Joseph und Schulem Esther, Bosen
oo
Haas (Isaac) Sara * in Hottenbach, + 12.04.1882 in Bosen
T. von Haas Aron, Händler, und Mendel Judith, Hottenbach

Kinder
Josef * 12.06.1839 in Bosen, + 18.06.1915 in Bosen, oo Sternberg Elisabeth
Aron * in Bosen, + 18.12.1841 in Bosen
Johanetta * 23.12.1842 in Bosen, oo Schwarz Aron, Gennweiler bei Illingen
Leopold * 09.03.1845 in Bosen, 1882 in Chicago/USA
Mariana * 18.05.1847 in Bosen, + 19.05.1847 in Bosen
Emanuel * 03.06.1848 in Bosen, 1882 in Chicago/USA
Gertraud * 04.02.1851 in Bosen, oo Leiser Abraham, Hundsbach bei Meisenheim
Marianna * 16.11.1853 in Bosen, oo Kahn Salomon, Hennweiler bei Kirn

BAUM Jacob * in Sötern
S. von
oo
Kahn Rosetta *
T. von

Kinder
Marianne * 05.09.1841 in Sötern

BAUM Elisabetha * wohnhaft in Montenack
T. von

Kinder
Abraham * 18.01.1841 in Sötern, + 25.03.1906 in Bosen, oo Sender Magdalene

BAUM Babet * 1817, + 28.02.1881 in Sötern
T. von Baum Lion und Loeb Martha, Bosen

Kinder
Abraham * 01.02.1850 in Sötern
Jacob * 04.06.1852 in Sötern
Moses * 31.10.1856 in Sötern

BAUM Samuel * 1811 in Bosen, Pferdehändler, + 08.08.1880 in Bosen
S. von Baum Joseph und Schulem Esther, Bosen
oo 23.12.1841 in Nohfelden
Blath Katharina (Karolina) * 1819 in Hottenbach, + 26.11.1877 in Bosen
T. von Blath Marx, Händler, und Kronenberger Deile, Hottenbach

Kinder
Joseph * 04.12.1842 in Bosen
Theresia * 13.02.1845 in Bosen, + 05.10.1846 in Bosen
Leopold * 07.11.1847 in Bosen, + 24.07.1930, oo Mayer Rosalie
Ludwig * 07.11.1847 in Bosen
Sara * 1849, + 21.09.1861 in Bosen
Sophia * 13.03.1850 in Bosen
Henrietta * 06.05.1855 in Bosen, + 26.06.1855 in Bosen

BAUM Salomon * 1817, Handelsmann, + 06.07.1905 in Bosen
S. von Baum Joseph und Schulem Esther, Bosen
oo 03.02.1846 in Nohfelden
Baum Gertrud * 30.09.1827 in Bosen, + 20.12.1916 in Bosen
T. von Baum Ludwig und Haas Debet, Bosen

Kinder
Johanette * 30.01.1847 in Bosen, oo Bermann Philipp
Joseph * 03.07.1849 in Bosen, oo Gamiel Elise
Marx * 29.10.1851 in Bosen, + 16.12.1851 in Bosen
Leopold * 26.10.1852 in Bosen, + 01.08.1926 in Bosen,
oo Steinberger Jacobine, Sötern
Babette * 01.02.1855 in Bosen oo Jacob Gamiel aus Argenschwang
Rosalie * 09.03.1857 in Bosen, oo Gärtner Andreas, aus Bröhl
Esther * 10.04.1859 in Bosen, dann Bollendorf,oo Levy, + 31.05.1943 im KZ,
am 06.04.1943 nach Theresienstadt deportiert
Maria * 03.11.1861 in Bosen
Kind ohne Namen * in Bosen, + 23.07.1862 in Bosen

BAUM Ludwig * 28.10.1827 in Bosen, Handelsmann in Bosen. Er wandert 1857 mit
seiner Familie in die USA aus.+ 09.07.1892 in Rich Hill/MO, USA
S. von Baum Michel und Levi Bräunle, Bosen
oo 19.03.1856 in Nohfelden
Sternberg Rosa * 15.07.1834 in Sötern, + 17.02.1907 in Aurora/MO, USA
T. von Sternberg Michel und Marx Ester, Sötern

Kinder
Leo * 18.01.1857 in Bosen, + 1858 in St.Louis/MO;USA
Elizabeth (Bettie) * 1858 in St.Louis/MO;USA, + 1925 in St.Louis/MO;USA
Elias * 12.06.1860 in Paris/MO, USA, * 21.12.1939 in St. Louis/MO,USA
Caroline * 1839 in St.Louis/MO;USA, + 1930 in St.Louis/MO;USA

Teresia (Grace) * 1865 St.Louis/MO;USA, + 1935 in Prior/OK, USA
Esther * 1869 in MO, USA, + in Los Angeles/CA, USA,
Jacob * 1872 in Paola/KS, USA, + 1924 in St.Louis/MO;USA
Nettie * 1876 in MO, USA, + 1971 in St.Louis/MO;USA
Lillie * 1880 in Paola/KS, USA, 1966 in St.Louis/MO;USA

BAUM Leopold * 24.03.1839 in Bosen, + 16.12.1912 in St.Louis/MO;USA
S. von Baum Michel und Levi Bräunle, Bosen
oo in Richmond, USA
Harris Amelia * 22.01.1865, + 07.10.1920
T. von

Kinder
Brunetta *1883 in MO, USA, + 1982 in Van Nuys/CA, USA

BAUM Jacob * 20.12.1842, Bäcker und Krämer in Bosen, + 20.02.1882 in St. Louis/MO, USA
S. von Baum Michel und Levi Bräunle, Bosen
oo 08.05.1871 in Nohfelden
Sternberg Johanette * 12.08.1847 in Sötern, + 23.02.1919 in St. Louis/MO, USA
T. von Sternberg Michel und Marx Ester, Sötern

Kinder
Emma * 24.04.1873 in Bosen, + 31.03.1874 in Bosen
Ludwig * 14.10.1874 in Bosen, 13.04.1936
Elias * 11.02.1876 in Bosen, + 22.08.1942 in Los Angeles, CA, USA, 1.oo Rosenberg Olivette, 2. oo Abraham Hilda
Bertha * 29.09.1877 in Bosen, + 26.03.1908 in St. Louis/MO- USA, oo Charles Wolf
Samuel * 28.10.1879 in St. Louis/MO, USA, +19.07.1958 in Austin/TX, USA, oo Littmann Bessie

Eltern und drei Kinder mit Großvater Baum 1878 nach Nordamerika

BAUM Josef * 24.02.1829 in Bosen, Handelsmann in Bosen
S. von Baum Ludwig und Haas Debet, Bosen,
1876 in Amerika, Macon/Missouri, USA
oo 15.05.1857 in Nohfelden
Haas Sara * 1830 in Hottenbach
T. von Haas Moses, Handelsmann, und Haas Bella, Hottenbach

BAUM Gabriel * 30.08.1831 in Bosen, Metzger, wandert 1856 in die USA aus, * 15.01.1927 in Kansas City/KS, USA
S. von Baum Gottlieb und Fränkel Sara
oo 1858
E. Nancy *1840 in St. Louis, MO, USA, + 1902
T. von

Kinder
William * 1859 in MO, USA, + 1927
Robert Charles * 1865 in MO, USA,

Louis Frank * 1867 in St. Louis/MO, USA, + 1927 in Kansas City/KS, USA
Grace * 1878, + 1947 in Kansas City/KS, USA

BAUM Ludwig * 09.08.1834 in Bosen, + 28.05.1898 in Rich Hill/MO, USA
S. von Baum Gottlieb und Fränkel Sara
oo 21.90.1868 in Kirksville/MO, USA
Sender Karolina * 23.06.1844 in Sötern, + 18.02.1897
T. von

Kinder
Max *
Hattie * 1870 in Kansas City/KS, USA + 1899
Albert * 1873 in MO, USA, + 1923 in MO, USA
Rosa * 1875 in Pittsburgh/KS, USA, + 1956
Samuel * 1877 in Fort Scott/KS, USA, + 1934 in St. Joseph/MO, USA
Sara (Sadie) * 1883 in Mo, USA, + 1955

BAUM Moses Lion * 28.01.1837 in Bosen, + 28.06.1914 in Galena/KS, USA
S. von Baum Gottlieb und Fränkel Sara
oo 25.08.1867 in St. Louis/MO, USA
Gottlieb Theresia * 1839 in Deutschland, + 26.03.1891 in USA
T. von

Kinder
Theresia Baum *
Louis * 1869 in MO, USA
Hattie * 1872 in Galena/KS,USA, + 1972 in Galena/KS, USA,
David * 1876 , + 1956
Eddie * 1880

BAUM August * 31.03.1845 in Bosen, + 03.07.1913, in Los Angeles/CA, USA
S. von Baum Gottlieb und Fränkel Sara
oo
Wolff Rosie * 1850
T. von

Kinder
Hattie * 1876 , + 1959 in Los Angeles/CA, USA
Emanuel * 1879
Blanche * 1887, + 1977

BAUM Johanette * 03.05.1849 in Gonnesweiler
T. von Baum Gottlieb und Kahn Regina, Gonnesweiler

Kinder
Heinrich * 26.11.1882, Levi Simon, Sattler aus Garesden in Westrußland, Gouvernement Kovno, jetzt Gonnesweiler, erkennt die Vaterschaft an.

BAUM Magnus * 10.03.1836 in Bosen, + 14.03.1918, Krämer in Gonnesweiler
S. von Baum Lion und Levi Barbara, Bosen

1.oo 07.01.1863 in Nohfelden
Eisenkrämer Caroline * 1833 in Simmern/Dhaun, + 11.03.1866 in Gonnesweiler
T. von Eisenkrämer Marcus, Lehrer, und Marx Maria, Simmern

2.oo 14.12.1866 in Nohfelden
Dach (Daik) Martha * 1830 in Schweppenhausen, + 26.03.1892 in Bosen
T. von Daik Joseph und Schüler Helena, Schweppenhausen

Kinder
Moses * 11.10.1863 in Gonnesweiler
Johanette * 21.03.1865 in Gonnesweiler
Helena * 23.10.1867 in Gonnesweiler, + 24.10.1867 in Gonnesweiler
Magdalena * 30.10.1868 in Gonnesweiler, + 1939 in Saarbrücken, oo Blum Jakob, Heiligenwald
Gertrude * 10.06.1870 in Gonnesweiler, oo von der Walde Alfred
Caroline * 20.04.1872 in Gonnesweiler, + 27.08.1876 in Bosen
Kind ohne Name * , + 30.03.1874 in Bosen

Magnus Baum, genannt „Herz-Babbe" betrieb ein Geschäft in der heutigen Bostalstraße. Schon vor dem 1. Weltkrieg hatte er das Geschäft seiner Tochter Johannette übergeben. Er selbst war Schächter im Ort. Johannetta Baum verkaufte das gesamte Anwesen 1925 an Karl Schmidt und verzog nach Saarbrücken. (aus: Bildband Bosen Eckelhausen, S. 74)

BAUM Isaac * 14.03.1838 in Bosen, Bäcker wohnte in Mettnich und Bosen
S. von Baum Lion und Levy Barbara, Bosen
oo 16.11.1864 in Nohfelden
Herz Barbara * 1840 in Sötern
T. von Herz David, Handelsmann, und Baer Karolina, Sötern

Kinder
Moses * 1865
Hermann * 04.10.1868 in Sötern, nach Frankfurt, + im KZ, verschollen in Minsk

BAUM Ludwig II * 07.11.1836 in Bosen, + 06.03.1895 in Bosen
S. von Baum Wolfgang und Levi Fraitchen, Bosen
oo 29.06.1868 in Nohfelden
Rothschild Caroline * 1840 in Haupersweiler, + 22.07.1910 in Bosen
T. von Rothschild David und Seligmann Theresia, Haupersweiler

Kinder
Theresia * 20.06.1869 in Bosen, + 16.04.1870 in Bosen
Sara * 25.12.1870 in Bosen, + 01.09.1942 im KZ, 1949 für tot erklärt
Felix * 07.08.1874 in Bosen, Viehhändler in Bosen Hausnummer 66, deportiert am 27.07.1942 + 05.10.1942 im KZ
Wilhelm * 19.04.1878 in Bosen, + 1942 im KZ, oo Kirchheimer Selma, für tot erklärt

drei Kinder am 27.07.1942 nach Theresienstadt deportiert,
letzte Wohnung: Bosen Haus Nr. 30

BAUM Marx * 29.10.1831 in Bosen, Kaufmann, + 15.06.1891 in Bosen

S. von Baum Ludwig und Haas Debet (Babette), Bosen
oo 22.11.1860 in Nohfelden
Gamiel Babette (Barbara) * 1838 in Argenschwang, + 15.03.1921 in Kreuznach
T. von Gamiel Jakob und Meyer Clara, Argenschwang

Kinder
Clara * 04.02.1862 in Bosen, oo Herz Marx, Metternach/Luxemburg
Esther * 15.05.1863 in Bosen, oo Mayer Samuel,Neumagen
Kind ohne Name * , + 06.01.1865 in Bosen
Babette * 07.07.1866 in Bosen, + 09.01.1867 in Bosen
Jacob * 07.11.1867 in Bosen, + 28.01 1928 in Bosen, oo Gerson Wilhelmine
Joseph * 08.07.1872 in Bosen, + 12.07.1883 in Bosen
Sara * 08.05.1874 in Bosen, oo Emanuel Willy, Bullay an der Mosel
Mathilde * 28.04.1876 in Bosen, + 28.06.1879 in Bosen
Wilhelm Ludwig * 03.12.1882 in Bosen, + 28.09.1885 in Bosen

BAUM Josef * 12.06.1839 in Bosen, Krämer in Selbach, + 18.06.1915 in Bosen
S. von Baum Marx und Haas (Isaac) Sara, Bosen
oo 04.07.1866 in Nohfelden
Sternberg Elisabeth * 1836, + 10.03.1910 in Bosen
T. von Sternberg David, Handelsmann, und Haymann Olik, Sötern

Kinder
Markus * 26.11.1868 in Bosen, + 27.05.1873 in Bosen
Adelheide * 25.10.1870 in Bosen, + 01.09.1942 im KZ Minsk,
oo Lion Gustav aus Sötern, 1949 für tot erklärt
Adolph * 10.04.1873 in Bosen, + 30.04.1873 in Bosen
Babette * 24.09.1874 in Bosen, oo Salm Jacob, Schweich/Mosel
Emma * 21.01.1880 in Bosen, + 01.10.1881 in Bosen

„Joschbel" –Josef Baum besaß ein Geschäft in Bosen und eine Filiale in Selbach. Er verkaufte Lebensmittel, Bedarfsartikel und Eisenwaren. „Auf ihn verübten am Schäubelswald (an der Straße nach Neunkirchen, kurz hinter dem Campingplatz) eines Abends Unbekannte einen Raubüberfall, als er nach Geschäftsschluß von Selbach nach Hause zurückkehrte. Durch Messerstiche im Bauch schwer verletzt schleppte er sich mit letzter Kraft nach Bosen. Doch war er von diesem Tag an ein gebrochener Mann" (aus: Bildband Bosen Eckelhausen, S. 73)

BAUM Josef * 07.11.1836 in Hoppstädten, + 11.03.1903 in Kirksville/MO, USA
S. von
oo 08.01.1867 in St. Louis/MO, USA
Hart Carolina * 18.12.1841 in Bosen, + 23.12.1919 in Dallas/TX, USA
T. von Hart (vorm.Herz) Nathan und Baum Rosina

Kinder
Moses * 1867 in Kirksville/MO, USA, + 1867 in Kirksville/MO, USA
Mathilda * 1869 in Kirksville/MO, USA, + in Farmington/MO, USA
Esther * 1871 in Kirksville/MO, USA, + 1871 in Kirksville/MO, USA
Jennie * 1874 , + 1858 in Houston/TX, USA
Gertrude * 1878 in Kirksville/MO, USA, + 1953
Nathan H. * 1883, + 1956

BAUM Daniel * 02.02.1838, + 10.02.1901 in Kirksville/MO, USA,
S. v. Baum Moses (evtl.)
oo 12.09.1871 in Kansas City/MO;USA
Hart Theresia * 29.03.1844 in Bosen, + 02.10.1831 in OK, USA
T. von Hart (früher Herz) Nathan und Rosetta Baum

Kinder
Nathan * 1873 in Butler/MO, USA, * 1934 in Anadarko/OK, USA
Regina (Jennie) * 1879 , + in Elk City/OK, USA
Amelia Geraldine * 1884 in Kirksville/MO, USA, + 1955 in Enid/OK, USA
Joseph * 1886 in Milan/OK, USA, + 1949 in Washington, DC, USA

BAUM Abraham (Mahdese Awrahämche) * 18.01.1841 in Sötern, Hausierer,
+ 25.03.1906 in Bosen
S. von Baum Elisabetha, wohnhaft in Montenack
oo 16.12.1870 in Nohfelden
Sender Magdalena * 23.09.1843 in Bosen, + 26.06.1902 in Bosen
T. von Sender Israel und Wolf Johanetta, Bosen

Kinder
Adolph * 29.10.1865 in Bosen, wurde bei der Heirat als ehelich erklärt
Maria Amalie * 04.03.1871 in Bosen, + 03.02.1950 in Alameda/CA,USA,
oo Stern Barbara * 26.02.1873 in Sötern, oo Oppenheimer, Köln, + im KZ Riga
Gustav * 06.04.1875 in Sötern, Besitzer der Feldspatwerke in Türkismühle
Auguste * 23.07.1877 in Sötern, + 18.06.1942 im KZ Lodz, für tot erklärt,
1.oo Harf Alexander, 2.oo 1919 in Köln, 3.oo 23.07.1941 in Köln mit Levy .
Alexander * 29.08.1879 in Bosen, + 14.03. 1930 in Neunkirchen/Saar
oo Isaac Leonie
Rosina * 24.06.1882 in Bosen, + 21.07.1941 in Köln

BAUM Leopold * 07.11.1847 in Bosen, Handelsmann, + 24.07.1930 in Bosen
S. von Baum Samuel und Blatt Carolina, Bosen
oo 17.03.1874 in Nohfelden
Mayer Rosalie * 18.01.1850 in Staudernheim, + 07.12.1884 in Bosen
T. von Mayer Salomon, Händler, und Eichel Sara, Staudernheim

Kinder
Joseph * 31.12.1875 in Bosen, + 03.11.1894 in Bosen, ledig
Bertha * 28.03.1876 in Bosen, + 31.12.1944 im KZ, für tot erklärt,
oo Wolf Gustav, Neunkirchen
Caroline * 23.02.1878 in Bosen
Moritz * 20.01.1880 in Bosen, + 1935 in Frankfurt
Siegfried * 10.11.1881 in Bosen, + im KZ, oo Sender Clementine
Elma * 30.08.1883 in Bosen, oo Kleeblatt Baruch aus Rohrenfurth,+ im KZ Riga

BAUM Leopold II * 26.10.1852, Viehhändler, + 01.08.1926 in Bosen
S. von Baum Salomon und Baum Gertraud, Bosen
oo
Steinberger Jacobine (Johanette) * 24.09.1862 in Offenbach/Kusel, wohnte Bosen
Hausnummer 88, + 15.10.1934 in Bosen

T. von
Kinder
Emilia * 25.08.1889 in Bosen, + 10.02.1959 in St.Gallen
Arthur * 09.11.1897 in Bosen, am 10.08.1939 nach London ausgewandert, 1956 in New York 32, 705 W 170 St.

BAUM Joseph * 05.06.1849 in Bosen, Lehrer in Sötern und Bosen, + 20.05.1932
S. von Baum Salomon und Baum Gertraude, Bosen
oo vor 1877
Gamiel Elise * 06.12.1847 in Argenschwang, + 24.09.1930
T. von

Kinder
Ludwig * 09.02.1877 in Bosen, + 25.06.1879 in Bosen
Clara * 17.02.1878 in Bosen
Emma * 24.08.1879 in Bosen, + 08.05.1945 im KZ Lodz, oo Wolf Ludwig
Jacob * 01.03.1881 in Bosen, Schneider in Bosen Hausnummer 88, oo Kaufmann Sylvia, + 08.05.1945 im KZ
Thekla * 28.06.1882 in Bosen, + 26.05.1939 in Sötern, oo Wolf Ludwig, Sötern
Max * 12.01.1884 in Bosen, oo Schömann Gertrude, nach Amerika
Johanna * 23.07.1885 in Bosen, oo Hirsch Wilhelm, Völklingen, + 08.12.1948 in Völklingen
Gustav * 21.01.1887 in Bosen, + 22.01.1924 in Sötern, ledig

Emma und Gustav Baum führten das Gemischtwarengeschäft Geschw. Baum in Hermeskeil, Bahnhofstr. 341 (heute 1)

Jüdischer Friedhof in Sötern, privat

Emma Baum, Aufnahme ca. 1938, *aus: Mais, Wiedergutmachung, S. 160*

BAUM Moses * , hatte 1892 eine Firma in Eisen
S. von
oo
Ermann Johanna *
T. von

Ehepaar stammt aus Buchenschachen

BAUM Markus * 1860, Lehrer, + 30.01.1889 in Bosen
S. von Baum Isaak und Adler Johanna, Lischenroth
oo vor 1886
Spier Johanna *
T. von

Kinder
Isidor * 13.06.1885, + 19.02.1888 in Bosen
Julie * 15.07.1886, + 23.02.1888 in Bosen
Paula * 21.08.1887 in Bosen, oo Hichberger, + KZ Auschwitz
Sidonie * 31.12.1888, + 23.02.1889 in Bosen

BAUM Simon * 21.01.1857 in Lötzbeuren, Metzger in Laufersweiler
S. von Baum Abraham, Metzger, und Strauß Sophie
oo 22.11.1887
Simon Bertha * 22.08.1862 in Zöhlingen
T. von Simon Jesaias, Handelsmann, und Wolf Helena, Eisen

BAUM Alexander (Alfred) * 29.08.1879 in Bosen, + 14.03.1930 in Neunkirchen/Saar
S. von Baum Abraham und Sender Magdalene, Bosen
oo
Isaac Leonie * 24.03.1878 in Bettenhausen/Pfalz, + 31.12.1944 im KZ, am 29.04.1942 aus Bosen deportiert, für tot erklärt, letzte Wohnung: Bosen Haus Nr. 30
T. von

Kinder
Julius * 10.06.1904, + 27.09.1908 in Bosen
Olga * 01.08.1907 in Bosen, oo Mayer Julius, Ulmet, + KZ Auschwitz
Martha * 31.01.1909 in Bosen, oo Morris Weinberger in USA, im Juli 1937 emigriert, 1949 in New York 210 Wst.109 St.

BAUM Sigmund * 20.03.1869 in Thalfang, + 02.02.1940 in Sötern
Metzger und Viehhändler in Sötern Ortsstraße 150
S. von Baum Salomon und Meier Philippine, Thalfang
oo 11.01.1898
Blum Henriette * 13.03.1873 in Sötern, + 31.12.1944 im KZ, am 27.07.1942 nach Theresienstadt deportiert, für tot erklärt am 26.05.1950
T. von Blum Samuel und Kahn Magdalena, Sötern

Kinder
Salli * 1899 in Thalfang, + 09.03.1915 in Sötern
Kind ohne Name + 02.10.1902
Johanna * 07.05.1904 in Sötern, oo 1940 Wolf aus Essen, + im KZ Izbica

BAUM Jakob * 07.11.1867 in Bosen, + 28.01.1928 in Bosen, Kaufmann, Bosen Hausnummer 67
S. von Baum Marx und Gamiel Babette, Bosen
oo 29.10.1903 in Nohfelden
Gerson Wilhelmine * 13.09.1880 in Perscheid bei St. Goar, am 27.01.1938 nach New York. 711 West
T. von Gerson Josef und Harf Halina, Perscheid

Kinder
Thekla * 22.12.1904 in Bosen, + 24.05.1935 in Laufersweiler
oo 1928 in Nohfelden Mayer Bernhard, Laufersweiler
Ida * 03.05.1906 in Bosen, oo Levy Salomon aus Conz
Max * 24.08.1907 in Bosen, am 11.09.1937 von Bosen nach New York/USA

BAUM Siegfried * 10.11.1881 in Bosen, + 31.12.1944 im KZ, Pferdehändler, Bosen Hausnummer 63
S. von Baum Leopold und Mayer Rosalie, Bosen
oo 11.05.1911 in Nohfelden
Sender Clementine * 28.03.1889 in Sötern, + 31.12.1944 im KZ, für tot erklärt
T. von Sender Emanuel und Lampert Luise, Sötern

Kinder
Renate Rosalie, Rence * 25.04.1912 in Bosen, + 1976 in USA
oo Traub Erich, Saarbrücken, am 03.08.1933 nach Saarbrücken
Kind ohne Name + 02.11.1914 in Bosen
Gerda * 15.01.1920 in Bosen, 1949 in 1250 Grand Concourse

Bronx, N.Y./USA, oo Sternberg, USA
Lore * 12.07.1917 in Bosen, + im KZ, am 25.02.1936 nach Frankfurt/Main abgemeldet

Eltern und Lore wurden am 29.04.1942 deportiert

BAUM Wilhelm * 19.04.1878 in Bosen, + 01.09.1942 im KZ, für tot erklärt, Viehhändler, Bosen Hausnummer 66
S. von Baum Ludwig und Rothschild Caroline, Bosen
oo 11.09.1913 in Nohfelden
Kirchheimer Sophie (Selma) * 25.01.1885 in Berwangen/Eppingen, Köchin, + 04.12.1936 in Bosen
T. von Kirchheimer Nathan, Metzger, und Kalb Fanny

Kinder
Ludwig * 19.05.1915 in Bosen, am 20.10.1937 nach Chicago/USA, 1948 in 96 Crestwood Ave Buffalo 16, NY, USA, oo Rotschild Karoline, änderte seinen Vornamen in Lewis
Karola * 20.09.1916 in Bosen, + 01.09.1942 im KZ, für tot erklärt
Nathan * 29.01.1920 in Bosen, + 01.09.1942 im KZ, für tot erklärt, besuchte vom 17.04.1928 bis 27.03.1936 die Volksschule
Thea * 13.06.1921 in Bosen, + 01.09.1942 im KZ, für tot erklärt, besuchte von Ostern 1928 bis Ostern 1936 die Volksschule

Vater und 3 Kinder am 27.07.1942 deportiert

BAUM Jakob * 01.03.1881 in Bosen, + im KZ
S. von Baum Joseph und Gamiel Elise, Bosen
oo
Kaufmann Sylvia * 27.08.1896 in Köln, + im KZ Lodz
T. von Kaufmann Isidor und Sinn Leontine

Wohnsitz in Bosen, während des Krieges in Köln

Jakob Baum, Aufnahme ca. 1920
aus: Mais, Wiedergutmachung, S. 160

BAUM Max * 12.01.1884 in Bosen, Kaufmann, Hausnummer 118a in Sötern
Er hatte ein Gemischtwarengeschäft und war SPD Mitglied.
S. von Baum Joseph und Gamiel Elise, Bosen
oo
Schömann Gertrude * 16.04.1879 in Bausendorf/Wittlich, + 16.12.1939 in Sötern
T. von

Kinder
Edith * 19.09.1914 in Hermeskeil, am 16.09.1938 von Sötern nach New York
Clara * 20.08.1916 in Hermeskeil, Zwilling, am 16.09.1938 von Sötern nach New York
Thekla * 20.08.1916 in Hermeskeil, Zwilling, nach New York
Auguste * 02.06.1924 in Sötern

Vater und Auguste am 26.08.1939 nach Clerf/Luxemburg, dann nach USA

BECKHARD Josef Ludwig Isaak, genannt Hermann, * 10.07.1865 in Dudweiler, Tierarzt, wohnhaft in Herrstein, + 1933 in Ahrensbök
S. von Beckhard Emanuel und Strauß Charlotte, Straßburg
oo 24.05.1897
Kahn Clara * 12.12.1874 in Birkenfeld
T. von Kahn Salomon und Goldschmidt Anna, Gonnesweiler

Max Baum mit seinen Töchtern Gustel und Thekla und seiner Schwester Johanna Hirsch, geb. Baum, Aufnahme ca. 1937/38
aus: Mais, Wiedergutmachung, S. 153

Auguste Baum (re.), gen. Guteli, Tochter des Max Baum, mit ihrer Cousine Ruth Hirsch aus Völklingen vor ihrer Ausreise in die USA.: *priv.*

Hochzeit der Claire Baum, neben ihr die Zwillingsschwester Thekla und ihre Schwestern Edith und Gustel am 30.12.1946 in New York; Töchter des Max Baum
aus: Mais, Wiedergutmachung, S. 153

Max Baum, aufgenommen 1965 in den USA, *priv.*

BENZ Elias * 1845 Tünscher
S. von
oo
Schmidt Catharina * 1839
T. von

Kinder
Wilhelm * 1871 in Feckweiler, + 04.02.1872 in Sötern
Catharine * 25.02.1873 in Sötern, + 31.03.1875 in Sötern
Bertha * 16.03.1875 in Sötern

BERG Emanuel * Niederkirchen bei Kaiserslautern
S. von
oo
Sender Babette * 1840
T. von Sender Moses und Feis Elisabeth, Sötern

Kinder
Rosalie *
Elise *
Moritz *
Arthur *
Alexander * nach Amerika
Emanuel * nach Amerika

BERMANN Philipp * 1843, Handelsmann
S. von Bermann Marx und Wolf Maria
oo 08.05.1871 in Nohfelden
Baum Johanette * 30.01.1847 in Bosen
T. von Baum Salomon und Baum Gertraud, Bosen

BERMANN Hermann * 30.12.1895 in Wittlich/Trier
S. von
oo 23.08.1922 in Nohfelden
Löb Ida * 02.06.1892 in Sötern
T. von Löb Emanuel und Marx Johanna, Sötern

BLACK *
S. von
oo
Baum Karolina * 31.03.1845 in Bosen, + 01.12.1918 in St. Louis/MO, USA
T. von Baum Gottlieb und Fränkel Sara

BLATT Marx * in Hottenbach, Händler in Bosen
S. von Blath Marx, Händler, und Kronenberger Deile, Hottenbach
oo
Maier Aub * in Bosen
T. von

Kinder
Dorothea * 1835 in Hottenbach, + 23.03.1849 in Bosen

BLATH Benjamin * 1834 in Hottenbach, + 04.04.1920, Händler in Sötern
S. von Blath Bär und Kronenberger Barbara, Hottenbach
1.oo 13.02.1859 in Nohfelden
Wolf Johanetta * 1835 in Sötern, + 14.12.1871 in Sötern
T. von Wolf Simon und Kronenberger Karolina, Sötern

Kinder
Gustav * 24.01.1866 in Sötern, + 19.04.1918 in Sötern, ledig
Babette * 01.06.1868 in Sötern, + 23.07.1868 in Sötern
Fanny * 29.11.1869 in Sötern, + 30.11.1926, oo Lion Wilhelm, Sötern

2.oo
Löb Karoline * 07.12.1848 in Sötern, + 03.01.1910 in Sötern
T. von Löb Arie und Kreß Ach, Sötern

Kinder
Kind ohne Name + 23.12.1886 in Sötern

BLAU Moritz * 26.08.1903 in Köln, Kaufmann, wohnhaft in Köln Kämmergasse 8, + vor 1941
S. von
oo 12.11.1926 in Nohfelden, am 30.12.1940 geschieden
Lion Frieda * 28.11.1903 in Sötern, Köchin, 2.oo 23.09.1941 in Köln mit Bloch

1942 von Köln nach Minsk deportiert
T. von Lion Joseph und Adler Bertha, Sötern

Kinder
Tochter * 1927 in Köln-Lindenthal
Margot * 10.12.1929 in Sötern, 1942 von Köln nach Minsk deportiert
Tochter * 1931 in Köln-Holweide

BLEIBTREU Christian Heinrich *
S. von
oo
Katharina *
T. von

Kinder
Christian Heinrich * 08.05.1720
Bergmann in Nohfelden, „getaufter Jud", Beibje, + 23.11.1767 in Nohfelden

BLEIBTREU Christian * 1736, aus Bosenbach, + 16.02.1804 in Nohfelden, hieß früher Bär Benjamin
S. von
oo um 1780
Pick Juliane * 1757 in Fischbach, + 18.05.1837 in Nohfelden
T. von Pick Melchior und Bunderstkeil Catharina, Fischbach

BLOCH Joseph * 24.12.1893 in Zürich, + im KZ Minsk
S. von
oo 23.09.1941 in Köln
Lion (Blau) Frieda * 28.11.1903 in Sötern, Witwe des Moritz Blau, 1942 von Köln nach Minsk deportiert
T. von Lion Joseph und Adlet Bertha, Sötern

BLUM Samuel * 1804, Viehhändler in Heimbach und St. Wendel
S. von Salomon Samuel und Elias Güdel, Sötern
oo 18.05.1832 in Nohfelden
Borg Marianne * 1803 in Haupersweiler, + 02.07.1885 in Sötern
T. von Borg Isaac, Viehhändler, und Moses Johanna, Haupersweiler

Kinder
Johanna * .11.1832, + 22.04.1833 in Sötern
Carolina * 10.04.1839 in Sötern, + 27.12.1890 in Sötern, oo Loeb Mathias

BLUM Elias * 1805 in Heimbach, + 07.04.1871 in Sötern
S. von Blum Salomon Samuel, Händler, und Blum Judith
oo
Albert Veronika * , + vor 1871
T. von

Kinder
Salomon * 25.07.1838 in Sötern

BLUM Elias * Sötern
S. von
oo
Borg Maria Anna *
T. von

Kinder
Leihe * 23.10.1839 in Sötern

BLUM Elias * 1809, Tagelöhner in Sötern (evtl. identisch mit Blum Elias oo mit Albert Veronika)
S. von
oo
Albert Sara *
T. von

Kinder
Philippina * 19.07.1840 in Sötern
Samuel * 15.07.1842 in Sötern, oo Kahn Magdalena
Magdalena * 15.07.1842 in Sötern
Sara * 26.07.1844 in Sötern, oo Adler Abraham, Illingen

BLUM Samuel * 15.07.1842 in Sötern, + 25.05.1883 in Sötern, Viehhändler, beging Selbstmord
S. von Blum Elias und Albert Sara, Sötern
oo 15.12.1869 in Nohfelden
Kahn Magdalena (Helena) * 01.03.1844 in Sötern, + 03.10.1919
T. von Kahn Lemle und Kronenberger Caroline, Sötern

Kinder
Sara * 05.01.1871 in Sötern, + 09.11.1888 in Sötern
(Sohn) *
Henriette * 13.03.1873 in Sötern, + 31.12.1944 im KZ, am 26.05.1950 für tot erklärt oo Baum Siegmund
Elias * 08.04.1875 in Sötern
Adolph * 29.10.1878 in Sötern, + 13.07.1951 in Dudweiler

BLUM Jakob * 05.04.1867 in Schiffweiler, Schuster in Heiligenwald
S. von Blum Jacob und Nathan Rosa, Heiligenwald
oo 11.02.1895
Baum Magdalena * 30.10.1868 in Gonnesweiler, + 1939 in Saarbrücken
T. von Baum Magnus, Kaufmann, und Dach Martha, Bosen

BOEHM* Familie hält sich 1958 in Andower/USA auf.
S. v.
oo
Hanau Frieda * 20.08.1897 in Bosen
T. v. Hanau Jacob und Sender Maria, Bosen

BORG Salomon * 28.08.1866 in Haupersweiler, Händler in St. Wendel
S. von Borg Borg, Händler, und Simon Lisetta, Haupersweiler

oo 09.07.1894
Sender Rosina * 25.12.1870 in Sötern
T. von Sender David und Kahn Friederike, Sötern

BRÜM (PRÜM) Abraham * 1789 in Gonnesweiler, Händler in Thalfang
S. von Kreinlen Jonas, femme de Angehel Hamman
oo 25.03.1813
Schreyer Anna * 1795 in Thalfang
T. von Schreyer Isaak, Handelsmann, und Salmon Etchen, Thalfang

BURG Michel * 15.12.1846 in Hottenbach, Handelsmann
S. von Burg Lazar und Michel Magdalena, Hottenbach
oo 03.09.1873 in Nohfelden
Sender Johanette * 05.04.1847 in Sötern
T. von Sender Georg und Feis Margaretha, Sötern

BUXBAUM Jakob * 1827, + 26.07.1897 in Sötern, ledig, lebte in Sötern
S. von Buxbaum Josef und Veilchen Ernestine, Ottweiler

CONRAD August * 23.10.1895
S. von Conrad Peter und Treitz Maria, Sötern
oo
Hirsch Clara * 08.10.1898, + 1929
T. von Hirsch Hermann und Wolf Sara

Kinder
Karl * 15.10.1919 in Sötern, Metzger, am 02.01.1936 von Sötern nach Rüdnitz bei Berlin, am 20.04.1936 nach Palästina.

DAVID Jakob * Kaufmann in Bosen
S. von
oo
David Dreitsch *

Kinder
Janne * 02.01.1804 (Sohn)

DAVID Elias * Tagelöhner in Sötern
S. von
oo
Beile Moses *

Kinder
Moses Eli * 23.09.1804

DELLHEIM Friedrich * 08.12.1888 in Mutterstadt/Ludwigshafen
S. von
oo 04.01.1924 in Nohfelden

Sender Rosette * 10.02.1903 in Sötern
T. von

DEUTSCH Adolph * 13.10.1834 in Deutschland, Klempner, Installateur
S. von
oo
Baum Teresia * 19.02.1837 in Bosen
T. von Baum Michel und Levi Bräunle

Kinder
Isaac * 1862
Johanna * 1864
Gertrude * 1866, + 1934
Adolph * 1869
Bertha * 1871
Henry * 1879 in New York, USA
Maurice * 1882

DIETSTEIN Karl Ludwig (vorher Simon Markus) *
S. von Abraham Mathias und Scheinquien, Sötern
oo 27.06.1780 katholisch in Rodalben
Wehn Katharina *
T. von Wehn Jakob und Wilhelm Susanna, Donsieders

DORNHARD Otto * 21.01.1886, + im KZ Riga
S. von
oo
Hanau Selma * 30.11.1891 in Bosen, + im KZ Riga
T. von Hanau Jacob und Sender Maria, Bosen

Lebten in Kirn und Köln.

DUBLON Salomon * 26.11.1860 in Wittlich, Händler
S. von Dublon Lion und Ermann Minette
1.oo
Ermann Pauline *
T. von

2.oo
Wolf Auguste * 10.04.1878 in Sötern
T. von Wolf Moses und Hessel Sabina, Sötern

EISENKRÄMER Ferdinand * , 1871 Lehrer in Bosen
S. von aus Birkenfeld
oo
Baum Theresia * 13.01.1844 in Bosen
T. von Baum Wolfgang und Levi Feitchen, Bosen

EMANUEL Willy * 23.11.1875 in Oberstein, Kaufmann aus Bullay/Mosel, + 08.01.1940 in Frankfurt
S. von Emanuel Samuel, Goldschmied, und Bernhard Therese
oo 05.12.1901 in Nohfelden
Baum Sara * 08.05.1874 in Bosen, + 22.07.1939 in Idar Oberstein
T. von Baum Marx und Gamiel Babette, Bosen

ERMANN Jacob * 1835, aus Rhaunen, + 14.04.1905 in Rhaunen
S. von Ermann Nathan und Haas Caroline, Rhaunen
oo
Gottlieb Carolina * 11.04.1837 in Bosen, + 31.01.1917 in Rhaunen
T. von Gottlieb Gabriel und Kahn Johanetta, Bosen

Kinder
Leopold * 05.07.1864, oo Lion Sophie
Johanetta * , oo Levi Benjamin, Stiebshausen
Adolf * 26.08.1871, + im KZ, am 15.10.1941 deportiert
Emma * 27.02.1877, + im KZ, am 15.10.1941 deportiert, oo Klein Josef, Urspringen

ERMANN Leopold * 05.07.1864 in Rhaunen, + 01.04.1938 in Frankfurt
Viehhändler, Rhaunen Schustergasse 9
S. von Ermann Jacob und Gottlieb Carolina, Rhaunen
1.oo
Weiß Celestine * 12.03.1865 in Hirschberg, + 11.10.1912 in Rhaunen
T. von Weiß Baruch und Berg Elisabeth, Landstuhl

Kinder
Arthur * 05.03.1890, + im KZ, am 15.10.1941 deportiert
oo Meyer Frieda, Laufersweiler
Alfred * 11.07.1891, + im KZ, am 27.07.1942 von Ahrweiler deportiert, oo
Ferdinand * 06.07.1893, + 1988 in USA
Bertha * 17.05.1895, + 27.06.1941 in Frankfurt, oo Lion Emil, Sötern
August * 03.05.1897, + 1917, gefallen bei Ypern, Frankreich
Emilie * 28.06.1899. oo Germbacher, nach Pittsburg USA
Gerda * 02.06.1902, + im KZ, am 15.10.1941 deportiert
Frieda * 25.10.1903, + im KZ Minsk, oo Marx Jakob, Rhaunen
Lucie * 23.03.1906, + im KZ, oo Spielmann Norbert
2.oo 11.12.1913

Leopold Ermann
aus: Weirich/Stoll, 1991, S. 44

Lion Sophie * 01.09.1880 in Sötern, + KZ Riga
T. von Lion Jacob und Baum Marianne, Sötern

Familie 1938 nach Frankfurt/Main verzogen

ERMANN Nathan * 08.09.1874 in Bergweiler bei Wittlich, Händler, + im KZ Minsk
S. von Ermann Abraham und Kahn Johanette, Wittlich
oo 27.12.1899 in Nohfelden
Lion Delphine * 06.04.1875 in Sötern , + im KZ Minsk
T. von Lion Adolf und Kohn Helene, Sötern

Kinder
Ernst * 1901, + 15.03.1902 in Wittlich

ERMANN Daniel * 11.11.18.., + 26.02.1937 in Luxemburg, praktischer Arzt, Doktor med. in Sötern, ab 1906 bis 1935 in Saarbrücken, Nassauerstraße 2
S. von
oo
Dahlsheimer Selma * , + in Johannesburg/Südafrika
T. von

Kinder
Heinz Ludwig * 03.09.1905 in Sötern, emigriert nach Palästina, Militärarzt, 1939 mit der englischen Armee nach Abessinien, später in Eritrea, soll 1975 beim Sturz von Kaiser Heile Selassie umgekommen sein

Eltern emigrierten n. Luxemburg, Witwe nach Johannesburg/Südafrika

ERMANN Hans-Fred *
S. von
oo
Lion Gertrud * 10.01.1914, Krankenschwester
T. von Lion Josef und Thal Nanette, Sötern

Kinder
.... * 1946

1962 in 50 Park Terrace East New York 34 NY, 1958 in Essen, Dammanstr: 57

FEIS Salomon (Schlaumen) *ca. 1720, Viehhändler in Sötern, + 08.06.1810 in Sötern
S. von Schlaumen Abraham, Viehhändler in Alsenz und Guidel Abraham
oo
Ael (Rikel) Feis *
T. von

Kinder
Egela (Eule, Eula) * 1760, + 28.04.1830 in Sötern oo Sender David
Emanuel * ca. 1764 oo Löb Gütel
Borg (Jakob) * ca. 1769 oo Mindel (Mendel)
Eve * ca. 1771, + 11.06.1813 in Sötern
Herz (David) * 1775 oo Mendel Edel

FEISS Emanuel (Samuel) * ca. 1764 in Sötern, Handelsmann, + 18.09.1839 in Sötern
S. von Feis Salomon und Ael
oo vor 1794
Anchil Güdel (Gertrud) * in Oberreidenbach, + 23.03.1827 in Sötern,
T. von Anchill Salomon, Händler, und Isaac Frommet

Kinder
Charlotte * 16.11.1794, + 03.12.1860 in Sötern, oo Löb Emanuel
David jun. * 04.1794, 1.oo Sander Gütel (Johanna), 2.oo Levy Babet,
+ 29.12.1865 in Sötern
Joseph * 1797 in Sötern, 1.oo Levi Rosalia, 2.oo Feis Edel
Regula (Regina, Rosa) * 02.12.1798 in Sötern, + 19.03.1868, oo Sender Jakob
Eysel * 22.03.1800 in Sötern

FEISS Borg (später: Feis Jakob) * 1769, Handelsmann in Sötern
S. von Feis Salomon und Ael
oo vor 1799
Frommet Mendel (Mindel) * ca. 1863, + 6.06.1814 in Sötern
T. von Herz, Viehtreiber in Steinbach und Frommet

Kinder
Herz * 20.04.1799 in Sötern
Reissel * 30.12.1800
David * 14.06.1802, oo Feis Blümgen
Ebel Borge *15.11.1804
Frommet (Rosa) *29.03.1807, + 08.02.1812
Emanuel *01.08.1809
Salomon *23.03.1811, + 12.04.1812
Magdalena * 09.08.1813, + 03.03.1813

FEIS Herz (David Jacob) * 1775, Handelsmann in Sötern
S. von Feis Salomon und Ael
oo 07.06.1800
Mendel Edel, ehemals Lewin Adel * 1776 in Bosenbach, Donnersberg, + 09.10.1844
in Sötern
T. von Mendel Levi, Viehhändler in Bosenbach und Mendel Nilka

Kinder
Reickel *06.09.1802, + 17.06.1804
Blümgen * 22.12.1803, +17.06.1804
Margrethe * 27.12.1808, oo Sender Georg, + 19.05.1873 in Sötern
Guida (Güdel, Gitzel) * 13.03.1805, oo Feis David
Hendel (Edel) * 05.11.1807, oo Feis Joseph
Elisabeth * 16.12.1809, + 17.01.1859 in Sötern, oo Sender Moses
Margarethe * 27.12.1811
Minetta (Grelle)* 17.12.1813, oo Neugass Isaac, + vor 1895
Moses * 17.08.1817 in Sötern
Herz * 12.06.1819 in Sötern, oo Feis Rosina, + 27.05.1895 in Sötern
Kind ohne Namen * in Sötern, + 26.11.1821 in Sötern
Beule * 16.06.1822 in Sötern
Magdalena * 15.10.1825 in Sötern
Milka * , oo Nathan Simon, Ohmbachbrücken

Babette * , oo Schneider Samuel, Thalfang

FEIS Feis *
S. von
oo
Salomon Regina *
T. von

Kinder
Jacob * in Sötern, + 17.04.1844 in Sötern

FEIS David jun. * .04.1792, Handelsmann, + 29.12.1865 in Sötern
S. von Feis Emanuel, Sötern, und Anchil Gütel
1.oo 27.07.1815
Sender Gödel (Güdel, Johanna) * ca. 1798 in Sötern, + 27.02.1819 in Sötern
T. von Sender David u. Egele (Eule, Eula) Feis, Viehhändler von Sötern

Kinder
Kind ohne Namen * in Sötern, + 27.02.1819 in Sötern
David * 22.04.1820 in Sötern, oo Juda Regula
Alexander (Sender) * 08.10.1822 in Sötern, oo Feis Gertrud, + 22.05.1872 in Sötern
Isaak * 07.04.1825 in Sötern
Magdalena * 31.12.1825 in Sötern
Salomon * 20.10.1827 in Sötern, oo Bär Esther
Jacob * 27.08.1828 in Sötern
Jacob * 02.01.1830 in Sötern,+ 05.03.1881 in Sötern, oo Feis Caroline
Moses* 01.03.1832 in Sötern, + 22.01,1834 in Sötern
Elisabeth * 11.06.1834 in Sötern, 1.oo Löb Moses,
2.oo Sender David, Sötern, + 28.02.1916

2.oo 05.02.1836 in Nohfelden
Levy Babet (Jetta) * 1814, Magd in Cordel
T. von Levy Zodack, Handelsmann, und Levy Sara, Cordel

Kinder
Leopold * 22.11.1836 in Sötern, + 11.07.1841 in Sötern
Abraham * 10.03.1838 in Sötern
Carolina * 14.03.1840 in Sötern, oo Levy Carl
Charlotte * 06.03.1842 in Sötern,
Carolina * 22.03.1844 in Sötern
Emanuel * 08.04.1846 in Sötern
Johanna * 04.12.1848 in Sötern
Hermann * 11.09.1853 in Sötern

FEIS Joseph * 1797 in Sötern, + 12.12.1872 in Sötern
S. von Feis Samuel, Handelsmann, und Anchil Gertrud, Sötern
1.oo 18.10.1819
Levi Rosalia (Reichel) * 1802 in Thalfang, + 11.10.1823 in Sötern
T. von Levi Ludwig (Löb), Handelsmann, und Jacob Sara (Gütchen), Thalfang

Kinder

Gütchen * 29.09.1823 in Sötern, + 30.09.1824 in Sötern

2.oo 03.12.1824
Feis Edel (Johanette, Henriette) * 1807, + 20.03.1876 in Sötern
T. von Feis Herz und Mendel Edel, Sötern

Kinder
Rosina * 01.04.1826 in Sötern, oo Feis Herz Feis, + 22.06.1905 in Sötern
Gertraud * 14.04.1828 in Sötern
Gertraud * 08.05.1829 in Sötern, oo Feis Alexander, + 15.05.1876 in Sötern
Amalia * 07.04.1831 in Sötern, oo Kahn Ludwig
David * 15.10.1832 in Sötern, + 10.01.1833 in Sötern
Carolina * 12.06.1834 in Sötern,+ 28.11.1834 in Sötern
Philippina * 14.12.1835 in Sötern, + vor 1876, oo Joseph Moses, Tholey
Babet * 23.07.1837 in Sötern
Babet * 01.08.1839 in Sötern, + vor 1876, oo Hessel Ferdinand, Rheinböllen
Carolina * 12.06.1841 in Sötern, + 26.08.1881 oo Feis Jacob
Katharina * 17.03.1842 in Sötern, 1876 ledig
Emanuel * 08.08.1845 in Sötern, 1875 in Iowa/USA
Adelheid * 10.04.1847 in Sötern, 1875 in Diedenhofen, 1876 entmündigt
Helena * 25.03.1849 in Sötern, 1896 in Amerika
Hermann * 29.03.1853 in Sötern, 1875 in Amerika, 1895 wieder in Sötern
Esther * , + 1875 ledig
Ernestine * , + 1895 ledig
Blum * , + 1895 ledig

FEIS David * 14.06.1802, + 04.12.1861 in Sötern
S. von Feis Jakob und Mendel Frommet
1.oo 10.01.1823
Feis Guida (Gütel) * 24.04.1805 in Sötern, + 27.10.1835 in Sötern
T. von Feis Herz und Levy Edel, Sötern

Kinder
Magdalena * in Sötern, + 18.07.1842 in Sötern
Jacob * 1828

2.oo
Weil Regina * in Hoppstädten, + 21.02.1845 in Sötern
T. von Weil Elias und Samuel Klara

Kinder
Elias * 09.08.1836 in Sötern
Regina * 20.11.1839 in Sötern
Samuel * 11.12.1842 in Sötern
Heinrietta * 18.01.1845 in Sötern

FEIS Herz Feis * 12.06.1819 in Sötern, + 27.05.1895 in Sötern
S. von Feis Herz, Handelsmann, und Mändel Edel, Sötern
oo 27.12.1844 in Nohfelden
Feis Rosina * 01.04.1826 in Sötern, + 22.06.1905 in Sötern
T. von Feis Joseph und Feis Edel, Sötern

kinderlos

FEIS David * 22.04.1820 in Sötern, Handelsmann in Sötern
S. von Feis David und Sender Gütel, Sötern
oo 09.05.1845 in Nohfelden
Juda Regula(Regina) * 1823 in Neumagen (oder Remagen)
T. von Juda Meyer, Handelsmann, und Levy Esther

Kinder
Emanuel * 11.12.1845 in Sötern
Ernestina * 14.02.1848 in Sötern
Israel * 24.05.1850 in Sötern
Juda * 19.07.1852 in Sötern
Magdalena * 29.12.1855 in Sötern
Jetta * 25.04.1857 in Sötern
Rosalia * 22.01.1859 in Sötern
Karolina * 12.09.1861 in Sötern
Amalie * 04.07.1864 in Sötern
Adolph * 28.07.1866 in Sötern

Die Familie wandert 1871 nach Nordamerika aus.

FEIS Sender (Alexander) * 08.10.1822, + 24.05.1872 in Sötern
S. von Feis David und Sender Gütel, Sötern
oo 31.08.1849 in Nohfelden
Feis Gertrud (Jetta) * 08.05.1829, + 15.05.1876 in Sötern
T. von Feis Joseph, Handelsmann und Feis Edel, Sötern

Kinder
Johanetta * 13.10.1849 in Sötern, + 10.04.1850 in Sötern
Adelheid * 14.06.1851 in Sötern, 1896 in Amerika
Emanuel * 19.07.1852 in Sötern, + 23.07.1852 in Sötern
Hermann * 19.07.1852 in Sötern, + 27.07.1852 in Sötern
Israel * 10.01.1859 in Sötern, 1896 in Amerika
Feis, Ferdinand * 03.01.1861, + 13.03.1865 in Sötern
Emanuel * 19.12.1853 in Sötern
Herrmann * 17.05.1855 in Sötern, 1896 in Amerika
Jacob * 14.06.1862 in Sötern, 1896 in Amerika

FEIS Jacob * 1828 in Sötern, + 22.05.1867 in Sötern
S. von Feis David und Feis Gütel, Sötern
oo
Lieser Bebianna (Sabina) * 1838 in Mehring
T. von Lieser Samuel und Rottschali Escher, Mehring, 2.oo Sender Alexander, Sötern

Kinder
Gertraude * 29.11.1860 in Sötern, 1880 in Oberstein
Theodor * 10.09.1862 in Sötern, + 01.05.1863 in Sötern
Louis * 29.04.1864 in Sötern, 1880 in Amerika
Minna * 07.02.1866 in Sötern

Die Kinder wanderten am 31.07.1881 nach Amerika aus.

FEISS Jacob * 02.01.1830 in Sötern, Händler, + 05.03.1881 in Sötern

S. von Feis David und Sender Gütel, Sötern
oo 08.05.1863 in Nohfelden
Feis Caroline * 12.06.1841 in Sötern, + 26.08.1881
T. von Feis Joseph und Feis Edel, Sötern

Kinder
Emanuel * 07.10.1863 in Sötern, + 26.06.1876 in Sötern
Johanette * 20.01.1865 in Sötern

Vater hielt sich beim Tod des Sohnes in St. Joseph in Amerika auf.

FEIS Salomon * 20.10.1827 in Sötern, Händler, + 07.03.1903 in Tholey
S. von Feis David, Händler, und Feis Güdel, Sötern
oo 31.01.1866 in Nohfelden
Bär Esther * 19.02.1835 in Tholey, + 20.09.1911 in Tholey
T. von Bär Isaac, Handelsmann, und Wolf Philippina

Kinder
Johanetta * 25.11.1867 in Tholey, nach Amerika

FISCHER Isaac * 1784 in Bischweiler, wohnhaft in Wolfersweiler aus Kusel kommend,
+ 07.11.1832,
Wirt und Krämer
S. von Fischer Jakob, Wollweber, und Schank Salome, Wolfersweiler
oo vor 1819
Bayer Sophie Juliane * 1782 in Kusel, + 01.06.1861 in Wolfersweiler
T. von Bayer Philipp, Hutmacher, und Spreier Catharina, Kusel

Kinder
Johann Isaak * 1806 in Kusel, + 22.02.1901 in Wolfersweiler, oo Mayer Sophia
Friedrich Philipp * 1808 in Kusel, oo Seibert Jul. Marg.
Christiane Sophie * 1811 in Kusel, oo Müller Wendel, Breiten
Luise Margaretha * 23.09.1818, oo Presser Wilhelm, Wolfersweiler
Carl * 05.08.1822, + 30.03.1844
Philippine * in Kusel, + 22.08.1819 in Wolfersweiler

FISCHER Johann Isaak * 1806 in Kusel, wohnhaft in Wolfersweiler, + 22.02.1901 in
Wolfersweiler,
Krämer und Ackerer
S. von Fischer Isaak und Bayer Juliana Sophie, Wolfersweiler
oo evangelisch am 01.12.1831 in Nohfelden
Mayer Sophia Friederike * 21.03.1816 in Nohfelden, + 23.11.1878, später Ehefrau des
Weider Jakob
T. von Mayer Heinrich, Metzger, und Finsel Sophie, Nohfelden

Kinder
Sophie * 28.10.1833, 1855 nach Brasilien
Wilhelm * 16.07.1835, 1881 nach Santa Maria
Elisabeth * 05.09.1837, 1856 nach Porto Alegre
Jacob * 22.11.1839
Karl * 16.02.1842, + 16.05.1842
Ludwig * 28.04.1843, + 1936, oo Luise Antes

Louise * 27.07.1845, + 1933
Katharina Margar. * 17.10.1846, + 16.12.1847 Zwilling
Karoline Elisab. * 17.10.1846, + 01.06.1855 Zwilling
Katharina * 22.02.1849
Christian * 30.04.1852, 1869 nach Porto Alegre
Wilhelmine * 30.04.1852 Zwilling

Familie will bereits 1849 nach Nordamerika

FISCHER Friedrich Philipp * 1808 in Kusel, Ackerer in Wolfersweiler
S. von Fischer Isaak, Krämer, und Bayer Sophie, Wolfersweiler
oo 06.10.1832 in Nohfelden evangelisch
Seibert Juliane Margaretha * 24.05.1817 in Wolfersweiler
T. von Seibert Reinhold und Pös Juliana, Wolfersweiler

Kinder
Louise * 28.05.1834
Margaretha * 01.03.1836, + 01.03.1839
Sophie * 01.08.1838
Johannes * 08.07.1840
Philipp Karl * 29.06.1842
Jacob * 26.10.1844, + 19.11.1844

Eltern und 4 Kinder wandern 1846 nach Brasilien aus

FISCHER Ludwig * 28.04.1843 in Wolfersweiler, + 1936 in Wolfersweiler, Ackerer und Wirt
S. von Fischer Johann Isaac, Wirt, und Maier Sophie, Wolfersweiler
oo 19.03.1868 in Nohfelden
Antes Luise * 02.02.1848 in Eitzweiler
T. von Antes Michel und Seibert Elisabetha Margaretha, Eitzweiler

Kinder
Luise * 11.12.1868, + 1934, oo Herz Ludwig, Bosen
Karoline * 10.06.1872, + 01.02.1959 in St. Wendel
Anna * 07.01.1875
Ludwig Wilhelm * 08.04.1878, + 27.04.1942 in Sulzbach
Emil * 22.05.1880
Adolph Wilhelm * 04.12.1886, + 01.10.1977 in Sulzbach

FRANK Etel * , aus Sötern, wohnhaft in Saarwellingen
S. von
oo
Alexander Milgen *
T. von

Kinder
Maria * 1786 in Saarwellingen, + .12.1862 in Wittlich,
oo Isaac Nathan aus Greiffenhagen

FRANK Herrmann * 01.07.1903 in Edelfingen/Mergentheim

S. von
oo 12.03.1934 in Nohfelden
Lion Ruth * 04.11.1910 in Sötern, Kontoristin
T. von Lion Julius und Heymann Clara, Sötern

Kinder
Sohn * 1937 in Bad Mergentheim

FRENKEL Salomon * 27.02.1846 in Rhaunen
S. von Frenkel Leopold, Händler, und Salomon Jacobina
1.oo
Levy Carolina *
T. von

2.oo 12.08.1878 in Nohfelden
Löb Sara * 10.11.1846 in Sötern
T. von Löb Aron (Ariel) und Kreß Aach, Sötern

FRENKEL Edmund * 27.08.1883 in Rhaunen, + 1985 in USA, Viehhändler in Rhaunen, im Eck 11
S. von
oo
Löb Selma * 06.09.1890 in Sötern
T. von Löb Emanuel und Marx Johanna, Sötern

Kinder
Helmut (Herbert) * 15.06.1923 in Rhaunen, Apotheker

Familie wanderte am 22.12.1937 nach Arkansas/USA aus

FREUDENSTEIN Josef * 18.11.1857, + 08.05.1909 in El Paso, Texas, USA
Kaufmann in San Marcial, New Mexiko/USA
S. von
oo vor 1894
Sender Caroline *15.04.1866 in Sötern
T. von Sender David und Feis Elisabeth, + 1953 in El Paso/TX, USA

Kinder
Benjamin * 1888 in NM, USA, oo May Ethel
Alvin * 1890 in NM, USA, + 1915
Hedwig (Hattie)* 03.06.1893 in NM, USA, + 23.09.1911 in El Paso, Texas, USA

FÜRST Jacob * 1760 in Bosen, + 31.01.1824 in Bosen
S. von Herz Moses und Beer Regina, Bosen
oo
Liebermann Sara * in Sötern, + 15.03.1834 in Sötern
T. von

GÄRTNER Nathan * , + vor 1890, aus Rhaunen
S. von

oo
Gottlieb Esther * in Bosen
T. von Gottlieb Gabriel und Kahn Johanetta, Bosen

GÄRTNER Andreas * 20.08.1848 in Bröhl/Koblenz, Handelsmann
S. von Gärtner David, Handelsmann, und Mayer Gertrud
oo 09.01.1882 in Nohfelden
Baum Rosalie * 09.03.1857 in Bosen
T. von Baum Salomon, Händler, und Baum Gertrud, Bosen

GAMIEL Jacob * Viehhändler aus Argenschwang
S. von Gamiel Jacob un Meyer Clara, Argenschwang
oo
Baum Babette * 01.02.1855, + 1891
T. von Baum Salomon und Gertrud aus Bosen

Kinder
Markus * 1877 in Argenschwang, + 30.08.1889 in Bosen
Elise *35.03.1891in Argenschwang oo Dr. Moritz Kahn
(Lebten in Hermeskeil, Eltern von Dr. Heinz Kahn)

GOLDSCHMIDT Julius * Privatlehrer in Bosen
S. von
oo vor 1893
Hess Lina (Carolina) *
T. von

Kinder
Moritz * 18.03.1892
Ludwig * 05.01.1894

Haus Gottlieb in Bosen, *Internet, Becht*

GOTTLIEB Gottlieb (Jakob)* lebte in Bosen
S. von
oo
Aron Regina *
T. von

Kinder
Jakob * 1746 in Bosen, oo Rothschild Gödgen, + 13.06.1836
Abraham * 1759, oo Eile Lob, + 20.09.1836 in Bosen
Michel * 1760 in Bosen, + 23.06.1850 in Bosen, oo Abraham Esther

GOTTLIEB Jacob * 1746 Viehhändler in Bosen, + 13.06.1836 in Bosen
S. von
1.oo
Rothschild (Weil) Gödgen (Gertraud) *
T. von

Kinder
David * 1778 in Bosen, oo Gertrude Mayer, + 15.04.1836 in Bosen
Malken * 1785 in Bosen, + 23.02.1813 in Gonnesweiler,
oo Neymark Salomon, Gonnesweiler
Sara * 1789 in Bosen, oo Hirsch Salomon, + 04.10.1869 in Bosen
Gottlieb * 1794, + 16.07.1834, oo Levi Magdalena

2.oo
Pfeifer Johanna * in Gerolstein, + 08.04.1832 in Bosen
T. von Pfeifer und Rosen Sara

Kinder
Gabriel (Feis Jakob)* 26.03.1802, + 18.03.1874 in Bosen, oo Kahn Johanetta

GOTTLIEB Abraham * lebte in Bosen
S. von
oo
Alexander Kelgen *
T. von

Kinder
Jacob Abraham * 1771, + 27.06.1831 in Bosen

GOTTLIEB Abraham *1759,Viehhändler, lebte in Bosen, + 20.09.1836 in Bosen
S. von Gottlieb Jakob und Regina
1.oo
Löb Ele (Ellen Lewin) * , + vor1808 in Bosen
T. von

Kinder
Magdalena (Maten, Martha) * 15.12.1785 in Bosen, + 11.08.1837 in Bosen,
oo Sender Aron (Joseph)

2. oo
Wolf Bela (Baulen, Worms Bule, Beile Heymann) * 1775 in Bosen, + 01.05.1835 in Bosen

T. von Schaum Josef

Kinder
Gottlieb * 03.07.1808, oo Simon Eva
Josef * 17.11.1810, + 13.02.1811 in Bosen
David * 12.11.1812 in Bosen, + 21.01.1832 in Bosen
Regina (Reigel)* 12.04.1816 in Bosen, + 23.10.1895 in Echternach, oo Kahn Maier aus Brotdorf

GOTTLIEB Michel * 1760 in Bosen, Händler, + 23.06.1850 in Bosen
S. von Gottlieb Gottlieb, Viehhändler, und Aron Regina, Bosen
oo vor 1787
Abraham (Gottlieb) Esther * in Herchweiler, + 28.12.1840 in Bosen
T. von

Kinder
Hanna * 1787, oo Neymark Salomon, Gonnesweiler
Jonas * 11.08.1799 in Bosen
Jacob * 1803, oo Pälzer Brendel, + 19.04.1887 in Bosen
Rachel * 13.06.1806 in Bosen

GOTTLIEB David * 1777 in Bosen, + 15.04.1836 in Bosen
S. von Gottlieb Jakob und Rothschild Gertraud
oo
Mayer Gertrude * ca. 1770 in Thaleck,(vielleicht Thalexweiler), + 20.02.1839 in Bosen
T. von

Kinder
Michael * 26.12.1806, 1.oo Gottlieb Rosa, 2.oo Baum Amalie
Regine (Regel) *03.01. 1812, + 06.09.1814

GOTTLIEB Gottlieb * 1793 in Bosen, + 16.07.1834 in Bosen, Tagelöhner und Pferdehändler
S. von Gottlieb Jacob und Rotschild Gertraud, Bosen
oo vor 1813
Levi Magdalena (Lazarus Katharina) * 1790 in Diedenhofen, + 15.09.1872 in Bosen
T.von Lazarus Levi und Kahn Johanetta, Diedenhofen

Kinder
Liffmann (Liebmann)* 15.12.1813 in Bosen, +30.12.1813
David * 09.09.1816, oo Kahn Kehle, + 07.06.1877 in Bosen
Natan * 21.03.1820 in Bosen, + 12.02.1823 in Bosen
Johanetta * 13.04.1824 in Bosen
Jacob * 20.10.1825 in Bosen
Katharine * 03.01.1828 in Bosen
Isaak * 13.05.1833 in Bosen, + 08.10.1842 in Bosen

GOTTLIEB Jonas * 11.08.1799, wohnhaft in Luxemburg, + 12.10.1866 in Bosen
S. von Gottlieb Michel und Gottlieb Erler
oo 08.12.1823
Salomon Johanetta * 1799 in Hüttersdorf, + 22.06.1870 in Bosen

T. von Salomon Lazarus und Joseph Güdel (Händele)

GOTTLIEB Gabriel * 26.03.1802 in Bosen, + 18.03.1874 in Bosen, Metzger
S. von Gottlieb Jacob und Pfeifer Johanna, Bosen
oo 09.06.1824 in Thionville
Kahn Johanetta * 25.12.1797 in Metzerwisse/Moselle, Frankreich, + 15.06.1868 in Bosen
T. von Kahn Salomon und Kahn Freitgen, Thionville

Kinder
Rosina * 01.03.1826 in Bosen, + 27.01.1827
Dorothea * 03.01.1828 in Bosen
Sophia * 08.11.1829 in Bosen, oo Samiel David, Freudenburg, Kreis Saarburg
Salomon * 28.03.1832 in Bosen, , + 11.03.1925 in Bosen, oo Lion Sibilla
Gottlieb (Georg) * 01.06.1834 in Bosen, + 5.04.1834 in Plaisanton/KS/USA, oo Tille Fuld
Carolina * 11.04.1837 in Bosen, oo Ermann Jakob, Rhaunen
Gertraud * 03.02.1839 in Bosen, oo Levy Joseph, Konz
Jacob * 14.06.1841 in Bosen, nach Foskon/ USA, + 1911 in Kansas City/MO, oo Daus Ida
Salomon * 1842 in Bosen
Esther * , oo Gärtner Nathan, Rhaunen

GOTTLIEB Jakob * 1803, + 19.04.1887 in Bosen
S. von Gottlieb Michel und Abraham Esther, Bosen
oo
P(e)älzer Brendel * 1800 in Cordel, + 13.02.1887 in Bosen
T. von Pelzer Abraham und Levi Güdel, Trier

GOTTLIEB Michael * 26.12.1806, Handelsmann in Bosen
S. von Gottlieb David und Mayer Gertrude, Bosen
1.oo 09.12.1835 in Nohfelden
Neumark Malken * 1812 in Gonnesweiler, + 12.02.1838 in Bosen
T. vonNeumark Salomon Isaak und Gottlieb Johanetta

2.oo 04.07.1838 in Nohfelden
Baum Amalia * 1813, + 24.01.1874 in Bosen
T. von Baum Ludwig und Sender Karolina

Kinder
Gertraud * 17.04.1839 in Bosen, + in USA
Ludwig * 16.06.1841 in Bosen, + 05.07.1863 in St. Louis/MO, USA
David * 02.05.1843 in Bosen, oo Jette Rosenwald, + in USA
Michael * 21.05.1844 in Bosen
Leopold * 06.02.1848 in Bosen, oo Gottlieb Bertha
Karolina * 17.01.1855 in Bosen

GOTTLIEB Rosse * 11.01.1812
T. von Hanna Gottlieb, Vater unbekannt, Großvater ist Gottlieb Michel.

GOTTLIEB David * 10.1816, + 07.06.1877 in Bosen, Pferdehändler in Bosen
S. von Gottlieb Gottlieb und Levi Magdalena, Bosen

oo 09.06.1842 in Nohfelden
Kahn Keule (Kehle, Caroline) * 29.01.1814 in Gonnesweiler, + 15.06.1875 in Bosen
T. von Kahn Isaak und Kahn Vogel, Gonnesweiler

Kinder
Jacob * 14.04.1844 in Bosen
Rosa * 10.12.1845 in Bosen, + 27.12.1845 in Bosen
Isaac * 19.11.1846 in Bosen, oo Joseph Philippine
Joseph * 1850
Leopold * 28.09.1853 in Bosen, + 14.08.1868 in Bosen
Philippina * 07.08.1856 in Bosen, oo Grünewald Josef, Rhaunen

GOTTLIEB Gottlieb * 03.07.1808, lebte in Bosen
S. von Gottlieb Abraham und Wolf Bela, Bosen
oo
Simon Eva *1808 in Konz (vielleicht auch Consdorf/Luxemburg), + 31.03.1887 in Consdorf/Lux.
T. von

Kinder
Barbara * 28.04.1836 in Bosen, + 24.11.1836 in Bosen
Salomon * 14.11.1837 in Bosen, oo Rebecca Levy
Abraham * 22.04.1840 in Bosen
Marx * 12.10.1842 in Bosen, + 18.09.1846 in Bosen
Benjamin * 19.02.1845 in Bosen, + 31.05.1933 in Echternach/Lux., oo Kahn Paulina
Susanna * 17.05.1849 in Bosen, oo Wendel Nussbaum aus Butzweiler
Joseph * 09.02.1850 in Bosen
Regina * 28.04.1851 in Bosen, + 10.05.1910 in Echternach/Lux.
Simon * 21.09.1854 in Bosen, + 21.10.1854 in Bosen

GOTTLIEB Gottlieb (George) * 01.06.1834 in Bosen, + 5.04.1834 in Plaisanton/KS/USA
S. von Gottlieb Gabriel und Kahn Johanette, Bosen
oo 28.10.1868 in St. Louis
Tille Fuld * 1849 in Deutschland, + 1919 in Los Angeles/CA
T. von

Kinder
Julia * 1869 in Kansas City, + 1946 in Los Angeles, oo Shane Salomon
Bertha * 1874 in Pleasanton/KS, + 1943 in Kansas City/MO, oo Shane Isaac
Edwin

GOTTLIEB Jacob * 14.06.1841 in Bosen Viehhändler, + 1911 in Kansas City/MO
S. von Gottlieb Gabriel und Kahn Johanette, Bosen
oo März 1873 in St. Louis/MO
Daus Ida* 1855 in Wisconsin/USA, + 1921 in Kansas City/MO
T. von

Kinder
Hermann *1874 in Ft. Scott/KS, + 1929 in Kansas City/MO
Jessie * 1875 in Ft. Scott/KS, + 1894 in Kansas City/MO

Helen * 1877 in Ft. Scott/KS, + 1948 in Kansas City/Mo, oo Adler Isidore A.
Blanche * 1879 in Ft. Scott/KS, + 1959 in Ft. Scott/KS
Fred * 1882 in Ft. Scott/KS, + 1931 in Kansas City/MO
Leo * 1884 in Ft. Scott/KS, + 1931 in Kansas City/MO
Ira * 1888 in Ft. Scott/KS, + 1951 in Kansas City/MO, oo Cohn Gladys
Daus * 1892 in Ft. Scott/KS, + 1971 in Kansas City/MO
Joseph * 1899 in Ft. Scott/KS, + 1959 in Kansas City/MO
Leo *

GOTTLIEB Salomon * 28.03.1835 in Bosen, Handelsmann in Bosen, + 11.03.1926 in Bosen
S. von Gottlieb Gabriel und Kahn Johanette, Bosen
oo 06.01.1869 in Nohfelden
Lion Sibilla * 29.04.1845 in Sötern, + 23.02.1934 in Bosen
T. von Lion Daniel und Stern Sophie, Sötern

Kinder
Julius * 14.10.1869 in Bosen, + 10.05.1921 in Pleasanton/KS/USA, oo Sender Wilhelma
Sohn*
Fanny * 23.08.1871 in Bosen, + 27.10.1937 in Konz/Rheinland-Pfalz oo Levy Isidore
Ferdinand * 10.10.1875 in Bosen, + 31.12.1943 im KZ Auschwitz, oo Salomon Selma, 1952 für tot erklärt

GOTTLIEB Salomon * 14.11.1837 in Bosen, Viehhändler, Familie wandert 1883 nach USA aus.
S. von Gottlieb Gottlieb und Simon Eva
oo 14.08.1866 in Consdorf/Lux.
Levy Rebecca (Ricca)* 25.12.1834 in Illingen/Saar, + zw. 1920-1925 in Brooklyn, NY, USA
T. von
Kinder
Jacob * 11.06.1867 in Consdorf/Lux., + 03.07.1867
Abraham *26.05.1868 in Consdorf/Lux., + 28.05.1868
Theresia * 26.05.1868 in Consdorf/Lux., + 31.05.1868
Adolph * 20.09.1869 in Consdorf/Lux. 1.oo Lena Heymann, 2,oo Etta Miller
Gustave * 17.09.1875 in Consdorf/Lux. oo Babette
Emile * 20.03.1877 in Consdorf/Lux.
Felix * 18.10.1881 in Consdorf/Lux., + 24.05.1882

GOTTLIEB Isaac * 19.11.1846 in Bosen, Handelsmann in Bosen
S. von Gottlieb David und Kahn Keule, Bosen
oo 02.07.1872 in Nohfelden
Joseph Philippine * 15.05.1837 in Nahbollenbach
T. von Joseph Jacob, Mäkler, und Levi Johanetta

GOTTLIEB David * 02.05.1843 in Bosen
S. von Gottlieb Michael und Baum Amalie, Handelsmann in Bosen
1.oo 27.11.1868 in Shelbina/MO,USA
Rosenwald Jette * 01.01.1847 in Thionville/Moselle – Frankreich, + 23.12.1904

T. von

Kinder
Leo * 1869 in Sandusky/OH, USA, + 1970 in Trinidad/CO, USA
2. oo
Gottlieb Rebecca *
T. von

GOTTLIEB Benjamin * 19.02.1845 in Bosen, Viehhändler, + 31.05.1933 in Echternach/Lux.
S. von Gottlieb Gottlieb und Simon Eva
oo 16.10.1871 in Consdorf/Lux.
Kahn Paulina * 1847 in Brotdorf, +25.06.1926 in Echternach
T. von

Kinder
Gustave *19.01.1873 in Echternach/Lux., + 25.05.1875 in Echternach/Lux.
Joseph * 09.12.1874 in Echternach/Lux. , + 09.03.1969 in Echternach/Lux., oo Kallmann Bertha
Cécile * 30.10.1876 in Echternach/Lux., + 03.12.1876 in Echternach/Lux.
Malwina * 06.12.1877 in Echternach/Lux., + 20.06.1943 im KZ Theresienstadt oder Hinzert SS-Sonderlager Rheinland/Pfalz, oo Wolf Simon
Flore * 06.12.1879 in Echternach/Lux., + 18.10.1882 in Echternach/Lux.

Internet, Becht

Eva * 12.01.1882 in Echternach+ 25.05.1977 in Luxemburg, oo Levy Jakob
Josephine * 16.03.1884, + 1943 KZ Auschwitz
Meyer *11.06.1886, + 07.02.1942 im KZ Hinzert, oo Kappes Hilda
Henna * 14.05.1888 in Echternach/Lux., oo Kahn Bernhard, ausgewandert nach Brasilien, + in Rio de Janeiro
Lea * 05.04.1890 in Echternach/Lux., oo Demuth Henry

GOTTLIEB Leopold * 06.02.1848 in Bosen;
S. von Gottlieb Michael und Baum Amalie, Handelsmann in Bosen
oo
Gottlieb Bertha * ca. 1856
T. von
Kinder
Karolina *
David * Okt.1879 in Galena/KS, USA, oo Sanders Sarah

GOTTLIEB Julius * 14.10.1869 in Bosen, + 10.05.1921 in Pleasanton/KS/USA,
S. von Gottlieb Salomon und Lion Sibilla, Bosen
oo 04.07.1898
Sender Wilhelmina (Minna) * 12.11.1870 in Nahbollenbach/Rheinl.Pfalz,
+ 12.01.1936 in St. Louis/MO
T. von

Kinder
Selma *

GOTTLIEB Ferdinand * 10.10.1875 in Bosen, Händler in Bosen, + im KZ Auschwitz,
S. von Gottlieb Salomon und Lion Sibilla, Bosen
oo 06.07.1902 in Hilbringen/Merzig
Salomon Selma * 24.02.1877 in Hilbringen, + 19.10.1942 im KZ Auschwitz, für tot erklärt
T. von Salomon Leib und Salomon Hannchen, Hilbringen

Kinder
Leo * 26.05.1903 in Bosen, oo 1932 Else Teutsch in Venningen
1938 emigriert in die USA, 1951 in Woodbine/New Jersey, USA
Ernst * 03.11.1905, 1939 nach Zwolle/Holland verzogen,

1942 deportiert, + im KZ Sobibor, oo Martha Levy
Irma * 10.08.1913 in Bosen, 1949 in 312 Haven Ave. New York
oo Hayum Karl in USA, + 09.03.1976 in Windsor/NY, USA

Eltern am 01.04.1939 nach Zwolle, Asserdorperstraat 165a emigriert,
am 03./05.10.1942 ins Lager Westerbork
am 16.10.1942 nach Auschwitz (siehe Transportliste Westerbork)

Internet: Becht

GOTTLIEB Leo * 26.05.1903 in Bosen, 1938 emigriert in die USA, 1951 in
Woodbine/New Jersey,
USA, + 17.02.1990 in Monroe Village/NJ, USA
S. von Gottlieb Ferdinand und Selma Salomon
oo 04.12.1932 in Venningen
Teutsch Else * 22.12.1906 in Venningen, + 14.01.1996 in NJ, USA
T. von

Kinder
Gert Eugen *

GOTTLIEB Ernst * 03.11.1905 in Bosen, am 01.04.1939 mit Familie nach Zwolle/Holland verzogen, + KZ Sobibor
S. von Gottlieb Ferdinand und Selma Salomon,
oo
Levy Martha * 00.06.1908 in Saarlouis/Fraulautern, + KZ Sobibor
T. von Levy Siegmund und Rosalie

Kinder
Fred * 04.04.1933 in Bosen, + 1943 KZ Sobibor

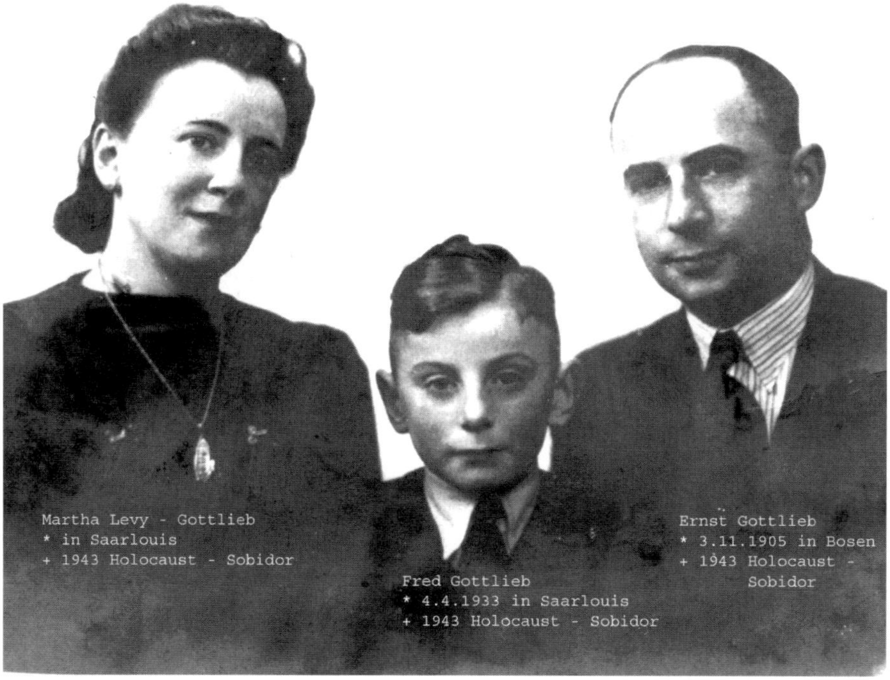

Internet: Becht, Todesort richtig: Sobibor

GRÜNEWALD Josef * 29.06.1855 in Rheinböllen, Advokat in Rhaunen, Salzengasse
S. von
oo

Gottlieb Philippina * 07.08.1856 in Bosen
T. von Gottlieb David und Kahn Keule, Bosen

Kinder
Martha * 09.11.1891
Erich * 15.05.1901
Clementine *

in den zwanziger Jahren Auswanderung in die USA

GUNZENHAUSER Feis * Lehrer in Trier
S. von
oo
Levi Eva * 1795 in Kordel, + 19.08.1867 in Sötern
T. von Levi Sordick und Bär Babette, Sötern

HAAS Wolf * aus Nahbollenbach
S. von
oo 1828
Kahn Rosette * aus Gonnesweiler
T. von Kahn Isaac, Gonnesweiler

HAAS Simon * aus Hottenbach
S. von
oo
Baum Jutta * 07.10.1833 in Bosen
T. von Baum Ludwig und Haas Debet, Bosen

HAMBURGER *
S. von
oo 1927 in Nohfelden
Wolf Rosa * 23.01.1903
T. von Wolf Gustav und Baum Bertha, Bosen

Ehepaar wanderte in die USA aus

HANAU Isaac * Handelsmann in Beaumarais und Wallerfangen
S. von
oo
Baum Gertrude * 28.10.1831 in Bosen
T. von Baum Lion und Levi Barbara, Bosen

Kinder
Moses * 1859 in Beaumarais, + 13.06.1860 in Bosen

HANAU Abraham * 05.12.1840 in Beaumarais, + 13.11.1914 in Beaumarais
S. von
oo 03.12.1872 in Wallerfangen
Simon Magdalena * 01.01.1841 in Sötern, + 02,02,1917 in Beaumarais

T. von
Kinder
Franziska * 1876 in Beaumarais

HANAU Jacob * 04.11.1859, + 24.12.1917 in St. Wendel, Viehhändler und Metzger in Bosen
S. von
oo vor 1886
Sender Maria *
T. von

Kinder
Albert * 28.02.1885 in Bosen, oo Löser Hilde, + KZ Theresienstadt
Martha * 20.09.1886 in Bosen
Leo * 30.04.1888 in Bosen, oo Lichtenstein Adele, + KZ Auschwitz am 06.01.1936 von Illingen nach Frankreich
Bertha * 03.12.1889 in Bosen, Verkäuferin, am 06.01.1936 von Illingen nach Bordeaux/Frankreich, 1958 in Saarbrücken Goethestraße 7, + 13.11.1975 in Neustadt
Selma * 30.11.1891 in Bosen, oo Dornhard (t) Otto, + im KZ
Lina * 24.11.1893 in Bosen, oo Jung, + 10.10.1942 im KZ Auschwitz
David * 07.04.1896 in Bosen, + 10.07.1896 in Bosen
Frieda * 20.08.1897 in Bosen, oo Boehm, 1958 in Andower USA, Masachusetts Enmova 28, ein Kind * 1923
Kind ohne Name, + 04.10.1903 in Bosen

HANAU Albert * 28.02.1885 in Bosen, + KZ Theresienstadt, wohnte in Türkismühle, dann Laufersweiler
S. von Hanau Jacob und Sender Maria, Bosen
oo
Löser Hilde * 15.03.1892 in Laufersweiler, + im KZ Auschwitz, für tot erklärt
T. von Löser Isaak und Levy Magdalena, Laufersweiler

Kinder
Walter * 28.12.1913 in Marburg, 1958 in Moledet, Post Mobile-Gilboa, fünf Kinder
Kind ohne Name, + 06.04.1921 in Türkismühle
Henri * 16.07.1923 in Wiesbaden, 1958 in Waukegan, Illinois, USA, 821 Greenwood, Metzger, zwei Kinder

HANAU Leo * 30.04.1888 in Bosen, + im KZ Auschwitz
S. von Hanau Jacob und Sender Maria, Bosen
oo
Lichtenstein Adele * 14.09.1888 in Langstadt, + im KZ Auschwitz
T. von

Kinder
Kurt * 30.09.1921 in Illingen

Wohnung in Illingen Feldstraße, Lederhandlung in Illingen Poststraße, Filiale in Uchtelfangen Friedrichstraße 27, am 06.01.1936 von Illingen/Saar nach Bordeaux, Frankreich, im März 1944 von dort deportiert

HARF Alexander * aus Wickrath
S. von
oo
Baum Auguste * 23.07.1877 in Sötern, nach Köln, + 18.06.1942 im KZ Lodz
T. von Baum Abraham und Sender Magdalene, Bosen
2.oo 1919 in Köln, 3.oo 23.07.1941 in Köln mit Levy
1941 von Köln nach Lodz deportiert

HARRIS Karl * 15.10.1908 in Langenselbold, Landwirtsvolontär, lebte mit seiner Schwester Hildegard vom 23.08.1934 bis 23.10.1935 in Bosen bei der Familie Baum, am 23.10.1935 nach Palästina mit Schwester und Schwager Kahn Julius

HART (vormals Herz) Ludwig * 08.03.1834 in Bosen
S. von Herz Nathan und Baum Rosina
oo 20.08.1865 in Macon/MO, USA
Baum Babette * 1843 in Deutschland als Rebetta (Rebecca?) Baum
T. von

Kinder
Jennie *1867 in MO, USA
Wilhelm * 1870 in MO, USA
Joseph * 1872 in MO, USA
Nathan * 1879 in MO, USA

HART (vorm. Herz) Aron * 10.05.1838 in Bosen, + 28.03.1938 in Spokane/WA.USA
S. von Herz Nathan und Baum Rosina
oo
Levy Marian * 03.06.1841 in Deutschland, + 07.03.1915
T. von

Kinder
Dora * 1870 in MO, USA
Mathilda * 1871 in MO, USA
Harriet * 1874 in MO, USA
Nathan * 1876 in MO, USA
Carrie * 1878 in MO, USA
Joseph * 1881
Rosa * 1883

HART (vormals Herz) Leopold * 26.06.1846 in Bosen, + 04.1920
S. von Herz Nathan und Baum Rosina
oo 1873
Yesselsohn Hanna * 02.06.1849, + 24,11.1911
T. von

Kinder
Nathan * 1874 , +1904 in KS, USA
David * 1876 in Bethany/MO, USA, + 1946 in Kansas City/MO, USA
Blanche * 1879 in MO, USA + 1952 in Los Angeles/CA, USA
Carrie * 1881 in KS, USA, + 1951 in Los Angeles/CA, USA

HAYUM Isidor * 30.06.1905 in Coenen/Trier, Fabrikarbeiter
S. von
oo
Lion Jenny * 18.09.1912 in Sötern
T. von Lion Josef und Thal Nanette, Sötern

1953 in St. Nicholas Av. New York 33

HAYUM Karl * 03.08.1906 in Wies-Nennig, Viehhändler, + 02.12.1979 in Binghampton/NY, USA
S. von
oo in Wies-Nennig
Gottlieb Irma *10.08.1913 in Bosen, + 09.03.1976 in Winsor/NY, USA
T. von Gottlieb Ferdinand und Salomon Selma

Kinder
Nora *

HERRMANN Maximilian * 13.07.1869 in Oberemmel/Trier, + im KZ
S. von Herrmann Abraham und Isay Esther, Niederzerf
oo 23.04.1900
Kahn Ida * 29.03.1873 in Gonnesweiler, nach Trier, + im KZ
T. von Kahn Salomon und Michel Wilhelmine, Gonnesweiler

am 02.12.1938 von Niederzerf nach Trier, Neustr. 33
beide am 16.10.1941 nach Litzmannstadt deportiert

HERRMANN Jakob * 15.03.1885 in Pellingen, + 03.04.1962 in Ruwer, Viehhändler
S. von Herrmann Heinrich und Levi Rachel
oo 05.07.1912
Mendel Frieda * 01.12.1885 in Gonnesweiler, + 15.01.1953 in Trier
T. von Mendel Sigmann Salomon und Steinfels Maria Anna, Gonnesweiler, französische Staatsangehörigkeit

letzte Adresse: Trier Karthäuserstr. 16, am 19.01.1939 nach Frankreich abgemeldet

HERTZ Moses *
S. von
oo
Beer Regina *
T. von

Kinder
Fürst Jacob * in Bosen, + 31.01.1824 in Bosen, oo Liebermann Sara

HERZ *
S. von
oo
Kahn Breule * ca. 1735 in Sötern, + 18.12.1820 in Sötern

T. von Kahn Gerschin und Moises Händele, Sötern

Kinder
Kaffvogel (?) *1781, Tagelöhner

HERZ Aron * , Händler in Bosen
S. von
oo
Salomon Treitz (Leie M..., Reitz) *
T. von

Kinder
Aron * 1772 in Bosen, + 29.04.1849 in Bosen, oo Gottlieb Ester
Manus * 20.07.1777 oo Binnes Lea
Merle * 1779 oo Binnes Liebmann von Herchweiler
Ziballe * , oo Löb Jacob

HERZ Nathan *
S. von
oo
Händele *
T. von

Kinder
Aron * 1748 in Bosen, + 23.10.1818 in Bosen

HERZ Rehlen * ca. 1743 in Bosen, Tagelöhnerin, * 23.01.1811, Witwe
T. von Herz Moses und Hendelin Aron
Tod angezeigt von Manus Herz, 32, Schwiegersohn der Verstorbenen

HERZ Aron * 1748 in Bosen, + 23.10.1818 in Bosen
S. von Hertz Nathan und Händele
oo
Salomon Klara * 1749, 1821 Witwe
T. von

Kinder
Rosetta * 18.06.1796 in Bosen, + 02.04.1862 in Wittlich,
oo Mendel Daniel (2. Ehefrau),

HERZ Aron * 1772 in Bosen, Tagelöhner und Händler, + 29.04.1849 in Bosen
S. von Herz Aron und Salomon Treitz
oo
Gottlieb Ester (Hendele)*
T. von

Kinder
Aron * 1802
Hendele * 17.12.1814 in Sötern
Hewe *10.02.1816

Merele * 18.03.1817
Aron * 24.04.1819 in Bosen
Daniel * 16.07.1820 in Bosen, + 21.08.1820 in Bosen
Rosina * 19.11.1821 in Bosen, + 23.04.1839 in Bosen
Eva * 11.10.1823 in Bosen
Josef * 22.03.1825 in Bosen
Salomon * 08.10.1826 in Bosen

HERZ Aron *
S. von
oo
Herz Sara *
T. von

Kinder
Rosina * 10.06.1828 in Bosen

HERZ Raphael * 08.07.1775 in Boulay, Departement Moselle, Metzger, + 07.03.1841 in Sötern
S. von Herz Raffel und Brennte Garson, wohnhaft in Sötern
oo
Elias Beule (Jaget Bela, Babet, Abraham Beele) *17.04.1782 in Homburg, + 24.06.1816
T. von Elias Aron David, von Homburg und Jaget Samson

Kinder
Raffael *26.09.1805 in Sötern, + 02.10.1805 in Sötern
Raphael * 1806 in Sötern, oo Samuel Salmone, + 10.05.1835 in Sötern
Elias * 11.10.1807 in Sötern, + 28.11.1863 in Sötern, oo Stern Gertraud
Hendele * 08.09.1809 in Sötern, oo Kronenberger Gabriel, Hoppstädten
David * 15.07.1810 in Sötern, + 21.07.1885 in Sötern, oo Bär Carolina
Isaak * 02.06.1812 in Sötern, + 26.02.1839 in Sötern, ledig
Simon * 1813 in Sötern oo Bär Carolina
David Raffael * 10.10.1813 in Sötern, + 20.12.1815
Anna Maria (Merle) * 11.10.1815 in Sötern, + 20. 09.1820 in Sötern

HERTZ Manus (Mangen, Magnus) * 20.07.1777 in Bosen, Handelsmann, Tagelöhner
S. von Hertz Aron und Leie M...m
oo 06.08.1801
Binnes Lea * 10.02.1782 in Herchweiler
T. von Binnes Jannes aus Herchweiler und Zehl Jannes

Kinder
Binnes Manes * 16.07.1805 in Bosen (wahrscheinlich identisch mit Daniel)
Daniel * 19.07.1805, oo Marx Sara
Joseph * 22.11.1810 in Bosen
Rachel * 15.03.1813 in Bosen,+ 01.04.1813
Rachel * 24.02.1814 in Bosen, + 29.03.1814
Manus * 24.02.1814 in Bosen
Caya Röch * 16.02.1815 in Bosen
Salomon * 24.02.1818 in Bosen
Dels Ines * 27.11.1820 in Bosen, 16.01.1821
Herz (Fels) Feis * 27.11.1820 in Bosen
Aron * 08.06.1822 in Bosen

HERZ Nathan * 29.09.1802 in Bosen. Er und seine Söhne hießen in den USA Hart.
S. von Herz Merle, spätere Ehe mit Liebmann Binnes, Konken
oo 18.09.1833 in Nohfelden
Baum Rosina (Rosette) * 1807, + 13.05.1881 in St. Louis/MO, USA, 76 Jahre
T. von Baum Ludwig und Sender Cräule, Bosen

Kinder
Ludwig * 08.03.1834 in Bosen, oo Babette Baum
Gertraud * 15.02.1837 in Bosen, + 17.041839 in Bosen
Aron * 10.05.1838 in Bosen, + 28.03.1938 in Spokane/WA, USA, oo Marian Levy
Daniel * 11.09.1840 in Bosen, + 1841 in Bosen
Carolina * 18.12.1841 in Bosen, + 23.12.1919 in Dallas/TX, USA, oo Josef Baum
Theresia * 29.03.1844 in Bosen, +02.10.1931 in OK, USA, oo Daniel Baum
Leopold * 26.06.1846 in Bosen, + 1920, Hannah Yesselsohn
Katharina (Hanna) * 20.09.1848 in Bosen, + 28.01.1932 in Milan/MO, USA oo Jacob Snyder

HERTZ Raphael * 1806 in Sötern, + 10.05.1835 in Sötern
S. von Hertz Raphael und Jachet Babet
oo 22.11.1833 in Nohfelden
Samuel Salmone * 1808 in Heimbach
T. von Samuel Salomon und Elias Güdel, 2.oo Bär Joseph, Hoppstädten

Kinder
Babette *
Elias *
David *
Philippina * 12.04.1835 in Sötern

HERZ Manus * lebte in Bosen
S. von
oo
Herz Heindele
T. von

Kinder
Gertraud * 29.04.1837 in Bosen

HERZ Elias * 1807 in Sötern, + 28.11.1863 in Sötern
S. von Herz Raphael und Jaget Beile (Jachet Bela)
oo
Stern Gertraud *
T. von

Kinder
Raphael * 10.04.1836 in Sötern, + 16.03.1838 in Sötern
Carolina * 28.01.1838 in Sötern,+ 17.06.1839 in Sötern
Maria * 01.07.1840 in Sötern
Heinrich * 15.03.1842 in Sötern
Ludwig * 05.05.1844 in Sötern

Emanuel * 20.12.1846 in Sötern, + 30.11.1872 in Merzig
Simon * 17.05.1849 in Sötern
Theresia * 14.06.1853 in Sötern, oo Wolff Bernhard, Nalbach

HERZ Daniel * 19.07.1805
S. von Herz Magnus und Binnes Lea, Bosen
oo 1836
Marx Sara * von Hennweiler
T. von

Kinder
Ester * 13.02.1838 in Bosen
Rosetta * 22.02.1841 in Bosen
Regina * 30.12.1842 in Bosen
Gottlieb * 06.08.1846 in Bosen
Karolina * 20.05.1849 in Bosen

HERZ Simon * 1813 in Sötern
S. von Herz Raphael und Elias Beule, Sötern
oo 1837
Bär Carolina * 1813 in Idar
T. von Bär Lazarus, Händler, und Löw Schänche, Idar

HERZ David * 1810 in Sötern, Händler, + 21.07.1885 in Sötern
S. von Herz Raphael und Jaget Beile, Sötern
oo
Bär Carolina * , + 21.07.1885 in Mettnich bei dem Kaufmann Baum Hermann
T. von

Kinder
Raphael * 11.08.1838 in Sötern
Lazarus * 03.03.1841 in Sötern
Barbara * 02.09.1843, oo Baum Isaak
Johannette * 25.11.1846 in Sötern, oo Bär Louis, Idar
Sophia * 03.04.1849 in Sötern
Carolina * 17.04.1851 in Sötern, oo Wolf Isidor
Hermannn * 08.03.1855 in Sötern

HERZ Marx * aus Metternach in Luxemburg
S. von
oo
Baum Clara * 04.02.1862 in Bosen
T. von Baum Marx und Gamiel Babette, Bosen

HERZ Rosa *
T. von

Kinder
Abraham * 12.03.1843 in Bosen, + 25.07.1843 in Bosen

HERZ Esther * ledig
T. von

Kinder
Emanuel * 13.02.1864 in Bosen

HESSEL Ferdinand * aus Rheinböllen
S. von
oo
Feis Babet * 01.08.1839 in Sötern, + vor 1876
T. von Feis Joseph und Feis Edel, Sötern

Kinder
Ferdinand *
Elise *
Heinrich *

HEIMANN Jacob * 08.05.1850 in Heidelberg, wohnhaft in Hermeskeil
S. von Heimann Meier, Händler, und Kahn Adel
oo 21.05.1878 in Nohfelden
Sender Theresia * 28.08.1856 in Sötern
T. von Sender Lion und Michel Johanetta, Sötern

HEYMANN Jakob * , aus Hefersweiler, + vor 1880, Mäkler in Gonnesweiler
S. von
oo
Eisenberger Sybilla * 1812 , + 07.09.1880 in Gonnesweiler
T. von Eisenberger Seligmann und Loeser Veronika, Kindenheim

Kinder
Markus (Marius) * 1837 in Hefersweiler, + 11.06.1906 in Gonnesweiler, oo Kahn Rosette
Karolina * 06.08.1850, oo Hirsch Maximilian, Gonnesweiler

HEYMANN Markus (Marius) * 1836 in Hefersweiler, Händler,+ 11.06.1906 in Gonnesweiler
S. von Heymann Jakob und Eisenberger Sybilla, Gonnesweiler
oo 08.02.1867 in Nohfelden
Kahn Rosette * 15.05.1839 in Gonnesweiler, + 19.08.1920 in Gonnesweiler
T. von Kahn Meyer und Schlachter Lea, Gonnesweiler

Kinder
Sigmund * 03.11.1867 in Gonnesweiler, 1881 zum Schwager des Vaters nach Kastel/Nordamerika, + 01.07.1888 in Gonnesweiler
Isaac * 12.01.1870 in Gonnesweiler, + 31.12.1944 im KZ, oo mit Mayer Helena
Abraham * 11.04.1872 in Gonnesweiler, + im KZ, oo Kahn Frieda
Joseph * 20.10.1874 in Gonnesweiler, + 12.06.1876 in Gonnesweiler
Friedericke * 29.07.1877 in Gonnesweiler, + 11.02.1929 in Gonnesweiler Hausnummer 52a, ledig
Lina * 29.07.1881 in Gonnesweiler, + 01.07.1942 im KZ, ledig,

am 29.04.1942 deportiert
letzter Wohnsitz von Isaac und Lina: Sötern Haus Nr. 148

HEYMANN Abraham * 11.04.1872 in Gonnesweiler, nach Sobernheim und Mannheim, + im KZ Auschwitz, Viehhändler
S. von Heymann Markus und Kahn Rosette, Gonnesweiler
oo 14.02.1898
Kahn Frieda * 03.11.1874 in Thaleischweiler (Pirmasens)
T. von Kahn Bernhard und Frank Johanetta, Kusel

Kinder
Werner * 07.09.1907 in Sobernheim

HEYMANN Isaac * 12.01.1870 in Gonnesweiler, Nr. 40 in Gonnesweiler, Viehhändler, am 27.07.1942 nach Theresienstadt deportiert, 1942 wegen Wiederstand kurzfristig verhaftet, + 31.12.1944 im KZ Minsk, für tot erklärt
S. von Heymann Markus und Kahn Rosette, Gonnesweiler
oo
Mayer Helena * 21.06.1869 in Staudernheim, + 12.04.1940 in Gonnesweiler, Nr. 73
T. von Mayer Jakob und Ostermann Rosina, Staudernheim

Kinder
Jacob * 30.01.1899
Leo * 17.03.1900, + 15.05.1924 in Gonnesweiler
Julius * 11.02.1901 in Gonnesweiler, nach Rio de Janeiro,
1.oo Mannheimer Martha, 2.oo Gerstein Branca
Walter * 25.05.1903 in Gonnesweiler, 1930 in Ehrang, + im KZ, oo Lorig Rosa
Max Sigmund * 23.03.1905 in Gonnesweiler, oo Teutsch Norma, nach
St. Wendel, + im KZ Auschwitz am 31.3.1944, für tot erklärt
Milian Markus * 14.12.1907, + 1934 in Nohfelden
Martha * 31.03.1910 in Gonnesweiler, oo Mannheimer, am 13.09.1939 nach USA,
1950 in New York, Heyde Park, Verkäuferin
1957 in 611 Jericho Turnpike, New Heyde Park, NY, USA

Heymann Isaac verkaufte 1938 sein Haus in Gonnesweiler, Hauptstraße 28. Von 1938 bis 12.1941 wohnte er bei seiner Schwester in Gonnesweiler Hauptstraße 45, dann wurde er nach Sötern zwangsübersiedelt. Letzter Wohnsitz: Sötern Haus Nr. 148. Nach der Deportation wurde sein Mobiliar öffentlich versteigert und der Erlös eingezogen.

HEYMANN Julius * 11.02.1901 in Gonnesweiler, Schlosser
S. von Heymann Isaac und Mayer Helena, Gonnesweiler
1.oo
Mannheimer Martha *
T. von
2.oo
Gerstein Branca * 15.08.1909, bis 1937 Schneiderin in Lodz

drei Kinder

1956 in Sao Lourenco, Sul de Minas, Rue Wenceslau, Brasilien

Helene gen. Lina Heymann, geb. Mayer, *priv.*

Gruppenbild vor dem Elternhaus von Lina Heymann, in Staudernheim. In der 1. Reihe re. sitzend: Lina Heymann, hinter ihr re. ihr Mann Isaak Heymann, li. neben ihm: Julius Heymann. Das kleine Mädchen ist Martha Heymann, *priv.*

HEYMANN Walter * 25.05.1903 in Gonnesweiler, + 31.12.1944 im KZ
am 29.04.1942 deportiert nach Lublin, für tot erklärt, Schneider
S. von Heymann Isaac und Mayer Helena, Gonnesweiler
oo
Lorig Rosa * 01.03.1904 in Butzweiler/Trier, + im KZ, am 29.04.1942 deportiert
T. von Lorig Charles und Franziska, Butzweiler

Kinder
Reni * 13.12.1930 in Hoppstädten, + im KZ, am 05.01.1941 abgemeldet nach Frankfurt/Main, Sandweg 7
Am 29.04.1942 mit den Eltern deportiert.
letzter Wohnsitz: Sötern Haus Nr. 150

Reni Heymann, *priv.*

HEYMANN Max * 23.03.1905 in Gonnesweiler,
+ KZ Ausschwitz, am 31.3.1944, für tot erklärt
S. von Heymann Isaac und Mayer Helena, Gonnesweiler
oo
Teutsch Norma * 10.11.1909, + im KZ
T. von
Familie lebte in St. Wendel.

HICHBERGER Bernhard * 09.10.1871,
+ im KZ
S. von
oo
Baum Paula * 21.08.1887 in Bosen, nach Frankfurt/Main, + KZ Auschwitz
T. von Baum Markus und Spier Johanna, Bosen

Beide im Transport 28/10/194 Theresienstadt/Auschwitz.

HIRSCH Alexander (Abraham) * 20.04.1773 in Nagel, Westpreußen, Tagelöhner,
+ 28.04.1849 in Sötern
S. von Hirsch Alexander und Alexander Sitta (Mariam Reihel), Nagel an der Netz
oo 02.12.1803
Strauß Brünetta (Bertha, Breyle, Bräunle Isaak) * 22.04.1780, + vor 1847
T. von Isaak Moischel von Sötern und Nenge (?) Kahn
Kinder

Alexander * 05.08.1804 in Sötern
Marx * 1807, Lumpensammler, oo Baum Rosa, Sötern
Caroline * 1815, + 12.06.1854 in Illingen,oo Schwarz Jacob, Illingen
Ester * 10.08.1821 in Sötern

HIRSCH Marx * 1807 in Gangelt/Aachen, + 04.02.1892 in Sötern
Buchbinder, Kleinhändler, Fuhrmann
S. von Hirsch Alexander und Strauß Brünetta, Sötern
oo 21.03.1834 in Nohfelden
Baum Rosa (Rosina) * 1806 in Sötern, + 01.12.1869 in Sötern
T. von Baum Levi (Lion) und Löb Martha, Sötern, Witwe von Wolf Marx

Kinder
Isaak * 28.09.1835 in Sötern
Lion * 02.08.1837 in Sötern, + 24.09.1901, oo Sternberg Dorothea
Johanetta * 05.01.1840 in Sötern
Magdalena * 28.04.1842 in Sötern
Brünetta * 05.06.1845 in Sötern,+ 26.09.1857 in Sötern
Moses * 25.07.1847 in Sötern

HIRSCH Salomon * 1787, aus Talling, Händler in Merzig
S. von Hirsch Mendel und Isai Jüdel, Talling
oo 1813
Gottlieb Sara * 1789 in Bosen, + 10.04.1869 in Bosen
T. von Gottlieb Jacob und Weil Gertraude, Bosen

Kinder
Samuel * 08.06.1815 in Thalfang, + 14.05.1889 in Chicago/USA,
promovierter Rabbiner, 1843 - 1866 Großrabbiner in Luxemburg, dann USA
Götchen * 1818
Rosalie * 1821 in Thalfang, + 17.11.1884 in Sötern, oo Wolf Löb, Sötern
Eveline (Egalina)* 1823 in Thalfang, oo Neumark Isaac, Bosen

HIRSCH Lion * 02.08.1837 in Sötern, Handelsmann, + 24.09.1901 in Sötern
S. von Hirsch Marx und Baum Rosina, Sötern
oo 26.11.1862 in Nohfelden
Sternberg Dorothea * 28.03.1833 in Sötern, + 03.12.1896 in Sötern
T. von Sternberg Michel und Marx Ester, Sötern

Kinder
Johanetta * 17.01.1861 in Sötern
Bertha * 20.09.1863 in Sötern, + im KZ, am 27.07.1942 nach Theresienstadt
deportiert, letzte Wohnung: Sötern Haus Nr. 140
Emma * 25.06.1865 in Sötern
Kind ohne Name + 12.08.1867 in Sötern
Kind ohne Name + 28.09.1868 in Sötern
Herrmann * 13.04.1870 in Sötern, + 31.12.1944 im KZ
am 11.11.1949 für tot erklärt, oo Wolf Sara
Rosalie * 15.04.1873 in Sötern, + 31.12.1943 im KZ
am 21.01.1952 für tot erklärt, oo Levi Meyer, Sötern

HIRSCH Moses * 11.11.1848, Händler in Talling, + 21.04.1914
S. von Hirsch Hirsch und Meyer Susanne, Talling

oo 08.07.1878 in Nohfelden
Kahn Johanette * 10.06.1852 in Sötern, + 15.07.1927
T. von Kahn Lemle (jung) und Kronenberger Caroline, Sötern

Kinder
Leo * 27.04.1879, oo Kälbermann Emilie
Sophie * 03.01.1881, + 06.06.1942 im KZ Litzmannstadt
Flora * 15.12.1882, + 24.04.1942 im KZ Litzmannstadt, am 24.04.1942 deportiert
Johanna * 19.08.1884, + 03.08.1929, ledig
Hermann * 17.08.1886, + 22.08.1914, für tot erklärt
Josephine * 03.01.1888, oo Hirsch Levy, Neumagen
Adolf * 1892, + 1892
Ludwig * 1893, + 13.08.1904

HIRSCH Josef *11.03.1849 in Hottenbach,Handelsmann, nach Trier am 04.07.1939, + 1940
S. v.
oo 1877
Levino Therese * 09.02.1853 in Bosen, + 12.12.1917 in Hottenbach
Tochter von Levino Enzel Lehrer in Bosen und Fanny Hellborn,

Kinder
Helena *24.03.1878 in Hottenbach, oo Bonem Siegmund, deportiert von Trier am 16.10.1941 nach Litzmannstadt
Rosa, genannt Blümchen * 06.04.1886 in Hottenbach, oo Eugen Josef, 1938 nach Paraguay
Nathalie, genannt Salchen * 01.04.1893 in Hottenbach

HIRSCH Maximilian * 07.12.1855 in Talling, + 14.12.1937 in Köln
S. von Hirsch Hirsch, Handelsmann, und Maier Susanna, Talling
oo 05.12.1881
Heymann Karolina * 06.08.1850 in Hefersweiler, wohnhaft in Gonnesweiler, + 1938 in Köln
T. von Heymann Jakob und Eisenberger Sybilla, Gonnesweiler

Kinder
Susanne * 07.11.1882, nach Köln, überlebte in einem Kohlebergwerk bei Köln, + 1964 in Düren, oo Philipp
Hermann * 06.03.1886, 1921 nach Dudweiler, am 01.07.1926 nach Friedrichsthal,
von Köln am 04.09.1942 nach Litzmannstadt deportiert, + im KZ
Delvina * 30.12.1885, oo Meyer, Ehepaar und Tochter + im KZ
Frieda * 19.03.1888, 1920 nach Düren, dann Köln, 1925 nach USA überlebte als amerikanische Staatsbürgerin in Holland, 1946 nach USA
Jakob * 1891, Musketier der Infanterie, Verwundung bei Bois de Ailly, + 17.05.1915 (gefallen)
Nathan * 31.01.1894, oo Meyer Henriette, am 14.12.1937 über Köln und Holland nach New York

HIRSCH Moses * 02.03.1868 in Nalbach/Thalling, Handelsmann
S. von Hirsch Samuel, Handelsmann, und Israel Adele, Nalbach
oo 24.04.1894

Kahn Johanetta (Henriette) * 28.07.1868 in Gonnesweiler, 19.05.1956 in Sulzbach
T. von Kahn Salomon und Michels Wilhelmine, Gonnesweiler

HIRSCH Hermann * 13.04.1870 in Sötern, Kaufmann, Hausnummer 168 in Sötern, + 31.12.1944 im KZ, für tot erklärt, am 27.07.1942 deportiert nach Theresienstadt
S. von Hirsch Lion und Sternberg Dorothea, Sötern
oo 21.03.1898 in Nohfelden
Wolf Sara * 04.01.1873 in Seesbach/Kreuznach, + 31.12.1944 im KZ
am 27.07.1942 deportiert nach Theresienstadt
T. von Wolf Daniel, Metzger, und Fried Carolina, Sobernheim

Kinder
Clara * 08.10.1898, + 1929, oo Conrad (Conrath) August
Max * 20.04.1900 in Sötern, + 01.07.1942 im KZ, für tot erklärt, am 29.04.1942 deportiert, letzte Wohnung: Sötern Haus Nr.152, 1.oo Conrad Martha, 2.oo Stern Ida
Ludwig * 25.05.1903 in Sötern, + im KZ, oo Kahn Flora
Delphine * 15.08.1904 in Sötern, + 12.11.1904 in Sötern
Hermine * 23.09.1905 in Sötern, + 23.10.1906 in Sötern
Ernst Michael * 12.01.1907 in Sötern, + 28.10.1979 in Nohfelden, oo Barth Luise
Hugo * 22.08.1908 in Sötern, oo Kahn Irma, beide nach USA
Arnold * 02.12.1909 in Sötern, 1962 in 2303 Holland Venue, Bronx 67, New York, Bäcker

letzte Wohnung der Eltern, Sötern Haus Nr. 140

Johanna Hirsch, geb. Baum mit ihren Kindern Susi und Siegwart,
aus: Mais, Wiedergutmachung, S. 153

Familie Hirsch, Sötern, von li: Sara Hirsch, geb. Wolf, Max, Clara, Ludwig, Hermann Hirsch (Vater) vorne v. li: Ernst Michael, Hugo, Arnold, Aufnahme ca. 1912/13, *priv.*

HIRSCH Wilhelm * 22.12.1884 in Neumagen, Kaufmann in Völklingen
S. von Hirsch Heinrich, Schuhmacher, und Blatt Susanna
oo 21.12.1911
Baum Johanna * 23.07.1885 in Sötern, Modistin, + 08.12.1948 in Völklingen
T. von Baum Josef, Lehrer, und Gamiel Elise, Bosen

Kinder
Susi *
Siegwart *

HIRSCH Max * 20.04.1900 in Sötern, Kaufmann, Hausnummer 166 in Sötern
am 29.04.1942 deportiert, + 01.07.1942 im KZ bei Lublin (Majdanek?),
für tot erklärt, 09.11.1938 bis 27.02.1939 in KZ-Haft, war KPD Mitglied
S. von Hirsch Hermann und Wolf Sara, Sötern
1.oo 03.12.1923, geschieden am 05.02.1936
Conrad Martha * 21.09.1900, katholisch, 2.oo 16.02.1940
T. von Conrad Peter und Treitz Maria, Sötern

Kinder
Günther, Karl * 30.07.1923 in Sötern, oo , + 17.03.1996 in Sötern

Ludwig Hirsch, *priv.*

2.oo

Flora Hirsch, geb. Kahn, *priv.*

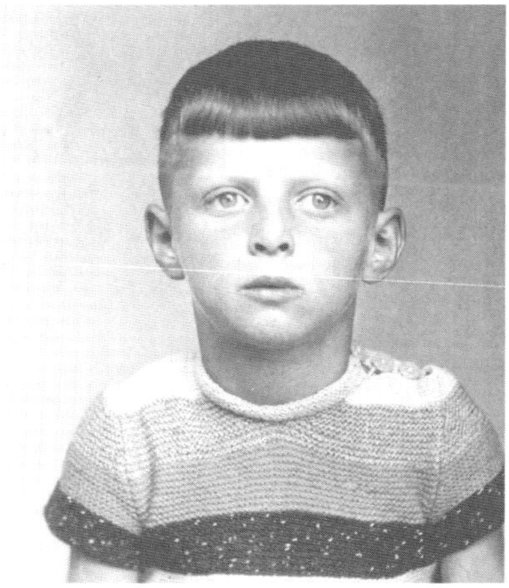

Raimund (Remo) Hirsch, *priv.*

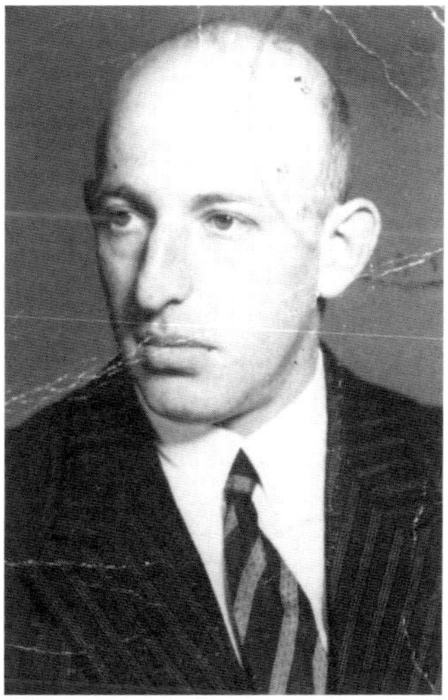

Ernst Michael Hirsch, *priv.*

Stern Ida * 01.02.1899 in Simmern, + 01.06.1942 im KZ, am 29.04.1942 deportiert, am 08.12.1964 für tot erklärt
T. von

letzte Wohnung der Eltern: Sötern Haus Nr. 152

HIRSCH Ludwig * 25.05.1903 in Sötern, + 31.12.1944 im KZ, für tot erklärt, Hilfsarbeiter
S. von Hirsch Hermann und Wolf Sara, Sötern
oo 30.11.1933 in Nohfelden
Kahn Flora * 02.10.1904 in Gonnesweiler, +31.12.1944 KZ, für tot erklärt, hatte Meisterprüfung als Damenschneiderin und ein Geschäft in Gonnesweiler Hausnummer 63
T. von Kahn Josef und Bach Charlotte, Gonnesweiler

Kinder
Raimund * 08.09.1934 in Sötern, + 31.12.1944 im KZ, am 17.03.1942 nach Frankfurt/Main abgemeldet in ein Kinderheim, Röderbergweg 87, kam aber entweder nicht dort hin oder kehrte nach Sötern zurück; für tot erklärt.
Letzte Wohnung der Familie: Sötern Haus Nr. 140, Familie am 29.04.1942 deportiert, obwohl sie Reisepässe für die Auswanderung nach Nordamerika hatte.

Irma Hirsch, geb. Kahn, Ehefrau von Hugo Hirsch, *priv.*

Hugo Hirsch, *priv.*

Irma Hirsch, geb. Kahn, *priv.*

HIRSCH Ernst Michael * 12.01.1907 in Sötern, + 28.10.1979 in Nohfelden
1928 Rottenarbeiter, dann Ziegeleiarbeiter
S. von Hirsch Hermann, Kaufmann, und Wolf Sara, Sötern
oo 29.08.1928 in Nohfelden
Barth Luise (evangelisch) *
T. von

5 Kinder

HIRSCH Hugo * 22.08.1908 in Sötern
S. von Hirsch Hermann und Wolf Sara, Sötern
oo
Kahn Irma * 28.05.1908 in Gonnesweiler, Verkäuferin
T. von Kahn Josef und Bach Charlotte, Gonnesweiler

ein Kind *

am 05.11.1938 ausgewandert nach USA, 1949 / 1957 in 125 East, 168 th Street, Bronx 52, NY

HIRSCH Günther Karl * 30.07.1923 in Sötern, Eisenbahner aus Sötern, + 17.03.1996 in Sötern
S. von Hirsch Max und Conrad Martha, Sötern
oo

T. von

2 Kinder

1962 in Sötern, Hauptstraße 176

ISAAK Josef * Handelsmann in Illingen
S. von
oo
Sara *
T. von
Kinder
Kelchen * 1780 in Illingen, + 22.08.1820 in Sötern, oo Kahn Löb, Sötern

JACOB Gerson * 1820 in Steinberg/Glan, + 1904 in Spiesen, Handelsmann
S. von Witwe Sara Jacob. 2.oo mit Jakob Mayer aus Spiesen
oo
Sternberg Johanetta (Fanny) * 26.11.1828 in Sötern
T. von Sternberg David und Heymann Olga, Sötern

5 Kinder
Elias * 1860, + 1916, oo Frieda Lion aus Spiesen
Simon * 1861, oo Elise Wolf aus Wawern/Trier
Henriette * 1868, oo Meyer Mayer

JACOB David * aus Völklingen
S. von
oo
Baum Sara * 05.07.1841 in Bosen
T. von Baum Lion und Levi Barbara, Bosen

JOSEPH Moses * aus Tholey
S. von
oo
Feis Philippina * 14.12.1835 in Sötern, + vor 1876
T. von Feis Joseph und Feis Edel, Sötern

Hans-Erich Jost, *priv.*

Kinder
Emanuel *
Juliana (Caroline) * , oo Cerf Ernst, Niederwiesen
Jakob * , 1896 in Amerika
Salomon * , 1896 in Amerika

JOST Nikolaus * 12.12.1892 in Eiweiler, kath., Elektromeister in Gonnesweiler
S. von Jost Johann und Müller Maria, Eiweiler
2. oo 04.06.1928 in Nohfelden
Kahn Ida * 25.04.1901 in Gonnesweiler, + 01.12.1972, Modistin
T. von Kahn Josef und Bach Charlotte, Gonnesweiler

Kinder
Hans Erich * 03.06.1927 in Bonn, von SS am 23.02.1945 in Serrig/Trier erschossen
weitere Kinder

Wohnung in Gonnesweiler, Hauptstraße 42

JUNG *
S. von
oo
Hanau Lina * 24.11.1893 in Bosen, nach Frankfurt/Main, + 10.10.1942 im KZ Auschwitz
T. von Hanau Jacob und Sender Maria, Bosen

KAHN Gerschin * Tagelöhner
S. von
oo
Moises Händele *
T. von

Kinder
Breule * 1735 in Sötern, + 18.12.1820 in Sötern, oo Herz

KAHN Salomon *
S. von
oo
Kahn Marie (Anna) *
T. von

Kinder
Joseph * 1741, + 11.01.1811 in Gonnesweiler, oo Joseph Resel
Breinle * 1742, + 02.12.1812

KAHN Aron * lebte in Sötern
S. von
oo
Kahn Ester * ca. 1707 in Hanau, + 17.06.1804 in Sötern
T. von Ataym (?) Leib und Händel

Kinder
Löb * 1747, + 28.04.1827 in Sötern, oo Weil Lea, Konken

KAHN Abraham *
S. von
oo
Gottlieb Rosel *
T. von

Kinder
Gütchen * in Tholey, + 14.01.1820 in Sötern

KAHN Joseph * 1741, + 11.01.1811 in Gonnesweiler
S. von Kahn Salomon und Kahn Marie
1.oo.
Joseph Resel *
T. von

Kinder
Isaac *12.03.1773, + , oo Kahn Vogel

2.oo
Kahn Gödel (Güdel, Rosa) * 1761 in Wallerfangen, + 04.12.1824 in Gonnesweiler
T. von Kahn Isaac und Kahn Vogel, Wallerfangen

Kinder
Achilles * 1783, + 08.08.1859 in Gonnesweiler, oo Levi Rosette
Salomon (Samuel) * 1797 in Gonnesweiler, + 02.05.1883 in Gonnesweiler, 1.oo Schweig Franziska, 2.oo Heimann Clara
Moses * 29.09.1800, +

KAHN Löb * 1747, + 28.04.1827 in Sötern, ohne Gewerbe in Sötern
S. von Kahn Aron und Kahn Ester, Sötern
oo
Weil Lea (Magdalena) * 1748 in Konken, + 06.10.1830 in Sötern
T. von Veil Mehrem und Weil Regina, Konken

Kinder
Isaac * 1780, + 17.07.1830, oo Joseph (Isaak) Keilchen
Maria Anna * 1783 in Sötern, + 03.09.1856 in Sötern, oo Wolf German, Sötern
Aaron * 1784, + 23.12.1871 in Sötern, oo Weil Güttele
Lemle * 1794 in Sötern, + 21.04.1886 in Sötern, oo Wolf Rachel
Samuel * 1801, + , oo Buxbaum Rahel

KAHN Bräule * lebte in Sötern
S. von
oo
Herz *
T. von

Kinder
Kaffvogel * 1781, Tagelöhner

KAHN Isaak * 12.03.1773 in Gonnesweiler, + vor 1849 in Gonnesweiler, Viehhändler, wenig Vermögen
S. von Kahn Joseph und Joseph Resel, Gonnesweiler
oo 27.10.1801
Kahn Vogel * 10.06.1780 in Wallerfangen, + 11.12.1849 Gonnesweiler
T. von Kahn Liebmann (Salomon) und Kaan Gudel (Gettel) Wallerfangen

Kinder
Liebmann * 13.03.1803 in Gonnesweiler, + 11.05.1803 in Gonnesweiler
Rees * 17.04.1804 in Gonnesweiler, oo Wolf Haas, Händler, Nahbollenbach
Schlaumen (Salomon) * 23.05.1806 in Gonnesweiler, oo Isaak El (Borg Edel)
Mayer * 27.07.1808 in Gonnesweiler, oo Schlachter Lea
Joseph * 31.07.1811 in Gonnesweiler, + 21.09.1833 in Gonnesweiler
Maria Anna * 08.09.1813 in Sötern (Tochter von Celin)
Kehle (Keule) * 29.01.1814 in Gonnesweiler, + 15.06.1875 in Bosen, oo Gottlieb David, Bosen
Hewa (Eva) * 31.03.1816 in Gonnesweiler, + 11.03.1878, oo Mendel Alexander, Gonnesweiler
Schollem * 10.09.1818 in Gonnesweiler
Moses * 29.07.1822 in Gonnesweiler, + 01.04.1824 in Gonnesweiler
Abraham * 21.11.1824 in Gonnesweiler
Josef * 19.06.1827 in Gonnesweiler, + 31.09.1833

KAHN Peter * um 1772 in Kell/Hochwald, einige Jahre Knecht in Schwarzenbach
S. von Kahn Peter und Lichtmeß Helene aus Kell
1.oo 29.04.1812 in Otzenhausen
Denné Susanna * um 1776 in Beckershütten, + , Witwe des Feit Johann (08.07.1809)
T. von Denné Johann Peter und Heidrich Maria Luise, Otzenhausen

Kinder
Johann Jakob * 02.02.1813 in Schwarzenbach, + 30.03.1813
Katharina Barbara * 02.02.1813 in Schwarzenbach, Zwilling

2.oo 30.01.1816 in Nonnweiler
Kaufmann Margaretha * um 1772 in Schwarzenbach, + , Witwe des Kessler Paul, Schwarzenbach, und des Welker Johann, Schwarzenbach, wanderte um 1839 mit ihrer Tochter aus 1. Ehe Roth Helene geb. Welker, oo Roth Anton, nach Amerika aus
T. von Kaufmann Friedrich und Feit Elisabeth

Kinder
Johann * 24.09.1816 in Schwarzenbach
oo 16.05.1836 in Otzenhausen Conrad Elisabeth

KAHN Löb (Isaak) * ca.1776 in Sötern, + 17.07.1830, Viehhändler in Sötern
S. von Kahn Löb, Viehhändler und Weil Lea, Sötern
oo 24.06.1806
Joseph Keule, Kelle, Kilgen,Isaak Keilchen) * 1780 in Illingen, + 22.08.1820 in Sötern
T. von Isaak Josef und Sara, Illingen

Kinder
Aron * 14.031807 in Sötern , oo Weiler Eule, Illingen
Josef * 23.11.1808 in Sötern, + 15.05.1890 in Sötern, oo Kurtz Edelina
Sophie * 10.05.1811 in Sötern
Marie Anne * 08.09.1813 in Sötern
Breine * 06.09.1816 in Sötern
Samuel * 20.10.1819 in Sötern

KAHN Abraham * 1781, ab 1819 Lehrer in Sötern, + in Sötern
S. von
oo vor 1820
Natan (Moses) Sara * , + in Sötern
T. von Nathan und Gottlieb Köhl

Kinder
Gütchen * 1813 in Tholey, + 14.01.1820 in Sötern
Rachel * 18.10.1819 in Sötern, + 29.03.1822 in Sötern
Magdalena * in Sötern, + 18.02.1826 in Sötern
Moses * 1821 in Sötern, + 29.09.1821 in Sötern
Barbara * in Sötern, + 18.04.1822 in Sötern
Jacob * 29.08.1823 in Sötern, + 01.01.1825 in Sötern

KAHN Aron * 1784, + 23.12.1871 in Sötern, Händler in Sötern
S. von Kahn Löb und Weil Lea, Sötern
oo
Weil (Blum) Güttele * 1775 in Heimbach, + 17.07.1847 in Sötern
T. von Weil Elias, Händler, und Weil Deile, Hoppstädten

Kinder
Marcus * 13.01.1812 in Sötern
Lemle * 1816, + 27.11.1878 in Sötern, oo Kronenberger Caroline

KAHN Samuel (Salomon) * 1797 in Gonnesweiler, Viehhändler, + 02.05.1883 in Gonnesweiler
S. von Kahn Joseph, Viehhändler, und Kahn Gödel, Gonnesweiler
1.oo 27.11.1816 in Nohfelden
Schweig Franziska (Leib Freitgen) * 1797 in Fell, + 11.03.1834 in Gonnesweiler
T. von Leib (Löb) Schweich, Handelsmann, und Kahn Sara, Saal und Fell

Kinder
Breinle * in Gonnesweiler,+ 02.12.1822 in Gonnesweiler
Josef * 21.08.1826 in Gonnesweiler
Sara * 13.04.1830 in Gonnesweiler, + 03.02.1846 in Gonnesweiler
Josef * in Gonnesweiler, + 02.09.1834 in Gonnesweiler
Jacob * in Gonnesweiler, + 07.09.1834 in Gonnesweiler

2.oo
Haymann Clara * 1817 in Weiherbach, + 16.12.1868 in Gonnesweiler
T. von Heymann Daniel und Haas Amata

Kinder
Haymann * 04.03.1845 in Gonnesweiler

Salomon * 11.04.1849 in Gonnesweiler
Totgeburt 23.02.1851 in Gonnesweiler
Isaac * 01.02.1852 in Gonnesweiler, + 30.04.1942 in Périgeux
oo Sophie Kahn, Trier; Großvater des Dr. Heinz Kahn aus Hermeskeil
Moses * 11.02.1854 in Gonnesweiler, + 17.04.1854 in Gonnesweiler
Bertha * 11.02.1856 in Gonnesweiler, + 07.04.1856 in Gonnesweiler
Carolina * , oo Michels Julius, New York
Gustav * 15.12.1857 in Gonnesweiler, + 03.12.1881 im Haus des Gastwirts Roth Carl in Türkismühle
Lea * , oo Michels Heinrich, Ottweiler

KAHN Samuel * 1801, + 22.10.1876 in Sötern, Händler in Sötern
S. von Kahn Löb und Weil Lea, Sötern
oo 19.08.1830 in Nohfelden
Buxbaum Rachel * 1808 in Hottenbach, aus Ottweiler, + 27.07.1891 in Sötern
T. von Buxbaum Isaak, Lehrer, und Moses Brendel, Hottenbach

Kinder
Aaron * 17.05.1831 in Sötern, + 31.05.1831 in Sötern
Kind ohne Namen * in Sötern, + 17.01.1832 in Sötern
Leopold * 02.12.1832 in Sötern, + 19.04.1834 in Sötern
Isaak * 02.02.1835 in Sötern
Michael * 27.05.1841 in Sötern, 1.oo Sender Magdalena, 2.oo Löb Rosina, + 15.02.1912 in Sötern
Philippina * 27.12.1846 in Sötern

KAHN Achil (Jachiel) * 1783, Pferdehändler, + 08.08.1859 in Gonnesweiler
S. von Kahn Joseph und Kahn Rosa, Gonnesweiler
oo vor 1820
Levi Rosette * , + vor 1849
T. von

Kinder
Paulina *
Rosette * in Thalfang, + 11.06.1895 in Gonnesweiler, ledig
Bule * 03.06.1820 in Gonnesweiler, oo Reutlinger Elkan aus Karlsruhe, wohnhaft in Paris
Marian * 16.02.1823 in Gonnesweiler
Franziska * 12.02.1826 in Dhronecken, oo Weil Salomon, + 15.09.1916
Regina * 14.01.1829 in Gonnesweiler
Friederika * 06.11.1831 in Gonnesweiler, + 29.07.1903, oo Sender David, Sötern
Abraham * 20.08.1834, 1853 nach Nordamerika
Salomon * 06.07.1837 in Gonnesweiler, oo Michels Wilhelmine
Josef * , 1882 in Ewansville, County Vanderburgh, Indiana/USA

KAHN Lemle * 1794 in Sötern, Krämer, + 21.04.1866 in Sötern
S. von Kahn Löb und Weil Lea, Sötern
oo 30.12.1822
Wolf Rachel (Regina) * .11.1801 in Sötern, + 03.04.1886 in Sötern
T. von Wolf Germann, Händler, und Baer Rachel, Sötern

Kinder
Ester * 16.11.1823 in Sötern, oo Lion Marx, + 12.12.1878 in Sötern
Ludwig * 16.05.1826 in Sötern, + 13.10.1896 in Sötern, oo Feis Amalie
Leopold * 20.01.1829 in Sötern, Kaufmann in Luxemburg
German * 30.10.1831 in Sötern, + 29.06.1833 in Sötern
Michael * 08.04.1834 in Sötern, + 16.06.1883 in Sötern, oo Wolf Marianne
Marx * 23.03.1837 in Sötern, + 05.03.1853 in Sötern
Aron * 24.06.1841 in Sötern
Fridolin * 17.02.1843 in Sötern
Adolf * , Kaufmann in Frankfurt

KAHN Salomon (Schlaumen) * 23.05.1806, Viehhändler in Gonnesweiler
S. von Kahn Isaak und Kahn Vogel, Gonnesweiler
oo 03.12.1833 in Nohfelden
Borg (Isaak) Edel (El) * 1809
T. von Borg Isaak und Moyses Anna, Haupersweiler

Kinder
Joseph * 30.08.1834 in Gonnesweiler, + 02.09.1834
Jacob * 30.08.1834 in Gonnesweiler, + 07.09.1834
Johanna * 09.03.1836 in Gonnesweiler
Jacob * 16.12.1837 in Gonnesweiler
Josef * 15.12.1839 in Gonnesweiler
Isaac * 15.01.1842 in Gonnesweiler
Karolina * 05.01.1843 in Gonnesweiler
Moses * 20.03.1844 in Gonnesweiler
Karolina * 22.02.1846 in Gonnesweiler
Helena * 21.05.1848 in Gonnesweiler,+ 03.05.1849 in Gonnesweiler

Eltern wandern 1850 mit 5 Kindern nach Nordamerika aus

KAHN Salomon *
S. von
oo
Gerson Klara *
T. von

Kinder
Carolina * 21.03.1835 in Gonnesweiler
Babet * 07.10.1840 in Gonnesweiler

KAHN Aron * 1787
S. von Kahn Löb und Weil Lea, Sötern
oo
Rothschild Eule (Bule) *
T. von

Kinder
Isaak * 30.03.1836 in Sötern, oo Weiler Juliane
Carolina * 15.03.1838 in Sötern

KAHN Aron (jung) * 1806/7, Metzger in Sötern
S. von Kahn Isaak und Joseph Keule, Sötern
oo 10.12.1834 in Nohfelden
Wei(y)ler Eule (Buhle) * 1806 in Illingen, + 07.10.1878 in Sötern
T. von Weyler Zacharias und Rothschild Marianna, Merchweiler

Kinder
Zacharias * 17.07.1840 in Sötern
Emanuel * 02.11.1842 in Sötern
Leopold * 1843, + 23.02.1860 in Sötern
Marianne * 28.04.1845 in Sötern
Michael * 18.04.1847 in Sötern

KAHN Maier * 27.07.1808 in Gonnesweiler, Viehhändler in Gonnesweiler
S. von Kahn Isaak und Kahn Vogel, Gonnesweiler
oo 13.06.1838 in Nohfelfden
Schlachter Lea * 1813 in Sien, + 14.11.1877 in Gonnesweiler
T. von Schlachter Joseph, Handelsmann, und Haas Ester, Sien

Kinder
Rosetta * 15.05.1839 in Gonnesweiler, + 19.08.1920, oo Heymann Markus
Babet * 08.02.1841 in Gonnesweiler
Michael * 22.09.1842 in Gonnesweiler
Jacob * 17.01.1854 in Gonnesweiler

KAHN Josef * 1809, Handelsmann, + 15.05.1890 in Sötern
S. von Kahn Isaak und Isaak Keule, Sötern
oo 24.02.1836 in Nohfelden
Kurtz Edelina (Ettelina) * 1809, wohnhaft in Weyerbach, + 13.05.1885 in Sötern
T. von Kurtz Emanuel, Krämer, und Stern Rosina, Weyerbach

KAHN Lemle d.j. * 1816, + 27.11.1878 in Sötern
S. von Kahn Aron und Weil Güttele, Sötern
oo
Kronenberger Karoline (Golda) * 1814, + 29.04.1888 in Sötern
T. von Kronenberger Isaac und Kahn Fenny, Hoppstädten

Kinder
Magdalena * 01.03.1844 in Sötern, oo Blum Samuel
Michel * 01.10.1845 in Sötern, 1878 in Cincinetti/USA
Meyer * , 1882 in Cincinetti, Ohio/USA
Kind ohne Name * , + 01.05.1848 in Sötern
Elias * 17.07.1849 in Sötern, oo Joel Johanna,
Johanette (Henriette) * 10.06.1852 in Sötern, + 15.07.1927,
oo Hirsch Moses, Talling
Leopold * 22.12.1856 in Sötern, oo Stern Caroline
Eduard * 10.04.1859 in Sötern

KAHN Johannes * 24.09.1816 in Schwarzenbach, Maurer
S. von Kahn Peter; Taglöhner, und Kaufmann Margaretha
oo 18.05.1836 in Nohfelden
Conrad Maria Elisabetha * 1810 in Neuhütte

T. von Conrad Jakob, Taglöhner, und Aretz Anna Maria

KAHN Ludwig * 16.05.1826 in Sötern, Krämer, + 13.10.1896 in Sötern
S. von Kahn Lemle, Krämer, und Wolf Regina, Sötern
oo 08.12.1853 in Nohfelden
Feis Amalie * 07.04.1831 in Sötern, + 01.03.1902 in Sötern
T. von Feis Joseph, Handelsmann, und Feis Edel, Sötern

Kinder
Leopold * 16.11.1854 in Sötern, + vor 1896
Leopold * 22.12.1856 in Sötern, Kaufmann in Berlin
Emanuel * 05.01.1857 in Sötern, + 1935, oo Hirsch Mathilde
Gustav * 05.02.1859 in Sötern, + 02.04.1927, beerdigt in Sötern, seit 23.07.1923 aus dem oldenburgischen Staatsverband entlassen, Kaufmann in Luxemburg
Adelheid * 12.07.1863 in Sötern, oo Meyer Carl aus Bollendorf bei Trier, + 29.08.1942 im KZ Theresienstadt
Adolph * 04.08.1865 in Sötern, Kaufmann in Berlin, dann in Köln, + 30.09.1918, ledig
Auguste * 01.05.1869 in Sötern, oo Kahn Salomon aus Freudenburg bei Trier
Ludolph * 03.12.1873 in Sötern, + 13.03.1880 in Sötern

KAHN Salomon * ,lebte in Gonnesweiler
S. von
oo

Kinder
Salomon * , + 1870 minderjährig
Isaac * 02.02.1852, oo , am 25.05.1939 (verwitwet) von Trier, Heiligkreuzerstraße 8, nach Luxemburg, dort in Ensch angemeldet
Gustav * 1857, + 03.12.1881 in Gonnesweiler

KAHN Isaac * 30.03.1836 in Sötern, Metzger, + 09.09.1863 in Sötern
S. von Kahn Aron (jung) und Weiler Eule, Sötern
oo
Weiler Juliane * 1831 in Merchweiler, + 21.07.1877 in Sötern
T. von Weiler Marx und Simon Klara, Merchweiler

Kinder
Marx * 23.07.1860 in Sötern, + 23.04.1861 in Sötern
Karolina * 13.11.1861 in Sötern, + 10.01.1881 in Sötern
Amalie * 19.07.1863 in Sötern

KAHN Michael * 08.04.1834 in Sötern, + 16.06.1883 in Sötern, Krämer in Schwarzenbach
S. von Kahn Lemle und Wolf Rachel, Sötern
oo 24.09.1864 in Nohfelden
Wolf Marianna * 02.11.1840 in Sötern, + 23.01.1886 in Sötern
T. von Wolf Salomon und Neumark Gütchen, Sötern

KAHN Salomon (jung) * 06.07.1837 in Gonnesweiler,+ 11.03.1900 in Gonnesweiler, Handelsmann
S. von Kahn Anchil und Levy Rosette, Gonnesweiler
oo 24.08.1865 in Nohfelden
Michels Wilhelmine * 1842 in Rheinböllen, + 07.01.1909
T. von Michels Bernhard und Daik (Dach) Henriette, Rheinböllen

Kinder
Julius * 14.02.1867 in Gonnesweiler
Johanetta * 28.07.1868 in Gonnesweiler, + 19.05.1956 in Sulzbach, oo Hirsch Moses
Joseph * 28.05.1870 in Gonnesweiler, + 31.12.1944 im KZ, oo Bach Charlotte, Trier
Ida * 29.03.1873, + KZ, oo Herrmann Maximilian, Niederzerf

KAHN Alexander * 18.06.1839 in Birkenfeld, Handelsmann
S. von Kahn Moses und Goldschmidt Eva, Birkenfeld
1.oo
Lion Maria Anna* 22.03.1841 in Sötern, + 29.03.1875 in Birkenfeld
T. von Lion Isaak und Hanau Theresia (Dekgen), Sötern

Kinder
Leo * , Nordamerika
Johanna * , 1890 in Birkenfeld
Auguste * , 1890 in Birkenfeld
Emilie * , 1890 in Birkenfeld

2.oo 14.12.1875 in Nohfelden
Lion Sybilla * 20.04.1848 in Sötern
T. von Lion Isaak und Hanau Theresia (Dekgen), Sötern

KAHN Salomon * aus Hennweiler bei Kirn
S. von
oo
Baum Marianna * 16.11.1853 in Bosen
T. von Baum Marx und Haas Sara, Bosen

KAHN Isaak * 1849 in Kirf/Saarburg, + 08.10.1922 in Sötern
S. von
oo
Heyum (Heymann) Rosa * , + vor 1922
T. von

Kinder
Sara * 29.02.1880 in Kirf, 1.oo Kahn Samuel, Sötern, 2.oo Kahn Ludwig, Sötern

KAHN Elias * 17.07.1849 in Sötern, am 16.05.1871 nach Saarbrücken, Bahnhofstraße 82,
Kaufmann in St. Johann
S. von Kahn Lemle und Kronenberger Caroline, Sötern

oo 13.11.1877 in Nohfelden
Joel Johanna * 19.11.1842 in Weilburg
T. von Joel Alexander, Kaufmann, und Heimann Sara, Weilburg

Kinder
Ida * 20.01.1878
Bertha * 18.05.1880
Flora * 13.01.1882
Adolf Ludwig * 22.01.1884
Max * 23.11.1887

KAHN Salomon * , Händler in Gonnesweiler
S. von
oo
Goldschmidt Anna *
T. von

Kinder
Klara * 12.12.1874 in Birkenfeld, oo Beckhard Josef
Siegmund * 06.11.1882, + 10.11.1882 in Gonnesweiler

KAHN Isaac * 01.02.1852 in Gonnesweiler, wurde früh Waise, lebte dann bei Bekannten in Trier.Am 25.05.1939 (verwitwet) von Trier, Heiligkreuzerstraße 8, nach Luxemburg, dort in Ensch angemeldet, +30.03.1942 in Périgeux
S. von Kahn Samuel und Clara Heymann in Gonnesweiler
oo vor 1890
Kahn Sophie *
Kinder:
Moritz *14.03.1890 in Trier, oo Elise Gamiel,+ 1943 Kz Auschwitz

KAHN Leopold * 22.12.1856 in Sötern, Händler in Sötern
S. von Kahn Lemle und Kronenberger Carolina, Sötern
oo 27.06.1879 in Nohfelden
Stern Karolina * 19.02.1859 in Hoppstädten
T. von Stern Emanuel und Weil Regina, Hoppstädten

Kinder
Ida * 03.09.1880
Ludwig * 13.01.1883

Die Familie wanderte 1885 nach Nordamerika aus.

KAHN *
S. von
oo
Levino Rosetta * 28.12.1857 in Bosen, + 02.05.1938 in Idar (auf jüdischem Friedhof in Oberstein)
T. von Levino Enzel und Hellborn Fanny, Bosen

KAHN Michael * 27.05.1841 in Sötern, Handelsmann, + 15.02.1912 in Sötern
S. von Kahn Samuel und Buxbaum Rachel, Sötern
1.oo 22.06.1871 in Nohfelden
Sender Magdalena * 17.09.1839 in Bosen, + 27.01.1872
T. von Sender Daniel, Händler, und Isaac Klara, Bosen

2.oo 13.08.1873 in Nohfelden
Löb Rosina * 24.11.1843 in St. Julian, Obereisenbach
T. von Löb Jacob, Handelsmann, und Herz Sara

Kinder
Jakob * 27.04.1874 in Sötern
Leopold * 18.06.1876 in Sötern
Clara * 01.12.1878 in Sötern
Samuel * 09.07.1881 in Sötern, + 15.07.1915 gefallen, oo Kahn Sara
Ludwig * 26.08.1884, + 1927 Bardenberg/Aachen, oo Kahn Sara
Isidor * 06.08.1888, + 26.10.1914 gefallen

KAHN Salomon * , + vor 1938, Pferdehändler in Freudenburg/Trier
S. von
oo
Kahn Auguste * 01.05.1869 in Sötern
T. von Kahn Ludwig und Feis Amalie, Sötern

letzte Wohnung der Witwe: Trier Hornstr. 12,
am 20.12.1938 nach Luxemburg abgemeldet

KAHN Emanuel * 05.01.1857 in Sötern, + 1935, Kaufmann, Hausnr. 183 in Sötern
S. von Kahn Ludwig und Feis Amalie, Sötern
oo
Hirsch Mathilde *
T. von

Kinder
Ludwig Walter * 08.08.1903 in Sötern, ab 1913 Gymnasium
Birkenfeld, nach Abgang kaufmännische Lehre, KP Funktionär
Paul * 20.05.1905 in Sötern, ab 1915 Gymnasium, wurde Arzt

KAHN Daniel * .12.1859, + 26.08.1932 in Chicago, IL-USA
S. von
oo 09.01.1892
Hirsch Johanetta * 17.01.1861 in Sötern, + 09.12.1945 in Chicago, IL-USA
T. von Hirsch Lion und Sternberg Dorothea, Sötern

Kinder
Leo * 1892 in MO-USA, + 1918, gefallen im 1. Weltkrieg
Emma * 1895 in MO-USA, + 1949 in Chicago IL-USA
Milford *

KAHN Josef * 28.05.1870 in Gonnesweiler, + 31.12.1944 im KZ, Viehhändler und
Metzger, Hausnummer 43 in Gonnesweiler, am 09.08.1949 für tot erklärt

Paul Kahn, Bertha Bauer, Adele Bonnet, Herta Wollmer, Walter Kahn, *priv.*

S. von Kahn Salomon und Michels Wilhelmine, Gonnesweiler
oo 10.07.1900 in Nohfelden
Bach Charlotte * 22.02.1877 in Olewig/Trier, + 31.12.1944 im KZ Theresienstadt, für tot erklärt
T. von Bach Jacob und Gottschalk Barbara, Olewig

Kinder
Ida * 25.04.1901 in Gonnesweiler, oo Jost Nikolaus, + 01.12.1972
Sali (Sally) * 19.12.1902 in Gonnesweiler, oo , zwei Kinder, 1958 in Niederzerf,
1966 in Altenkessel/Saar Luisenthalerstraße 8, Viehkaufmann, dann Munitionsarbeiter
Flora * 02.10.1904 in Gonnesweiler, + im KZ, oo Hirsch Ludwig
Hedwig * 07.07.1906 in Gonnesweiler, + im KZ, oo Meyer Ernst
Irma * 28.05.1908 in Gonnesweiler, oo Hirsch Hugo, 1938 nach USA
Kind ohne Name + 10.05.1910
Melliane * 18.10.1912 , „ Melly" arbeitete als Krankenschwester in Theresienstadt bei den Eltern, nach Prag Tschechoslowakei, oo Kohner, 1954 in Prag VII. U. Smaltovny 22, 1966 bei ihren Schwestern in NY. USA
Ruth * 29.04.1914 in Gonnesweiler, nach USA, 1963 in 155 East, 168 Street, NY 52 Bronx, ledig
Ingeborg Ilse * 03.06.1915 in Trier, nach USA, oo Rothschild Gerd
1959 in 1025 Gerard Ave, NY 52 Bronx
Lilly * 07.07.1917 in Gonnesweiler, nach Belgien, oo Gruen, nach USA, 1957 und 1963 in 124-16-84 Road Kew Garden L.I.NY., ein Kind

Eltern am 27.07.1942 nach Theresienstadt deportiert
letzte Wohnung: Gonnesweiler Haus Nr. 140

Josef und Charlotte Kahn, geb. Bach, mit ihrem Enkel Raimund Hirsch, *priv.*

Melliane Kahn in Schwesterntracht, Bildbeschriftung auf der Rückseite: Niederschönhausen/Berlin, im Juli 1930 von Eurer Melly, priv.

Ruth Kahn mit ihrem Neffen 1947, *priv.*

Melliane Kohner, geb. Kahn mit Ihrem Ehemann auf dem jüdischen Friedhof in Gonnesweiler. Aufnahme aus den 80iger Jahren, *priv.*

Melliane Kohner, geb. Kahn, *priv.*

KAHN Hermann * 15.07.1878 in Camen/Trier, Zigarrenfabrikant in Konz
S. von Kahn Samuel und Hanau Fanni
oo 08.06.1911
Löb Flora * 26.07.1888 in Sötern
T. von Löb Emanuel und Marx Johanna, Sötern

Kinder
Leo * 1915 in Konz, + 02.08.1916 im Haus des Löb Emanuel in Sötern

KAHN Samuel * 09.07.1881 in Sötern, + 15.07.1915, gefallen, Schneider in Sötern
S. von Kahn Michel und Löb Rosina, Sötern
oo 06.05.1909
Kahn Sara * 29.02.1880 in Kirf/Saarburg, + 04.06.1937 in Sötern, Schneiderin
T. von Kahn Isaak und Heyum Rosa, Sötern

Kinder
Julius * 22.03.1910 in Sötern, oo Harris Hildegard, ausgewandert nach Palästina

KAHN Ludwig * 26.08.1884 in Sötern, Hüttenschlosser, + 1927 in Bardenberg
S. von Kahn Michael und Löb Rosina, Sötern
oo 08.12.1922
Kahn Sara * 29.02.1880 in Kirf/Saarburg, Witwe des Kahn Samuel
T. von Kahn Isaak und Heyum Rosa

Dr. KAHN Moritz * 14.03.1890 in Trier, lebte als Tierarzt in Hermeskeil. Ging nach der Pogromnacht mit seiner Familie nach Trier, zunächst zu seinem Bruder, Saarstr. 19; dann in eine Wohnung Matthiasstr. 2. Am 01.03.1943 Deportation nach Auschwitz. + 1943 KZ Auschwitz
S. von Kahn Isaak und Sophie, Trier
oo
Gamiel Elise * 25.03.1891 in Argenschwang, + 1943 Kz Auschwitz
T. von

Kinder
Gustav Heinz * 13.04.1922 in Hermeskeil; wurde Tierarzt in Polch
Gertrud Klara * 03.08.1923 in Hermeskeil, + 1943 KZ Auschwitz

KAHN Walter * 12.11.1905 in St. Wendel, + 05.08.1944 im KZ Auschwitz, Kaufmann aus Sötern
S. von Kahn Jacob und Stern Sophie
oo 08.05.1935 in La Madeleine
Hanau Martha * 14.01.1907 in Fraulautern/Roden/Saar, + im KZ
T. von Hanau Ferdinand und Leva Frieda

Kinder
Claude * 01.05.1937 in Roubaix, bis 1945 im Untergrund gelebt,
1950 in Etain/Lyon (Meuse), 17 Rue de Morteau unter Vormundschaft von Michel Gertrude geb. Hanau, 1960 Medizinstudent in Nancy

Vater 1933 in Saarlouis, 1934 auf Reichsgebiet verhaftet. Familie lebte unter dem Namen Familie Albert Rahn in Lyon 26 Rue Saba in der Illegalität.

Eltern am 24.07.1944 verhaftet und nach Drancy verbracht. Am 31.07.1944 nach Auschwitz deportiert. Zum 05.08.1944 für tot erklärt.

KAHN Julius * 22.03.1910 in Sötern
S. von Kahn Samuel und Kahn Sara, Sötern
oo 10.01.1935
Harris Hildegard * 26.01.1907 in Langenselbold/Hanau
T. von

Familie ist am 14.03.1938 in Palästina eingebürgert worden.

KAHNE * aus Köln
S. von
oo 1926 in Köln
Lion Else * 04.03.1905 in Sötern, + im KZ Minsk
T. von Lion Wilhelm und Blatt Fanny, Sötern

Familie lebte in Köln.

KATZ Levi * 23.12.1876 in Beiseförth bei Melsungen, Lehrer und Kantor, +1963 in Israel
S. von Daniel Katz und Bertha geb. Lange aus Falkenberg
oo 1902 in Bosen
Wolf Bertha * 17.08.1881 in Bosen, + Februar 1940 in Amsterdam
T. von Wolf Salomon und Sender Caroline, Bosen
Die erste Lehrerstelle von Levi Katz war Bosen, danach war er Lehrer und Kantor in Ottweiler. 1910 siedelte er nach Borken, Bez. Kassel über.

Kinder:
Nora * 1903, nach 1933 Auswanderung in die USA
Siegfried *1904, nach 1933 Auswanderung in die USA

Levi Katz, *aus: Borkener Geschichtsblätter, Juli 1993, 6. Jahrgang, S. 14*

Familie Katz, Aufnahme v. ca. 1928, steh. v. li. n. re.: Grete, Käte, Siegfried, Bertha Katz, Levi Katz, Nora, Frieda, Robert, sitzend: Lotte, Werner, Rut, *aus: Borkener Geschichtsblätter, Juli 1993, 6. Jahrgang, S. 14*

Frieda * 1905, nach 1933 Auswanderung in die USA
Margarethe *1909, oo Ehemann aus Holland, beide in Auschwitz ermordet
Käte *1912, 1935 Auswanderung nach Palästina
Robert *1914, 1935 Auswanderung nach Palästina
Rut *1915, 1935 Auswanderung nach Palästina
Lotte *1918, 1935 Auswanderung nach Palästina
Werner *1922, nach dem Krieg Auswanderung in die USA

KAUFMANN Sybilla * 1857 in Wehr/Mayen, + 29.11.1927 in Bosen, seit ihrer Kindheit in Bosen im Haus Wolf Sigmund, ab 1902 mit lebenslangem Wohnrecht

KAUFMANN Salomon * 03.01.1884 in Bremm/Cochem, Schneider, wohnhaft in Alf/Kreis Zell
S. von Kaufmann Arnold und Marx Johanna
oo 01.02.1912
Wolf Hedwig * 08.12.1886 in Sötern
T. von Wolf Moses und Hessel Sabina, Sötern

KELLER Karl * aus Ronenberg bei Baumholder
S. von
oo
Sender Johanette Karoline * in Sötern
T. von Sender Moses und Feis Elisabeth, Sötern

Kinder
Adelheid * , oo Mayer Moses, Feldenz
Helene * , oo Stephan Johann, Aachen
Karl * , nach Amerika
Isidor * , nach Amerika

KLEEBLATT Baruch * 16.03.1887 in Röhrenfurth/Kreis Melsungen, von 1908-1910 Lehrer in Bosen, danach Kassel, + 27.12.1943 im KZ Auschwitz
S. von Kleeblatt Noa und Kahn Fanni
oo 22.12.1910
Baum Elma * 30.08.1883 in Bosen, nach Kassel, + im KZ Riga
T. von Baum Leopold und Mayer Rosalie, Bosen

Letzte Adresse des Ehepaares in Kassel: Schillerstraße 7; von dort wurden sie am 09.12.1941 in das Getto Riga verschleppt. Elma Kleeblatt gilt dort als verschollen. Baruch Kleeblatt wurde von Riga nach Auschwitz deportiert und ermordet.

KOHN Michael * 1806, Lehrer in Sötern
S. von Kohn Moses, Handelsmann, und Reiß Hanna, aus Baiersdorf, Bayern
oo 27.07.1842 in Nohfelden
Aub Johanette (Jeanette) * 1816 in Forchheim, + 22.10.1883 in Sötern
T. von Aub Meyer, Handelsmann, und Aub Dina, Forchheim

Kinder
Joseph * 15.10.1843 in Sötern
Johanna * 30.10.1844 in Sötern

Baruch Kleeblatt, von 1908-1910 Lehrer an der jüdischen Schule in Bosen, *aus: Gedenkbuch der Stadt Kassel, S. 125*

Elma Kleeblatt, geb. Baum
aus: Gedenkbuch der Stadt Kassel, S. 126

Helene * 1846 in Sötern, oo Lion Adolph, Sötern
Selma * 19.01.1846 in Sötern

KONEM Bernhard * aus Wawern
S. von
oo
Sender Emma * 22.08.1865 in Sötern
T. von Sender Lion und Michel Johanetta, Sötern

KONRAD August * aus Sötern
S. von
oo
Hirsch Clara * 08.10.1898 , + 1929
T. von Hirsch Hermann und Wolf Sara, Sötern

Kinder
Karl * 15.10.1919, wanderte nach Palästina aus und nannte sich Conrath
Daniel

KOSCHELNIK Theodor Isak * 05.05.1897 in Mazewo/Kreis Pultusk, Amt Lahani (Polen), wohnte in Sötern Nr. 147, + 09.07.1955 in New York, Schuhmacher
S. von Koschelnik
oo 19.05.1924 in Nohfelden
Kahn Johanna Hedwig * 30.12.1892 in Thalfang, + 31.12.1942 im KZ Auschwitz, aus Nalbach, für tot erklärt
T. von

Grab von Isak Koschelnik in New York
Ceder Park New Yersy
Block 36, Lin 2, Grav 2-3le in Boston,
Sammlung Luitwin Bies

Kinder
Leonore * 18.06.1925 in Sötern, + im KZ Riga, am 11.02.1932 nach Nalbach abgemeldet, lebte dort bei ihrer Tante, 1942 in Berlin, N 54, Gipsstraße 12 a
Friedrich Salomon * 04.02.1928 in Sötern, + im KZ Auschwitz
Lotte * 02.04.1929 in Sötern, + im KZ Auschwitz
Liese * 02.04.1929 in Sötern, Zwilling, + 24.04.1929 in Sötern

Mutter am 02.02.1940 mit Friedrich und Lotte nach Berlin, N 54, Gipsstraße 12 a wurden 12.01.1943 von Berlin nach Auschwitz deportiert.

Vater: September 1934 Schutzhaft im Gefängnis Birkenfeld
15.11.1938 Einlieferung ins Konzentrationslager Dachau (Häftlingsnummer 27102), am 13.01.1939 Entlassung unter der Bedingung, Deutschland innerhalb von drei Monaten zu verlassen; 25.04.1939 Abfahrt nach Shanghai,
ab 18.02.1943 im Ghetto Honkew, 343/5 Ward Road
23.12.1948 - 14.02.1949 Überfahrt nach Israel, Haifa
23.10.1950 - 22.12.1950 Überfahrt nach Kanada, Montreal

KRONENBERGER Gabriel * von Hoppstädten nach Sötern
S. von
oo .11.1835
Herz Händele * 1809
T. von Herz Raphael, Handelsmann in Bolgen/Metz

KRONENBERGER Elias * wohnhaft in Nohfelden
S. von
oo vor 1850
Moses Rosa *
T. von

Kinder
Moses * 22.08.1850
Lazarus * 19.04.1854

KRONENBERGER David * lebte in Sötern
S. von
oo
Wolf *
T. von

wandern 1883 nach Nordamerika aus

LEIB Schweich * , aus Saal
S. von
oo
Salomon Sara *
T. von

Kinder
Freidgen * 1797 in Saal, oo Kahn Samuel, Gonnesweiler

LEISER Abraham * aus Hundsbach bei Meisenheim
S. von
oo
Baum Gertraud * 04.02.1851 in Bosen
T. von Baum Marx und Haas Sara, Bosen

LEVI Mendel * Händler in Bosenbach
S. von
oo
Levi Minetta *
T. von

Kinder
Marianna * 1772 in Bosenbach, + 15.04.1854 in Sötern

LEVI Ludwig * 1777 in Thalfang, + 05.07.1854 in Bosen
S. von Levi Leib, Thalfang, und Isaac Rachel, Bosen
oo
Juda Regina *
T. von

Kinder
Barbara * 1804, oo Baum Lion, Bosen

LEVI Seligmann * aus Stiepshausen
S. von
oo
Marx Babetta * 1800, + 27.08.1870 in Sötern
T. von Marx Samuel und Wolf Delz, Sötern

LEVI Ruben *
S. von
oo
Levi Johanetta *
T. von

Kinder
Sara (später Charlotte) * 1784, + 04.07.1856 in Sötern, oo Sender Daniel

LEVI Sordick * lebte in Sötern
S. von
oo
Bär Babette *
T. von

Kinder
Eva * 1795 in Kordel, + 19.08.1867 in Sötern, oo Gunzenhauser Feis

LEVI Sara * lebte in Bosen
T. von

Kinder
Sara * in Bosen, + 15.03.1840 in Bosen, (Vater: Baum Lion)

LEVI Löb * Handelsmann in Kusel
S. von
oo
Germann (Gerson) Caroline (Kehle) *
T. von

Kinder
Kerschen * in Kusel, + 11.09.1845 in Bosen
Bräunle * 1804 in Bosenbach, + 11.03.1875 in Bosen, oo Baum Michel, Bosen
Esther * 1805 in Kusel, + 11.02.1850 in Sötern, oo Maier Mathes

Rosalie Levi, geb. Hirsch, *priv.*

LEVI Meyer * 08.02.1872 in Bornheim/Bonn, Schuhmacher in Sötern
S. von Levi Isaac und geschiedener Silberberg Rebeka, Frankfurt
oo 19.03.1902
Hirsch Rosalie * 15.04.1873 in Sötern,

+ 31.12.1943 im KZ Minsk, für tot erklärt, am 27.07.1942 nach Theresienstadt deportiert, hatte Kaufgeschäft in Sötern Hausnummer 140
T. von Hirsch Lion und Sternberg Dorothea, Sötern

Kinder
Leo * 31.12.1902 in Sötern, 1957 in 860 West, 181 Street, New York, 33 NY, oo Löb Martha

LEVI Salomon * 29.06.1897 in Conz/Trier, Metzgermeister
S. von
oo 18.08.1930 in Nohfelden
Baum Ida * 03.05.1906 in Bosen
T. von Baum Jacob und Gerson Wilhelmine, Bosen

LEVI Leo * 31.12.1902, Arbeiter in Sötern
S. von Levi Meyer und Hirsch Rosalie, Sötern
uneheliches Kind Lilli mit der .....Klein, * 1928, wuchs bei der Großmutter auf
oo 25.08.1932 in Neunkirchen/Saar
Löb Martha * 07.05.1905 in Neunkirchen/Saar, Kontoristin

Ehepaar 1957 in 860 West, 181 Street, New York

LEVI Leo * 02.09.1903 in Fraulautern/Saar, + 12.08.1963 in Saarbrücken
S. von
oo 24.07.1931 in Nohfelden
Wolf Meta * 19.03.1908 in Bosen
T. von Wolf Sigmund und Lion Thekla, Bosen

Ehepaar 1949 in Metz, 3 Rue aux Ours, 1957 in Saarbrücken, Schillerstr. 14

LEVINO Ensel (Alexander) * 1809 in Uhlfeld, Lehrer in Bosen, + 15.10.1870 in Bosen
S. von Levino Moses, Krämer, und Reichel Chaja
oo 30.08.1848 in Burghaßloch
Hellborn Fanny *
T. von Hellborn Moses, Galanteriehändler, und Hellborn Feis

Kinder
Isaac * 20.10.1850 in Bosen, + 20.03.1854 in Bosen
Therese * 09.02.1853 in Bosen, oo Hirsch Josef, + 12.12.1917 in Hottenbach
Adolf * 17.06.1855 in Bosen, 1870 nach Ketonio/Pennsylvanien
Rosetta * 28.12.1857 in Bosen, oo Kahn, + 02.05.1938 in Idar
Kind ohne Name * , + 12.12.1860 in Bosen
Moses * 20.06.1863 in Bosen

LEVY Sender Ruben * 14.04.1853 in Aach bei Trier, Viehhändler, + 05.01.1943 im KZ Theresienstadt
S. von
oo
Sender Franziska * 08.01.1863 in Sötern, + 26.02.1926 in Aach
T. von Sender Lion und Michel Johanetta, Sötern

Kinder
Theresia * 19.05.1885 in Niederemmel, oo Rudolf Mendel, + 1974 in Vineland, NJ
Regina * in Aach, + 1942 im KZ
Ludwig * 1888 in Aach, + in Chicago, IL-USA
Frieda * 09.04.1893 in Aach, + 1943 im KZ Theresienstadt, oo Salomon Max
Albert * 1893 in Aach, Zwilling von Frieda, + 1982 in Kalifornien
Martha * 1898 in Aach, 1938 nach USA emigiert, + in USA

LEVY Carl * 1836 in Boulay/Frankreich, Handelsmann
S. von Levy Mayer und Abraham Therese
oo 21.05.1866 in Nohfelden
Feis Caroline * 14.03.1840 in Sötern
T. von Feis David und Levy Barbara

Martha geb. Löb und Leo Levi, *priv.*

Leo Levi, *priv.*

Grabstein der Therese Hirsch, geb. Levino in Hottenbach
priv.

LEVY Joseph * aus Konz bei Trier
S. von
oo
Gottlieb Gertraud * 03.02.1839 in Bosen
T. von Gottlieb Gabriel und Kahn Johanette, Bosen

LEVY Lion * 21.01.1843 in Montenach, wohnhaft in Damvillers, Viehhändler,
S. von Levy Fanny, wohnhaft in Thiancourt
1.oo 19.05.1870 in Sötern, Synagoge
Sender Johanette * 20.12.1846 in Sötern, + vor 1872
T. von Sender Ruben und Levi Charlotte, Sötern

2.oo 27.11.1872 in Nohfelden
Sender Pauline * 20.05.1851 in Sötern
T. von Sender Ruben und Levi Charlotte, Sötern

LEVY * aus Bollendorf
S. von
oo
Baum Esther * 10.04.1859 in Bosen, + 31.05.1943 im KZ Theresienstadt
am 06.04.1943 von Luxemburg aus deportiert
T. von Baum Salomon und Baum Gertrud, Bosen

LEVY Isidor * wohnhaft zu Kalisch, sich aufhaltend in Köln
S. von
oo
Wonkowitz Ernestine *
T. von

Kinder
Rosalia * 10.06.1889 in der Wohnung des Baum Magnus in Bosen

LEVY *
S. von
oo
Sender Wilhelmine * 16.02.1851 in Sötern, + , am 12.06.1939 aus Illingen nach Luxemburg
T. von

LEVY Ludwig * 02.02.1853 in Aach, Handelsmann in Sötern
S. von Levy Alexander, Handelsmann, und Levy Meli,Aach
oo 18.06.1883 in Nohfelden
Sender Wilhelmine (Minna) * 12.02.1859 in Sötern, + 13.03.1940 in Mersch, jüdischer Friedhof Luxemburg
T. von Sender Samuel und Sternberg Maria, Sötern
Kinder
Mathilde * 23.03.1884 in Sötern, oo Schwarz Gottlieb, Illingen
Albert * 27.06.1886 in Sötern, nach Birkenfeld, oo Richard Gisela
Julius * 26.05.1889 in Sötern
Siegfried *

LEVY Leopold * aus Bollendorf
S. von
oo
Sender Helmine * 21.05.1870 in Sötern, + KZ Theresienstadt, am 28.07.1942 im Transport III/2 von Köln nach Theresienstadt
T. von Sender Lion und Michel Johanetta, Sötern

LEVY Albert * 27.06.1886 in Sötern, Viehhändler in Birkenfeld
S. von Levy Ludwig und Sender Wilhelmine, Sötern
oo
Richard Gisela * 22.04.1887 in Trier
T. von

Kinder
Liselotte Mali * 27.06.1913 in Sötern, oo Adler Max, Illingen

Eltern am 31.01.1939 ausgewandert nach Palästina

Reisepass von Albert Levy und seiner Frau Gisela, geb. Richard,
aus: Mais, Die Verfolgung, S. 284

LIESER Samuel Levy *
S. von
oo
Sender Mathilde * 28.03.1867 in Sötern
T. von Sender Lion und Michel Johanetta, Sötern

LINN Adolphus * Handelsmann in Sötern
S. von
oo vor 1882
Koten Helena *
T. von

Kinder
Johanna * 09.03.1881

LION Jacob * um 1756 in Steinbach, + 09.10.1832 in Sötern, Viehtreiber (Bouvier)
S. von Lion Loeb und Schneider Johanna
oo
Neumark Sybilla * 1772 in Gonnesweiler, + 10.05.1884 in Sötern
T. von Neumark Isaak und Kahn Breinle

Kinder
Sybille Maria * 1806 in Sötern, + 19.06.1833 in Sötern
Jeanetta * .08.1801 in Sötern, oo Süßler Samuel von Feyen/Trier
Isaak * 1802 in Sötern, oo Hanau Dalz
Daniel * 1805, 1.oo Stern Sophia, 2.oo Wolf Maria, + 29.04.1887 in Sötern
Carolina * 1809, oo 1836 Sender Simon, + 17.10.1839 in Sötern
Isaac * 07.01.1812 in Sötern
Marx * 11.10.1815, oo Kahn Esther, + 19.04.1889 in Sötern

Familie Lion scheint erst nach 1827 nach Sötern gekommen zu sein oder war einige Jahre von Sötern weg. Sie erscheint nicht im Verzeichnis der israelitischen Hausväter von 1827.

LION Isaak * 1802 in Sötern, Viehtreiber in Sötern
S. von Lion Jacob und Neumark Sibilla, Sötern
oo 21.11.1839 in Nohfelden
Hanau Dalz (Delzgen, Theresia) * 1813 in Brotdorf, + 04.03.1857 in Sötern
T. von Hanau Feis und Jonas Maria (Jacob Marianne)

Kinder
Maria * 22.03.1841 in Sötern, oo Kahn Alexander, Birkenfeld, + 29.03.1875 in Birkenfeld
Jacob * 07.08.1843 in Sötern, 1890 in Hartfurt/New York
Adolph * 13.11.1845 in Sötern, oo Kohn Helene, + 07.06.1926 in Sötern
Sybilla * 20.04.1848 in Sötern, oo Kahn Alexander, Birkenfeld
Lion, Totgeburt * 06.01.1852 in Sötern
Salomon * 07.04.1853 in Sötern, oo Sender Amalie, + 1919 in Sötern

LION Daniel * 1805 in Sötern, Kaufmann, + 29.04.1887 in Sötern
S. von Lion Jacob und Neumark Sibilla, Sötern
1.oo 10.03.1835 in Nohfelden
Stern Sophie * 1811 in Oberreidenbach, Dienstmagd, + 22.09.1847 in Sötern
T. von Stern Rachel (Regina)
Kinder
Philippina * 1836 in Sötern, + 1840 in Sötern
Gertraud * 30.03.1838 in Sötern, + 20.04.1839 in Sötern
Jacob * 31.01.1840 in Sötern, oo Baum Marianne, + 22.09.1911

Isaak * 23.11.1841 in Sötern, + 1841 in Sötern
Michael * 01.01.1843 in Sötern, + 1843 in Sötern
Karolina * 01.01.1843 in Sötern, + 1843 in Sötern
Michel * 07.01.1844 in Sötern, + 1844 in Sötern
Sibilla * 29.04.1845 in Sötern, + 14.02.1934 in Bosen oo Gottlieb Salomon, Bosen
Regina * 20.09.1847 in Sötern, + 11.12.1871 in Sötern

2.oo 11.06.1850 in Nohfelden
Wolf Maria * 24.05.1826 in Sötern, + 22.08.1897 in Sötern
T. von Wolf Germann und Kahn Maria, Sötern

Kinder
Philippina * 01.04.1851 in Sötern
Germann * 26.11.1852 in Sötern, oo Tron Emilie
Barbara * 1853 in Sötern, + 10.09.1855 in Sötern
Johanetta * 20.05.1855 in Sötern, oo Sender Abraham, Bosen
Maria * 17.03.1858, oo Kahn Moses II, Kirf (Saar)
Sara * 02.02.1860 in Sötern, oo Lorig Alexander, Butzweiler
Wilhelm * 11.04.1862 in Sötern, oo Blatt Fanny, Sötern, + 19.12.1924 in Sötern
Charlotte * 05.05.1864 in Sötern
Salomo * 10.11.1868, + 09.07.1869 in Sötern

LION Marx * 11.10.1815 in Sötern, Handelsmann, + 19.04.1889 in Sötern
S. von Lion Jacob und Neumark Sibilla, Sötern
oo 06.02.1844 in Nohfelden
Kahn Esther * 16.11.1823 in Sötern, + 12.12.1878 in Sötern
T. von Kahn Lemle und Wolf Rachel, Sötern

Kinder
Sibilla * 24.07.1845 in Sötern, oo Hirsch, Cöln
Magdalena * 1847 in Sötern, + 1917 in Beaumarais
Jakob * 1848 in Sötern, 1890 in Amerika
Babet * 24.09.1850 in Sötern, oo Lorig Karl
Bertha * 11.06.1852 in Sötern, + 12.05.1853 in Sötern
Leopold * 1852 in Sötern
Isaak * 15.04.1854, oo Simon Sophie, 1890 in Karlsruhe Hotelier, + in USA
Johanna * 08.07.1856 in Sötern, oo Pelz zu Hagen Wilhelm
Maria * 21.05.1858, oo Lorig Samuel
Sarah * 15.04.1861 in Sötern, oo Strauss Leo, Steinbach/Pfalz
Adelheid * 15.04.1861 in Sötern, oo Morris Lippert, + in USA
Gustav * 20.01.1863, oo Baum Adelheide, + 21.04.1909 in Bosen
Moses * 1865 in Sötern, Textilienkaufmann, + 1927 in Locust Grove, OK-USA
Helene * , oo Hanau, Saarlouis

LION David * , aus Tholey
S. von
oo
Wolff Fanny *
T. von

Kinder
Bertha * 11.04.1864, + 25.02.1900 in Sötern, oo Sender Isaak, Sötern

LION Adolf * 13.11.1845, Händler, + 07.06.1926 in Sötern
S. von Lion Isaak und Hanau Theresia, Sötern
oo 12.07.1870 in Nohfelden
Kohn Helene * 1846 in Sötern, + 06.03.1897 in Sötern
T. von Kohn Michel, Lehrer, und Aub Johanette, Sötern

Kinder
Julius * 13.05.1871 in Sötern, Kaufmann in Frankfurt, am 13.06.1918 gefallen
Moritz * 21.01.1873 in Sötern, + 31.12.1945 im KZ
am 27.07.1957 tot erklärt, oo Moses Berta, Brotdorf
Delphine * 06.04.1875 in Sötern, + im KZ Minsk, oo Ermann Nathan, Wittlich
Siegfried * 13.05.1877 in Sötern, Händler in Brotdorf
Felix * 09.02.1879 in Sötern, Kaufmann in Frankfurt, + im KZ Minsk
Johanna * 09.03.1881 in Sötern, + 09.03.1883 in Sötern

LION Germann * 26.11.1852 in Sötern, Kaufmann, am 17.02.1887 nach Saarbrücken, Bahnhofstr. 25
S. von Lion Daniel und Wolf Maria, Sötern
oo
Tron Emilie *
T. von

Kinder
Hugo Jakob * 05.07.1879
Albert Moses * 22.02.1881
Wilhelm Willy * 14.01.1883
Anna Sarah * 27.06.1885
Ida * 13.11.1886

LION Salomon * 07.04.1853 in Sötern, Händler, + 09.07.1919 in Sötern
S. von Lion Isaac und Hanau Theresia, Sötern
oo 20.08.1877 in Nohfelden
Sender Amalie * 27.10.1853 in Sötern, + 22.12.1915 in Sötern
T. von Sender Samuel und Sternberg Maria, Sötern

Kinder
Julius * 16.05.1878 in Sötern
Isidor * 13.11.1879 in Sötern, nach Frankfurt/Main, + im KZ, für tot erklärt im Osten
Thekla * 24.08.1882 in Sötern, + im KZ
Alfred * 06.09.1884 in Sötern
Friedrich * 09.02.1887 in Sötern

LION Isaak * 15.04.1854 in Sötern, wohnhaft in Eisen, Händler in Sötern
1890 in Karlsruhe Hotelier, + in USA
S. von Lion Marx und Kahn Esther, Sötern
oo 11.07.1881 in Nohfelden

Simon Sophie * 18.01.1861 in Zöhlingen
T. von Simon Isaias, Handelsmann, und Wolff Helene, Zöhlingen

Kinder
Josias * 08.06.1882
Elwire * 01.01.1884
Leopold * 31.08.1885
Julius * 25.06.1887, oo Heymann Clara

LION Wilhelm * 11.04.1862 in Sötern, Viehhändler in Sötern, + 19.12.1924 in Sötern
S. von Lion Daniel und Wolf Maria, Sötern
oo 24.03.1890 in Nohfelden
Blatt Fanny * 29.11.1869 in Sötern, + 30.11.1926
T. von Blatt Benjamin und Wolf Johanetta, Sötern

Kinder
Leo * 21.10.1890 in Sötern
Johanna * 30.01.1895 in Sötern, oo Meyer....., Euskirchen, + im KZ
Kind ohne Name + 08.02.1897 in Sötern
Gustav * 10.02.1898 in Sötern
Delphine * 06.06.1900 in Sötern
Hugo Herrmann * 27.06.1902 in Sötern, + im KZ, oo Simon Irma, Köln
Else * 04.03.1905 in Sötern, oo 1926 in Köln Kahne, + im KZ
Betti * 05.04.1909 in Sötern, oo Simon , + im KZ
Margarethe * 15.03.1911 in Sötern

LION Gustav * 20.01.1863 in Sötern, + 21.04.1909 in Bosen, Viehhändler und
Landwirt, Hausnummer 32 in Bosen
S. von Lion Marx und Kahn Esther, Sötern
oo 02.09.1889 in Nohfelden
Baum Adelheide * 25.10.1870 in Bosen, nach Köln, + im KZ, am 27.07.1942 nach
Theresienstadt deportiert, am 20.03.1951 für tot erklärt
T. von Baum Josef, Krämer,und Sternberg Elisabeth,Bosen

Kinder
Max * 10.11.1890, + 31.12.1944 im KZ, oo Heimann Flora, Nohfelden
Elma * 05.04.1892, + 31.12.1944 im KZ, oo Mendel Siegfried, Gonnesweiler
David * 31.07.1894, + 05.09.1900 in Bosen
Rosetta * 05.11.1897, + 31.12.1944 im KZ, oo Sender Leo, Bosen
Arthur * 18.10.1904 in Bosen, + 31.12.1943 im KZ, für tot erklärt
am 29.04.1942 deportiert nach Lublin

letzte Wohnung der Mutter (Witwe): Bosen Haus Nr. 30

LION Jacob * 31.01.1840 in Sötern, + 22.09.1911, Händler in Sötern
S. von Lion Daniel und Stern Sophie, Sötern
oo 16.02.1871 in Nohfelden
Baum Marianne * 05.09.1841 in Gonnesweiler, + 25.11.1907 in Sötern
T. von Baum Gottlieb, Krämer, und Kahn Rosette, Bosen

Kinder
Fanny * 18.04.1872 in Sötern, + 04.07.1942 in Sötern, Ortsstraße 148, ledig

Joseph * 10.11.1873, 1.oo Adler Bertha, 2.oo Thal Nanette, + 09.05.1944 im KZ
Ludwig * 17.04.1876 in Sötern, + 13.03.1880 in Sötern
Adolph * 09.04.1878 in Sötern, oo Kaufmann Mathilde
Sophie * 01.09.1880, + im KZ Riga oo Ermann Leopold, Rhaunen
Siegmund * 15.08.1882
Emil * 09.07.1884 in Sötern, nach Frankfurt/Main, + im KZ Riga, oo Ermann Bertha, Rhaunen

LION Moritz * 21.01.1873 in Sötern, Viehhändler, Hausnummer 119 in Sötern, + 31.12.1945 im KZ,
am 27.07.1957 tot erklärt
S. von Lion Adolf und Kohn Helene, Sötern
oo
Moses Berta * 06.03.1876 in Brotdorf, + im KZ
T. von

Kinder
Maximilian * 11.03.1901 in Sötern, 1941 in Straßburg, B. de Metz 12
Helene * 02.05.1903 in Sötern

Am 02. bzw. 04.03.1939 nach Trier, letzter Wohnsitz: Trier Speestraße 7, Eltern am 16.10.1941 nach Litzmannstadt deportiert, dann wahrscheinlich KZ Majdanek

LION Adolf * 09.04.1878 in Sötern, Schuhmachermeister in Sötern
S. von Lion Jacob und Baum Marianne, Sötern
oo
Kaufmann Mathilde (isr.) *
T. von

Kinder
Leo * 08.03.1909, oo 1933 in Saarbrücken
Gerhard * 17.01.1911

LION Josef * 10.11.1873 in Sötern, Viehhändler, Hausnummer 148 in Sötern
+ 09.05.1944 im KZ Theresienstadt, am 14.05.1950 für tot erklärt
S. von Lion Jacob und Baum Marianne, Sötern
1.oo 16.05.1900 in Illingen
Adler Bertha, gen. Sara, * 1871, aus Illingen, + 20.08.1906
T. von Adler Abraham und Blum Sara, Illingen

Kinder
Joseph Arthur * 09.06.1901 in Sötern, + 27.011904 in Sötern
Kind ohne Name * 28.02.1902 in Sötern, + 02.03.1902
Frieda * 28.11.1903 in Sötern, 1.oo Blau Moritz,
2.oo 23.09.1941 in Köln mit Bloch, 1942 von Köln nach Minsk deportiert
Ernst * 08.09.1905 in Sötern, + 21.10.1905 in Sötern
2.oo
Thal Nanette * 18.11.1877 in Berglicht/ Bernkastel-Cues, + 18.06.1944 im KZ Theresienstadt, für tot erklärt
T. von Thal Gottfried und Neumark Charlotta

Kinder
Meta * 21.03.1909, am 24.05.1939 nach Frenchay/England, + 25.07.1957 in Essen, oo Stern Friedrich
Alfred * 29.03.1910 in Sötern, nach Haifa in Israel, + 26.03.1956, oo Hamburger Rita
Ludwig (Louis) * 13.07.1911 in Sötern, 1953 in Luxemburg, 4 Rue Louvigny, 1962 in 22 Rue Laboratoire, Luxemburg, ein Kind * 29.01.1958
Jenni * 18.09.1912 in Sötern,nach St. Nicholas Ave. N.Y., + vor 1958, Krankenschwester, oo Hayum Isidor
Gertrud * 10.01.1914 in Sötern,am 03.06.1933 nach Luxemburg, oo Ermann Hans-Fred, am 01.08.1938 nach New York/USA, 720 West 181 Street New York 33, 1958 in Essen Dammannstr. 57

letzte Wohnung der Eltern: Sötern (Peterweg) Haus Nr. 148, Mutter verzog am 25.11.1941 nach Köln/Ehrenfeld Ottostr. 85, wurde aber mit dem Ehemann aus Sötern am 27.07.1942 nach Theresienstadt deportiert

LION Emil * 09.07.1884 in Sötern, Schlosser, + im KZ Riga
S. von Lion Jacob und Baum Marianne, Sötern
oo
Ermann Bertha * 17.05.1895 in Rhaunen, + 27.06.1941 in Frankfurt
T. von Ermann Leopold und Weiß Celestine, Rhaunen

Kinder
Marianne * 13.02.1923 in Konz, + im KZ Riga
Elfriede * 19.05.1931 in Konz, + im KZ Riga

Die Familie hat noch 1938 in Konz Wiltingerstraße 78 gewohnt, verzog nach Frankfurt und wurde von dort aus nach Riga deportiert.

LION Julius * 25.06.1887, Händler, Hausnummer 37 in Sötern
S. von Lion Isaak und Simon Sophie, Sötern
oo
Heymann Clara * 00.00.1887
T. von

Kinder
Toni * 08.10.1909 in Sötern, + 15.10.1909 in Sötern
Ruth * 04.11.1910 in Sötern, oo Frank Hermann aus Edelfingen/Mergenheim
Stella * 08.10.1912 in Sötern, + 07.01.1915
Hedwig * 10.06.1915 in Sötern, am 27.12.1935 nach Palästina
Ernst * 27.10.1916 in Sötern
Siegfried Leopold * 16.05.1920 in Sötern, am 13.11.1935 abgemeldet, oo Hanna Levi
Henni * um 1923 (2 Zeugenaussagen), nach Palästina

Die Familie wohnte in Sötern, Peterweg 1, wanderte 1936 nach Palästina aus und wurde in Haifa ansässig.

LION Max * 10.11.1890 in Bosen, Landwirt in Bosen, + am 31.12.1944 im KZ, am 02.03.1949 tot erklärt am 29.04.1942 deportiert,
S. von Lion Gustav und Baum Adelheide, Bosen
oo 21.05.1926 in Nohfelden

Heimann Flora * 19.06.1902 in Laufersweiler, + am 31.12.1944 im KZ, am 02.03.1949
tot erklärt, am 29.04.1942 deportiert
T. von Heimann Josef und Hanau Sybilla, Laufersweiler

Kinder
Günther * 12.01.1927 in Bosen, + am 31.12.1943 im KZ, am 21.01.1952
tot erklärt, besuchte vom 20.04.1933 bis 17.11.1938 die Volksschule
Egon * 01.10.1937 in Bosen, + am 31.12.1943 im KZ, zum 21.01.1952 tot
erklärt

Beide Kinder wurden am 04.01.1941 nach Frankfurt/Main, Ebersheimstraße 5 verschickt, aber am 29.04.1942 mit den Eltern deportiert.

letzte Wohnung der Eltern: Bosen Haus Nr. 35

Günther Lion (u. re.) und Spielkameraden
aus: Mais. Die Verfolgung, S. 289

LION Berthold * 04.10.1892 in Sötern, 1941 von Köln nach Riga deportiert, + im KZ
S. von
oo
Marchand Elise * 25.01.1888 in Köln/Ehrenfeld, + im KZ Riga
T. von Marchand Anton und Küpper Helene

LION Hugo Hermann * 27.06.1902 in Sötern, Arbeiter, + im KZ
S. von Lion Wilhelm und Blatt Fanny, Sötern
oo 1932 in Köln

YAD VASHEM **DAF-ED** **דף-עד** **יד ושם**

Forschungs-und Gedenkstätte
Jerusalem, Israel
P.O.B. 3477

ירושלים, הר הזיכרון
ת.ד. 3477

GEDENKBLATT

חוק זכרון השואה והגבורה — יד ושם תשי"ג 1953 קובע בסעיף מס' 2:
תפקידו של יד ושם הוא לאסוף אל המולדת את זכרם של כל אלה מבני העם היהודי, שנפלו ומסרו את נפשם, נלחמו ומרדו באויב הנאצי ובעוזריו, ולהציב ...

DAS GESETZ ZUM ANDENKEN AN DIE MÄRTYRER UND HELDEN YAD VASHEM, 5713—1953 — ARTIKEL NR. 2 LEGT FEST:

Es ist die Aufgabe von Yad Vashem, dokumentarisches Material in Israel über all die Juden zu sammeln, die ihr Leben im Kampf und im Aufstand gegen die Nazis und deren Helfer hingaben, und das Andenken an die Opfer zu bewahren, wie auch das der Gemeinden und Institutionen, die wegen ihrer Angehörigkeit zum jüdischen Volk vernichtet wurden.

1. Familienname * / שם המשפחה * — Lion — ליון

2. Vorname (bei Frauen auch Mädchenname) / השם הפרטי (שם לפני הנישואין) — Irma geb. Simon — אירמה

4. Geburtsort (Stadt, Land) / מקום הלידה (עיר, ארץ) — Essen, Deutschland

3. Geburtsdatum / תאריך הלידה — 3.2.1899

6. Name der Mutter / שם האם — Bertha

5. Name des Vaters / שם האב — Gustv

7. Name des Ehegatten (bei Frauen auch Mädchenname) / שם בן או בת הזוג (אם בת זוג נא להוסיף שם משפחתה לפני הנישואין) — Hugo

8. Wohnort vor dem Kriege / מקום המגורים לפני המלחמה — Deutschland Soetern, Kreis Birkenfeld

9. Wohnorte während des Krieges / מקומות המגורים במלחמה — wurden am 29.4.42 von der Gestapo nach Unbekannt verschleppt.

10. Umstände des Todes (Ort, Datum, etc.) / נסיבות המוות (זמן, מקום, וכו') — Seit ihrer Verschleppung haben wir nie wieder ein Lebenszeichen erhalten

Ich, der/die Unterzeichnete Mendel Kneller im Namen verst. Frau Else Kneller geb. Kerkles אני,
wohnhaft in (volle Adresse) 29000 Kiryat-Yam B Zahalstr. 15 eing. 3 הגר/ה ב (כתובת מלאה)
Verwandtschaftsgrad/Freundschaft zum Verstorbenen Nichte קירבה (משפחתית או אחרת)

erkläre hiermit, dass ich diese Aussage wahrheitsgetreu und nach bestem Wissen erstattet habe.

מצהיר/ה בזה כי עדות זו נכונה לפי מיטב ידיעותי.

Unterschrift M. Kneller חתימה

Ort, Datum Kiryat-Yam B, Zahalstr. 23.8.1983 מקום ותאריך

"...ונתתי להם בביתי ובחומותי יד ושם... אשר לא יכרת" ישעיה נו, ה
"...ihnen will ich in meinem Haus, in meinen Mauern Denkmal und Namen geben... der nicht soll getilgt werden." Jesaja 56/5

* נא לרשום את שמו של כל נספה על דף עד נפרד
* *Bitte den Namen eines jeden Umgekommenen auf einem separaten Gedenkblatt aufzuschreiben.*

Simon Irma * 03.02.1899 in Essen, + im KZ
T. von Simon Gustav und Bertha

Kinder
Kind ohne Name + 10.06.1933 in Sötern
Gisela Fanny * 14.05.1934 in Sötern, + im KZ
Wilhelm Erich * 31.05.1935 in Sötern, + im KZ
Bela * 10.01.1939, + im KZ

Eltern und drei Kinder wurden am 29.04.1942 deportiert. Gisela und Wilhelm wurden am 15.05.1941 nach Frankfurt/Main Sandweg 7 verschickt letzte Wohnung der Eltern: Sötern Haus Nr. 47

LION Arthur * 18.10.1904 in Bosen, Arbeiter, + im KZ, am 29.04.1942 deportiert, am 06.05.1938 wegen Vergehens gegen § 175 RStGB in 9 Fällen zu 2 Jahren Gefängnis verurteilt, am 12.06.1940 aus Strafgefängnis Dietz nach Bosen Haus Nr. 34
S. von Lion Gustav und Baum Adelheid, Bosen, letzte Wohnung: Bosen Haus Nr. 132

LION Alfred * 29.03.1910 in Sötern, Handlungsgehilfe, + 26.03.1956
S. von Lion Josef und Thal Nanette, Sötern
oo 20.04.1936
Hamburger Rita (Rachel) * 02.08.1908 in Langenselbold/Hanau, Arbeiterin
T. von

Kinder
Hana * 17.08.1940 in Haifa, Sekretärin
Joram * 05.10.1946 in Haifa
am 26.05.1936 Emigration nach Haifa, Familie 1962 in 30, Herzlia Str., Haifa, Israel

von li: Dr. Moritz Kahn, seine Frau Babette, geb. Gamiel, und Tochter Gertrud, gen. Trude, Berta und Moritz Lion. Aufnahme ca. 1940/41
priv.

LIPPER Morris *
S. von
oo in Chicago
Lion Adelheid * 15.04.1861 in Sötern,
+
T. von Marx Lion und
Esther Kahn

Kinder
Estelle *

LOEB Moses * Sötern
S. von
oo
Beyle (Mode) *
T. von

Kinder
Elle * um 1750, + 10.01.1804
Beyle * um 1755,
+ 12.09.1805

LÖB (Leib) Greile * um 1727,
+ 05.01.1809 in Sötern,
Tagelöhnerin
T. von Leib Salomon, Händler, und Beile aus Oberstreit,
Dep. Donnersberg

Jüdischer Friedhof in Sötern, *priv.*

LÖB *
oo

Kinder
Zacharias *
Wolf *

LÖB Wolf (vgl. Baum Loeb) * , + 1816, Händler in Bosen
S. von
oo
Moses Gertraud * um 1732 in Gerbach Dep. Donnersberg, + 13.03.1808 in Bosen
T. von Moses Levi, Händler in Gerbach, und Moses Zerle

Kinder
Wolff * um 1766
Moses * um 1770
Hirsch * 02.08.1771 in Bosen, + 11.09.1848 in Bosen, oo Löb Martha,
nannte sich später Baum Lion
Joseph * 1773 in Mergenthal, + 16.05.1827 in Bosen oo Schulem Esther,
nannte sich später Baum Joseph

LÖB Israel * Freisen
S. von
oo
Abraham Martha * Freisen
T. von

Kinder
Mendel * 1757, Krämer in Sötern, am 05.09.1801 von der Bande des Schinderhannes erschossen, (Tod angezeigt von Loeb Kan, Bruder)
Moses * 1759 in Freisen, + 03.02.1820 in Sötern, oo Baum Gertraud

LÖB Moses (Mathias) * 1759 in Freisen, + 03.02.1820 in Sötern, Krämer in Sötern, wurde 4./7.05.1799 von Schinderhannes überfallen
S. von Löb Israel und Abraham Martha
oo
Baum Gertraud (Greindgen, Göttel) * vor 1760 in Mergenthal, + 17.02.1828 in Sötern, lebte 1818 in Trier Weberbachstraße 180
T. von

Kinder
Emanuel * 19.03.1791 in Sötern, + 12.11.1856 in Sötern, oo Feis Charlotte
Zacharias * 1792 in Sötern, + 07.11.1850 in Sötern, oo Isak Sara
Tochter * , oo Sender Jacob
Gräul * 23.04.1799 in Sötern

LÖB Moses * Händler in Bosen
S. von
oo
Löb Sara *
T. von

Kinder
Rosel * 05.06.1801 (Zeugin Gertrud Wolf 58 Jahre, Bosen)
Elias Moses * 11.02. 1805

LÖB Jacob * um 1753, Tagelöhner in Sötern
S. von
oo
Hertz Ziballe (Isaak Sybilla) *
T. von Hertz Aron

Kinder
Lore * 05.09.1802
Jacob * 30.05.1804
Marium * 21.04.1806

LÖB Wolf * 1777, Handelsmann, + in Bosen
S. von
oo
Sender Grelle * , + in Bosen
T. von

Kinder
Wolf * 29.07.1817 in Bosen

LOEB Emanuel * 19.03.1791 in Sötern, Handelsmann, + 12.11.1856 in Sötern
S. von Löb Moses und Baum Gertraud (Levy Gertrude), Sötern
oo vor 12.11.1812
Feis Charlotte * 1793, + 03.12.1860 in Sötern
T. von Feis Samuel und Anchil Gütel, Sötern

Kinder
Arie * 05.09.1814, + 28.04.1889 in Sötern, oo Kreß Aach
Feis * 01.05.1816, + 08.04.1861 in Sötern, ledig
Wolf * 06.10.1818 in Sötern
Anchil * 09.10.1819 in Sötern
David * 1820, + 22.02.1870 in Sötern, ledig
Martha * 26.04.1822 in Sötern
Moses * 04.10.1824 in Sötern, + 04.11.1857 in Sötern, oo Feis Elisabeth
Salomon * 19.11.1826 in Sötern, + 28.02.1833 in Sötern
Isaak * 17.03.1829 in Sötern
Christiana * 07.12.1834 in Sötern
Carolina * 28.03.1837 in Sötern
Barbara * 12.06.1839 in Sötern
Regina * 06.02.1841 in Sötern
Gertrude * , oo Mendel Isaak aus Münster
Amalie * , oo , + 05.02.1886 in Sötern

LOEB Zacharias * 1792 in Sötern, Krämer, + 07.11.1850 in Sötern
S. von Löb Mathias und Baum Gertraud, Sötern
oo 23.04.1816
Isak Sara (Weil Sara) * 1794 in Herchweiler, + 28.06.1834 in Sötern
T. von Isak Borg, Krämer und Weil Lea, Herchweiler

Kinder
Meta * 08.11.1817 in Sötern
Isaak * 01.04.1822 in Sötern, + ,ledig
Mathias * 21.09.1827 in Sötern, oo Kaufmann Johanette, + 1878 in Sien

LOEB Jacob * lebte in Sötern
S. von
oo
Benjamin Sara *
T. von

Kinder
Magdalena * 10.06.1829 in Sötern

LÖB Aron (Arie) * 05.09.1814, Händler, + 28.04.1889 in Sötern
S. von Löb Emanuel und Feis Charlotte, Sötern
oo
Kreß (Craß, Criß) Aach (Therese) *
T. von

Kinder

Gertraud * 02.11.1844 in Sötern,+ 04.02.1846 in Sötern
Sara * 10.11.1846 in Sötern, oo Frenkel Salomon, + 1936 in Rhaunen
Karolina * 07.12.1848 in Sötern, + 03.01.1910 in Sötern, oo Blath Benjamin
Philippina * 01.01.1851 in Sötern,+ 20.10.1857 Sötern
Isaac * 09.02.1853 in Sötern, + 07.04.1854 in Sötern
Moses * 12.04.1855 in Sötern, + 11.05.1855 in Sötern
Israel * 28.05.1856 in Sötern, + 08.08.1856 in Sötern
Regina * 04.11.1859 in Sötern, + 06.11.1859 in Sötern
Emanuel * 22.09.1861 in Sötern, + 27.01.1936 in Sötern, oo Marx Johanna

LÖB Moses * 04.10.1824 in Sötern, + 04.11.1857, Händler in Sötern
S. von Löb Emanuel und Feis Charlotte, Sötern
oo 08.01.1857 in Nohfelden
Feis Elisabetha * 11.06.1834 in Sötern
T. von Feis David und Sender Güdel, Sötern

Kinder
Moses * 07.03.1858 in Sötern, + 29.01.1859 in Sötern

LÖB Mathias * 21.09.1827 in Sötern, Schneider, + 1878 in Sien
S. von Löb Zacharias und Isak Sara, Sötern
oo
Kaufmann Johanette * , aus Sien
T. von

LÖB Mathias *
S. von
oo
Blum Caroline * 10.04.1839 in Sötern,
+ 27.12.1890 in Sötern
T. von Blum Samuel und
Borg Marianne, Sötern

LÖB Heinrich * aus Schweppenhausen
S. von
oo
Baum Rosina * 12.01.1845 in Bosen
T. von Baum Lion und Levi Barbara, Bosen

LÖB Emanuel * 22.09.1861 in Sötern, + 27.01.1936 in Sötern Nr. 112, Viehhändler
S. von Löb Aron und Kreß Aach, Sötern
oo
Marx Johanna (Henriette) * 1859 in Jugenheim/Bergzabern, + 08.04.1917
T. von Marx Theodor und Klaus Rosina, aus Jugenheim

Kinder
Flora * 26.07.1888 in Sötern, oo Kahn Hermann, Konz
Leo Arthur * .09.1889 in Sötern, + 22.05.1890 in Sötern
Selma * 06.09.1890 in Sötern, oo Frenkel Edmund, Rhaunen
Ida * 02.06.1892 in Sötern, oo Bermann Hermann, Wittlich
Gustav * 18.06.1894 in Sötern

LORIG Alexander * 05.01.1860 in Butz-
weiler/ Trier, Viehhändler,
+ KZ Minsk
S. von Lorig Cusel,
Handelsmann, und Aach Rosetta,
Butzweiler
oo 24.12.1889 in Nohfelden
Lion Sara * 02.02.1860 in Sötern
T. von Lion Daniel, Handelsmann, und
Wolf Maria, Sötern

Ida Löb („Frommels"), *priv.*

LORIG Karl * lebte in Sötern
S. von
oo
Lion Babet * 24.09.1850 in Sötern
T. von Lion Marx und Kahn
Esther

Kinder
Sohn *
Sadie * 1891 in Chicago, Il-USA,
+ 1966 in Philadelphia, PA-USA

Ehepaar will 1890 nach Chicago/USA

LORIG Samuel * lebte in Sötern
S. von
oo
Lion Maria * 21.05.1858 in Sötern
T. von Lion Marx und Kahn Esther, Sötern

Kinder
Emma * in Chicago, Il - USA
Tekla* in Chicago, Il - USA
Sol* in Chicago, Il - USA
Leo* in Chicago, Il - USA
Hugo* in Chicago, Il - USA

Ehepaar will 1890 nach Chicago/USA

LORIG Julius * 30.12.1901 in Butzweiler/Trier, Kaufmann
S. von
oo 25.11.1927 in Nohfelden
Sender Betty * 27.05.1904 in Sötern
T. von Sender Max und Grünewald Rosette, Sötern

Kinder
Tochter * 1929 in Trier
Tochter * 1930 in Ehrang

MAAS Joseph * seit 1831 Lehrer in Sötern
S. von

MARX Model * aus Konken
S. von
oo
...... Seitz *
T. von

Kinder
Dagen * 1757 in Konken, + 09.02.1817 in Bosen

MARX Josef *
S. von
oo
Samuel Johanetta *
T. von

Kinder
Josef * 1758 in Sötern, + 01.06.1838 in Sötern

MARX Jacob * um 1753, + 04.03.1812 in Sötern
S. von Marx Mordien, Tagelöhner in Schengen und Sötern

MARX Josef * 1758 in Sötern, Tagelöhner, + 01.06.1838 in Sötern
S. von Marx Josef und Samuel Johanetta, Sötern
oo
Wolf Deltz * 1763, + 06.08.1823
T. von Wolf Löb und Kahn Beule, Sötern

Kinder
Marian * 1796, + 01.08.1809
Babetta * 1800, + 27.08.1870 in Sötern, oo Levi Seligmann
Esther * 29.09.1803 in Sötern, oo Sternberg Michael
Wolf * Johanni 1806 in Sötern,

MARX Lion * 1816
S. von
oo
Kahn Esther *
T. von

Kinder
Magdalena * 01.01.1847 in Sötern

MARX Schengen Witwe * 1816 in Errig, + 05.04.1911 in Sötern
T. von Samson, Viehtreiber in Errig, und Esther

Kinder
Marx Joseph * 1859, Tagelöhner, von Sötern

MATHES (MATHIAS) Simon * 1791, + 25.04.1833 in Sötern, Buchhändler und Mäkler
S. von Mattes Meyer und Kramer Sara aus Thalfang
oo
Sender (Moses), Maria, Heindele (Händele, Heye) * 1790, + 27.12.1862 in Sötern
T. von Sender Moses und Löb Regina, Sötern

Kinder
Meyer Simon * 1817 in Sötern, + 24.06.1892 in St. Louis, oo Baum Gertraud
Samson * 28.12.1822 in Sötern
Jacob * 27.09.1825 in Sötern, + 16.10.1868 in Sötern, oo Berg Caroline
Isaak * 22.04.1827 in Sötern, 1864 nach Nordamerika,
oo Pütz Sarah aus Guntesblum
Barbara * 04.09.1829 in Sötern
Moses * 04.02.1833 in Sötern, + 05.08.1833 in Sötern
Johanna * 04.02.1833 in Sötern, + 03.07.1833 in Sötern

MATHES Meyer Simon * 1817 in Sötern, + 24.06.1892 in St. Louis, MO - USA
S. von Mattes Simon und Sender Hendele, Sötern
1.oo
Mattes Regina *
T. von

Kinder
Kind ohne Name * in Sötern, + 16.10.1842 in Sötern

2.oo
Baum Gertraud * 18.02.1833 in Bosen, + 10.09.1907 in St. Louis
T. von Baum Michel und Levi Bräunle, Bosen

Kinder
Simon * 01.05.1852 in Sötern, + 25.04.1875
Louis * 19.09.1854 in Bosen, + 30.08.1877 in St. Louis, MO - USA
Barbara * 1857 in New York, + 1913 in St. Louis
Leopold * 1858 in New York, + 1920 in St. Louis
Theresa * 1862 in New York, + 1914 In St. Louis
Alexander * 1867 in New York, + 1925 in St. Louis
Charles Aaron * 1869 in New York, + 1938 in St. Louis
Jenny * 1871 in New York, + 1956 in St. Louis
Joseph * 1873 in New York, + 1933 in St. Louis
Carrie * 1875 in St. Louis, + 1956 in St. Louis
Nettie * 1876 in St, Louis, + 1964 in Highland Park, Il - USA

MATHES Jacob * 27.09.1825 in Sötern, + 16.10.1868 in Sötern
S. von Mattes Simon und Sender Hendele, Sötern
oo 21.01.1867 in Sötern - Synagoge
Bergs Caroline * 1840 in Waldergoben, + 27.01.1873 in Sötern
T. von

MAY(I)ER Mathes * 1818, Schuster
S. von
oo
Levi Ester * 1805 in Kusel, + 11.02.1850 in Sötern
T. von Levi Löb, Händler, und Gerson Carolina, Kusel

MAYER Jacob Friedrich Wilhelm * 1846 in Saarwellingen, Lehrer in Gemünden
S. von Mayer Jacob, Lehrer in Saarwellingen und Fränkel Jacobine
oo 10.03.1870 in Nohfelden
Sender Philippine * 18.03.1843 in Sötern
T. von Sender Seligmann und Weil Lea, Sötern

MAYER Moritz * 13.02.1849 in Mühlheim, Handelsmann und Metzger, wohnhaft in Dusemond, + vor 1877 in Dusemond
S. Mayer Samson, Händler, und Wendel Gertrud, Dusemond
oo 09.02.1874 in Nohfelden
Sender Sara * 16.01.1849 in Sötern, + 16.12.1878 in Sötern
T. von Sender Abraham und Kaufmann Elisabetha, Sötern

Kinder
Moritz * 07.12.1877 in Sötern, Mutter (Witwe) hält sich bei ihren Eltern auf

MAYER Herrmann * 06.06.1852 in Mühlheim, Händler und Metzger in Dusemond/Wintrid
S. von Mayer Samson, Händler, und Wendel Carolina
oo 26.03.1878 in Nohfelden
Sender Adelheid * 30.08.1850 in Sötern
T. von Sender Moses und Feis Elisabetha, Sötern

MAYER David * 16.05.1856 in Dusemond, Handelsmann
S. von Mayer Samson und Wendel Carolina, Dusemond
oo 20.10.1879 in Nohfelden
Sender Johanetta * 25.12.1855 in Sötern
T. von Sender Abraham und Kaufmann Elisabetha, Sötern

MAYER Samuel * Kaufmann in Neumagen
S. von
oo
Baum Esther * 15.05.1863 in Bosen
T. von Baum Marx und Gamiel Babette, Bosen

MAYER Bernhard * 07.04.1897, aus Laufersweiler, + im KZ
S. von Mayer Moses und Gottschalk Eva, Laufersweiler
1.oo 05.03.1928 in Nohfelden
Baum Thekla * 22.12.1904 in Bosen, + 24.05.1935 in Laufersweiler
T. von Baum Jakob und Gerson Wilhelmine, Bosen

Kinder
Eva * 07.01.1929 in Laufersweiler, 1935 in Dortmund, + KZ Sobibor
Gerd * 26.09.1930 in Laufersweiler, 1939 in Rotterdam, + KZ Theresienstadt

Inge * 13.10.1934 in Laufersweiler, ab 02.05.1935 in Bosen, 1939 mit Schwester der Mutter nach USA, oo Wolff Helmut

2.oo 08.05.1936
Franken Paula * 01.04.1901 in Herborn, deportiert am 30.04.1942, + im KZ
T. von

Kinder
Kurt * 04.12.1937,in Laufersweiler, deportiert am 30.04.1942, + im KZ
Sally * 14.02.1939, deportiert am 30.04.1942, + im KZ

MAYER Julius * 11. 02.1903, Viehhändler aus Ulmet, + KZ Auschwitz
S. von
oo
Baum Olga * 01.08.1907 in Bosen, am 16.07.1931 nach Ulmet, + KZ Auschwitz, für tot erklärt
T. von Baum Alexander und Isaak Leonie, Bosen

Kinder
Alfred * 10.03.1937 in Ulmet
Adolf Kurt * 01.05.1932 in Ulmet

MEIER Philipp * 02.09.1873 in Sieglar, Metzger
S. von Meier Benjamin und Moses Henriette, Sieglar/ Kreis Sieg
oo 07.03.1904
Mendel Eva gen. Johanna * 13.09.1881 in Gonnesweiler
T. von Mendel Sigmund und Steinfels Maria Anna, Gonnesweiler

MENDEL Abraham * 1761 in Bolgen, + 22.02.1811 in Bosen
S. von Mendel Abraham und Mellien

MENDEL Daniel * in Bergweiler, + 09.05.1840 in Wittlich
S. von
2.oo
Herz Rosetta * 18.06.1796 in Bosen, + 02.04.1862 in Wittlich
T. von Herz Aron und Salomon Klara, Bosen

MENDEL Levi *
S. von
oo
Mendel Nilka *
T. von

Kinder
Ethel * in Bosen, + 09.10.1844 in Sötern, oo Feis Herz Jakob, Sötern

MENDEL Alexander * 1815 in Großblittersdorf, + 14.11.1886 in Gonnesweiler, Händler
S. von Mendel Salomon, Händler, und Kronem Veronika

oo 22.04.1841 in Nohfelden
Kahn Eva (Hewa) * 31.03.1816 in Gonnesweiler, + 11.03.1878
T. von Kahn Isaak, Händler, und Kahn Vogel, Gonnesweiler

Kinder
Isaac * 04.07.1841, 1857 nach Nordamerika
Emanuel * 16.05.1843 in Gonnesweiler, + 08.02.1844 in Gonnesweiler
Rosina * 12.01.1845 in Gonnesweiler, ledig, + 04.04.1880 in Gonnesweiler
Magdalena * 05.07.1846
Rosa * 1847
Leopold * 29.04.1848 in Gonnesweiler, 1866 nach Nordamerika
Philippina * 10.01.1850
Karl * 13.01.1853, 1869 nach Nordamerika
Sigmann Salomon * 30.05.1855, oo Steinfels Maria Anna, Hoppstädten

MENDEL Amalie * , 1866 nach Nordamerika von Gonnesweiler
T. von

MENDEL Rosa * 1847, ledig, lebte in Gonnesweiler
T. von Mendel Alexander und Kahn Eva, Gonnesweiler

Kinder
Florine * 05.04.1873 in Gonnesweiler, 1890 nach Nordamerika

MENDEL Sigmund Salomon * 30.05.1855 in Gonnesweiler, + 10.05.1927 in Gonnesweiler, Handelsmann, war 1879 Soldat der 9.Compagnie des 2.Niederschlesischen Infanterie Regiments Nr. 47 zu Straßburg
S. von Mendel Alexander und Kahn Eva, Gonnesweiler
oo 18.11.1880 in Nohfelden
Steinfels Maria Anna * 21.12.1858 in Hoppstädten, + 12.04.1916
T. von Steinfels Lazarus und Frank Johanette, Hoppstädten

Kinder
Eva * 13.09.1881 in Gonnesweiler, oo Meier Philipp, Sieglar
Seline * 11.01.1884, oo Wolff Ferdinand, Nohfelden
Frieda * 01.12.1885, + 15.01.1953 in Trier, oo Herrmann Jacob
Siegfried * 16.10.1887, + 1935 in Gonnesweiler, oo Lion Elma
Ludwig * 28.06.1893, oo

MENDEL Alexander * 14.06.1886, + 1916 (jüd. Friedhof Gonnesweiler)

MENDEL Siegfried * 16.10. 1887 in Gonnesweiler, + 1935 in Gonnesweiler, Viehhändler, Hausnummer 91 in Gonnesweiler
S. von Mendel Sigmund Salomon und Steinfels Anna Maria, Gonnesweiler
oo 17.07.1913
Lion Elma * 05.04.1892 in Bosen, + 31.12.1943 im KZ, für tot erklärt; will am 06.12.1940 auswandern, am 29.04.1942 deportiert, letzte Wohnung: Bosen Haus Nr. 122
T. von Lion Gustav und Baum Adelheide, Sötern

Leo Mendel, *priv.*

Elise Mendel, *priv.*

Elfriede Mendel, *priv.*

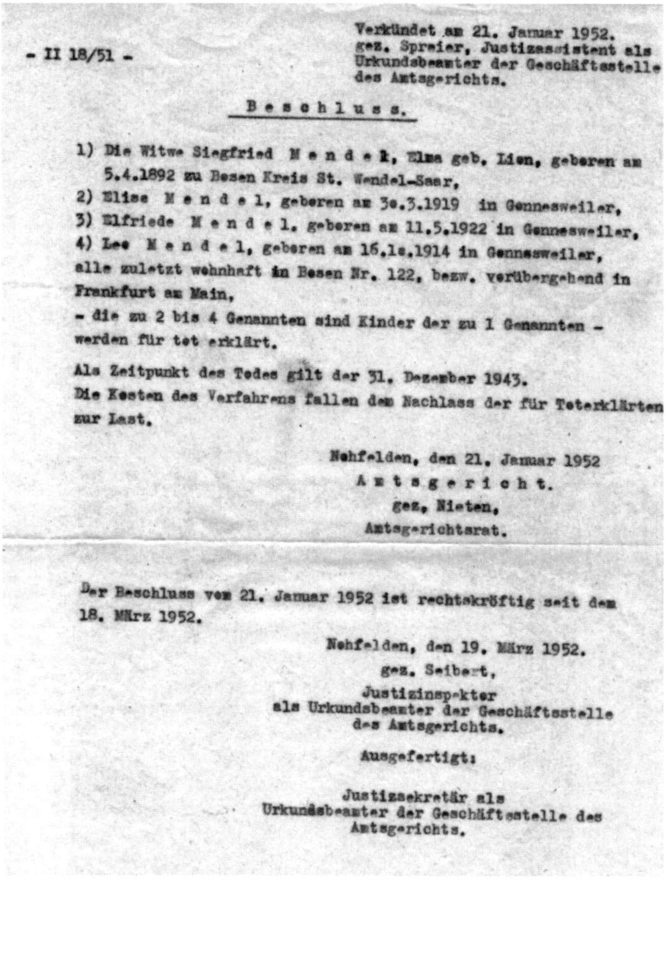

- II 18/51 -

Verkündet am 21. Januar 1952.
gez. Spreier, Justizassistent als
Urkundsbeamter der Geschäftsstelle
des Amtsgerichts.

B e s c h l u s s.

1) Die Witwe Siegfried M e n d e l, Elma geb. Lion, geboren am 5.4.1892 zu Bosen Kreis St. Wendel-Saar,
2) Elise M e n d e l, geboren am 30.3.1919 in Gonnesweiler,
3) Elfriede M e n d e l, geboren am 11.5.1922 in Gonnesweiler,
4) Leo M e n d e l, geboren am 16.10.1914 in Gonnesweiler,

alle zuletzt wohnhaft in Bosen Nr. 122, bezw. vorübergehend in Frankfurt am Main,
- die zu 2 bis 4 Genannten sind Kinder der zu 1 Genannten - werden für tot erklärt.

Als Zeitpunkt des Todes gilt der 31. Dezember 1943.
Die Kosten des Verfahrens fallen dem Nachlass der für Toterklärten zur Last.

Nohfelden, den 21. Januar 1952
A m t s g e r i c h t.
gez. Nieten,
Amtsgerichtsrat.

Der Beschluss vom 21. Januar 1952 ist rechtskräftig seit dem 18. März 1952.

Nohfelden, den 19. März 1952.
gez. Seibert,
Justizinspektor
als Urkundsbeamter der Geschäftsstelle
des Amtsgerichts.

Ausgefertigt:

Justizsekretär als
Urkundsbeamter der Geschäftsstelle des
Amtsgerichts.

Kinder
Gustav Ernst * 23.11.1913 in Gonnesweiler, + 08.12.1913
Leo * 16.10.1914 in Gonnesweiler, + 31.12.1943 im KZ, für tot erklärt, 10.11.1938 - 11.02.1939 in Schutzhaft, Metzger in Bosen, am 29.04.1942 von Bosen deportiert
Anne * 07.09.1916 in Bosen, + 29.03.1919 in Gonnesweiler
Elise * 30.09.1919 in Gonnesweiler, + 31.12.1943 im KZ, Hausangestellte in Trier, Karthäuserstraße 16, am 25.04.1939 nach Gonnesweiler, am 05.07.1939 abgemeldet nach Frankfurt/ Main, dann nach Berlin SW 68, Kommandantenstraße 57/59, am 01.03.1943 von Gestapo Berlin im 31. Ost transport nach Auschwitz, für tot erklärt
Elfriede * 11.05.1922 in Gonnesweiler, + 31.12.1943 im KZ Auschwitz, am 14.10.1940 nach Frankfurt/Main; letzte Adresse: Berlin SW 68, Kommandantenstraße 58/9, am 03.03.1943 von Gestapo Berlin im 33. Osttransport nach Auschwitz

MENDEL Ernst * 20.11.1902 in Birkenfeld, Zahntechniker in Sötern, bis 1931 SPD und Reichsbannermitglied, dann KPD und Frontkämpferbundmitglied, bis 24.03.1933 in Sötern, dann aus politischen Gründen ins Saargebiet emigriert, im Juli 1935 nach Antwerpen, 1949 in Buenos Aires, Iberá 3224 Dep. II, Argentinien
S. von Mendel Moritz und Frank Johanna, Birkenfeld
oo 18.08.1932 in Nohfelden, am 16.08.1939 geschieden
Sender Lucy * 29.10.1905 in Sötern, + 31.03.1945 im KZ, am 22.10.1940 abgemeldet, nach Gurs/Frankreich, für tot erklärt
T. von Sender Hermann und Wolff Juliane, Sötern

Kinder
Gisela * 16.03.1932 in Sötern, vorehelich, + 31.12.1944 im KZ, 1939 mit der jüdischen Wohlfahrt nach Berlin verschickt, am 02.12.1940 nach Frankfurt/Main Sandweg 7 abgemeldet, am 14.01.1942 nach Frankfurt Röderbergweg 87, für tot erklärt, letzte Wohnung: Sötern Haus Nr. 152

MEYER Carl *   , Pferdehändler in Bollendorf bei Trier
S. von
oo
Kahn Adelheid * 12.07.1863 in Sötern, nach Hildesheim + 29.08.1942 im KZ Theresienstadt
T. von Kahn Ludwig und Feis Amalie, Sötern
Transport VIII/1 von Hannover nach Theresienstadt am 24.07.1942

MEYER   *, + im KZ
S.   von
oo
Hirsch Delvina * 30.12.1885, + im KZ
T.   von Hirsch Maximilian und Heymann Carolina, Gonnnesweiler

Kinder
Tochter *, + im KZ

Die ganze Familie kam im KZ ums Leben.

Hedwig und Ernst Meyer, *priv.*

Auf der Rückseite des Bildes: „Unsere letzte Aufnahme Mondorf. Park. 10.10.39 Hedwig. Ernst“

MEYER *
S. von
oo
Lion Johanna * 30.01.1895 in Sötern, nach Euskirchen, + im KZ
T. von Lion Wilhelm und Blatt Fanny, Sötern

MEYER Ernst * 07.11.1895 in Erfurt, + im KZ Auschwitz, lebte in Gonnesweiler
S. von Meyer Adolf und Betty
oo
Kahn Hedwig * 07.07.1906 in Gonnesweiler, + im KZ Auschwitz
T. von Kahn Josef und Bach Charlotte, Gonnesweiler

Eheleute wohnten zuletzt in Luxemburg, Petrusring 80.
am 12.07.1942 von Luxemburg aus nach Auschwitz deportiert

MICHEL Theobald * 13.11.1828 in Merxheim, + 18.01.1893 in NY-USA

S. von
oo 25.10.1852 in Merxheim
Sender Maria Amalia * 21.09.1827 in Sötern, + 01.12.1905 i n NY-USA
T. von Sender Abraham Loeb und Schlaumen Rosa, Sötern

Kinder
Charlotta * 1854 in Merxheim, + 1929 in Trinidad
Henrietta * 1857 in Merxheim, + 1930 in NY-USA
Fannie * 1859 in Merxheim, + 1924 in El Paso, TX-USA
Isaac * 1861 in Merxheim, + 1930 in NY-USA
Leopold * 1863 in Merxheim, + 1932 in NY-USA

MICHEL Jonas * 18.08.1838 in Merxheim, + 06.02.1912 in NY-USA
S. von
oo 25.08.1869 in NY-USA
Sender Philippina (Fannie) * 05.03.1847 in Sötern, + 03.01.1924 in Bronx, NY-USA
T. von von Sender Abraham Loeb und Loeb Eva Caroline, Sötern

Kinder
Isaac * 1870 in NY-USA, + 1914 in NY-USA
Leopold * 1872 in NY-USA
Theobald * 1873 in NY-usa, + 1876 in NY-USA
Simon * 1875 in NY-USA
Miriam * 1877 in NY-USA
Amalia * 1878 in NY-USA, + 1957 in Rockland, NY-USA
Abraham * 1881 in NY-USA,
Jennie * 1882 in NY-USA
Gilbert * 1889 in NY-USA, + 1914 in NY-USA

MICHEL Heinrich * 11.04.1869 in Matteavan/USA bei New York
Müller und Kaufmann in Neubrücker Mühle
S. von Michel Michel, Kaufmann, und Schönfeld Lina, Kirn
oo 30.11.1896 in Nohfelden
Gerson Ida Alwina * 07.03.1876 in Sohren/Kreis Zell
T. von Gerson Nathan und Fanny Benjamin, Kirschberg

Kinder
Jacob Carl * 21. 09.1897, + im KZ
Grete * 22.02.1900

MICHELS Heinrich * 1836, Handelsmann in Gonnesweiler, kaufte in Ottweiler ein Haus am Schloßplatz
S. von
oo
Kahn Lea *
T. von Kahn Samuel und Heymann Clara, Gonnesweiler

MOSES Aron * um 1751, lebte in Sötern, + 23.04.1809 in Sötern
Handelsmann, Tagelöhner
S. von Moses Aaron , Tagelöhner, und Hendel aus Bettingen, Dep. Moselle
oo vor 1799

Thalin Weilen * , + .02.1817
T. von

Kinder
Helena (Lene) * 04.12.1798, oo Wolf Abraham, Otterbach

MOSES Salomon * 1787 wohnhaft in Fürth, Bayern
S. von
oo
Vogel *
T. von

Kinder
Sprenle (Spinnle) * 13.11.1813 in Sötern, + 30.11.1813

MOSES Joseph * um 1876, Händler in Bosen
S. von
oo
Beilen Esther
T. von

Kinder
Moses * 03.05.1806

MÜLLER Wendel * aus Breiten
S. von
oo 28.01.1837 in Nohfelden
Fischer Christiane Sophie * 1811 in Kusel
T. von Fischer Isaac und Bayer Sophie, Wolfersweiler

NEUGASS Isaac * von Offenbach/Glan nach Amerika
S. von
oo
Feis Minetta * 1813 in Sötern
T. von Feis David und Mendel Edel, Sötern

Kinder
Adelheid * , oo Rau Isaac, Offenbach/Glan
Ferdinand * , 1895 in Amerika
Hermann * , 1895 in Amerika
Salomon * , 1895 in Amerika

NEYMARK Isaak * 1745, + 1811 in Gonnesweiler
Leinenweber und Viehhändler
S. von
oo
Kahn Breinle * in Gonnesweiler, + 02.12.1812 in Gonnesweiler
T. von

Kinder
Sibella * um 1772, + 10.05.1844 in Sötern, oo Lion Jacob

Salomon Isak * 1777, , + 28.05.1821 in Gonnesweiler, 1.oo Jacob Hanna
2.oo Gottlieb Malken, 3.oo Gottlieb Hanna

NEYMARK Salomon Isaak * 1777 in Gonnesweiler, + 28.05.1821, Weber und Kaufmann, Bouvier
S. von Neymark Isak und Kahn Breinle, Gonnesweiler
1.oo vor 1803
Jacob Hanna * 1780 in Hergenfeld, + 09.05.1807 in Gonnesweiler
T. von Jacob David und Hertz Sara

Kinder
Moses Salomon * 26.01.1803 in Gonnesweiler
Sibre (Julie) * 12.02.1805 in Gonnesweiler, + 04.09.1878 in Chalons sur Marne

2.oo 04.07.1807 in Nohfelden
Gottlieb (Jacob) Malken * 1785 in Bosen, + 23.02.1813 in Gonnesweiler
T. von Gottlieb Jacob und Rothschild Gödgen, Bosen

Kinder
Mayis * 05.01.1809 in Gonnesweiler, + 18.09.1902 in Chalons sur Marne
Gütchen (Gidgen) * 08.08.1811 in Gonnesweiler,
oo Wolf Salomon, + 29.05.1868 in Sötern
Malken, Rosetta * 10.02.1813 in Gonnesweiler, + 1838, oo Gottlieb Michael

3.oo 18.05.1813 in Nohfelden
Gottlieb Hanna (Lea) * 1787 in Bosen, + 21.04.1834 in Bosen
T. von Gottlieb Michel und Abraham Esther, Bosen

Kinder
Isaak * 1816 in Gonnesweiler, 1.oo Juda Leya, 2.oo Hirsch Eveline
Gottlieb * 26.09.1820 in Gonnesweiler, + 1883, oo Wittersheim Eugenie

NEUMARK Isaac * 1816 in Gonnesweiler, Händler in Bosen
S. von Neumark Salomon und Gottlieb Lea, Gonnesweiler
1.oo 30.01.1844 in Nohfelden
Juda Leya * 1815 in Neumagen, + 24.10.1852 in Bosen
T. von Juda Feis und Lafahl Anna Maria, Neumagen

Kinder
Neumark Salomon * 21.03.1845 in Bosen
Joseph * 03.06.1847 in Bosen, + 12.02.1850 in Bosen
Charlotte * 24.09.1849 in Bosen, oo Thal Gottfried, Thalfang, + 03.07.1931 in Bernkastel
Jacob * 05.05.1852 in Bosen

2.oo 13.07.1853 in Nohfelden
Hirsch Eveline (Egalina) * 1823 in Thalfang, Magd in Saarlouis
T. von Hirsch Salomon und Gottlieb Sara, Bosen

Kinder
Bertha * 20.04.1854 in Bosen
Gertraud * 11.10.1856 in Bosen

Emanuel * 06.06.1858 in Bosen, + 11.09.1861 in Bosen
Samuel * 20.11.1862 in Bosen
Esther * 1864 in Bosen, + 19.08.1871 in Bosen
Markus * 15.03.1866 in Bosen, + 19.08.1871 in Bosen

NEUMARK Gottlieb * 26.09.1820 in Gonnesweiler, + 1883
S. von Neumark Salomon Isaak und Gottlieb Lea
oo 15.12.1847 in Chalons sur Marne
Wittersheim Eugenie * 25.03.1827, + in Paris
T. von

Kinder
Emile * 1848 in Paris, + 1914 in Vincennes
Adele * 1850 in Paris, + 1879 in Paris
Adrienne * 1859 in Paris, + 1953 in Paris

NUSSBAUM Wendel * in Butzweiler, Handelsmann
S. von
oo 08.10.1877 in Consdorf/Lux.
Gottlieb Susanna * 17.05.1849 in Bosen
T. von Gottlieb Gottlieb und Simon Eva aus Bosen

Kinder
Catherina *19.06.1880 in Consdorf/Lux.
Carolina * 24.06.1881 in Consdorf/Lux.,
Bertha * 11.04.1883 in Consdorf/Lux.
Johanna * 11.09.1884 in Consdorf/Lux.
Amalie * 01.03.1886 in Consdorf/Lux., + 1884
Elisabeth * 17.02.1887 in Consdorf/Lux., + 1941 in KZ Litzmannstadt (Lodz)
Hermann * 30.05.1889 in Consdorf/Lux.,

OPPENHEIMER *
S. von
oo
Baum Barbara * 26.02.1873 in Sötern, nach Köln, + im KZ Riga
T. von Baum Abraham und Sender Magdalena, Bosen

PRESSER Wilhelm * 17.08.1818 in Wolfersweiler, Schreiner
S. von Presser Jacob und Loch Luise, Wolfersweiler
oo 17.09.1843 in Nohfelden evangelisch
Fischer Luise Margaretha * 23.09.1818 in Wolfersweiler, Hebamme
T. von Fischer Isaac und Bayer Sophie, Wolfersweiler

Kinder
Karoline Wilhelmine * 24.04.1844, + 15.02.1845
Charlotte Karoline * 20.11.1845
Wilhelm Ludwig * 13.12.1847
Karl * 13.03.1850
Jakob Christian * 25.09.1852

REINHEIMER Markus * 28.08.1890, + 27.03.1942 im KZ Buchenwald,
Kaufmann im Kaufhaus Schmidt Hubert, Türkismühle
S. von
oo
Levy Artella * 23.02.1891 in Rhaunen, + im KZ, am 29.04.1942 deportiert
T. von

Kinder
Kurt * 05.01.1921 in Türkismühle, + im KZ, am 29.04.1942 deportiert
Henriette * 13.09.1927 in Türkismühle, + KZ, am 13.11.1940 von Gonnesweiler, Haus Nr. 163 nach Frankfurt/Main, Sandweg 7 abgemeldet, am 15.01.1942 nach Frankfurt Röderbergweg abgemeldet, am 29.04.1942 deportiert

letzte Wohnung von Mutter, Henriette und Kurt: Sötern Haus Nr. 50

Kurt Reinheimer, 2. v. li., 1. Schultag 1927
aus: Türkismühle damals und heute, S. 46

ROOS Leopold * Handelsmann in Offenbach, + vor 1895, aus Ohmbachbrücken/Pfalz
S. von
oo
Sender Helena * 14.03.1842 in Sötern
T. von Sender Georg und Feis Margaretha, Sötern

Kinder
Adolph * 03.03.1871 in Sötern

ROSENBERG Moses * 10.07.1880 in Sötern, + KZ Auschwitz
S. von
1933 nach Frankreich. Während des Vichy-Regimes im unbesetzten Teil Frankreichs, am 17.08.1942 über Drancy nach Auschwitz.

ROTHSCHILD Michel * , Handelsmann in Herchweiler, + in Herchweiler
S. von
oo
Veil Sara * , + in Herchweiler
T. von

Kinder
Bule * 1802 in Herchweiler, oo Sender Salmon, Sötern, + in Sötern

ROTHSCHILD Gerd *
S. von
oo
Kahn Ingeborg Ilse * 03.06.1915 in Trier, Verkäuferin
T. von Kahn Josef und Bach Charlotte, Gonnesweiler

ein Kind, Familie 1959 in 1025 Gerard Ave., Bronx New York

SALM Jacob * Händler aus Schweich an der Mosel
S. von
oo
Baum Babette * 24.09.1874 in Bosen
T. von Baum Josef und Sternberg Elisabeth, Bosen

SALOMON Samuel * , + vor 1821, von Heimbach
S. von
oo
Elisias (Elias) Güdel * , 1821 in Sötern wohnhaft

Kinder
Juliana * 1800, oo Jacob Abraham, Sohn des Jacob Abraham, Oberstein
Samuel * 1804, oo Borg Marianne, nannte sich 1832 Blum
Salmone * 1808, oo Herz Raphael

SAMIEL David * aus Freudenburg, Kreis Saarburg
S. von
oo
Gottlieb Sophia * 08.11.1829 in Bosen
T. von Gottlieb Gabriel und Kahn Johanetta, Bosen

SAMUEL Isaak *
S. von
oo
*
T. von

Kinder
Carolina * in Sötern, + 19.04.1831 in Sötern

SCHLACHTER Leo * , + 1873
S. von
oo
Schlachter Helena *
T. von

Kinder
Kind ohne Name * 1854, + 07.02.1854 in Gonnesweiler

SCHWARZ Jacob * 1803, genannt Mendel, Händler aus Illingen, Witwer der Levy Philippine, Illingen
S. von
2.oo 05.01.1848 in Illingen
Hirsch Caroline * 1815, + 12.06.1854 in Illingen
T. von Hirsch Alexander und Strauß Brünett, Sötern

SCHWARZ Aron * 1840, aus Gennweiler bei Illingen, + 24.07.1928 in Gennweiler
S. von
oo
Baum Johanette * 23.12.1842 in Bosen, + vor 1928
T. von Baum Marx und Haas Sara, Bosen

SCHWARZ Gottlieb * 20.12.1876 in Illingen/Ottweiler, + 1939 in Illingen
S. von Schwarz Isak und Schlachter Luise
oo 15.06.1911
Levy Mathilde * 23.03.1884 in Sötern
T. von Levy Ludwig und Sender Wilhelmine, Sötern

Kinder
Werner * 10.11.1914 in Sötern, am 11.09.1934 aus Illingen verzogen

Familie wohnte ab 1919 in Illingen, Rosenthalstraße 22 a.
Am 12.06.1936 verzogen die Eltern aus Illingen nach Luxemburg.

SCHWARZ *
S. von
oo
Wolf Delphine * 25.04.1892 in Sötern, nach Merchweiler, für tot erklärt, + im KZ Auschwitz
T. von Wolf Salomon Moses und Hessel Sabina, Sötern
Transport 19 von Drancy nach Auschwitz am 14.08.1942

SECKLER Josef * , Direktor
S. von
oo

Sender Lilli * 30.07.1910 in Sötern, + 05.11.1975 in Saarbrücken
T. von Sender Max und Grünewald Rosette, Sötern

wohnten 1958 in Luxemburg, Cessingerstraße 94

SENDER Israel * , Tagelöhner, wohnhaft und + in Tintingen, Dep. Moselle
S. von
oo
Israel Melchi * , + vor 1807
T. von

Kinder
Israel * 1733 in Tintingen, + 21.01.1807 in Sötern

SE(A)NDER Stern *
S. von
oo
Stern Maria *
T. von

Kinder
Theresia * in Hoppstädten, + 13.09.1842 in Sötern

SE(A)NDER Israel * , + 22.07.1814 in Sötern
S. von

SENDER Sender Moses * , Handelsmann in Sötern
S. von
1.oo
Moses Gutel *
T. von

Kinder
Moses * 1751 in Sötern, + 29.08.1829 in Sötern, oo Leib Reichel
Daniel Aron * 1756, + 20.04.1835 in Sötern, 1.oo Moses Hegil,
2.oo Levi Charlotta
Regele Abraham * 1762, + 09.09.1817 in Sötern
Löb (Leib) * 1765 in Seibersbach, + 29.08.1822 in Sötern, oo Seligmann
Mamel
David * 1767

2.oo
Kahn Jetta *
T. von

Kinder
Joseph * 28.03.1774 in Sötern, + 06.08.1857 in Bosen, oo Gottlieb Magdalena
Karolina * 1770 in Bosen, + 18.10.1836 in Bosen, oo Baum Ludwig

SENDER Aron * 1757, Tagelöhner, Händler in Sötern

S. von
oo
Levi Sara *
T. von

Kinder
Lion * in Sötern, + 26.11.1843 in Sötern
Gidile * 01.03.1807 i Sötern

SE(A)NDER Moses (Mauschel, Simon)* 1751 in Sötern, + 29.08.1829 in Sötern
S. von Sender Moses und Moses Gutel
oo
Löb (Leib, Abraham) Reichel (Regina) *
T. von

Kinder
Händele * 1794, + 27.12.1862 in Sötern, oo Mattes (Mathias) Simon aus Thalfang
Löb * 1797 in Sötern, + 29.03.1820 in Sötern

SE(A)NDER David * um 1764 , Handelsmann in Sötern, + 23.10.1835 in Sötern
S. von Sender Moses Israel, Tagelöhner, und Moses Gutel
oo
Feis Egela (Eule) * 1760 in Sötern, + 28.04.1830 in Sötern
T. von Feis Salomon

Kinder
Jacob * 1792
Güdel (Johanna) * 1798, + 10.09.1835 in Sötern, oo Feis David jung
Salomon * 1801 in Sötern, oo Feis Regula (Bule), Herchweiler
Josef (Moses, Israel)* 13.03.1805, + 06.01.1870 in Sötern, oo Feis Elisabetha
Georg * 22.07.1809 in Sötern, + 10.12.1881 in Sötern, oo Feis Margaretha

SE(A)NDER Daniel * 1756, + 20.04.1835 in Sötern, arm ohne Gewerbe, Viehtreiber (Bouvier), Sötern
S. von Sender Moses und Moses Gutel
1.oo
Moses Hegil
T. von

2.oo 21.01.1806 in Beaumarais
Levy (Ruben) Maria Elisabeth (Löwen Charlotte Sara) * 1784 in Beaumarais, + 04.07.1856 in Sötern
T. von Levi Ruben und Levi Johanetta,

Kinder
Gidel * 29.11.1808
Maria Anna * 05.05.1810 in Sötern, 1.oo Weiler Emanuel, Metzger in Merchweiler,
2.oo Levi Isaac, Händler, Mundlich bei Sirk
Ruben * 15.06.1812 in Sötern, + 21.08.1866 in Sötern, oo Levi Charlotte
Sander * 26.05.1814 in Sötern
Abraham * 26.02.1816 in Sötern, oo Kaufmann Elisabeth

Israel Moses * 08.10.1818 in Sötern, + 02.11.1819 in Sötern
Löb * 14.08.1823 in Sötern, + 26.11.1843 in Sötern
Abraham * 1825
Simon * 30.08.1826 in Sötern, + 05.03.1902 in Nahbollenbach, oo Herz Bertha
Feiwer * 14.04.1821 in Sötern, + 18.10.1828 in Sötern
Israel * 01.09.1828 in Sötern, oo Sender Babette, Sötern, + 07.02.1865 in Sötern

SE(A)NDER Löb (Lion) * 1765 in Seibersbach, + 29.08.1822 in Sötern, Händler, arm
S. von Sender Moises und Güdel Hendele, Sötern
oo
Seligmann (Levi) Mamel (auch Isaak Sibel) * 1765 in Seibertsbach, + 28.12.1820 in Sötern
T. von Seligmann Levi und Achill Nonngen, Seibersbach

Kinder
Sebastian (Seligmann) * 1794 in Sötern, + 31.01.1845 in Sötern, 1.oo Levy Buhle, 2.oo Weil Lea
Achil * 1797, + 25.02.1855 in Sötern, oo Kahn Sara
Aron * 13.02.1800 in Sötern, oo Levi, nach und + Drohnecken
Abraham Löb * 1803, 1.oo Schlaumen Röse, 2.oo Löb Eva, + 24.07.1880 in Sötern
Jüdel * 07.08.1804
Simion * 1806, 1.oo Lion Caroline, 2.oo Weil Gertraud, + 14.08.1881 in Sötern

SE(A)NDER Joseph (Aron) * 28.03.1774 in Sötern, + 06.08.1857 in Bosen, Krämer
S. von Sender Sender (Moses) und Kahn Jetta (Arends Jüdel), Sötern
oo 16.05.1801
Gottlieb Martha (Abraham Meda, Maria,Magdalena) *15.12.1785 in Bosen, + 11.08.1837 in Bosen
T. von Gottlieb Abraham und Löb Ele, Bosen

Kinder
Mose Aron *30.08.1803, + 09.04.1805
Gottlieb * 10.1805 in Bosen, oo Wolf Philippine
Sophie *25.08.1809
Seeligmann *
Daniel * 15.10.1811 in Bosen, oo Isaak Klara
Aron * 1813, + 12.12.1814
Löb * 20.11.1815 in Bosen, + 19.10.1835 in Offenbach
Isaak (Israel) * 02.01.1818 in Sötern, oo Wolf Johanette, + 27.09.1893 in Bosen
Gödel (Gütel) * 26.12.1819 in Bosen, oo Kaufmann Juda, Wehr, Kreis Maien
David * 30.12.1822 in Bosen, 1.oo Sender Magdalena, 2.oo Sender Luise, + 27.07.1891 in Bosen
Jacob * 11.12.1824 in Bosen, + 24.05.1825 in Bosen

SENDER Aron *
S. von
oo

Raber Charlotte *
T. von

Kinder
Lion * 13.06.1824 in Sötern

SENDER Jacob, jung * um 1791, Tagelöhner, lebte in Sötern
S. von
oo
Feis Rosa (Regina) *02.12.1798, + 19.03.1868 in Sötern
T. von Feis Emanuel und Anschill Gütel

SENDER Jakob * um 1792, Tagelöhner, lebte in Sötern, +
S. von Sender David und Feis Egele
oo
Kahn Sara *
T. von

Kinder
David * 27.12.1829 in Sötern

SENDER Josef * 1805, Handelsmann in Sötern
S. von Sender David und Feis Eulc, Sötern
oo 18.12.1828 in Nohfelden
Feis Elisabetha , Carolina* 1809
T. von Feis David und Mendel Edel, Sötern

Kinder
Carolina * 26.10.1829 in Sötern

SENDER Sebastian (Seligmann) * 1794, + 31.01.1845 in Sötern,
Händler in Sötern
S. von Sender Löb und Seligmann Mamel, Sötern
1.oo 09.08.1818
Levi (Abraham) Buhle * 1787, + 12.09.1831 in Sötern
T. von Levy Abraham und Maria

Kinder
Johanetta * 22.03.1817, oo nach Wallerfangen
Gidgen * 22.03.1818 in Sötern
Ajuth * 06.04.1819 in Sötern
Mamel * 02.09.1821 in Sötern
Löb * in Sötern, + 06.09.1824 in Sötern
Maria * 07.08.1825 in Sötern
Johanetta * 13.06.1828 in Sötern

2.oo 29.01.1834 in Nohfelden
Weil Helena (Lea) * 1801 in Konken, + 18.10.1857 in Sötern
T. von Weil Lemle (Lehmann) und Bähr Karolina (Mayer Konnel), Konken

Kinder

Carolina * 27.10.1834 in Sötern, oo Sender Jacob
David * 24.08.1836 in Sötern, oo Kahn Frederike, + 09.08.1914
Jakob * 14.11.1837 in Sötern, + 17.01.1838 in Sötern
Marx * 11.05.1839 in Sötern, + 23.12.1908 in Hennweiler
1.oo Schmelzer Clara, 2.oo Schmelzer Rosina
Philippina * 18.03.1843 in Sötern, oo Mayer Jacob F.W.aus Saarwellingen

SENDER Achilles (Jachill) * 1797, Handelsmann, + 25.02.1855 in Sötern
S. von Sender Löb und Seligmann Mamel, Sötern
oo
Kahn Sara * 1796 in Merzig, + 24.04.1879 in Sötern, Dienstmagd zu Waldwies/Merzig
T. von Kahn Jonas, Händler, und Sichel Mina

Kinder
Mamel, Rosa * 11.09.1824 in Sötern, + 10.06.1834 in Sötern
Lion * 06.10.1825 in Sötern, + 20.10.1825 in Sötern
Jacob * 1830 in Sötern, + 24.04.1831 in Sötern
Samuel * 15.06.1827 in Sötern, oo Sternberg Maria, + 23.07.1908 in Sötern
David * 27.12.1829 in Sötern
Salomon * 15.01.1832 in Sötern, + 02.02.1833 in Sötern
Jacob Sebastian * 24.05.1833 in Sötern, + 17.08.1833 in Sötern
Marianna * 21.05.1834 in Sötern,+ 16.10.1839 in Sötern
Johanetta * 06.06.1839 in Sötern, + 26.12.1841 in Sötern
Josef * 22.03.1845 in Sötern, + 24.04.1845 in Sötern

SENDER Abraham Löb * 1803 in Sötern, Handelsmann, + 24.07.1880 in Sötern
S. von Sender Löb und Isaak Sibel, genannt Seligmann Mamel, Sötern
1.oo 12.08.1824
Schlaumen Röse (Stern Rosa, Sender Theresia) * 1804, aus Hoppstädten,
+ 15.09.1842 in Sötern
T. von Schlaumen und Isaak Marianne

Kinder
Lion * 23.07.1825 in Sötern, ledig, + 20.12.1903
Maria * 21.09.1827 in Sötern, + 1905 in New York - USA, oo Michel Theobald
David * 14.03.1830 in Sötern
Regina * 08.11.1832 in Sötern, + 11.11.1832 in Sötern
David * 1835, oo Feis Elisabeth, + 19.04.1906 in Sötern
Johanetta * 02.03.1837 in Sötern, + 19.09.1914, ledig

2.oo 11.04.1843 in Sötern Synagoge
Löb Eva (Carolina) * 18.02.1812 in Hinzweiler, + 30.05.1905 in Sötern
T. von Löb Jonas, Händler, und Löb Judith, Hinzweiler

Kinder
Jacob * 26.12.1843 in Sötern, + 1900
Simon * 18.02.1845 in Sötern, + 1906 in Chikago, Il - USA
Philippina * 03.05.1847 in Sötern, + 03.01.1924 in Bronx NY – USA,
oo Michel Jonas

SE(A)NDER Salmon * 1801 in Sötern, Händler in Sötern
S. von Sender David, Händler, und Feis Egela, Sötern
oo 10.04.1820 in Nohfelden

Rothschild Bule * 1802 in Herchweiler, + in Sötern
T. von Rothschild Michel und Veil Sara, Herchweiler

SENDER Gottlieb * .10.1805 in Bosen, Händler,+ 09.09.1877 in Bosen
S. von Sender Josef und Gottlieb Meda, Bosen
oo 02.12.1830 in Nohfelden
Wolf Philippine * 29.09.1805 in Sötern, +23.12.1864 in Bosen
T. von Wolf Germann und Kahn Anna Maria, Sötern

Kinder
David * 1823
Juliana * 12.09.1829 in Bosen, + 22.03.1834 in Bosen
Germann * 08.05.1831 in Bosen,ab 1857 Lehrer in Tholey, oo Wolf Pauline
Lion * 16.05.1833 in Bosen, oo Michel Johanetta, + vor 1906
Aron * 05.09.1836 in Bosen, + 02.06.1896 in Albany, OR - USA
Magdalena * 21.02.1838 in Bosen, oo Sender David
Luise * 17.10.1840 in Bosen, oo Sender David
Karolina * 23.01.1843 in Bosen, oo Wolf Salomon, + 08.11.1910 in Bosen

SENDER Georg * 1809 in Sötern, + 10.12.1881 in Sötern, Händler in Sötern
S. von Sender David und Feis Eule, Sötern
oo 02.12.1830 in Nohfelden
Feis Margaretha * 27.12.1808 in Sötern, + 19.05.1873 in Sötern
T. von Feis David und Levi Edel, Sötern

Kinder
Moses * 05.11.1831 in Sötern, + 25.07.1847 in Sötern
Ferdinand * 01.12.1833 in Sötern, + 10.12.1833 in Sötern
Ferdinand * 17.01.1835 in Sötern, Kaufmann in Ohmbachbrücken/Pfalz
Israel * 07.09.1837 in Sötern, + 20.07.1874 in Sötern, ledig
Emanuel * 18.01.1840 in Sötern, oo Lambert Luise, + 25.12.1906 in Sötern
Helena * 14.03.1842 in Sötern, oo Roos Leopold aus Ohmbachbrücken/Pfalz
Salomon * 06.01.1844 in Sötern, + 09.01.1844 in Sötern
Adelheid * 19.01.1845 in Sötern, oo Lambert Mayer aus
Büdingen/Lothringen
Johanette * 05.04.1847 in Sötern, oo Burg Michel aus Hottenbach

SENDER Moses * 1804, Händler, + 06.01.1870 in Sötern
S. von Sender David und Feis Eule, Sötern
oo
Feis Elisabeth * 1811, + 17.01.1859 in Sötern
T. von Feis Herz und Mendel Edel, Sötern

Kinder
Ferdinand *1828 in Sötern, + 23.05.1831 in Sötern
Karoline (Johanette) * 26.10.1829 in Sötern, oo Keller Karl aus Ronenberg
Rosina Regina * 22.09.1834 in Sötern, + 05.06.1839 in Sötern
Israel * 30.08.1836 in Sötern, + 11.10.1836 in Sötern
Regina Charlotte * 18.08.1837 in Sötern, + 21.11.1837 in Sötern
Babet * 27.09.1838 in Sötern, oo Sender Israel
Babette * , oo Berg Emanuel, Niederkirchen bei Kaiserslautern
Alexander * 15.12.1839 in Sötern, oo Lieser Bibiana, 1895 in Amerika

Emanuel * 22.04.1841 in Sötern, oo Meyer Caroline,
1880 in Dudweiler, 1895 in Amerika
Lion * 24.12.1842 in Sötern, + 28.05.1863 in Sötern, Seifensieder, ledig
Salomon * 10.09.1844 in Sötern, 1880 Händler in Konken
Adelheid * 30.08.1850 in Sötern, oo Mayer Hermann aus Dusemond/Wintrid

SENDER Simon * 1806, Viehhändler, + 14.08.1881 in Sötern
S. von Sender Löb und Levi Mamel, Sötern
1.oo 06.05.1836 in Nohfelden
Lion Caroline * 1809 in Sötern, + 17.10.1839 in Sötern
T. von Lion Jacob und Neumark Sybille, Sötern

Kinder
Jacob * 24.03.1837 in Sötern, oo Sender Caroline, Sötern
Juliane * 10.10.1839 in Sötern, + 03.11.1839 in Sötern

2.oo 12.03.1840 in Nohfelden
Weil Gertraud (Gutheruth) * 1804 in Konken, + 17.11.1866 in Sötern
T. von Weil Lemle und Meyer Kiele, Konken

Kinder
Leopold * 19.02.1841 in Sötern, oo Moses Bertha, + 13.08.1920 in NY-USA
Kind ohne Namen * in Sötern, + 02.08.1842 in Sötern
Daniel * 23.08.1843 in Sötern
Karolina * 18.08.1846 in Sötern,+ 03.12.1852 in Sötern
Salomon * 22.03.1849 in Sötern, lebte 1892 in Chicago, + in USA

SENDER Daniel * 1812 in Bosen, Viehhändler in Bosen
S. von Sender Joseph und Abraham Meda, Bosen
oo 20.08.1838 in Nohfelden
Isaak Klara * 1811 in Haupersweiler, + 17.06.1875 in Bosen
T. von Isaak Lemmel, Händler, und Löb Sele, Haupersweiler

Kinder
Magdalena * 17.09.1839 in Bosen, + 27.01.1872 in Bosen, oo Kahn Michel, Sötern
Isaak * 31.10.1840 in Bosen, oo Zwang Bertha, + 25.10.1933 in Junction City, OR-USA
Jacob * 03.10.1846 in Bosen, oo Sichel Ella, + 17.07.1888 in OR - USA
Leopold * 29.12.1848 in Bosen, + 09.03.1852 in Bosen
Susanna * 22.11.1852 in Bosen, + 18.03.1923
Johanetta * 26.11.1852 in Bosen, + 07.01.1932 in Bosen, ledig

SENDER Ruben (Roubert) * 15.06.1812 in Sötern, + 21.08.1866 in Sötern, Handelsmann
S. von Sender Daniel und Levi Sara, Sötern
oo 04.11.1840 in Nohfelden
Levi Charlotte (Benz Sara) * 15.10.1809 in Wallerfangen, wohnhaft in Montenach
T. von Levi Abraham, Händler, und Marx Keilchen

Kinder
Karolina * 03.07.1842 in Sötern, + in USA
Kind ohne Namen * in Sötern, + 01.03.1844 in Sötern

Katharina * 06.03.1845 in Sötern, + 04.12.1861 in Sötern
Johanette * 20.12.1846 in Sötern, + vor 1872, oo Levy Lion aus Thiancourt
Kind ohne Namen * in Sötern, + 15.10.1847 in Sötern
Gertraud * 1849 in Sötern, + 10.07.1850 in Sötern
Pauline * 20.05.1851 in Sötern, oo Levy Lion aus Thiancourt
Kind ohne Namen * in Sötern, + 11.01.1855 in Sötern

SENDER Israel * 02.01.1818 in Bosen, + 27.09.1893 in Bosen
S. von Sender Josef und Gottlieb Magdalena, Bosen
oo 27.10.1842 in Nohfelden
Wolf Johanetta * 1817 in Sötern, + 07.05.1896 in Bosen
T. von Wolf German und Kahn Maria, Sötern

Kinder
Magdalena * 23.09.1843, oo Baum Abraham, Bosen, + 26.06.1902
Barbara * 05.01.1845 in Bosen, + 27.09.1853 in Bosen
Jacob * 12.06.1847 in Bosen, oo Gerst Bertha, + 23.12.1914 in OR - USA
Joseph * 10.03.1851 in Bosen
Leopold * 15.01.1855 in Bosen
Abraham * 23.05.1857 in Bosen, oo Lion Johanette, Sötern

SENDER Abraham, jung * 1816, Metzger und Kaufmann in Sötern
S. von Sender Daniel und Levy Charlotte, Sötern
oo
Kaufmann Elisabethe * 1816 in Rechtig, + 06.08.1887 in Sötern
T. von Kaufmann Aron und Lorig Helena, Rechtig

Kinder
Daniel * 30.07.1846 in Sötern
Kind ohne Namen * , + 30.12.1847 in Sötern
Sara * 16.01.1849 in Sötern, + 16.12.1878 in Sötern,
oo Mayer Moritz aus Dusemond
Albert * 30.01.1851 in Sötern
Kind ohne Namen * , + 18.05.1854 in Sötern
Johanette * 25.12.1855 in Sötern, oo Mayer David, Dusemond
Kind ohne Namen * , + 20.04.1861 in Sötern
Charlotte * 07.11.1862 in Sötern, + 11.11.1862 in Sötern

SENDER Samuel * 15.06.1827 in Sötern, Händler, + 23.07.1908 in Sötern
S. von Sender Achill und Kahn Sara, Sötern
oo 20.11.1850 in Nohfelden
Sternberg Marianna * 09.05.1828 in Sötern, + 15.08.1896 in Sötern
T. von Sternberg Abraham und Blatt Sara, Sötern

Kinder
Sara * 28.05.1851 in Sötern, + 31.03.1873 in Albany, OR - USA
Adolph * 19.06.1852 in Sötern, + 29.08.1855 in Sötern
Amalie * 27.10.1853 in Sötern, oo Lion Salomon, Sötern, + 22.12.1915
in Sötern
Jacob * 17.12.1855 in Sötern, + 09.12.1856 in Sötern
Salomon * 06.08.1857 in Sötern, + 19.08.1858 in Sötern
Wilhelmine * 12.02.1859 in Sötern, oo Levy Ludwig, Sötern,

+ 13.03.1940 in Mersch
Kind ohne Namen * in Sötern, + 18.04.1860 in Sötern

SENDER Lion * 16.05.1833 in Bosen, + vor 1906, Händler in Sötern, zeitweilig wohnhaft in New York
S. von Sender Gottlieb und Wolf Philippine, Bosen
oo 25.10.1855 in Nohfelden
Michel Johanetta * 1830 in Merxheim, + 27.07.1911
T. von Michel Gottlieb (Gottschalk), Händler, und Jonas Marianne, Merxheim

Kinder
(Johanetta) Theresia * 28.08.1856 in Sötern, oo Heimann Jacob, + 1935 in Hermeskeil
Isaak * 10.10.1857 in Sötern, + 08.03.1920, oo Lion Bertha
Alexander * 28.11.1858, + 24.04.1918 in Sötern, Maschinenhändler in Sötern, ledig
Jonas * 12.02.1860
Salomon * 20.04.1861, + 19.09.1935 in Sötern, oo Rothschild Magdalena
Franziska * 08.01.1863 in Sötern, oo Sender Ruben Levy, + 26.02.1926 in Aach
Sigmund * 12.03.1864 in Sötern, + 15.11.1864 in Sötern
Emma * 22.08.1865 in Sötern, oo Konem Bernhard, Wawern
Mathilde * 28.03.1867 in Sötern, oo Lieser Samuel Levy
Helmine * 21.05.1870 in Sötern, oo Levy Leopold, Bollendorf, + .12.1942 im KZ Theresienstadt

SENDER David * 30.12.1822 in Bosen, Händler, + 27.07.1891 in Bosen
S. von Sender Joseph und Gottlieb Magdalena, Bosen
1.oo 16.12.1856 in Nohfelden
Sender Magdalena * 21.02.1838 in Bosen, + 18.11.1861 in Bosen
T. von Sender Gottlieb und Wolf Philippina, Bosen

Kinder
Jetta * 08.09.1857 in Bosen, + 26.02.1861 in Bosen
Adolph * 27.01.1859 in Bosen, oo Cohen Hannah, + 08.06.1934 in Albany, OR - USA
Maria * 04.03.1861 in Bosen

2.oo 24.05.1864 in Nohfelden
Sender Luise * 17.10.1840 in Bosen, + 19.01.1877 in Bosen
T. von Sender Gottlieb und Wolf Philippina, Bosen

Kinder
Magdalena * 23.07.1865 in Bosen, + 04.09.1872 in Bosen
Gustav * 03.12.1867, + 09.03.1941, oo Hanau Bertha

SENDER David * 1835, Händler, + 19.04.1906 in Sötern
S. von Sender Abraham und Sender Theresia, Sötern
oo 13.09.1859 in Nohfelden
Feis Elisabetha * 11.06.1834, Witwe des Löb Moses
T. von Feis David, jung und Sender Gütel, Sötern

Kinder
Theresia * 30.04.1860 in Sötern, ausgewandert
Sigmund * 22.04.1861 in Sötern
Johanette * 28.07.1862 in Sötern
Amalie * 19.06.1864 in Sötern
Caroline * 15.04.1866 in Sötern, ausgewandert, oo Freudenstein Joseph, + 1953 in El Paso
Marie * 23.06.1868 in Sötern, ausgewandert
Adolph Eugen * 08.10.1870 in Sötern, 1887 Auswanderung nach Nordamerika
Regina * 05.02.1873 in Sötern, + 19.12.1899 in Sötern, ledig
Leonhard * 23.08.1874 in Sötern, oo Blum Elvira, + 1937 in Nohfelden

SENDER David II * 24.08.1836 in Sötern, + 09.08.1914, Krämer in Sötern
S. von Sender Seligmann und Weil Lea, Sötern
oo 29.11.1860 in Nohfelden
Kahn Friederike * 06.11.1831 in Gonnesweiler, + 29.07.1903
T. von Kahn Achil und Levi Rosette, Gonnesweiler

Kinder
Sigmund * 22.04.1861 in Sötern, + 02.01.1868 in Sötern
Julius * 24.01.1863 in Sötern, + 06.01.1868 in Sötern
Lina * 18.12.1864 in Sötern, oo Weil Jakob, Konken, + im KZ Auschwitz
Julie * 04.01.1867 in Sötern, + 17.12.1867 in Sötern
Leopold * 07.12.1868 in Sötern
Rosina * 25.12.1870 in Sötern, oo Borg Salomon, St.Wendel
Max * 21.03.1873 in Sötern, + 18.06.1921, oo Grünewald Rosette
Joseph * 15.03.1874 in Sötern, + 03.11.1874 in Sötern

SENDER Israel * 08.09.1828 in Sötern, + 07.02.1865 in Sötern
S. von Sender Daniel und Levy Charlotte, Sötern
oo 30.07.1863 in Nohfelden
Sender Babette * 27.09.1838 in Sötern
T. von Sender Moses und Feis Elisabeth, Sötern

Kinder
Adolph * 16.08.1864 in Sötern, + 15.02.1867 in Sötern

SENDER Simon * 30.08.1826 in Sötern, Kaufmann in Sötern, + 05.03.1902 in Nahbollenbach
S. von Sender Daniel und Levy Charlotte, Sötern
oo 26.05.1864 in Nohfelden
Herz Bertha * 31.10.1834 in Nahbollenbach, + 26.09.1923 in Thionville, Frankreich
T. von Herz Abraham und Herz Regina, Nahbollenbach

Kinder
Sophie * 1869 in Nahbollenbach, oo Blankenbach Ernst, + 1945 in Kolberg
Wilhelmina * 1870 in Nahbollenbach, oo Gottlieb Julius, + 12.01.1936 in St. Louis, MO- USA
Rudolf * 1873 in Nahbollenbach, + 1908 in Elgin, Il – USA
Elma * 1876 in Nahbollenbach, + 1940 in Muron, Frankreich

SENDER Jacob * 24.03.1837, Metzger in Sötern, + 08.11.1892 in St. Wendel
S. von Sender Simon und Lion Caroline, Sötern
oo 19.02.1867 in Nohfelden
Sender Caroline * 27.10.1834 in Sötern, + 1905
T. von Sender Seligmann und Weil Lea, Sötern

Kinder
Sigmund * 13.12.1867 in Sötern, + 11.07.1921 in St. Wendel, oo Schömann Anna
Caroline * 04.05.1873 in Sötern, + 03.02.1875 in Sötern
Lina * 1874 in Sötern, + 03.02.1875 in Sötern
Sara * 09.12.18..
Mathilde * 01.09.1881 in Sötern, + 21.06.1882 in Sötern

SENDER German * 08.05.1831 in Bosen, + in Tholey, ab 1857 Lehrer in Tholey
S. von Sender Gottlieb und Wolf Philippine, Sötern
oo
Wolf Pauline * 08.12.1850 in Grevenmacher, + in Tholey
T. von

Kinder
Gottfried * 18.03.1882 in Tholey, Lehrer in St. Wendel
Martha * 18.03.1882 in Tholey, nach Amerika
Selma * 05.10.1883 in Tholey, nach Amerika
Walter * 10.05.1885 in Tholey, Rechtsanwalt in Saarbrücken
Brünette * 16.05.1887 in Tholey, + im KZ,
letzter Wohnsitz: Tholey, Triererstraße 32

SENDER Alexander * 15.12.1839 in Sötern, Händler in Sötern
S. von Sender Moses und Feis Elisabeth, Sötern
oo 06.04.1870 in Nohfelden
Lieser Babiana (Babetta) * 1838 in Mehring, Witwe des Feis Jacob, Sötern
T. von Lieser Samuel, Rothgerber in Mehring, und Rottschali Escher

Kinder
Elise * 24.12.1870 in Sötern
Rosalie * 01.09.1873 in Sötern
Moritz * 15.05.1875 in Sötern
Emil * 23.12.1877 in Sötern

1882 wanderte die ganze Familie nach Nordamerika aus

SENDER Marx *11.05.1839 in Sötern, Geschäftsmann, + 23.12.1908 in Hennweiler
S. von Sender Seligmann und Weil Lea, Sötern
1.oo 15.07.1867
Schmelzer Clara * 11.10.1841 in Hennweiler, + 16.09.1875 in Hennweiler
T. von
2.oo Schmelzer Joseph, Hennweiler, und Löb Carolina, Steinbach

Kinder
Alexander * 03.05.1862 in Hennweiler (vorehelich), + 07.03.1938 in Kirn
oo Benjamin Sara
Helena * 14.05.1868 in Hennweiler, + 25.09.1868 in Hennweiler

Johanna * 28.07.1869 in Hennweiler
Amalia * 27.01.1871 in Hennweiler
Siegmund * 18.03.1873 in Hennweiler, verschollen in Auschwitz
1.oo Ostermann Theresia, 2.oo Baer Helena

2.oo 15.08.1876
Schmelzer Rosina * 13.08.1837 in Hennweiler, + 12.07.1912 in Hennweiler
T. von
1.ooSchmelzer Joseph und Fränkel Johanetta, Hennweiler

Kinder
Bertha * 15.05.1879 in Hennweiler, + 01.08.1940 in Genheim (Freitod)
oo Rothenbach Heinrich
Carolina * 12.06.1881 in Hennweiler, + 18.01.1883 in Hennweiler

SENDER Isaac * 31.10.1840 in Bosen, Händler, + 25.10.1933 in Junction City, OR-USA
S. von Sender Daniel und Issac Klara
oo 29.11.1876 in Portland, OR-USA
Zwang Bertha * 1852 in Deutschland, + 03.01.1928 in OR-USA
T. von

Kinder
Harry * , + 1948 in Portland
Lena * 1881 in OR-USA, + 1945 in OR-USA

SENDER Emanuel * 18.01.1840 in Sötern, Händler, + 25.12.1906 in Sötern
S. von Sender Georg, Händler, und Feis Margaretha, Sötern
oo 08.05.1872 in Nohfelden
Lampert Luise * 04.09.1846 in Büding, + 14.05.1895 in Sötern
T. von Lampert David, Händler, und Cahin Sizee, Budnig
(Büdingen) bei Diedenhofen

Kinder
Sophie * 22.02.1873 in Sötern, + 17.12.1873 in Sötern
Isidor * 20.12.1874 in Sötern, + 1932 in Schaerbeck/Belgien
Julius * 16.07.1876 in Sötern
Hermann * 04.02.1878 in Sötern, + 31.12.1944 im KZ, für tot erklärt,
oo Wolff Juliane
Klara * 04.04.1880, + 18.04.1880 in Sötern
Siegfried * 26.04.1883, oo Wolf Martha, + 12.03.1926 in Hermeskeil
Eugen * 19.12.1885, + 24.08.1903
Clementine * 28.03.1889, + 31.12.1944 im KZ, oo Baum Siegfried, Bosen

SENDER Emanuel * 22.04.1841 in Sötern, Bäcker in Sötern
S. von Sender Moses und Feis Elisabeth, Sötern
oo 29.04.1869 in Nohfelden
Maier (Meyer) Caroline * 1847 in Spiesen
T. von Meyer Alexander, Händler, und Grünenbaum Barbara, Spiesen

Kinder
Kind ohne Name * , + 14.06.1870 in Sötern
Elisabetha * 14.05.1871 in Sötern

Regina * 21.11.1872 in Sötern
Emma * 30.10.1874 in Sötern
Moses * 05.07.1876 in Sötern

SENDER (SANDERS) Leopold * 19.02.1841 in Sötern, Bauer und Kaufmann,
+ 13.08.1920 in NY-USA
S. von Sender Simon und Weil Gertraud, Sötern
oo 27.09.1868 in Baltimore, MD-USA
Moses Bertha + 1848 in Robberhausen, + 11.09.1911 in NY-USA
T. von

Kinder
Alfred * 1871 i Rockport, MO-USA
Irving * 1874 in Rockport, MO-USA
John Hugo * 1876 in Rockport, MO-USA, + 1892

SENDER Jacob * 03.10.1846 in Bosen, + 17.07.1888 in OR-USA
S. von Sender Daniel und Isaac Klara, Bosen
oo 11.05.1879 in Portland OR-USA
Sichel Ella * 1854 in Deutschland, + in OR-USA
T. von

Kinder
Claire * 1880 in OR-USA

SENDER Jacob G. * 12.06.1847 in Bosen, + 23.12.1914 in OR – USA
S. von Sender Israel und Wolf Johanetta
oo
Gerst Bertha * 1850 in Deutschland, + 1943 in OR – USA
T. von

Kinder
Lola (Viola) * 1878 in Harrisburg, OR – USA, + 1936
Bernard S. * 27.11.1882 in Or – USA, + 13.06.1968 in Marion, CO – USA
Arthur * 25.01.1884 in Harrisburgh, OR – USA, oo Rothschild Henrietta
+ 30.01.1975 in Portland, OR – USA
Edgar * 1888 in Harrisburgh, + 23.12.1945 in Portland, oo Marion E.,
+ 14.09.1964

SENDER Johanette * 26.11.1852 in Bosen, ledig
T. von Sender Daniel und Isaak Klara, Bosen

Kinder
Emma * 26.01.1875 in Bosen, + 12.02.1958 in Hamburg

SENDER Susanna * 22.11.1852 in Bosen, ledig, + 18.03.1923, Vater des Kindes:
Herz Jakob (kein Jude)
T. von Sender Daniel, Makler, und Isaak Klara, Bosen

Kinder

Clara * 02.04.1876 in Bosen, + 04.10.1969 in Sötern

SENDER Abraham * 23.05.1857 in Bosen, Händler in Bosen
S. von Sender Israel und Wolf Johanette, Bosen
oo 02.12.1879 in Türkismühle
Lion Johanette * 20.05.1855 in Sötern
T. von Lion Daniel, Händler, und Wolf Maria, Sötern

Kinder
Gustav * 02.08.1880 in Bosen, + 08.05.1945 im KZ Auschwitz,
oo Meyer Emma
Julius * 20.04.1882, + 03.05.1882 in Bosen
Mathilde * 05.09.1883 (Zwilling)
Siegfried * 05.09.1883 (Zwilling), + 07.09.1883 in Bosen
Ludwig * 27.06.1885, + 12.03.1926 in Hermeskeil, oo Wolf Marta
Zilla * 08.06.1887, + 03.11.1968 in Freyming/Frankreich
Martha * 13.03.1889
Leo * 06.02.1891
Ida * 24.03.1893 in Bosen, oo Wolfram, + 27.11.1943 im KZ Auschwitz
Carolina * 09.06.1894, + 20.10.1894 in Bosen

SENDER Adolph * 27.01.1859 in Bosen, + 08.06.1934 in Albany, OR-USA
S. von Sender David und Sender Magdalena, Bosen
oo 03.09.1911 in Portland, OR-USA
Cohen Hannah * 03.09.1874 in St. Joseph, MI-USA, + 21.07.1927 in Albany, OR-USA
T. von

SENDER Gustav * 03.12.1867 in Bosen, + 09.03.1941 in Bosen, Pferdehändler,
„Perds Gustav“, Ortsstraße 132
S. von Sender David und Sender Luise, Bosen
oo 31.10.1892
Hanau Bertha * 11.03.1867 in Brotdorf, + 17.04.1940 in St. Wendel
T. von Hanau Aron, Handelsmann, und Hanau Carolina, Brotdorf

Kinder
David * 23.08.1893, nach Frankreich, oo Nachmann Irma,
Leo * 13.03.1895, + 31.12.1944 im KZ, oo Lion Rosetta, Bosen
Arthur * 09.10.1896, nach USA, 1.oo Solomon Lilli, 2.oo Salm Erna,
+ 12.04.1961 in Nashville, TN - USA
Bertold * 08.08.1898, nach Israel, 1948 in Haifa, 1962 in Koblenz,
Lindenstraße 23, Lehrer, 1963 in Santiago de Chile, Las Achiras

SENDER Salomon * 20.04.1861 in Sötern, + 19.09.1935 in Sötern, Viehhändler,
Sötern Hausnr. 15
S. von Sender Lion und Michel Johanetta, Sötern
oo 16.06.1891
Rothschild Magdalena (Lina) * 17.04.1868 in Sien
T. von Rothschild Isaak, Viehhändler, und Mayer Helena, Sien

Kinder
Rosa * 25.05.1892 in Sötern, ausgewandert in die USA

Ludwig * 06.01.1895 in Sötern, ausgewandert in die USA
Albert * 08.01.1899 in Sötern, oo Ermann Franziska, Rhaunen
Eugen * 04.10.1903 in Sötern
Mathilde * 13.01.1905 in Sötern, + 29.01.1905 in Sötern
Leo * 12.02.1913 in Sötern, 1937 nach New York/USA

SENDER Isaak * 10.10.1857 in Sötern, + 08.03.1920, Händler in Sötern
S. von Sender Lion, Handelsmann, und Michel Johanetta, Sötern
1.oo 26.08.1884
Lion Bertha * 11.04.1864 in Tholey, + 25.02.1900 in Sötern
T. von Lion David, Handelsmann, und Wolff Fanny, Tholey

Kinder
Arthur * 11.06.1885 in Sötern, + im KZ Lodz, oo Levy Johanetta
Siegfried * 26.09.1899, oo Lorig Johanna

2.oo 13.06.1901
Sternberg Adelheid * 19.11.1872 in Sötern, + 18.05.1937 in Sötern
Geschäftsführerin in Saargemünd
T. von Sternberg David und Sternberg Babette, Sötern

SENDER Leonhard * 23.08.1874 in Sötern, + 1937 in Nohfelden
S. von Sender David und Feis Elisabeth, Sötern
oo 1900
Blum Elvira * 11.03.1876 in Hagenbach bei Germersheim, + 10.07.1932 in Sötern
T. von

SENDER Hermann * 04.02.1878 in Sötern, + 31.12.1944 im KZ
S. von Sender Emanuel und Lampert Luise, Sötern
oo
Wolff Juliane * 26.12.1879 in Böblingen/Pfalz, + 31.12.1944 im KZ
T. von

Kinder
Lucy * 29.10.1905 in Sötern, + im KZ, oo Mendel Ernst
Norbert * 27.03.1908 in Sötern, nach USA, oo Bier Betty, + 23.05.1971

Bereits 1933 fanden Plünderungen im Geschäft der Familie statt. Eltern am 29.04.1942 nach Lublin deportiert; letzte Wohnung: Sötern Haus Nr. 152

SENDER Sigmund * 13.12.1867 in Sötern, + 11.07.1921 in St. Wendel
S. von Sender Jacob und Sender Caroline
oo
Schömann Anna * 01.11.1866, + 05.05.1929 in St. Wendel
T. von

SENDER Max * 21.03.1873 in Sötern, + 18.06.1921, Kaufmann in Sötern
S. von Sender David und Kahn Friederike, Sötern
oo
Grünewald Rosette * 01.02.1881 in Rheinböllen/Hunsrück, + im KZ Auschwitz

am 13.06.1960 für tot erklärt
T. von

Kinder
Betty * 27.05.1904 in Sötern, oo Lorig Julius
Melanie * 25.06.1907 in Sötern, oo Waldberg Mendel
Lilli * 30.07.1910 in Sötern, + 05.11.1975 in Saarbrücken, oo Seckler Josef

Witwe wohnte 1930 in Neunkirchen/Saar, Friedrich-Ebert-Straße, wollte am 23.12.1935 nach Palästina auswandern, 1936 nach Luxemburg, 1942 in ein Altersheim in Lamalon/Hérault, 1943 ins italienisch besetzte Frankreich nach Berthemont/Alpes Maritimes, dort verhaftet und nach Drancy verbracht, am 07.10.1943 nach Auschwitz.

SENDER Gustav * 02.08.1880 in Bosen, + 08.05.1945 im KZ Auschwitz
Pferdehändler in Bosen Hausnummer 110, nach St. Wendel Bungertstraße 5, KPD-Mitglied, 1937 emigriert, hatte in Paris Kontakte zu Max Braun, am 20.04.1943 in Drancy interniert, am 23.06.1943 nach Auschwitz
S. von Sender Abraham und Lion Johanette, Bosen
oo 20.03.1913 in Wellesweiler
Meyer Emma * 26.12.1876 in Wellesweiler, + 25.08.1940 in Paris,
letzte Wohnung: Paris (18e), Rue Paul Albert 7
T. von Meyer Isaac und Sommer Jette, Wellesweiler

Kinder
Irene Johanna * 24.06.1914 in St. Wendel, oo Gerber, zwei Kinder
1963 in Israel, Giwat Schmuel 738
Albert * 07.07.1920 in St. Wendel, 1937 emigriert,
1957 in Lyon, Frankreich, Cours Gambetta 83

SENDER Siegfried * 26.04.1883 in Sötern, + 12.03.1926 in Hermeskeil, Viehhändler,
Hausnr. 105 in Sötern
S. von Sender Abraham und Lion Johanette, Bosen
oo 25.08.1910 in Sötern Synagoge
Wolf Marta * 19.12.1888 in Sötern, + 1976 in Chicago, Il - USA
T. von Wolf Jakob und Scholum Johanna, Sötern

Kinder
Edgar * 19.06.1911 in Sötern, oo Elkan Rosemarie, + 27.08.1973 in Houston, TX -USA
Kurt Siegwart * 25.12.1912 in Sötern, oo Heimann Frances, + 02.1978 in Chicago, Il – USA
Günther Theodor * 06.04.1918 in St. Wendel, oo Rosenbaum Ilse,
+ 07.09.1983 in Chicago – USA

SENDER Arthur * 11.06.1885 in Sötern, + im KZ Lodz, Händler, Hausnr. 13a in Sötern
S. von Sender Isaak und Lion Bertha, Sötern
oo
Levi Johanetta * 07.09.1882 in Bollendorf, + im KZ
T. von Levi Alex und Gertrude

Kinder
Bertha * 1918

Heinz Engelhard * 11.05.1922 in Sötern, + 1992 in Israel
Gertrude * 28.02.1920 in St. Wendel, oo Fürst

Gertrude am 11.01.1936 wahrscheinlich mit den Geschwistern nach Palästina ausgewandert.
Eltern am 08.(10.)11.1938 in Trier angemeldet, zuletzt wohnhaft in Trier, Olewigstr. 151, am 16.10.1941 deportiert nach Litzmannstadt

SENDER David * 23.08.1893, 1948 in Nevers (Niévre), 40 Rue de l´Oratoire
S. von Sender Gustav und Hanau Bertha, Bosen
oo
Nachmann Irma * 17.06.1903 in Rastatt, 1962 in Nevers 17, Rue Gambette
T. von Nachmann Leopold und Müller Jeanne

Kinder
Georg * 07.04.1936 in Baden Baden, Arzt, 1962 in Paris, 18 èmes, 52 Rue Eugéne Carrière, ein Kind

SENDER Leo * 13.03.1895 in Bosen, + 31.12.1944 im KZ, für tot erklärt, „Perds Leo", Pferdehändler und Landwirt in Bosen, vom 10.11.1938 - 28.12.1938 in Schutzhaft
S. von Sender Gustav und Hanau Bertha, Bosen
oo 21.05.1926 in Nohfelden
Lion Rosetta * 05.11.1897 in Bosen, + 31.12.1944 im KZ, für tot erklärt
T. von Lion Gustav und Baum Adelheide, Sötern

Kinder
Liselotte * 02.06.1927 in Bosen, + im KZ
am 13.11.1940 nach Frankfurt/Main, Sandweg 7 abgemeldet

Eltern und Tochter am 29.04.1942 deportiert, letzter Wohnsitz in Bosen Hausnr. 132.

SENDER Rosa * 25.05.1892, nach New York ausgewandert
T. von Sender Salomon und Rothschild Magdalena, Sötern

Kinder
Jenni * 29.06.1926 in Sötern, mit der Mutter ausgewandert

SENDER Arthur * 09.10.1896, + vor 1962
S. von Sender Gustav und Hanau Bertha, Bosen
1.oo
Salomon Lilly * 1900, + 1935
T. von

2.oo
Salm Erna * 25.02.1898 in Semmingen/Baden, + 04.07.1976 in Nashville, TN - USA
T. von

Kinder

Clementine..., geb. Sender und Rosa Sender, *priv.*

Jenni Sender , *priv.*

Jenni Sender im evangelischen Kindergarten in Sötern, ca. 1929/30, *priv.*

Inge * 1924
Henry * 1925

1939 in Ottweiler Martin Luther Straße 1, 1948 und 1962 in Nashville Tennesee, 4016 Aberdeen Road, USA

SENDER Kurt * , Kaufmann in Sötern
S. von Schüssler Kurt aus Hanau und Sender Clara
oo 1927 in Frankfurt
Dischner Alma Maria * 27.06.1902
T. von

2 Kinder

SENDER Albert * 08.01.1899 in Sötern, Viehhändler in Sötern
S. von Sender Salomon und Rothschild Magdalena, Sötern
oo 18.11.1926 in Nohfelden
Ermann Franziska * 22.08.1906 in Oberkail/ Wittlich, wohnhaft in Gerolstein
T. von

Kinder
Bella Babette * 29.11.1927 in Sötern
Leo * 05.08.1930 in Sötern

Familie emigrierte am 15.07.1938 nach New York/USA

„Leibs" Leo (Leo Sender) bei einem Besuch in Sötern in den 70er Jahren mit seiner früheren Nachbarin Christa Keller. *priv.*

SENDER Siegfried * 26.09.1899 in Sötern, Land wirt in Sötern
S. von Sender Isaak und Lion Bertha, Sötern
oo 27.05.1929 in Ehrang/ Trier
Lorig Johanna * 03.07.1902 in Lautzweiler
T. von

Kinder
Blanka * 03.07.1930 in Sötern
Karl * 05.11.1934 in Sötern

Familie am 02.(04.)1939 in Trier angemeldet, am 24.04.1939 nach Shanghai abgemeldet, Wohnung in Trier: Saarstr. 3. Die ganze Familie wanderte am 19.(24.)04.1939 von Frankfurt/Main über Genua nach Shanghai/China aus.

SENDER Norbert * 27.03.1908 in Sötern
S. von Sender Hermann und Wolff Juliane, Sötern
vor 1933 KPD Mitglied, galt als „geistiger Führer" der KPD-Sötern
oo 08.11.1937 in Fischah/Bayern
Bier Betty * 11.11.1913 in Köln-Ehrenfeld, am 16.06.1938 nach Kaiserslautern
T. von

Kinder
Evelyn * , oo Lowenthal Henry
Michael Herrmann * 1946 in Kansas City, + 14.10.1972

S. Norbert wurde am 09.11.1938 verhaftet, mißhandelt und nach Dachau gebracht. Ehepaar am 21. Oktober 1939 über Köln nach USA ausgewandert, 1952 in Kansas City, Jackson County, Oak Street 5917 Missouri/USA, zwei Kinder.

SENDER Kurt Siegwart *25.12.1912 in Sötern, Uniformenhändler, + 1978 in Chicago, IL-USA
S. von Sender Siegfried und Wolf Martha, Sötern

oo 15.06.1943 in Chicago
Heimann Frances * 07.01.1915 in Demmelsdorf, Strahlentechnikerin,
+ 22.12.1995 in Chicago
T. von

SENDER Leo * 12.02.1913 in Sötern, Kaufmann in Sötern
S. von Sender Salomon und Rothschild Magdalena, Sötern

am 01.02.1937 von Sötern nach Bitburg, von dort am 21.12.1937 nach New York/USA

SENDER Günter * 06.04.1918 in St. Wendel, Metzgerlehrling
S. von Sender Siegfried und Wolf Martha

lebte in Sötern, von dort am 23.02.1938 nach Chicago/USA

SIMON August * 1840, Handelsmann in Illingen
S. von
oo 22.04.1879 in Illingen
Kaufmann Magdalena * 1850, aus Bosen
T. von

SIMON *
S. von
oo 1935 in Köln
Lion Betti * 05.04.1909 in Sötern, + im KZ
T. von Lion Wilhelm und Blatt Fanny, Sötern

STERN Lion David * um 1777
S. von
oo
Haymann Edel *
T. von

Kinder
Elisabeth * 23.12.1811, + 29.12.1811
Karl * 23.12.1811, + 30.12.1811
Samson * 23.12.1811, + 30.12.1811

STERN Samuel * 1795 in Hoppstädten, Händler, + 28.04.1840 in Sötern
S. von Stern Lazarus und Goldschmied Marian
oo vor 1819
Wolf Johannetta *
T. von

Kinder

Salomon * 24.01.1819 1819 in Sötern
Wolf * 19.09.1820 in Sötern

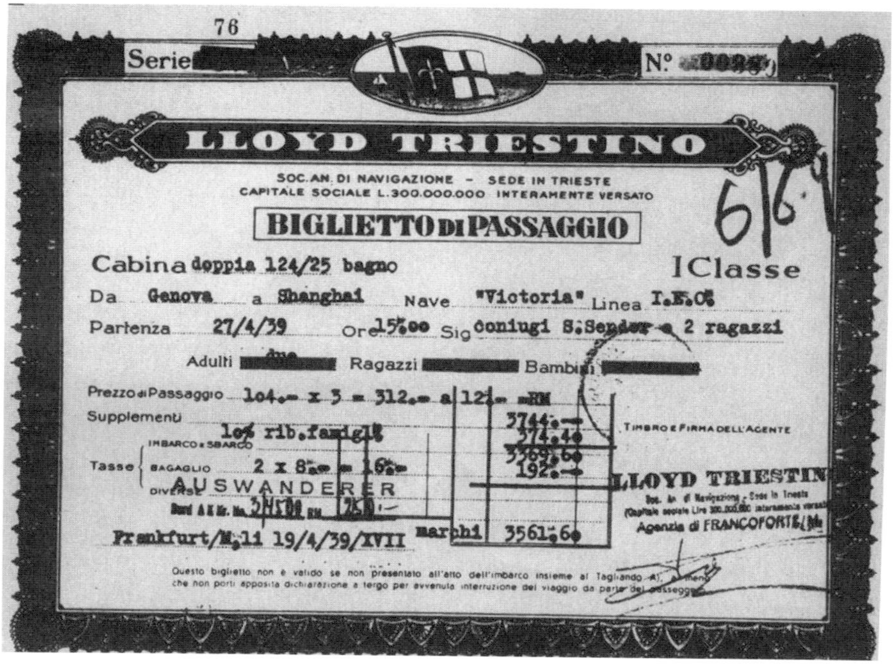

76
Serie [redacted] N° [redacted]
LLOYD TRIESTINO
SOC. AN. DI NAVIGAZIONE - SEDE IN TRIESTE
CAPITALE SOCIALE L. 300.000.000 INTERAMENTE VERSATO
BIGLIETTO DI PASSAGGIO
6/6
Cabina doppia 124/25 bagno I Classe
Da Genova a Shanghai Nave "Victoria" Linea I.E.O.
Partenza 27/4/39 Ore 15,00 Sig Coniugi S. Sender e 2 ragazzi
Adulti [redacted] Ragazzi [redacted] Bambini [redacted]
Prezzo di Passaggio 104.- x 3 = 312.- a 12 = RM 3744.-
Supplementi 10% rib. famigl. 374.40
3369.60
Tasse: Imbarco e sbarco; Bagaglio 2 x 8.- = 16.- 192.-
Diverse AUSWANDERER
3561.60
Frankfurt/M. li 19/4/39/XVII
Timbro e firma dell'agente
LLOYD TRIESTINO
Agenzia di FRANCOFORTE/M.
Questo biglietto non è valido se non presentato all'atto dell'imbarco insieme al Tagliando "A", ... che non porti apposita dichiarazione a tergo per avvenuta interruzione del viaggio da parte del passeggero.

Fahrschein der Familie Sender von Genua nach Shanghai
LA Saarbrücken, Best. BEG Nr. 4006 -4009

Reihel * 10.08.1822 in Sötern, + 05.03.1823 in Sötern
Lazarus * 15.02.1824 in Sötern
Emanuel * 03.02.1826 in Sötern
Maria * 04.10.1828 in Sötern
Philippina * 03.03.1831 in Sötern
Kind ohne Namen * in Sötern, + 01.03.1833 in Sötern
Germann * 06.02.1834 in Sötern
Georg * 23.07.1836 in Sötern

STERN Benjamin * 1816, Krämer
S. von
oo
Jacob Juliana (Jettchen) *
T. von

Kinder
Heymann * 16.02.1846 in Neunkirchen
Träutchen * 26.12.1847 in Neunkirchen
Emanuel * 31.01.1850 in Neunkirchen
Leonhard * 29.10.1851 in Neunkirchen

STERN Isaak * 1818 in Hoppstädten, + 07.12.1871, Krämer in Gimbweiler
S. von Stern Moses und Isaak Dorothea, Hoppstädten
oo vor 1846
Stern Babette (Barbara) *

T. von

Kinder
Ludwig * 1846 in Hoppstädten, + 01.02.1858 in Gimbweiler
Emanuel * 19.03.1847
Therese * 04.09.1849
Alexander * 16.12.1851
Moses * 1853, + 13.11.1871
Benjamin * 14.11.1854
Jakob * 17.03.1857, + 03.06.1857
Dorothea * 19.05.1858

STERN Rosa * 25.10.1889, + im KZ, am 29.04.1942 deportiert aus Sötern
T. von

letzte Wohnung: Sötern Haus Nr. 152

STERN Friedrich * 23.04.1897 in Goch/Rheinland
S. von
oo
Lion Meta * 21.03.1909 in Sötern, + 25.07.1957 in Essen
T. von Lion Josef und Thal Nanette, Sötern

1953 in 5 Thorton Ave., London 4, 1962 in Essen Caesarstraße 16

STERN(BERG) Elias * 1768, Handelsmann und Seifensieder, lebte in Sötern
S. von
oo
Moses Böla (Bela, Babet) *
T: von

Kinder
Abraham (Jacob) * 1799 in Melsheim, + 07.06.1840 in Sötern, oo Blatt Sara, nannte sich 1827 Sternberg Jacob
Kendel * um 1802, + 12.02.1813 in Sötern
David * 1804 in Dürkheim an der Haardt, + 30.11.1885 in Sötern

aus der 1. Ehe der Mutter mit Stern Abraham
Michael * 1805 in Sötern, oo Marx Ester, + 15.12.1887 in Sötern

Familie kam 1781 aus Melsheim/Worms nach Sötern
5 Familienmitglieder, arm, Seifensieder
Die Familie zog 1805 von Dürkheim an der Haardt nach Sötern.

STERNBERG David * 1804 in Dürkheim, Händler, + 30.11.1885 in Sötern
S. von Sternberg Elias und Moses Böla, Sötern
oo 16.12.1827 in Nohfelden
Heymann Olik (Olga) * 1798 in Neumagen, + 18.02.1865 in Sötern
T. von Heymann Moses und David Merle, Trier

Kinder

Johanetta * 26.11.1828 in Sötern, oo Jacob Gerson, Spiesen
Josef * 19.01.1833 in Sötern, nach Amerika
Elisabetha * 1836, oo Baum Joseph, Bosen, + 10.03.1910 in Bosen
Philippina (Babette) * 16.04.1838 in Sötern, + 16.02.1908 in Sötern
oo Sternberg David, Sötern
Karl * 15.11.1840 in Sötern, + 03.04.1867 in Sötern, ledig
Fanny * , eventuell = Johanetta

STERNBERG Michael * 1805 in Sötern, Händler, + 15.12.1887 in Sötern
S. von Sternberg Elias und Moses Bela, Sötern
oo 02.12.1831 in Nohfelden
Marx Ester * 29.09.1803 in Sötern, Magd, + 14.03.1865 in Sötern
T. von Marx Samuel und Wolf Delz, Sötern

Kinder
Dorothea * 28.03.1833 in Sötern, oo Hirsch Lion, + 03.12.1896 in Sötern
Rosa * 1835 in Sötern, oo Baum Ludwig, Bosen
Theresia * 04.03.1838 in Sötern
Johanetta * in Sötern, + 27.04.1839 in Sötern
Carolina * 27.02.1840 in Sötern, nach Missouri/USA
Simon * 27.11.1842 in Sötern, nach Missouri/USA
David * 08.11.1845 in Sötern, oo Sternberg Philippine, + 23.01.1917
Johanette * 12.08.1847, oo Baum Jacob, nach St.Louis
Babette * , nach Missouri/USA
Friederika * , nach Amerika

STERNBERG Jacob (Abraham) ehemals Stern Abraham, lebte in Sötern
* 1799 in Melsheim, Handelsmann, + 07.06.1840 in Sötern
S. von Sternberg Elias und Moses Bela, Sötern
oo 14.03.1827 in Nohfelden
Blatt Sara * 1801 in Hottenbach, + 02.02.1840 in Sötern
T. von Blatt Salomon und Bermann Rosina (Joseph Seis)

Kinder
Marian * 09.05.1826
Maria * 1828, oo Sender Samuel, Sötern, + 15.08.1896 in Sötern
Dorothea * 28.02.1830 in Sötern, + 17.02.1833 in Sötern
Salomon * 14.07.1832 in Sötern, + 06.10.1833 in Sötern
Salomon * 27.09.1834 in Sötern
Dorothea * in Sötern
Moses * 10.08.1837

STERNBERG Dorothea * in Sötern
T. von Sternberg Jacob und Blatt Sara, Sötern

Kinder
Johanetta * 13.05.1861 in Sötern

STERNBERG David * 08.11.1845 in Sötern, + 23.01.1917, Händler in Sötern
S. von Sternberg Michael und Marx Ester, Sötern
oo 16.02.1869 in Nohfelden
Sternberg Philippine (Babette) * 16.04.1838 in Sötern, + 16.02.1908 in Sötern

T. von Sternberg David und Heymann Olik (Olga), Sötern

Kinder
Elias * 21.09.1870, + 1931 in Hermeskeil, oo Rothschild Rosalie
Adelheid * 19.11.1872 in Sötern, + 18.05.1937 in Sötern, oo Sender Isaak, Sötern
Simon * 01.12.1874 in Sötern
Emma * 30.12.1876 in Sötern

STERNBERG Elias * 21.09.1870 in Sötern, + 1931 in Hermeskeil, Handelsmann in Sötern
S. von Sternberg Daniel und Sternberg Philippine, Sötern
oo 16.08.1900 in Nohfelden
Rothschild Rosalie * 11.08.1877 in Sien, + 10.02.1931 in Sötern
T. von Rothschild Isaak und Maier Helena, Sien

Kinder
Isidor * 18.07.1901 in Sötern, am 24.06.1937 nach Nordamerika
Max * 05.11.1904 in Sötern, oo Maier Erna
Olga * 23.01.1906 in Sötern, + 02.10.1912

STERNBERG Max * 05 11.1904 in Sötern, Viehhändler in Sötern
S. von Sternberg Elias und Rothschild Rosalie, Sötern
oo 1931 in Mühlheim/Mosel
Maier Erna * 08.05.1910 in Kintrich bei Bernkastel
T. von

Kinder
Renate * 13.11.1932 in Sötern
Edgar Erich * 12.02.1937 in Sötern
Familie wanderte am 11.06.1938 nach New York aus

STERNBERG *
S. von
oo
Baum Gerda * 15.01.1920 in Bosen, 1937 nach Frankfurt abgemeldet
T. von Baum Siegfried und Sender Clementine, Bosen

ein Kind * 1947
Familie 1962 in Bronx NY/USA, 1015 Gerard Avenue

STRAUSS Johann * , Regenschirmreparierer in Bosen
S. von
oo
Rosenberg Regina *
T. von

Kinder
Leopold * 03.05.1846 in Bosen

STRAUSS Isaak *
S. von
oo
Benjamin Johanetta *
T. von

Kinder
Brünetta * in Sötern, + 01.03.1844 in Sötern

STRAUSS Leo * 31.07.1864 in Steinbach, Handelsmann
S. von Strauss Abraham und Salomon Henriette, Steinbach
oo 23.08.1888
Lion Sarah * 15.04.1861 in Sötern
T. von Lion Marx, Handelsmann, und Kahn Esther, Sötern

Kinder
Elma * 14.04.1887 (vorehelich)

SÜSSKIND Seligmann * 1865 , + 02.03.1882 in Sötern
S. von Süßkind Moses uns Sender Fanny, Großhemmersdorf

Handlungsgehilfe, wohnhaft bei Sender David, Sötern

THAL Gottfried * 01.12.1843, 1865 von Thalfang nach Amerika, dann zurück
S. von Thal Abraham und Levy Henriette, Berglicht
oo 1874
Neumark Charlotte * 24.09.1849 in Bosen, + 03.07.1931 in Bernkastel
T. von Neumark Isaak und Juda Leya, Bosen

Kinder
Mathilde * 24.04.1875 in Berglicht, oo 1905 Salomon David, Neumagen
+ 1943 in NJ - USA
Nanette (Hanetta) *18.11.1877 in Berglicht, + 18.06.1944 im KZ,
oo Lion Josef, Sötern
Bertha * 23.05.1879 in Berglicht, war taubstumm, lebte beim Bruder
Ferdinand, + 1971 in New York City, NJ - USA
Samuel * 01.04.1881 in Berglicht, 1896 in Luxemburg
Isidor * 13.07.1882 in Berglicht
Jakob * 08.05.1884 in Berglicht, oo Johanna
Emma * 1885 in Berglicht, + 1885
Mina * 15.10.1886 in Berglicht, ledig, 1917 in Saarbrücken
Abraham * 15.06.1888
Elsa * 14.01.1890 in Berglicht, ledig, 1917 in Saarbrücken, Schneiderin
+ in Lyon, Frankreich
Ferdinand * 20.08.1891 in Berglicht, oo Wendel Gretchen, lebte in Rachtig
+ 1968 in New YorkCity - USA

TRAUB Erich * 16.12.1903 in Neunkirchen, Kaufmann in Saarbrücken,
Bahnhofstraße 62, + 1970 in Scranton, PA - USA
S. von
oo 03.08.1933
Baum Renate Rosalie * 25.04.1912 in Bosen, + 1976 in den USA

T. von Baum Siegfried und Sender Clementine, Bosen

ein Kind * 1945

am 18.05.1937 nach Saarbrücken, am 24.06.1937 nach Nordamerika
1962 in Scranton/USA, 1721 Mullberry Street

WALDBERG Mendel * Schneider
S. von
oo
Sender Melanie * 25.06.1907 in Sötern
T. von Sender Max und Grünewald Rosette, Sötern

1960 in Montevideo, Uruguay

WALDE, von der, Alfred * 15.06.1884 in Euskirchen, Buchbinder in Bosen
S. von Walde, von der, Jacob und Franken Rosalia
oo 14.09.1908
Baum Gertrude * 10.06.1870 in Gonnesweiler
T. von Baum Magnus und Dach Martha, Gonnesweiler

WEIL Salomon * , + vor 1916, Mechaniker in Gonnesweiler
S. von
oo
Kahn Franziska * 12.02.1826 in Dhronecken/Bernkastel, + 15.09.1916
T. von Kahn Achill und Kahn Ida, Gonnesweiler

WEIL Jakob * 14.09.1863 in Konken, + 24.02.1939, Viehhändler
S. von Weil Noah, Viehhändler, und Kahn Judith, Konken
oo 10.12.1888
Sender Lina * 18.12.1864 in Sötern, + im KZ Auschwitz
T. von Sender David, Kaufmann, und Kahn Friederike, Sötern

WEILER Abraham * 1842 in Steinbach, Handelsmann
S. von Weiler Model, Händler, und Löb Babette, Steinbach
oo 19.05.1870 in Nohfelden
Löb Regina * 1841 in Sötern
T. von Löb Emanuel, Händler, und Feis Charlotte, Sötern

WOLF Löb * 1740, + vor 1801
S. von
oo
Kahn Beile * 1733 in Sötern, + 15.04.1801 in Sötern
T. von

Kinder
Deltz * 1763, + 06.08.1823, oo Marx Samuel, Sötern
Germann * 09.04.1769

WOLF Loeb * 1759, Handelsmann in Bosen
S. von
oo vor 1799
..... Gräulin *
T. von

Kinder
Meusche * 10.12.1798 in Bosen
Arendt * 04.06.1801

Zeugen: Wolf Loeb (42 J.) und Loeb Moises (33 J.) Bosen

WOLF Germann * 1772, Viehhändler in Sötern
S. von
oo
Baer (Weil) Rachel * 1778
T. von

Kinder
Simon German * 1798 in Sötern, + 27.05.1880 in Sötern,
1.oo Weil Eile, Konken, 2.oo Kronenberger Caroline
Hanna * 27.12.1799 in Sötern
Johanetta * um 1800, oo Stern Samuel
Regina Rachel * 11.1801 in Sötern, + 03.04.1886 in Sötern, oo Kahn Lemle, Sötern
Markus * 17.03.1813 in Sötern

WOLF Machel * um 1774 in Sötern, + 11.11.1801 in Sötern, wohnhaft dort
T. von

WOLF Germann (Gerschin, Gersong) * 09.04.1769 in Sötern, + 15.01.1829 in Sötern, Viehhändler
S. von Wolf Loeb und Beilen, Sötern
oo 20.04.1801
Kahn Maria (Maria Anna) * 04.02.1783 in Sötern, + 03.09.1856 in Sötern
T. von Kahn Löb und Weil Magdalena, Sötern

Kinder
Beile * 20.09.1803
Philippine * 29.09.1805 in Sötern, oo Sender Gottlieb, Bosen, + 23.12.1864 in Bosen
Aron * 06.02.1808, + 22.02.1808
Salomon * 1809, oo Neumark Gütchen, + 25.02.1866 in Sötern
Maier * 16.03.1813, + 19.03.1813
Marian * 08.01.1815, +15.01.1815
Hendel * 17.09.1816
Johanetta * 1817, oo Sender Israel, Bosen, + 07.05.1896 in Bosen
Esther * 22.09.1823 in Sötern, + 28.11.1825 in Sötern
Maria * 24.05.1826 in Sötern, oo Lion Daniel, Sötern

WOLF Samuel * , lebte in Sötern
S. von

oo
Wolf Delz *
T. von

Kinder
Marx * 1807, oo Baum Rosa, Sötern

WOLF Marx * 1807, + vor 1834, ohne Gewerbe in Sötern
S. von Wolf Samuel und Wolf Delz, Sötern
oo 14.03.1832 in Nohfelden
Baum Rosa * 1803 in Sötern, + 01.12.1869 in Sötern
T. von Baum Lion und Löb Martha, Sötern

Witwe heiratet Hirsch Marx

WOLF Salomon * 1809 in Sötern, + 25.02.1866 in Sötern, Händler in Sötern
S. von Wolf Germann und Kahn Maria Anna
oo 18.02.1835 in Nohfelden
Neumark Gütchen (Güdele, Gidgen) * 08.08.1811 in Gonnesweiler, Magd,
+ 29.05.1868 in Sötern
T. von Neumark Salomon und Gottlieb Malken, Gonnesweiler

Kinder
Germann * 30.11.1835 in Sötern, nach Amerika, + 25.01.1902 in Missouri - USA
Isaak * 08.05.1838 in Sötern, nach Amerika, + 26.06.1899 in Missouri – USA oo Rebecca
Marianna * 02.11.1840 in Sötern, + 23.01.1886 in Sötern, oo Kahn Michael, Sötern
Salomon * 05.07.1843
Wilhelm * 05.07.1843 in Sötern, + 03.02.1844 in Sötern
Jacob * 23.12.1844, 1.oo Scholem Friederike, 2. oo Scholem Johanna, + 15.02.1920
Leopold * 04.03.1847 in Sötern, Lehrer in Kempen
Moses * 10.03.1849 in Sötern, oo Hessel Sabina, + 16.02.1916 in Windsor, MO - USA
Emanuel * 27.12.1851 in Sötern, nach Amerika, + 1929 in Windsor, oo Tillie

WOLF Simon German * 1798, Viehhändler, +27.05.1880 in Sötern
S. von Wolf German und Bär Reichel, Sötern
1.oo
Weil Eile (Eule) * 1797 in Konken, + 06.08.1832 in Sötern
T. von Weil Kappel und Feis Gödel, Konken

Kinder
Löb * 14.03.1821 in Sötern, oo Hirsch Rosalie
Reihel * 26.01.1823 in Sötern
Jacob * 23.06.1825 in Sötern
Philippina * 31.10.1827
Germann * 05.02.1830
Regina * in Sötern, + 20.07.1832

2.oo
Kronenberger Carolina (Hanni, Feitgen, Gretchen) * 1807 in Hoppstätten,
+ 20.04.1856 in Sötern
T. von Kronenberger Michel und Baer Sprenz, Hoppstätten

Kinder
Germann * 30.11.1834 in Sötern
Johanetta * 1835 in Sötern, oo Blath Benjamin, + 14.12.1871 in Sötern
Theresia * 15.06.1836 in Sötern,+ 04.03.1837 in Sötern
Heinrich * 16.07.1838 in Sötern,+ 30.05.1839 in Sötern
Marx * 26.06.1840 in Sötern, + 15.12.1840 in Sötern
Michael * 03.01.1842 in Sötern, + 18.01.1842
Charlotta * 02.10.1844 in Sötern
Salomon * 07.03.1847, oo Sender Caroline, + 07.08.1898

WOLF Löb *
S. von
oo
Hirsch Sophie *
T. von

Kinder
Gustav * 22.08.1851 in Sötern,

WOLF Löb (Leib) * 14.03.1821 in Sötern, Händler in Sötern
S. von Wolf Simon, Viehhändler, und Weil Eule, Sötern
oo 20.11.1850 in Nohfelden
Hirsch Rosalie * 1820 in Thalfang, + 17.11.1884 in Sötern
T. von Hirsch Salomon, Händler, und Gottlieb Sara, Bosen

Kinder
Samuel * 14.03.1853 in Sötern
Sigmund * 19.09.1855 in Sötern, + 08.06.1856 in Sötern
Jacob * 16.06.1857 in Sötern, + 10.02.1862 in Sötern
Elisabetha * 21.08.1859 in Sötern
Carolina * 08.05.1863 in Sötern, + 05.04.1880 in Sötern

WOLF Isaac * 08.05.1838 in Sötern, + 26.06.1899 in Missouri – USA
S. von Wolf Salomon und Neumark Gütchen, Sötern
oo
..... Rebecca * 1847, + 1926 in Missouri
T. von

Kinder
Salomon * 1870 in MO – USA, + 1939 in MO – USA
Gertrude * 11.02.1873 in MO – USA, + 02.03.1875 in MO – USA
Minnie * 1876 in MO – USA, + 1946 in MO - USA

WOLF Salomon * 07.03.1847 in Sötern, + 07.08.1898, Händler in Bosen
S. von Wolf Simon und Kronenberger Caroline, Sötern
oo 29.12.1869 in Nohfelden
Sender Caroline * 23.01.1843 in Bosen, + 08.11.1910 in Bosen
T. von Sender Gottlieb und Wolf Philippine, Bosen

Kinder
Gustav * 04.02.1871 in Bosen, + 31.12.1944 im KZ, am 02.03.1949 für tot erklärt,
oo Baum Bertha, Bosen
Adolf * 28.05.1872 in Bosen, Handlungsgehilfe, + 19.12.1889 in Bosen
Fanny * 19.07.1874 in Bosen, + im KZ Theresienstadt, am 27.07.1942 abgemeldet
Sigmund * 12.01.1877 in Bosen, + 31.12.1944 im KZ, für tot erklärt,
oo Lion Thekla
Kind ohne Name + 31.07.1880
Bertha * 17.08.1881 in Bosen, oo Katz Levi, Ottweiler
Walter * 01.11.1886, + 10.05.1888 in Bosen

WOLF Jacob * 23.12.1844 in Sötern, + 15.02.1920, Händler in Sötern
S. von Wolf Salomon, Handelsmann, und Neumarken, Gütchen, Sötern
1.oo 17.07.1867 in Nohfelden
Scholu(e)m Friederike * 1846 in Weierbach, + 28.02.1884 in Sötern
T. von Scholum Mayer, Händler, und Kurtz Catharina, Weierbach

Kinder
Salomo * 29.08.1868 in Sötern, + 24.01.1888 in Sötern
Ludwig * 11.07.1870 in Sötern, + 07.02.1941 in Köln, 1.oo Baum Thekla,
2.oo Baum Emma
Auguste * 11.06.1872 in Sötern, + 10.09.1880 in Sötern
Simon * 12.05.1875 in Sötern, 1903 Metzger in New York/USA
Gustav * 16.06.1877 in Sötern, deportiert am 29.04.1942, + im KZ,
für tot erklärt in Saarbrücken, oo Levy Julie aus Illingen
Siegfried * 27.05.1879 in Sötern, + 09.08.1883 in Sötern
Moritz * 26.06.1880 in Sötern, + 26.04.1884 in Sötern
Clara * 12.06.1882 in Sötern, + 15.06.1882 in Sötern
Leo * 21.09.1883 in Sötern

2.oo 14.08.1884
Scholem Johanna * 03.07.1857 in Weierbach, + im KZ Minsk
am 27.07.1942 nach Theresienstadt deportiert
T. von Scholem Friedrich Wilhelm und Kurz Helene, Weierbach

Kinder
Markus * 26.06.1885 in Sötern, nach Wiesbaden (?), + im KZ
Martha * 19.12.1888, oo Sender Siegfried
Jacob Isidor * 21.12.1890, 1935 mit Frau und zwei Kindern von Saarlouis nach Palästina ausgewandert
Arthur * 19.01.1894 in Bosen, + im KZ, oo Wendel Pauline
Wilhelm * 15.01.1896, + 27.08.1944 im KZ Auschwitz, oo Wendel Sophie

WOLF Isidor * 20.02.1849 in Nalbach, Händler in Saarlouis
S. von Wolf David, Händler, und Herrmann Theresia
oo 09.02.1877 in Nohfelden
Herz Carolina * 17.04.1851 in Sötern
T. von Herz David, Händler, und Bär Carolina, Sötern

WOLF Salomon Moses * 10.03.1849 in Sötern, Händler, + 16.02.1916 in Sötern
S. von Wolf Salomon und Neumark Gütchen, Sötern

oo vor 1882
Hessel Sabina * 14.10.1856 in Rheinböllen/Simmern, + 12.01.1939 in Sötern, Ortstraße 50, vorher Hausnummer 49
T. von Hessel Heinrich und Blatt Karolina, Rheinböllen

Kinder
Augusta * 10.04.1878 in Sötern, oo Dublon Salomon, Wittlich
Hugo * 08.12.1879 in Sötern, + 27.10.1903
Mathilde * 16.12.1881 in Sötern, + 01.04.1884 in Sötern
Salomon * 28.04.1884 in Sötern, + 31.12.1944 im KZ, oo Steinberger Berta
Hedwig * 08.12.1886 in Sötern, oo Kaufmann Salomon, Alf/Zell
Martha * 22.12.1889
Delphine * 25.04.1892 in Sötern, oo Schwarz , + im KZ Auschwitz
Gustav * 28.11.1894, + 29.04.1916 gefallen
Friedrich * 21.12.1897, 1963 in Gershal Avenue, Norma, New Jersey/USA
Emma * 11.02.1901 in Sötern, Verkäuferin, 1919 in Illingen Hauptstraße 63 wohnhaft, am 16.03.1938 von Sötern nach Eaglewood/USA

WOLF Emanuel * 27.12.1851 in Sötern, + 1929 in Windsor MO – USA
S. von Wolf Salomon und Neumark Gidgen, Sötern
oo
..... Tillie * 1866, + 1936 in MO – USA

Kinder
Belle * in MO – USA
Gertrude * 1888 in MO, + 1904 in MO - USA

WOLF *
S. von
oo
Kern Lina * 02.02.1876, + 19.01.1926 in Sötern
T. von

WOLF Fanny * 19.07.1874 in Bosen, + im KZ, gewerbelos in Bosen, ledig
T. von Wolf Salomon und Sender Caroline, Bosen

Kinder
Siegfried * 23.03.1900, + 22.01.1904 in Bosen

am 27.07.1942 nach Theresienstadt deportiert
letzte Wohnung: Neunkirchen Haus Nr. 23

WOLF Ludwig * 11.07.1870 in Sötern, am 21.03.1940 nach Köln, + 07.02.1941 in Köln, Kaufmann
S. von Wolf Jacob und Scholum Friederike, Sötern
1.oo 30.11.1903
Baum Thekla * 28.06.1882 in Sötern, + 26.05.1939 in Sötern, Ortstraße 118b, Modistin
T. von Baum Josef und Gamiel Elise, Bosen

2.oo 01.07.1940 in Köln-Ehrenfeld
Baum Emma * 24.08.1879 in Bosen, für tot erklärt, + 08.05.1945 im KZ Lodz
T. von Baum Joseph und Gamiel Elise, Bosen

am 27.07.1942 von Köln Ehrenfeld Leostraße 48 deportiert

WOLF Gustav * 04.02.1871 in Bosen, + 31.12.1944 im KZ Minsk, für tot erklärt,
Kaufmann in Neunkirchen/Nahe, Hausnummer 16
S. von Wolf Salomon und Sender Caroline, Sötern
oo 14.07.1902
Baum Bertha * 28.03.1876 in Bosen, + 31.12.1944 im KZ Theresienstadt, für tot erklärt
T. von Baum Leopold und Mayer Rosalie, Bosen

Kinder
Siegfried * 23.12.1904 in Neunkirchen, oo Ury Lilly, + 08.11.1964 in Saarbrücken,
Rosa * 23.01.1903, nach USA, oo Hamburger

Eltern am 27.07.1942 nach Theresienstadt deportiert, letzte Wohnung: Neunkirchen/Nahe Haus Nr. 23

WOLF Gustav * 16.06.1877 in Sötern, + im KZ, für tot erklärt, Viehhändler in Sötern
S. von Wolf Jacob und Scholem Friederike, Sötern
oo 10.08.1927 in Illingen
Levy Julia * 31.03.1885 in Illingen, + 31.12.1943 im KZ
T. von

beide am 29.04.1942 deportiert, letzte Wohnung: Sötern Haus Nr. 168

WOLF Sigmund * 12.01.1877 in Bosen, + 31.12.1944 im KZ, Viehhändler in Bosen Nr. 28, für tot erklärt
S. von Wolf Salomon und Sender Caroline, Bosen
oo 01.12.1904
Lion Thekla * 24.08.1882 in Sötern, + 31.12.1944 im KZ, für tot erklärt
T. von Lion Salomon und Sender Amalie, Sötern

Kinder
Karl Siegfried * 15.09.1905 in Bosen, 1934 in 250 Pinehurst Ave New York/ USA, 1958 in Jackson Heights N.Y., 34-10 75th Street, USA, ein Kind * 1946
Meta * 13.09.1908 in Bosen, oo Levy Leo, 1949 in Metz 3, Rue aux Ours
Walter * 15.08.1909 in Bosen, oo 10.08.1936 in Esch a.d. Helzette, 1934 in 25.Straße 35-18, Jackson Heigth, N. Y., am 03.04.1935 Wohnsitz in Neunkirchen/Saar; 1936 emigriert, 1962 in 67-26 Selfridge, St. Forest Hills, 75 N.Y. USA, zwei Kinder

Eltern wurden am 27.07.1942 deportiert

WOLF * , lebte in Sötern
S. von
oo 24.12.1940 in Essen (?)
Baum Johanna (Henriette) * 07.05.1904 in Sötern, + im KZ Izbica
T. von Baum Sigmund und Blum Henriette, Sötern

letzte Adresse: Trier, Brotstraße 36, Balduinstraße 12,
am 30.04.1940 nach Sötern abgemeldet

WOLF Charles * 22.11.1883 in Sobernheim, + 24.04.1960 in Los Angeles, CA – USA
S. von
oo
Baum Bertha * 29.09.1877 in Sötern, + 06.08.1955 in Los Angeles
T. von Baum Jacob und Steinberger Johanette, Sötern

Kinder
Elma * 1909 in St. Louis, MO – USA, + 2000
Jeston * 1912 in St. Louis, + 1994

WOLF Arthur * 19.01.1894 in Bosen, + im KZ, Händler in Sötern, Hausnummer 118
S. von Wolf Jacob und Scholem Johanna, Sötern
oo 20.06.1921 in Zeltingen
Wendel Pauline * 23.08.1895, + im KZ
T. von

Kinder
Jakob Werner * 19.01.1922 in Sötern, + 14.11.1942 im KZ Dachau (Dachau II Nr. 4403/1942), am 03.09.1937 nach Berlin
Ludwig Erwin * 27.10.1923 in Sötern, + im KZ
Herbert * 07.12.1925 in Sötern, + im KZ
Heinz * 14.08.1928 in Sötern, + im KZ, am 14.01.1942 nach Frankfurt/Main, Röderbergweg 87, abgemeldet, letzte Wohnung: Sötern Haus Nr. 67

Eltern und drei Söhne am 29.04.1942 deportiert, letzte Wohnung: Sötern Haus Nr. 152

WOLF Wilhelm (Willi) * 15.01.1896 in Sötern, für tot erklärt, + 27.08.1944 im KZ Auschwitz, Möbelkaufmann
S. von Wolf Jakob und Scholem Johanna, Sötern
oo 17.08.1922 in Illingen
Wendel Sophie * 12.11.1894 in Rechting, + 03.10.1984 in Paris, nach 1945 in Paris 12, 186 Rue de Charenton, letzte Adresse: Altersheim in Paris, 22 Rue de Chauffault, Residence Tourelles
T. von

Kinder
Hans Jakob (später: Henry) * 18.04.1923 in Illingen, war drei Jahre im KZ, nach 1945 in Lomme (Nord)
Edwin Ludwig * 10.03.1926 in Illingen (später: Edouard), lebte seit 1943 unter dem Namen Edouard Villemain in Frankreich und arbeitete bis Kriegsende auf einem Bauernhof, Wohnorte: 23.12.1921 Illingen Gerberstraße 4, 05.02.1936 Nyons (Drôme), Villa Villenare - Route de Montélimar

am 20.08.1942 Verhaftung des Vaters in Nyons,
am 02.09.1942 Deportation des Vaters von Drancy nach Auschwitz

WOLF Salomon * 28.04.1884 in Sötern, + 31.12.1944 im KZ, Viehhändler in Sötern, Horntalstraße, vom 15.11.1938 bis 09.12.1938 in Dachau wegen „Provokation der Bevölkerung", Häftlingsnummer 28339
S. von Wolf Salomon und Hessel Sabina, Sötern
oo
Steinberger Berta * 20.08.1886 in Angerod (Oberhessen), + im KZ

T. von

Kinder
Julius * 20.01.1915 in Sötern, am 07.02.1938 nach New York/USA, 1958 in San Jose, 2339 Markham Avenue, Cal. 25, USA
Heinrich (Enrique) * 09.03.1914, nach Argentinien, 1952 in Buenos Aires, Calle Washington 2965
Rosa * 21.09.1920 in Sötern, + im KZ, am 13.11.1940 nach Frankfurt/Main, Brandenburgerstraße abgemeldet

Eltern und Rosa wurden am 29.04.1942 deportiert, sie hatten bereits Ausreisevisa nach Kuba. Die Wohnungseinrichtung wurde öffentlich versteigert. Letzte Wohnung: Sötern, Haus Nr. 50.

WOLF Siegfried * 23.12.1904 in Neunkirchen/Nahe, 1949 Dr. med. dent. in Saarbrücken, Lessingstraße 14, + 08.11.1964 in Saarbrücken
S. von Wolf Gustav und Baum Bertha, Neunkirchen/Nahe
oo
Ury Lilly * 08.09.1912 in Dudweiler
T. von

Kinder
Arlette * 21.08.1948 in Forbach

Ludwig Erwin Wolf, *aus: Mais, Wiedergutmachung, S. 190*

Denkmal für die Deportierten in Nyons, unter ihnen Wilhelm Wolf.
Foto: (1992) von Inge Wolfanger

WOLFF Bernhard * 16.12.1846 in Nalbach, Metzger wohnhaft in Waldwies
S. von Wolff David, Händler, und Ibermann Theresia
oo 14.06.1875 in Nohfelden
Herz Theresia * 14.06.1853 in Sötern
T. von Herz Elias, Händler, und Stern Gertraud, Sötern

WOLFF Ferdinand * 09.12.1882 in Nalbach, deportiert am 27.07.1942, + 24.07.1943 im KZ Theresienstadt, 1920 in Gonnesweiler wohnhaft, 1930 in Nohfelden Haus-Nr. 37, Viehhändler
S. von Wolff Marx und Rothschild Fanny
1.oo 12.06.1908
Mendel Seline * 11.01.1884
T. von Mendel Sigmund Salomon, Handelsmann, und Steinfels Anna Maria, Gonnesweiler

Kinder
Arthur * 07.04.1909 in Selbach, landwirtschaftlicher Praktikant, emigrierte aus Nohfelden am 25.02.1938 nach Svenstorp/Schweden
Arnold * 07.06.1913 in Selbach, Bäcker, emigrierte aus Nohfelden am 02.12.1935 nach Luxemburg
Edith Melanie * 17.01.1920 in Gonnesweiler, oo Baum am 24.04.1935 nach Luxemburg, 1961 in Las Palmeras
Alfred Herbert * 01.11.1921 in Nohfelden, am 05.04.1938 nach Chicago, 1961 in Chicago 8, USA, 79 South Water, drei Kinder
Gerhard * 01.11.1921 in Nohfelden, am 01.09.1937 nach Luxemburg

2.oo
Kahn Berta * 01.12.1884 in Fürfeld, deportiert am 27.07.1942, + im KZ
T. von

Kinder
Hertha * , oo Ackermann Léon, 1949 in Luxemburg Antwerpenerstr. 64

Familie will 1937 nach Amerika auswandern, zog aus Nohfelden nach Bosen, Eltern am 27.07.1942 nach Theresienstadt deportiert, letzte Wohnung: Bosen Haus Nr. 30

WOLFRAM, Albert *
S. von
oo
Sender Ida * 24.03.1893 in Bosen, nach Wiesbaden, + 27.11.1943 im KZ Auschwitz
T. von Sender Abraham und Lion Johanette, Bosen

NAMENSÄNDERUNGEN GEMÄSS DES NAPOLEONISCHEN DEKRETS VON 1808

soweit sie rekonstruiert werden konnten:

Früherer Name	**Neuer Name**
Hirsch Löb	Lion Baum
Joseph Löb	Joseph Baum
Moses Löb	Marx Baum
Wolf Löb (Sen.)	Leopold Baum
Wolf Löb (Jun.)	Ludwig Baum
Borg Feis	Jacob Feis
Herz Feis	David Feis
Abraham Gottlieb	Jacob Gottlieb
Moses Sender	Simon Sender (?)
Löb Sender	Lion Sender
Israel Sender	David Sender
Moses Sender	Joseph Sender
Seligmann Sender	Sebastian Sender
Aron Sender	Josef Sender
Elis Stern	Elias Sternberg
Abraham Stern	Jakob Sternberg

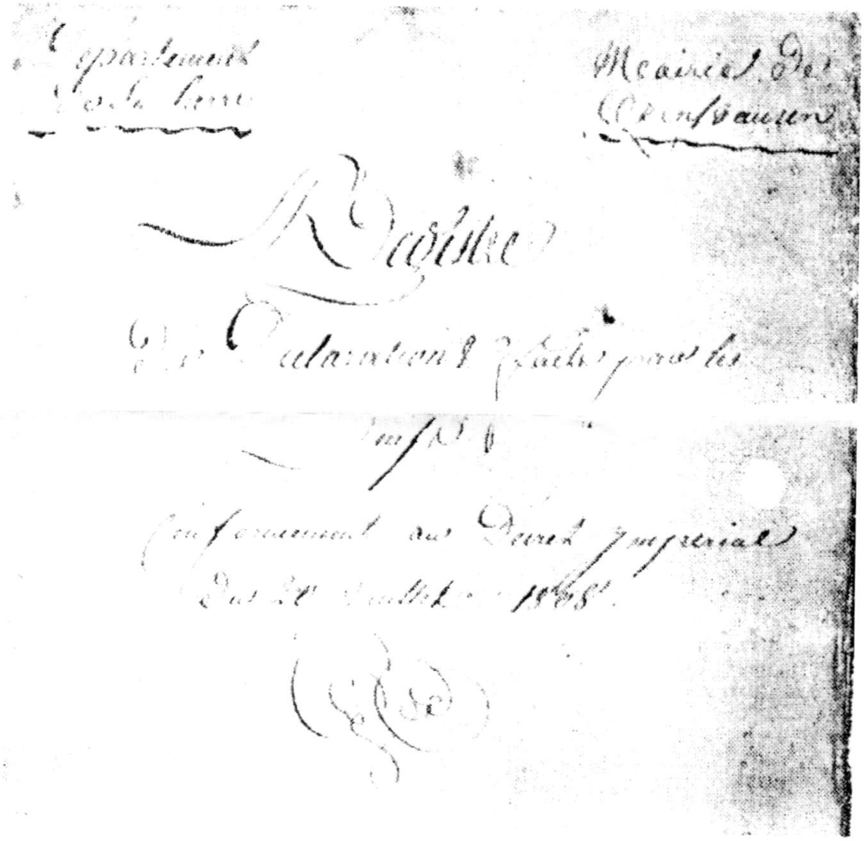
Registre
des Déclarations faites par les
Juifs
conformément au Décret impérial
du 20 Juillet 1808

„Register der gemäß des kaiserlichen Dekrets vom 20. Juli 1808 von den Juden gemachten Erklärungen“

Kopie aus der Saarbrücker Zeitung vom 17. Februar 1962

AUSWANDERUNGSWILLIGE IM 19. JAHRHUNDERT[9]

1889	Ackermann Rosa, Gonnesweiler	Nordamerika
1864	Baum Alexander, Bosen	Nordamerika
1880	Baum Adolf, Bosen	Nordamerika
1847	Baum Christian, Nohfelden	Nordamerika
1864	Baum Daniel, Bosen	Nordamerika
1852	Baum Daniel, Gonnesweiler	Amerika
1858	Baum Elias, Bosen	Nordamerika
1849	Baum Elisabeth, Nohfelden	Nordamerika
1856	Baum Gabriel, Bosen	Nordamerika
1857	Baum Helene, Bosen	Nordamerika
1883	Baum Henriette, Gonnesweiler	Nordamerika
1884	Baum Hermann, Bosen	Nordamerika
1852	Baum II Jakob, Asweiler	Nordamerika
1864	Baum Jakob, Bosen, Bäcker	Nordamerika
1878	Baum Jakob, Sötern, Bäcker, mit Frau und drei Kindern	Nordamerika
1850	Baum Joseph, Bosen	Missouri
1865	Baum Joseph, Bosen	Nordamerika
1856	Baum Joseph, Bosen	Nordamerika
1853	Baum Juliane, Wolfersweiler	Nordamerika
1849	Baum Karoline Marg., Nohfelden	Nordamerika
1849	Baum Katharina, Nohfelden	Nordamerika
1855	Baum Leopold, Bosen	Nordamerika
1854	Baum Ludwig, Bosen	Nordamerika
1857	Baum Ludwig, Bosen	Nordamerika
1864	Baum Ludwig, Bosen	Nordamerika
1848	Baum Luise, Nohfelden	Nordamerika
1878	Baum Michael, Sötern, 80 Jahre alt	Nordamerika
1863	Baum Moritz, Gonnesweiler	Nordamerika
1866	Baum Moses, Bosen	Nordamerika
1881	Baum Moses, Bosen	Nordamerika
1848	Baum Philipp, Nohfelden	Nordamerika

9 Nach: MÖRSDORF, R.: Die Auswanderungen aus dem Birkenfelder Land, Forschungen zur Rheinischen Auswanderung, Heft 1, Bonn 1939

1883	Baum Salomon, Gonnesweiler	Amerika
1853	Bonem Johann Peter, Wolfersweiler, mit Frau und zwei Kindern	Amerika
1866	Feis Abraham, Sötern	Amerika
1872	Feis Adele, Sötern	Nordamerika
1853	Feis David, Sötern	Nordamerika
1860	Feis Eduard, Sötern	London
1864	Feis Emanuel, Sötern	Nordamerika
1869	Feis Emanuel, Sötern	Nordamerika
1878	Feis Gertrud, Sötern	Nordamerika
1881	Feis Gertrud, Sötern	Nordamerika
1868	Feis Hermann, Sötern	Pawnee City
1869	Feis Hermann, Sötern	Nordamerika
1846	Feis Isaak, Sötern	Nordamerika
1883	Feis Isaak, Sötern	Nordamerika
1866	Feis Israel, Sötern	Amerika
1849	Feis Jakob, Sötern	Nordamerika
1864	Feis Jakob, Sötern	Nordamerika
1849	Feis, Witwer, jung, Jakob, Sötern	Nordamerika
1880	Feis Jakob, Sötern	Nordamerika
1883	Feis Johanette, Sötern	Nordamerika
1868	Feis Juda, Sötern	Nordamerika
1889	Feis Karoline, Sötern	Nordamerika
1883	Feis Lina, Sötern	Nordamerika
1878	Feis Louis, Sötern	Nordamerika
1881	Feis Minna, Sötern	Nordamerika
1848	Feis Salomon, Sötern	Nordamerika
1864	Feis Samuel, Sötern	Chicago
1848	Feis Sender, Sötern	Nordamerika
1869	Fischer Christian, Wolfersweiler	Porto Alegre
1856	Fischer Elisabeth, Wolfersweiler	Porto Alegre
1849	Fischer Johann Isaak, Wolfersweiler, mit Familie	Nordamerika
1846	Fischer Philipp, Wolfersweiler, Ackerer, mit Frau, Mutter, vier Kindern	Brasilien
1855	Fischer Sophie, Wolfersweiler	Brasilien
1881	Fischer Wilhelm, Wolfersweiler	Santa Maria

1866	Gottlieb Gertrud, Bosen	Nordamerika
1856	Gottlieb Gottlieb, Bosen	Nordamerika
1866	Gottlieb Isaak, Bosen	Nordamerika
1848	Gottlieb Jakob, Bosen	Nordamerika
1857	Gottlieb Jakob, Bosen	Nordamerika
1884	Gottlieb Julius, Bosen	Nordanerika
1866	Gottlieb Leopold, Bosen	Nordamerika
1857	Gottlieb Ludwig, Bosen	Nordamerika
1864	Herz Bertha, Bosen	Nordamerika
1857	Herz Heinrich, Sötern	Anerika
1883	Herz Jakob, Bosen, Ackerer	Nordamerika
1866	Herz Jakob, Bosen	Nordamerika
1857	Herz Lazarus, Sötern	Nordamerika
1852	Herz Ludwig, Bosen	Nordamerika
1872	Herz Simon, Sötern	Amerika
1881	Heymann Siegmund, Gonnesweiler	Nordamerika
1881	Hirsch Emma, Sötern	Nordamerika
1884	Hirsch Hermann, Sötern	Nordamerika
1878	Hirsch Johanette, Sötern	Nordamerika
1878	Hirsch Marx, Sötern	Nordamerika
1874	Hirsch Max, Sötern	Nordamerika
1866	Hirsch Moses, Sötern	Nordamerika
1853	Kahn Abraham, Gonnesweiler	Nordamerika
1853	Kahn Joseph, Gonnesweiler	Nordamerika
1846	Kahn Joseph, Gonnesweiler	Cromwell, Kentuky
1882	Kahn Julius, Gonnesweiler	Nordamerika
1866	Kahn Karoline, Gonnesweiler	Nordamerika
1866	Kahn Michael, Sötern	Cincinnati
1854	Kahn Regina, Gonnesweiler	Nordamerika
1842	Kahn Salomon, Gonnesweiler	Nordamerika
1850	Kahn Salomon, Gonnesweiler, mit Frau Borg, fünf Kindern	Nordamerika
1883	Kronenberger David, Sötern, mit Frau Wolf	Nordamerika
1870	Lewino Adolf, Bosen	Ketonio/Pennsylvanien
1863	Lewino Moses, Bosen	Amerika
1890	Levy Daniel Emil, Sötern, mit Frau Feis	Kirf

1883	Levy Simon, Gonnesweiler, Polsterer	Nordamerika
1888	Lion Adelheid, Sötern	Chicago
1866	Lion Isaak, Sötern	Nordamerika
1866	Lion Jakob, Sötern	Popeka, Kansas
1881	Lion Moses, Sötern	Paola, Kansas
1848	Löb Moses, Sötern	Nordamerika
1890	Lorig Karl, Sötern, mit Frau Lion	Chicago
1890	Lorig Samuel, Sötern, mit Frau Lion	Chicago
1864	Mathes Isaak, Sötern	Nordamerika
1866	Mendel Amalie, Gonnesweiler	Nordamerika
1890	Mendel Flora, Gonnesweiler	Nordamerika
1856	Mendel Isaak, Gonnesweiler	Nordamerika
1869	Mendel Karl, Gonnesweiler	Nordamerika
1866	Mendel Leopold, Gonnesweiler	Nordamerika
1879	Mielziener Jakob, Sötern, Pelzarbeiter, mit Frau Kahn, sechs Kindern	Scranton
1890	Oppenheimer August, Sötern, mit Frau Sender	St.Joseph, Missouri
1875	Sender Adolf, Bosen	Organ-Albany
1887	Sender Adolf Eugen, Sötern	Nordamerika
1867	Sender Albert, Sötern	Rich Hill
1882	Sender Alexander, Sötern, mit Frau Lieser, vier Kindern	Nordamerika
1857	Sender Aron, Bosen	Nordamerika
1890	Sender Bernhard, Sötern	Monte Rose
1866	Sender Daniel, Sötern	Rich Hill
1853	Sender David, Sötern	Nordamerika
1857	Sender David, Sötern	Nordamerika
1848	Sender David, Sötern	Nordamerika
1887	Sender Elisabeth, Sötern	Nordamerika
1883	Sender Emma, Sötern	Nordamerika
1866	Sender Emanuel, Sötern	Nordamerika
1849	Sender Israel, Sötern	Nordamerika
1857	Sender Isaak, Bosen	Nordamerika
1866	Sender Jakob, Bosen	Nordamerika
1864	Sender Jakob, Sötern	Nordamerika
1874	Sender James, Sötern	Nordamerika

1867	Sender Josef, Bosen	Nordamerika
1853	Sender Karoline, Sötern	Nordamerika
1867	Sender Karoline, Sötern	Nordamerika
1881	Sender Karoline, Sötern	Nordamerika
1857	Sender Leopold, Sötern	Denver, Colorado
1871	Sender Leopold, Bosen	Nordamerika
1852	Sender Lion, Bosen	Nordamerika
1848	Sender Lion, Sötern	Nordamerika
1866	Sender Magdalene, Bosen	Nordamerika
1887	Sender Maria, Sötern	Nordamerika
1857	Sender Maximilian, Sötern	Nordamerika
1866	Sender Salomon, Sötern	Chicago
1852	Sender Simon, Sötern	Nordamerika
1866	Sender Simon, Sötern	Nordamerika
1887	Sender Theresia, Sötern	Nordamerika
1864	Stern Emanuel, Neunkirchen	Nordamerika
1852	Stern Emanuel, Sötern	Nordamerika
1864	Stern Heymann, Neunkirchen	Amerika
1847	Stern Lazarus, Sötern	Nordamerika
1852	Stern Samuel, Sötern	Nordamerika
1866	Sternberg David, Sötern	Nordamerika
1887	Sternberg Elias, Sötern	Nordamerika
1857	Sternberg Joseph, Sötern	Nordamerika
1857	Sternberg Simon, Sötern	Nordamerika
1864	Wolf Charlotte, Sötern	Nordamerika
1866	Wolf Emanuel, Sötern	Amerika
1856	Wolf German, Sötern	Nordamerika
1857	Wolf Germann, Sötern	Nordamerika
1865	Wolf Gustav, Sötern	Nordamerika
1852	Wolf Philippine, Sötern	Nordamerika
1869	Wolf Samuel, Sötern	Nordamerika

DIE GEFALLENEN DES ERSTEN WELTKRIEGES[10]

Aaron Josef * 16.03.1893 in Euskirchen, gefallen 05.03.1915

Hirsch Jakob * 1891, gefallen 17.05.1915

Kahn Isidor * 06.08.1888, gefallen 26.10.1914

Kahn Samuel * 09.07.1881 in Sötern, gefallen 15.07.1915

Lion Julius * 13.05.1871 in Sötern, gefallen 13.06.1918

Wolf Gustav * 28.11.1894 in Sötern, gefallen 29.04.1916

Kriegergedenktafel
in der Synagoge Soetern

junge Leute bis zu 21 Jahren angehören.

Nachahmenswert! Die kleine Gemeinde Sötern war bisher nicht in der Lage, eine Gedenktafel für ihre Gefallenen zu beschaffen. Daher erbot sich Herr Ludwig Wolf, eine solche zu entwerfen und selbst anzufertigen. Die Leistung ist umso bemerkenswerter, als Herr Wolf von Beruf Kaufmann ist. Vor kurzem wurde die sehr gut gelungene Tafel feierlich eingeweiht.

Gedenktafel für die Gefallenen des 1. Weltkrieges aus Sötern (befand sich in der Synagoge, Verbleib unbekannt)
aus: LA Saarbrücken, Best. Staatsanwaltschaft Saarbrücken, Nr. 1002, Bd. I, fol. 114

10 aus: Die jüdischen Gefallenen des deutschen Heeres, der deutschen Marine und er deutschen Schütztruppen 1914 - 1918. Hrsg.: Reichsverband jüdischer Frontkämpfer

AUSZUG AUS DEM ADRESSBUCH FÜR DEN LANDESTEIL BIRKENFELD AUS DEM JAHR 1930

BOSEN

Baum Alex, Hausnummer 31, Viehhändler

Baum Felix, Hausnummer 66, Viehhändler

Baum Jakob, Hausnummer 67, Kaufmann

Baum Jakob, Hausnummer 88, Schneider

Baum Leopold 2. Witwe, Hausnummer 88, Landwirtin

Baum Siegfried, Hausnummer 63, Pferdehändler

Baum Wilhelm, Hausnummer 66, Viehhändler

Gottlieb Ferdinand, Hausnummer 11, Viehhändler

Lion Adelheid, Hausnummer 32, Landwirtin

Sender Gustav, Hausnummer 110, Pferdehändler

Wolf Siegmund, Hausnummer 28, Viehhändler

GONNESWEILER

Heymann Friederike, Hausnummer 52a,

Heymann Isaak, Hausnummer 40, Handelsmann

Kahn Josef, Hausnummer 43, Viehhändler

Mendel Siegfried, Hausnummer 91, Viehhändler

Reinheimer Markus, Hausnummer 53, Kaufmann

NEUNKIRCHEN

Wolf Gustav, Hausnummer 16, Kaufmann

NOHFELDEN

Wolff Ferdinand, Hausnummer 37, Viehhändler

TÜRKISMÜHLE

Reinheimer Markus, Hausnummer 8, Kaufmann und Händler

SÖTERN

Baum Max, Hausnummer 118a, Kaufmann

Baum Siegmund, Hausnummer 150, Handelsmann

Blau Moritz, Kaufmann

Hirsch Hermann, Hausnummer 168, Kaufmann
Hirsch Max, Hausnummer 166, Kaufmann
Kahn Emanuel, Hausnummer 183, Kaufmann
Kahn Ludwig, Hausnummer 126, Kaufmann
Korzelnick (Koschelnik) Theodor, Hausnummer 147, Schuhmacher
Levie Rosalie, Hausnummer 140, Kaufgeschäft
Lion Fenny, Hausnummer 86
Lion Fenny, Hausnummer 47
Lion Josef, Hausnummer 148, Viehhändler
Lion Julius, Hausnummer 37, Viehhändler
Lion Moritz, Hausnummer 119, Viehhändler
Löb Emanuel, Hausnummer 112, Viehhändler
Sender Artur, Hausnummer 13a, Handelsmann
Sender Bernhard, Hausnummer 14, Kaufmann
Sender Hermann, Hausnummer 152, Handelsmann
Sender Rosette, Hausnummer132, Kaufgeschäft
Sender Siegfried, Hausnummer 105, Viehhändler
Sender Salomon, Hausnummer 15, Viehhändler
Sender Witwe, Hausnummer 13
Sternberg Elias, Hausnummer 2
Wolf Arthur, Hausnummer 118, Viehhändler
Wolf Gustav, Hausnummer 168, Handelsmann
Wolf Ludwig, Hausnummer 118b
Wolf Sabine, Hausnummer 49
Wolf Salomon, Hausnummer 50, Viehhändler

DIE OPFER DER NATIONALSOZIALISTISCHEN JUDENVERFOLGUNG, DIE IN DER GEMEINDE NOHFELDEN GEBOREN WURDEN ODER NACH 1933 DORT LEBTEN. [11]

BAUM

Clementine, geb. Sender	* 28.03.1889 in Sötern
Felix	* 07.08.1874 in Bosen
Henriette, geb Blum	* 13.03.1873 in Sötern
Hermann	* 04.10.1868 in Sötern
Jacob	* 01.03.1881 in Bosen
Karola	* 20.09.1916 in Bosen
Leonie, geb. Isaac	* 24.03.1878 in Bettenhausen
Lore	* 12.07.1917 in Bosen
Nathan	* 29.01.1920 in Bosen
Sara	* 25.12.1870 in Bosen
Siegfried	* 10.11.1881 in Bosen
Sylvia geb. Kaufmann	* 27.08.1896 in Köln
Thea	* 13.06.1921 in Bosen
Wilhelm	* 19.04.1878 in Bosen

BLAU

Margot	* 10.12.1929 in Sötern

BLOCH

Frieda, geb. Lion, Witwe Blau	* 28.11.1903 in Sötern

DORNHARD

Selma geb. Hanau	* 30.11.1891 in Bosen

ERMANN

Delphine, geb. Lion	* 06.04.1875 in Sötern
Sophie, geb. Lion	* 01.09.1880 in Sötern

---

11 Nach den angegebenen Kriterien wurden bisher 134 Personen ermittelt.

GOTTLIEB

Ernst	* 03.11.1905 in Bosen
Ferdinand	* 10.10.1875 in Bosen
Fred	* 04.04.1933 in Bosen
Martha, geb. Levy	* 00.06.1908 in Saarlouis
Selma, geb. Salomon	* 24.02.1877 in Hilbringen

HANAU

Albert	* 28.02.1885 in Bosen
Leo	* 30.04.1888 in Bosen

HERRMANN

Ida, geb. Kahn	* 29.03.1873 in Gonnesweiler

HEYMANN

Abraham	* 11.04.1872 in Gonnesweiler
Isaak	* 12.01.1870 in Gonnesweiler
Lina	* 29.07.1881 in Gonnesweiler
Max Sigmund	* 23.03.1905 in Gonnesweiler
Reni	* 13.12.1930 in Hoppstätten
Rosa, geb. Lorig	* 01.03.1904 in Butzweiler
Walter	* 25.05.1903 in Gonnesweiler

HICHBERGER

Paula, geb. Baum	* 21.08.1887 in Bosen

HIRSCH

Berta	* 20.09.1863 in Sötern
Flora, geb. Kahn	* 02.10.1904 in Gonnesweiler
Hermann	* 13.04.1870 in Sötern
Hermann	* 06.03.1886
Ida, geb. Stern	* 01.02.1899 in Simmern
Ludwig	* 25.05.1903 in Sötern
Max	* 20.04.1900 in Sötern
Raimund	* 08.09.1934 in Sötern
Sara, geb. Wolf	* 04.01.1873 in Seesbach

JOST

Hans Erich	* 03.06.1927 in Bonn

JUNG

Lina, geb. Hanau	* 24.11.1893 in Bosen

KAHN

Charlotte, geb. Bach	* 22.02.1877 in Olewig/Trier
Josef	* 28.05.1870 in Gonnesweiler
Martha, geb. Hanau	* 14.01.1907 in Fraulautern
Walter	* 12.11.1905 in St. Wendel

KAHNE

Else, geb. Lion	* 04.03.1905 in Sötern

KLEEBLATT

Elma, geb. Baum	* 30.08.1883 in Bosen

KOSCHELNIK

Friedrich Salomon	* 04.02.1928 in Sötern
Hedwig, geb. Kahn	* 30.12.1892 in Thalfang
Leonore	* 18.06.1925 in Sötern
Lotte	* 02.04.1929 in Sötern

LEVI

Rosalie, geb. Hirsch	* 15.04.1873 in Sötern

LEVY

Auguste, geb. Baum, oo Harf	* 23.07.1877 in Sötern
Esther, geb. Baum	* 10.04.1859 in Bosen
Helmine, geb. Sender	* 21.05.1870 in Sötern

LION

Adelheid, geb. Baum	* 25.10.1870 in Bosen
Arthur	* 18.10.1904 in Bosen
Bela	* 10.01.1939 in Sötern
Berta, geb. Moses	* 06.03.1876 in Brotdorf

Berthold	* 04.10.1892 in Sötern
Egon	* 01.10.1937 in Bosen
Emil	* 09.07.1884 in Sötern
Felix	* 09.02.1879 in Sötern
Flora, geb. Heimann	* 19.06.1902 in Laufersweiler
Gisela Fanny (Jenny)	* 14.05.1934 in Sötern
Günther	* 12.01.1927 in Bosen
Hugo Hermann	* 27.06.1902 in Sötern
Isidor	* 13.11.1879 in Sötern
Irma, geb. Simon	* 03.02.1899 in Essen
Josef	* 10.11.1873 in Sötern
Max	* 10.11.1890 in Bosen
Moritz	* 21.01.1873 in Sötern
Nanette, geb. Thal	* 18.11.1877 in Berglicht/Bernkastel
Wilhelm Erich	* 31.05.1935 in Sötern

MAYER

Olga, geb. Baum	* 01.08.1907 in Bosen

MENDEL

Elfriede	* 11.05.1922 in Gonnesweiler
Elise	* 30.03.1919 in Gonnesweiler
Elma, geb. Lion	* 05.04.1892 in Bosen
Gisela	* 16.03.1932 in Sötern
Leo	* 16.10.1914 in Gonnesweiler
Lucy, geb. Sender	* 29.10.1905 in Sötern

MEYER

Adele, geb. Kahn	* 12.07.1863 in Sötern
Ernst	* 07.11.1895 in Erfurt
Delvina, geb. Hirsch	* 30.12.1885
Hedwig, geb. Kahn	* 07.07.1906 in Gonnesweiler
Johanna, geb. Lion	* 30.01.1895 in Sötern

OPPENHEIMER

Barbara, geb. Baum	* 26.02.1873 in Sötern

REINHEIMER

Artella, geb. Levy	* 23.02.1891 in Rhaunen
Henriette	* 13.09.1927 in Türkismühle
Kurt	* 05.01.1921 in Türkismühle
Markus	* 22.08.1890

ROSENBERG

Moses	* 10.07.1880 in Sötern

SCHWARZ

Delphine, geb. Wolf	* 25.04.1892 in Sötern

SENDER

Arthur	* 11.06.1885 in Sötern
Gustav	* 02.08.1880 in Bosen
Hermann	* 04.02.1878 in Sötern
Johanetta, geb. Levy	* 07.09.1882 in Bollendorf
Juliane, geb. Wolff	* 27.12.1879 in Böblingen
Leo	* 13.03.1895 in Bosen
Liselotte	* 02.06.1927 in Bosen
Rosetta, geb. Lion	* 05.11.1897 in Bosen
Rosette, geb. Grünewald	* 01.02.1881 in Rheinböllen, Hunsrück

SIMON

Betty, geb. Lion	* 05.04.1909 in Sötern

STERN

Rosa	* 25.10.1889

WEIL

Lina, geb. Sender	* 18.12.1864 in Sötern

WOLF

Arthur	* 19.01.1894 in Sötern
Bertha, geb. Baum	* 28.03.1876 in Bosen
Berta, geb. Steinberger	* 20.08.1886 in Angerode
Emma, geb. Baum	* 24.08.1879 in Bosen

Fanny	* 19.07.1874 in Bosen
Gustav	* 16.06.1877 in Sötern
Gustav	* 04.02.1871 in Bosen
Heinz	* 14.08.1928 in Sötern
Herbert	* 07.12.1925 in Sötern
Jakob Werner	* 19.01.1922 in Sötern
Johanna, geb. Baum	* 07.05.1904 in Sötern
Johanna, geb. Scholem	* 03.07.1857 in Weiersbach
Julie, geb. Levy	* 31.03.1885 in Illingen
Ludwig Erwin	* 27.10.1923 in Sötern
Markus	* 26.06.1885 in Sötern
Pauline, geb. Wendel	* 23.08.1895
Rosa	* 21.09.1920 in Sötern
Salomon	* 28.04.1884 in Sötern
Sigmund	* 12.01.1877 in Bosen
Thekla, geb. Lion	* 24.08.1882 in Sötern
Wilhelm	* 15.01.1896 in Sötern

WOLFF

Bertha, geb. Kahn	* 01.12.1884 in Fürfeld
Ferdinand	* 09.12.1882 in Nalbach

WOLFRAM

Ida, geb. Sender	* 24.03.1893 in Bosen

TEIL II

EIN ZENTRUM JÜDISCHEN LEBENS IM EHEMALIGEN AMT NOHFELDEN

- Sötern , Bosen und Gonnesweiler -

Die älteste jüdische Gemeinde im heutigen Kreis St. Wendel befand sich in Sötern. Wahrscheinlich ließen sich hier schon im 17. Jh. die ersten jüdischen Familien nieder. Auch in den Nachbarorten Bosen und Gonnesweiler bildeten sich jüdische Niederlassungen.

Bemerkenswert ist, dass sich bis zur Mitte des 19. Jh.s neben Saarlouis, Merzig, Illingen und Homburg gerade der kleine Ort Sötern zu einem größeren jüdischen Siedlungsschwerpunkt entwickelte. Die Freiherrn Eckbrecht von Dürckheim, die im 18. Jh. die Herrschaft Eberswald innehatten, legten den Grundstein für diese Entwicklung. Zwar wurden auch hier Judenschutzgelder sowie andere Abgaben, wie Weide- und Hirtengebühren verlangt. Es gab jedoch eine Reihe von Verordnungen, die die Toleranz und Großzügigkeit der Freiherrn belegen.

In einer „Beschreibung aller zu der Herrschaft Sötern gehöriger Dörfer, Höfe, Zehenden, Waldungen und übrige Zugehörigkeiten", des letzten Amtmanns der Freiherrn und Grafen von Dürckheim, Johann Jakob Röchling, von 1799 wird die Einwohnerschaft der einzelnen Orte detailliert aufgelistet. Demnach hatte Sötern insgesamt 400 Einwohner, davon waren 64 christliche und 15 jüdische Familien. Hinzu kam Obersötern mit weiteren 9 Haushaltungen und insgesamt 45 Einwohnern, die alle evangelischen Glaubens waren. Bosen hatte 375 Einwohner mit 55 christlichen und 5 jüdischen Familien.[12]

Die Auswirkungen der französischen Revolution brachten weitere Vergünstigungen für die Juden. Seit dem Frieden von Lunéville 1801 gehörte der gesamte Saarraum zum französischen Herrschaftsbereich. Dies bedeutete, dass sämtliche Judenverordnungen ihre Gültigkeit verloren. Die Juden wurden als gleichberechtigte Staatsbürger anerkannt. Durch die neu gewonnene Freizügigkeit siedelten sich Juden nun auch an Orten an, die ihnen vorher unzugänglich gewesen waren.

Doch schon 1808 wurde die Freiheit der jüdischen Bevölkerung durch die Napoleonische Gesetzgebung wieder erheblich eingeschränkt.

Nach dem Wiener Kongress gelangte das Birkenfelder Land und somit auch Sötern, Bosen und Gonnesweiler als Fürstentum Birkenfeld zum Großherzogtum Oldenburg. Hier setzte sich nun die positive Entwicklung für die Judenschaft fort. Im Gegensatz zu den benachbarten Gebieten wurden die napoleonischen Dekrete hier nicht verlängert. Anders als Preußen und Bayern verfolgte das Großherzogtum Oldenburg eine liberale Judenpolitik auf der Grundlage der Gleichberechtigung aller Religionen. Zahlreiche Gesetze und Verordnungen ebneten den Juden den Weg zur Anerkennung als vollwertige Staatsbürger.

---

12 G. Niemann von Dürckheim: Die reichsunmittelbare Herrschaft Sötern, in Müller, O.: Die reichsunmittelbare Herrschaft Sötern, S. 23-52

Dies führte dazu, dass die jüdischen Einwohner von den übrigen Dorfbewohnern zunehmend als gleichberechtigte Mitbürger anerkannt wurden. Die Zahl der jüdischen Einwohner Söterns wuchs bis zur Mitte des 19. Jh.s stetig an: von 95 im Jahre 1808 auf 225 im Jahre 1849.[13]

In Bosen lebten im gleichen Zeitraum 112 und in Gonnesweiler 31 jüdische Bürger. Die drei Orte sind nur wenige Kilometer voneinander entfernt. Es lebten also auf einem relativ eng begrenzten Gebiet der heutigen Gemeinde Nohfelden insgesamt 368 jüdische Bürger - eine bemerkenswerte Tatsache!

Während der 2. Jahrhunderthälfte hatte sich die jüdische Gemeinde in Sötern erheblich reduziert. Um 1900 lebten hier noch etwa 100 jüdische Bürger bei einer Gesamteinwohnerzahl von 1025 (Bosen: 66, Gonnesweiler:16). Die jüdischen Siedlungsschwerpunkte hatten sich ganz in die Städte verlagert, hier besonders nach Saarlouis, Illingen, Neunkirchen und vor allem nach Saarbrücken.

Bis zum Ende des 19. Jhs. hatte sich die jüdische Bevölkerung weitgehend in die Dorfgemeinschaft integriert. Die drei Religionen existierten in Sötern gleichberechtigt nebeneinander. Im Söterner Gemeinderat waren immer auch jüdische Bürger vertreten. Auch am dörflichen Vereinsleben nahmen sie regen Anteil. Von antisemitischen Ausschreitungen vor 1933 ist aus Sötern, Bosen und Gonnesweiler nichts bekannt.

Der Rückgang des traditionsreichen Landjudentums setzte sich weiter fort. Sötern bildete hier allerdings eine Ausnahme: Von 1900 - 1930 stieg die jüdische Bevölkerungszahl von 107 auf 124 an.

---

13 Einwohnerzahlen auch folgende nach: Rumpel, K.-J.: Juden in Bosen, Gonnesweiler und Sötern, in: Heimatkalender des Landkreises Birkenfeld 1970, S. 137

FRÜHER ANTIJUDAISMUS IM FÜRSTENTUM BIRKENFELD

Schinderhannesüberfall in Sötern

Mitten im Dorf in der Nähe der Synagoge wohnte der Handelsmann Moses Löb und seine Familie.[14] Er stammte aus Freisen und seine Frau aus Mergenthal. Er hatte sich wahrscheinlich zwischen 1780 und 1790 in Sötern als Kaufmann niedergelassen und hier ein Haus gebaut. Im Mai 1799 überfielen Räuber, wahrscheinlich Mitglieder der Schinderhannesbande, das Haus Löb. Die Beute fiel jedoch relativ gering aus, da Löb gewarnt worden war. Sein Bruder Mendel Löb wurde allerdings durch einen Schrotschuss erheblich verletzt.[15] Seit dieser Zeit übernachtete Moses Löb mit seiner Frau Gertrud und den vier Kindern, von denen das jüngste gerade erst geboren war, sicherheitshalber bei seinem Nachbarn Moses Sender im Haus gegenüber. Sein Bruder Mendel Löb blieb auch nachts im Haus. Seine Waren hatte Löb in Achtelsbach deponiert. Anfang Oktober 1799 erhielt Moses Löb einen Erpresserbrief, in dem er aufgefordert wurde, 300 Louis d'Or in den Wald Schaffberg zu bringen, andernfalls werde er gefangen genommen und am nächsten Baum aufgehängt. Gleichzeitig erhielt der Agent von Achtelsbach die Aufforderung, die Waren von Moses Löb keinen Moment länger in der Gemeinde in Gewahrsam zu halten, sonst würde die Gemeinde „aufs eifrigste angetroffen. Auf denn werde es ihm ergehen wie der Zerstörung Jerusalems."[16]

Zwei Jahre später, in der Nacht vom 4. auf den 5. September 1801 wurde die Familie wieder von sechs Mitgliedern der Schinderhannesbande heimgesucht. Den Ablauf der Geschehnisse schilderte Johannes Bückler, genannt Schinderhannes, in seinen Vernehmungen während der Voruntersuchungen zu seinem Prozess in Mainz. Mehrmals hatte er die Beteiligung an dieser Bluttat geleugnet, angeblich aus Rücksichtnahme auf seine „Kameraden". Doch schließlich schilderte er dem leitenden Untersuchungsrichter Wilhelm Wernher den Tathergang.[17] „Ich war im Herbst im Jahr achtzehn-

---

14 Heutiger Standort: Hauptstraße 34, Haus Weber; aus: Weiler H.: Schinderhannes. Mythos und Wirklichkeit, Nonnweiler 1989, S. 25. Bis 1936 wohnte ein Nachkomme der Familie, Emanuel Löb, in diesem Haus.

15 C. Kasper-Holtkotte: „Jud, gib dein Geld her oder du bist des Todes!" Die Banditengruppe des Schinderhannes und die Juden in: Aschkenas ZS für Geschichte und Kultur der Juden, 1993, S. 135

16 ebda., S. 136

17 Verhör vom 11.11.1802, aus: Faksimile der Verhörunterlagen bei Mathy H.: Schinderhannes. Zwischen Mutmaßungen und Erkenntnissen, Mainz 1989, S. 134f.

hundert- eins mit Müllerhannes und Georg Friedrich Schulz auf den Breitzesterhof[18] gekommen. Ich fand allda Friedrich Schmitt, der Sax genannt, mit welchem ich lezthin confrontirt wurde, Jakob Porn von Eisenbach der sogenannte Müller-Jacob und seinen Sohn, dessen Namen ich nicht kenne. Wir fragten diese drei Individuen, ob sie keinen reichen Juden in dieser Nachbarschaft wüssten, welchen wir bestehlen könnten: diese, welche schon lange den Anschlag gefaßt hatten, einen Juden zu Södern zu bestehlen, schlugen uns vor dieses Verbrechen mit ihnen zu begehen..... Um uns zu dieser Verrichtung vorzubereiten, gieng die Frau des Bürger Edinger, Pächter des Breitzesterhofs nach Baumholder um Wachs zu holen. Ihr Mann wußte den Gebrauch, welchen wir davon machen wollten. ....Von diesem Wachs wurden Lichter verfertigt. Nachdem wir einen Tag und eine Nacht auf dem Breitzester-Hof zugebracht hatten, so verließen wir ihn zwischen fünf und sechs Uhr des Abends....Nachdem wir um eilf Uhr des Nachts in Södern angekommen waren, gieng ich und der Sachse ins Dorf; wir klopften alsobald an die Hausthüre des Peter Korb, welchen der Sachse anwerben wollte mitzugehen: aber wir fanden ihn nicht zu Hause. Von da verfügten wir uns zu dem Hause des Juden, um die Zugänge zu besichtigen, und dann an die Kirche, allwo wir das Schlüsselloch mit Stückchen Steinen zustopften. Als nun der Diebstahl.... dergestalten vorbereitet war, gingen wir zum Dorf hinaus, wo wir unsere Kameraden wieder fanden; wir nahmen einen Balken in der Mühle, welche außerhalb dem Dorfe liegt, und als wir an das Haus des Juden kamen, versuchten wir die Thüre einzustoßen, allein sie ware so gut versperrt, daß unsere Anstrengungen vergebens waren. Wir versuchten dann die Läden einzustoßen; als uns dies gelungen war, stund der Jud mit einer Axt in der Hand hinter demselben, er führte damit einen fürchterlichen Hieb, welcher den Georg Friedrich Schulz als den ersten beinahe getroffen hatte. Dieser erbittert über diesen unvermeinten Angriff, that einen Pistolenschuß auf den Juden, daß er auf der Stelle todt zu Boden fiel. Ich gieng hernach mit Müllerhannes und Georg Friedrich Schulz in das Haus, wo wir etliche Kleidungsstücke und etliche Abschnitte Waren fanden."

Friedrich Schmitt hatte den Tipp gegeben, dass im Keller des Löbschen Hauses hinter der dort befindlichen Badewanne Geld in einem Mauerwinkel versteckt sei. Angeblich hätten sie jedoch nichts gefunden, so Bückler. Daraufhin schlug Schmitt vor, das Haus gegenüber zu überfallen, weil er vermutete, dass Löb dort sein Vermögen versteckt hatte. Doch Schinderhannes wurde es zu gefährlich und er befahl den Abmarsch. Sie marschierten die ganze Nacht hindurch und am nächsten Morgen wurde die Beute verteilt.

---

18 bei Baumholder

Moses Löb, durch den Lärm alarmiert, wollte seinem Bruder zu Hilfe kommen. Der Küster weigerte sich jedoch die Sturmglocke zu läuten, mit dem Hinweis die Glocken seien nur für die (christlichen) Dorfbewohner nicht für die Juden. Der Zeuge Jakob Ranft aus Sötern sagte aus, „die ganze Nachbarschaft hätte gewiss das Spektakel gehört, aber niemand wäre beigegangen." Einige Nachbarn gaben zu Protokoll, dass sie die Schreie des Mendel Löb zwar gehört, aber Angst gehabt hätten und ihr Leben nicht riskieren wollten.[19] Germann Wolf war der einzige, der Moses Löb zu Hilfe kam. Nach dem Verschwinden der Einbrecher fanden sie den ermordeten Mendel Löb. Mehrere Söterner Bürger gerieten in Verdacht, an dem Verbrechen beteiligt gewesen zu sein, es konnte ihnen jedoch nichts nachgewiesen werden.[20]

Juden waren bevorzugte Opfer der damaligen Räuberbanden. Dies hatte mehrere Gründe. Als fahrende Händler besuchten sie regelmäßig bestimmte Märkte, wobei sie bekannte Straßen und Wege benutzen mussten. Hier war für Räuber leichte Beute zu machen. Die Region befand sich damals unter französischer Herrschaft. Die französische Revolution hatte den rechtlichen Status der Juden erheblich verbessert. Große Teile der Bevölkerung standen dieser Entwicklung ablehnend gegenüber. Antijüdische Ressentiments verbanden sich hier mit der Angst vor jüdischer Konkurrenz. Bei ihren Überfällen auf die jüdischen Kaufleute konnten die Räuber damit rechnen, dass sich die übrige Bevölkerung gleichgültig oder sogar wohlwollend verhielt. Oft konnten sie sogar mit aktiver Unterstützung rechnen. Wie die Prozessunterlagen ergaben, kamen die christlichen Einwohner ihren überfallenen jüdischen Nachbarn nur in sehr seltenen Fällen zu Hilfe.[21]

Georg Friedrich Schulz, der Mörder Mendel Löbs
aus: M. Franke: Schinderhannes. S. 224

19 M. Franke: Schinderhannes. Das kurze wilde Leben des Johannes Bückler, neu erzählt nach alten Protokollen, Briefen und Zeitungsberichten. Düsseldorf, 2. Aufl. 1989, S. 220

20 C. Kasper-Holtkotte

21 ebda.

Gesuche um Aufnahme in den oldenburgischen Untertanenverband

In den Anfangsjahren des Fürstentums waren sowohl auf Seiten der Regierung als auch auf Seiten der Bevölkerung starke antijüdische Tendenzen spürbar. Dies beweisen entsprechende Schriftwechsel der damaligen Zeit. Hier tauchen die üblichen stereotypen Vorurteile und Vorwürfe gegen die Juden auf. Die jüdische Gewerbetätigkeit wird äußerst negativ als „Schacherhandel" bezeichnet. Die negative Bewertung geht auf die Mitte des 18. Jahrhunderts entwickelte physiokratische Lehre zurück, die nur die Landwirtschaft als die einzig wirklich produktive Tätigkeit im Wirtschaftskreislauf ansah und an die erste Stelle rückte, während Handel und Gewerbe als unproduktiv abqualifiziert wurden. „Es entstand allgemein der Eindruck, die wirtschaftliche Tätigkeit der Juden sei mit einem Makel behaftet, ungesund und unnormal. Hatte man im Mittelalter den Zinsgewinn der Juden inkriminiert, da er Einkünfte verschaffte, die nicht auf eigener Arbeit beruhten, so ließ man jetzt den Zinsgewinn ....der Juden zwar zu, bescheinigte ihnen aber ihre volkswirtschaftliche Minderwertigkeit."[22] Offensichtlich waren viele Beamten der deutschen Staaten Anhänger dieser Lehre, da immer wieder der angebliche berufliche Makel angesprochen wurde, verbunden mit der Forderung einer Umorientierung hin zu einem „produktiven" Gewerbe. Dies war bei den Staatsbeamten Oldenburgs bzw. des Fürstentums Birkenfeld nicht anders.

Als ein Beispiel von vielen sei hier das Gesuch des Marx Baum von Bosen um Aufnahme der Braut seines Sohnes Lion Baum, Barbara Levy von Thalfang, in den Untertanenverband des Fürstentums genannt. Zunächst richtete die Großherzogliche Regierung in Birkenfeld ein Schreiben an den zuständigen Bürgermeister, der zu dieser Zeit seinen Sitz nicht in Nohfelden, sondern in Neunkirchen hatte. Der Bürgermeister sollte im Vernehmen mit dem Ortsverwaltung von Bosen abklären:

„1. Ob und welche Bedenklichkeiten gegen oben erwähntes Gesuch, hinsichtlich des Gewerbs und der Moralität des Lion Baum etwa eintreten.

2. Ob derselbe und seine Braut nach höchster Vorschrift vom 24. September 1828 im Lesen, Schreiben und Rechnen und in den Begriffen der natürlichen Religion, wie solche in christlichen Schulen vorgetragen werden, gehörig unterrichtet sind und angenommen werden dürfte, daß sie durch einen mehr bürgerlichen Betrieb als durch den gewöhnlichen jüdischen Handelsverkehr ihren Unterhalt zu erwerben vermögen.

3. aus welchen Gründen dem Supplikanten (Bittsteller) seine frühere Absicht, sich im Preußischen niederzulassen, nicht verstattet worden und deshalb die betreffenden Papiere vorzulegen.

22 Battenberg, F.: Das Europäische Zeitalter der Juden, Darmstadt 1990, Bd. II, S. 64

Endlich 4. nach Vernehmung des Ortsvorstands anzuzeigen, ob die Einwohnerschaft von Bosen spezielle Gründe habe, der Aufnahme der Braut des Lion Baum entgegen zu seyn."[23]

Der Bürgermeister antwortete, dass Lion Baum den gewöhnlichen jüdischen Schacherhandel treibe, womit er seinen christlichen „Nebenmenschen", so wie er könne, wie es jedem Juden eigentümlich sei, zu überlisten, bedacht sei. Sittlichkeit besitzt er ebenso wenig wie jeder andere der hiesigen Landjuden, er sei vielmehr stolz und eingebildet wegen des Wohlstands seines Vaters. Lesen und Schreiben könnten sowohl Lion Baum als auch seine Braut, sie seien aber keineswegs in den Begriffen der natürlichen Religion unterrichtet. „Auch ist nicht anzunehmen, daß in der Familie durch einen mehr bürgerlichen Betrieb, obgleich der Vater in Bosen einige Immobilien besitzt, als durch den gewöhnlichen Schacherhandel der Unterhalt erworben wird. Die Einwohnerschaft von Bosen konnte jedoch keine speziellen Gründe gegen die Aufnahme der Braut des Lion Baum vorbringen. Man gab jedoch zu bedenken, dass schon zu viele Israeliten in Bosen wohnten. Die christlichen Einwohner müssten immer auf der Hut sein, um nicht von denselben stets überlistet zu werden. Die Hasstirade gipfelt schließlich in der Aussage: „und die Vermehrung dieses Menschenschlags müsste in ihrem jetzigen Zustand nur schädlich sein." Der Bürgermeister plädiert schließlich dafür, dass grundsätzlich keine jüdischen Personen aufgenommen werden sollten.

Offenbar schenkte man diesen gehässigen Äußerungen amtlicherseits kein Gehör, denn die Eheleute Lion und Barbara Baum lebten seit 1830 in Bosen. Aus der Ehe gingen 12 Kinder hervor.

Ähnliche Fälle sind auch aus anderen Orten bekannt, wobei es auch zur Abweisung des Gesuchs kommen konnte. So berichtete der oldenburgische Staatsrat Dr. Fischer in seinem Generalbericht an den Großherzog Paul Friedrich August im Jahre 1833, dass es einem Juden aus Bosen verwehrt worden sei, sich in Wolfersweiler niederzulassen und dort einen Kramladen zu eröffnen. Man wollte, so die Gemeindevertretung von Wolfersweiler, „von der Calamität, Juden-Familien unter sich aufzunehmen frei ...bleiben."[24]

Weitaus schlimmer war ein Vorfall in Birkenfeld selbst. Ein jüdischer Bürger aus Hoppstädten wollte sich in Birkenfeld niederlassen. Der Stadtvorstand opponierte dagegen mit der üblichen Begründung gegen die Vermehrung der Judenfamilien. Wie

---

23 Schreiben vom 24.05.1830 Amtmann Goerlitz an den Bürgermeister von Neunkirchen, NO. 537, LA Sbr. Depositum Nohfelden, Nr. 275

24 StA O Best. 31-13-32-156, zit. nach: München W.H.: „...Zum Hohn der Staatsbehörde..." Antijudaismus und Laurenz Hannibal Fischers Lösungsversuche der Judenfrage im Fürstentum Birkenfeld 1832, in ZS Sachor, Heft 13 - 1/97, S. 64

schon im obigen Fall in Bosen fand die Regierung diese Gründe unzulänglich und erlaubte den Zuzug. Daraufhin nahm der Pöbel die Angelegenheit selbst in die Hand. Es kam zu gewaltsamen Übergriffen gegen das Haus der jüdischen Familie, die daraufhin das Haus wieder verkaufte und Birkenfeld verließ. Die Täter konnten nicht ermittelt werden.[25]

Die beiden letztgenannten Fälle nahm der seit 1831 amtierende Regierungspräsident des Fürstentum Birkenfeld Dr. Laurenz Hannibal Fischer zum Anlass, dem Regierungskollegium einen „Entwurf einer gesetztlichen Bestimmung über die bürgerlichen Verhältnisse der Juden im Fürstenthum Birkenfeld" vorzulegen.[26] In sicher wohlmeinender Absicht verfasst, blieb jedoch auch dieses Schriftstück den antijüdischen Vorurteilen und aufklärerischen Ideen der „Verbesserung" der Juden durch berufliche Umorientierung verhaftet.

DREI KONFESSIONEN IN SÖTERN

Wie die Jahreszahl über dem Portal ausweist, wurde die evangelische Kirche 1578 erbaut. Nach einer Brandkatastrophe in Sötern am 27.3.1745 musste das Kirchenschiff neu erbaut werden. Unter der Kirche befindet sich noch heute die Gruft der Vögte von Hunolstein und der Freiherrn von Dürckheim. Der Zugang wurde jedoch im vorigen Jahrhundert zugemauert und aufgeschüttet.

Die Grabplatten befanden sich ursprünglich auf dem Boden neben dem Altar. Heute sind noch vier Grabplatten erhalten; sie wurden in der dem Altar gegenüberliegenden Innenwand der Kirche eingelassen.[27]

Seit 1908 gibt es in Sötern auch eine katholische Kirche. Sie ist der Rosenkranzkönigin geweiht. Die 1909 gegründete katholische Schule wurde im Gebäude der aufgelösten jüdischen Schule untergebracht.

Die Söterner Synagoge war viel älter als die katholische Kirche. Sie wurde schon 1817 erbaut.

Es gab also drei Glaubensrichtungen im Ort. Die Gründe für diese Konfessionsspaltung gehen weit in die Geschichte zurück. Die Herrschaft Eberswald, zu der Sötern gehörte, befand sich in gemeinsamen Besitz des Kurfürstentums Trier und der Vögte

---

25 ebda.

26 ebda. S. 66ff

27 Müller, O.: Die Kirche, in: Die reichsunmittelbare Herrschaft Sötern, 1978

von Hunolstein bzw. nach Erbgang der Herren von Dürckheim. Da seit 1555 die jeweiligen Herren die Konfession ihrer Untertanen bestimmten, gab es in Sötern eine Mehrzahl hunolsteinischer evangelischer Untertanen und einige wenige kurtrierische katholische Untertanen. Nach dem Dreißigjährigen Krieg durften sich weitere katholische Siedler als hunolsteinische Untertanen niederlassen. Aus wirtschaftlichen Gründen ließen die Grundherren eine gewisse Toleranz walten. Aus dem gleichen Grund duldeten sie auch die Niederlassung jüdischer Familien. Die Angehörigen der verschiedenen Konfessionen standen sich jedoch weitgehend ablehnend und sogar feindlich gegenüber. Im Verlaufe des 18. Jahrhunderts kam es sogar zu gewaltsamen Auseinandersetzungen zwischen den Angehörigen der beiden christlichen Konfessionen. So zerstörten die katholischen Untertanen auf Initiative Kurtriers den evangelischen Friedhof in Sötern.[28]

Die Konflikte wurden weitgehend durch die herrschaftlichen Verhältnisse verschärft bzw. erst hervorgerufen. Es gab also nicht nur Ressentiments gegen die jüdischen Nachbarn, sondern genauso gegen die katholischen bzw. protestantischen.

Erst im Verlauf des 19. Jahrhunderts verbesserte sich allmählich sowohl das Verhältnis der katholischen und protestantischen Einwohner als auch die Einstellung der christlichen Mehrheit zu ihren jüdischen Nachbarn. Die Juden wurden zunehmend als gleichberechtigte Bürger mit gleichen Rechten und Pflichten anerkannt. Es bildeten sich Freundschaften und, wenn auch seltener, verwandtschaftliche Bindungen. Juden wurden Mitglieder in den örtlichen Gemeindevertretungen und Vereinen.

In die evangelische Kinderbewahranstalt, wie der Kindergarten damals hieß, wurden „alle Kinder ohne Ansehen der Religion aufgenommen, auch die Juden schickten welche", berichtete Bürgermeister Köhler in seinen Lebenserinnerungen.[29] Katholische und jüdische Kinder gingen gemeinsam zur Schule. Die strenge Einhaltung der Religionsgesetze durch die Juden wurde von den Christen ebenso akzeptiert und respektiert, wie umgekehrt die christlichen Riten und Bräuche durch die Juden. Zahlreiche Beispiele belegen diese gegenseitige Toleranz. Es entwickelte sich nach und nach ein mehr oder weniger friedliches Nebeneinander der Konfessionen, das sich in den drei Gotteshäusern in Sötern manifestierte.

Dazu der letzte Rabbiner des Landesteils Birkenfeld, Dr. Levin, im Jahr 1929: „Zur Ehre der Gemeinde sei es gesagt, daß immer zwischen den Bekennern der einzelnen Konfessionen ein gutes Verhältnis geherrscht, und daß die Zugehörigkeit zu den politischen Parteien die Eintracht nicht zu stören vermocht hat. Mögen die Enkel das

---

28 Pfarrgeschichte der Pfarrei Nonnweiler, geschrieben und zusammengetragen von Wilhelm Torsch, Pastor zu Nonnweiler 1800, S. 161, in: Otzenhauser Hefte zur Heimatgeschichte 12/84

29 Köhler, Emil R.: Lebenserinnerungen, Birkenfeld 1875, S. 248

Werk der Ahnen dadurch ehren, daß ein jeder sich bemüht, dem Glauben der Väter getreu seinen Platz durch Fleiß und Ausdauer auszufüllen.“[30]

Der Nationalsozialismus setzte dieser positiven Entwicklung ein jähes Ende.

Um 1800 gab es in Sötern 54 evangelische, 10 katholische und 15 jüdische Haushaltungen; hinzu kommen 9 Haushaltungen in Obersötern, die alle evangelisch waren (d.h. 71,6 %der Bevölkerung war evangelisch, rund 17 % war jüdisch und 11,4 % war katholisch). Die 34 Katholiken besuchten den Gottesdienst in Nonnweiler.

Rund 100 Jahre später lebten in Sötern 864 Protestanten, 162 Katholiken und 99 Juden. Der Prozentanteil der evangelischen Bevölkerung hatte sich somit auf 84,3% erhöht. Der Prozentanteil der katholischen Bevölkerung hatte sich auf 15,8% gesteigert, der der jüdischen auf 9,1% verringert.

Kram- und Viehmarkt in Wadern 1893, *aus: Dagstuhler Geschichtsbilder, hrsg. vom Verein für Heimatkunde e.V. Wadern 1990, S. 279*

30 aus: imprimatur Extra, 23. Jg. Nr. 6, 15.10.1990, S. 280

JÜDISCHE BERUFS- UND ARBEITSWELT

Gemäß einer Einwohnerliste von 1827 waren alle jüdischen Familienväter entweder als Vieh- und Kleinhändler oder als Krämer tätig. Ebenso verhielt es sich in Bosen und Gonnesweiler. Rund 100 Jahre später hatte sich dieses Verhältnis etwas verschoben. Zum Beispiel waren in Sötern ca. 65 % der jüdischen Erwerbstätigen in kaufmännischen Berufen tätig, die übrigen waren Handwerker, Arbeiter und sonstiges.

Die Konzentration auf kaufmännische Berufe war nicht etwa einer besonderen Neigung der Juden zuzuschreiben, sondern das Ergebnis der jahrhundertelangen strengen Ausgrenzung und Diskriminierung der jüdischen Minderheit.

Im Mittelalter wurden die Juden in bestimmte Berufe abgedrängt, die von ihrer christlichen Umgebung aus bestimmten Gründen nicht ausgeübt wurden. So betätigten sie sich beispielsweise im Kleinhandel. Sie übernahmen hier eine wichtige wirtschaftliche Funktion als Vermittler zwischen Stadt und Land, indem sie ländliche Produkte in den Städten und umgekehrt städtischen Waren an die Dorfbevölkerung verkauften. Auch in Pfandleih- und Geldgeschäften waren vorwiegend Juden tätig, da den Christen das Zinsnehmen verboten war.[31]

Das jüdische Handwerk wurde im Mittelalter fast völlig verdrängt bzw. auf den innerjüdischen Bedarf verwiesen. Die mittelalterlichen Zünfte waren christlich geprägt. Sie nahmen weder Juden auf, noch erlaubten sie die Ausbildung jüdischer Lehrlinge durch einen christlichen Meister.

Auch die Landwirtschaft blieb den Juden verwehrt, da sie keinen Grund und Boden erwerben und auch keine christlichen Knechte und Mägde haben durften. Der Zugang zum Staatsdienst blieb ihnen ebenso verschlossen, wie bestimmte Professuren an den Universitäten. Zum Heeresdienst wurden Juden seit 1813 zwar rekrutiert, die Offizierslaufbahn blieb ihnen jedoch versagt.

Auch nach der rechtlichen Gleichstellung änderte sich die berufliche Orientierung nur allmählich. Jahrhundertealte Traditionen ließen sich nicht von heute auf morgen durchbrechen. Wie bei der übrigen Bevölkerung auch wurde die Berufszugehörigkeit meist vom Vater an den Sohn weitergegeben.

Hinzu kam, dass der Bedarf und die Möglichkeiten in kaufmännischen Berufen wuchsen, während Handwerk und Landwirtschaft im ausgehenden 19. und beginnendem 20. Jahrhundert stagnierten und von Krisen geschüttelt wurden.

---

31 gemäß Laterankonzil von 1215

In unserer Region war die Viehzucht einer der wichtigsten Erwerbszweige der Landwirtschaft. Der Viehhandel lag fast ausschließlich in jüdischer Hand. Die Händler kauften von den Bauern das Vieh auf und verkauften es wieder. Sie bildeten ein wichtiges Glied in der Landwirtschaft. Meist betrieben sie neben ihrem Viehhandel selbst ein kleine Landwirtschaft. Ein oldenburgischer Legationsrat, der 1816 eine Erkundungsreise durch das künftige Fürstentum Birkenfeld machte, berichtete u.a.: „Der Viehhandel wird daselbst von Juden betrieben, welche immer die Mäkler der Käufer und Verkäufer sind und das Vertrauen der Leute in einem hohen Grade besitzen, daß ohne ihre Zuziehung in der Regel gar kein Handel abgeschlossen wird. Die Käufer sowohl als die Verkäufer glauben auf diese Weise, ihren Vorteil weit sicherer zu erreichen, als wenn sie selbst von Hand zu Hand kontrahieren.“[32] Der 1900 in Hoppstädten an der Nahe geborene Friedrich Kronenberger hielt in Birkenfeld einen Vortrag über „die jüdischen Vieh- und Pferdehändler im Birkenfelder Land und in den Gemeinden des Hundsrücks“, der in einer erweiterten Textfassung 1983 veröffentlicht wurde.[33] Kronenberger war der Sohn des Viehhändlers Aron Kronenberger. Nach dem Besuch des Gymnasiums in Birkenfeld studierte er Medizin und promovierte 1924. Vor seiner Emigration 1933 war er als Arzt im städtischen Krankenhaus in Oberstein tätig. Seine Schilderungen geben einen authentischen Eindruck vom Viehhandel der damaligen Zeit:

„Der Viehhandel war weitgehend auf dem Hausiergeschäft aufgebaut. Der Händler wußte oder war benachrichtigt, daß ein Bauer eine Kuh kaufen wollte. Er brachte die Kuh an das betreffende Haus, sie wurde vorgeführt, angesehen, betastet, das Euter wurde befühlt, das Alter nach den Zähnen bestimmt, und man ging dann zum eigentlichen Handel über. Der Preis wurde genannt, diskutiert, und es konnte stundenlang dauern..... bis man sich einigte. Das abgeschlossene Geschäft wurde durch Handschlag bestätigt, und der Handschlag war bindend. Der Viehhändler ging auch zu den Bauern und fragte, ob etwas zu verkaufen wäre, der Händler wurde Käufer, und der Handel spielte sich in der gleichen Weise ab. Manchmal wurde nach Abschluß eines Geschäftes im nächsten Wirtshaus getrunken ‚mer gehen de Winkef trinke‘ (deutsch Weinkauf).“[34]

32 Starklof, L.: Journal meiner Reise nach Birkenfeld, 1816, hrsg. von der Kreisverwaltung Birkenfeld, 2. Aufl. 1981/82, zit. nach F.L. Kronenberger: Die jüdischen Vieh- und Pferdehändler im Birkenfelder Land und in den Gemeinden des Hunsrücks, Birkenfeld 1983, S. 7

33 F.L. Kronenberger: Die jüdischen Vieh- und Pferdehändler im Birkenfelder Land und in den Gemeinden des Hunsrücks, Bd. 8 der Schriftenreihe der Kreisvolkshochschule Birkenfeld, Birkenfeld 1983

34 ebda. s. 14

Wie in jeder Berufssparte gab es auch hier schwarze Schafe, die versuchten mit unlauteren Mitteln Profit zu machen. Auch davon berichtet Kronenberger: „Es gab natürlich eine Menge Kleinbauern, die nicht das Geld zur Bezahlung eines Tieres hatten, und der Händler verkaufte auf Kredit mit Zahlung von Zinsen. Das konnte mißbraucht werden und zum Wucher führen, den es allerdings in unserer Gegend so gut wie gar nicht gab. Es gab Viehhändler, die sogenannte Lehnskühe verkauften. Ich hörte in meiner Jugend von Auswüchsen auf diesem Gebiet. Eine magere, billige, junge Kuh wurde gekauft und innerhalb eines Jahres oder länger herausgefüttert. Wenn das das Weiterzahlen nicht mehr klappte, nahm der Händler das jetzt bessere Tier weg und, selbst wenn er ehrlicherweise das bisher gezahlte Geld zurückgab, hatte der Bauer nichts für das Futter und seine Arbeit – abgesehen von der Milch und der von dem Tier geleisteten Arbeit, wenn es sich um eine Fuhrkuh handelte.“[35] Die Einrichtung von landwirtschaftlichen Kreditanstalten, wie den Raiffeisenbanken machten unlauteren Kreditgeschäften ein Ende.

Kronenberger weist darauf hin, dass die Viehhändler bis zu einem gewissen Grad spezialisiert waren. So gab es z.B. Händler für Milch- und Fuhrkühe, für Fett- und Schlachtvieh und für Pferde. Pferde waren in der Landwirtschaft allerdings eher selten. Um 1900 wurden meist Kühe, die gleichzeitig Milch lieferten, oder Ochsen als Zugtiere verwendet. Die Händler hatten im Land ihre Bezirke, die sogenannten „Medine“ (v. hebr. Medinah), in denen sie Handel trieben. „Die Händler kannten alle Straßen und selbst kleine Fußwege gut, ich habe nie einen Händler mit einer Landkarte gesehen. Sie gingen meist zu Fuß, nur Vereinzelte hatten eine Kutsche oder Fahrrad. Ein älterer Mann erzählte mir vor Jahren, daß er imstande war, von Trier nach Hoppstädten, etwa 55 km, ohne Aufenthalt zu gehen. Sie kannten die Gefahren der Straßen im Winter, und es kam nicht vor, daß ein Händler sich im Schnee verirrte und nicht weiterkam.“ Nach Kronenbergers Aussage waren die Beziehungen zwischen den Bauern und den Viehhändlern der Region sehr gut. Allerdings konnten Schwierigkeiten und Differenzen bei Händlern untereinander und mit Landwirten nicht ausbleiben. „Es handelte sich um Fehler und Erkrankungen der Tiere, die beim Kauf und Verkauf nicht bekannt waren oder auch einfach verheimlicht wurden. Es wurde versucht, den Tieren ein jüngeres Aussehen zu geben, die Hörner wurden gekürzt und wieder zugespitzt.
Für diese Aktion war ein jiddisches Wort ‚jiddchen‘ allgemein in Gebrauch, und wenn ich mich recht erinnere, haftete dieser ‚Verjüngung‘ kaum etwas Unehrliches an, es war einfach eine Handelsusance. Die Differenzen wurden oft vor Gericht gebracht

35 ebda. S. 14f

und konnten zu langen Prozessen mit großen Kosten und ernsten Komplikationen bis zu Meineid führen. Kuhprozesse wurden oft sprichwörtlich als etwas Unerfreuliches bezeichnet, und man sagte von einer unnötig komplizierten Rechtsangelegenheit ‚es ist wie ein Kuhprozeß". Organisiert waren die Händler im „Bund der Viehhändler Deutschlands" mit Sitz in Berlin. 1917 waren von den ca. 40 000 selbständigen Viehhändlern weit über die Hälfte jüdischen Glaubens. Eine regionale Untergliederung war der Viehhandelsverein des Landesteils Birkenfeld, der sich um die Belange der Viehhändler aber auch um die Einhaltung geschäftlicher und sittlicher Normen kümmerte. Die Handelsleute hatten ihre eigene typische Handelssprache. Kronenberger nennt einige Beispiele für dieses „Handels-Jiddisch". „Für Zahlen 1 -60 wird das hebräische Alphabet einzeln oder in Kombination benutzt, danach folgen hebräische Zahlen, aber auch teilweise jiddisch. So ist 200 Mark: bes mei schuck. ‚Bes' ist der zweite Buchstabe des Alphabets, ‚mei' ist das hebräische ‚mea' (100) und ‚schuck' ist das hebräische Wort für Markt. ‚Rat' ist Taler, verkürzt für Reichstaler. ‚Masik' hebräisch, wildes, gefährliches Tier oder auch Mensch, das Wort ist einverleibt in die Sprache im Hunsrück. ...und zuletzt ein weises Sprichwort der Händler: ‚Eine magere Beschore (hebr. Vergleich) ist besser als ein fetter Mischpet (Prozeß).'

Die großen Kram- und Viehmärkte in den Orten des Fürstentums Birkenfeld waren wichtige Anlaufstellen für die jüdischen Viehhändler, so etwa der Prämienmarkt der alljährlich im Herbst in Birkenfeld stattfand. Kronenberger berichtet, dass sich die Händler bemühten, gute Zuchttiere zum Markt zu bringen und, wenn möglich, eine Prämie zu erhalten.[36] Auch im Amt Nohfelden fanden z. B. in Bosen, Sötern und Wolfersweiler regelmäßige Märkte statt. Die Märkte der damaligen Zeit waren gesellschaftliche und geschäftliche Ereignisse ersten Ranges. So wird vom traditionsreichen Laurentiusmarkt in Wolfersweiler berichtet, dass 1886 hier mehr als 1500 Rinder und Ochsen zum Verkauf angeboten wurden.[37]

Im ausgehenden 19. Jahrhundert wurden viele Hausierer und Händler sesshaft und eröffneten Läden, um ihre Waren anzubieten. Es gab auch in zunehmendem Maße jüdische Handwerker und Arbeiter in den Dörfern.

---

36 ebda. S. 15

37 aus: Weiler, Martin: Aus der Geschichte des Laurentius-Marktes, in: 850 Jahre Wolfersweiler eine kleine Dorfgeschichte, hrsg. vom Verein 850 Jahre Wolfersweiler e.V., Saarbrücken 2005, S. 329f

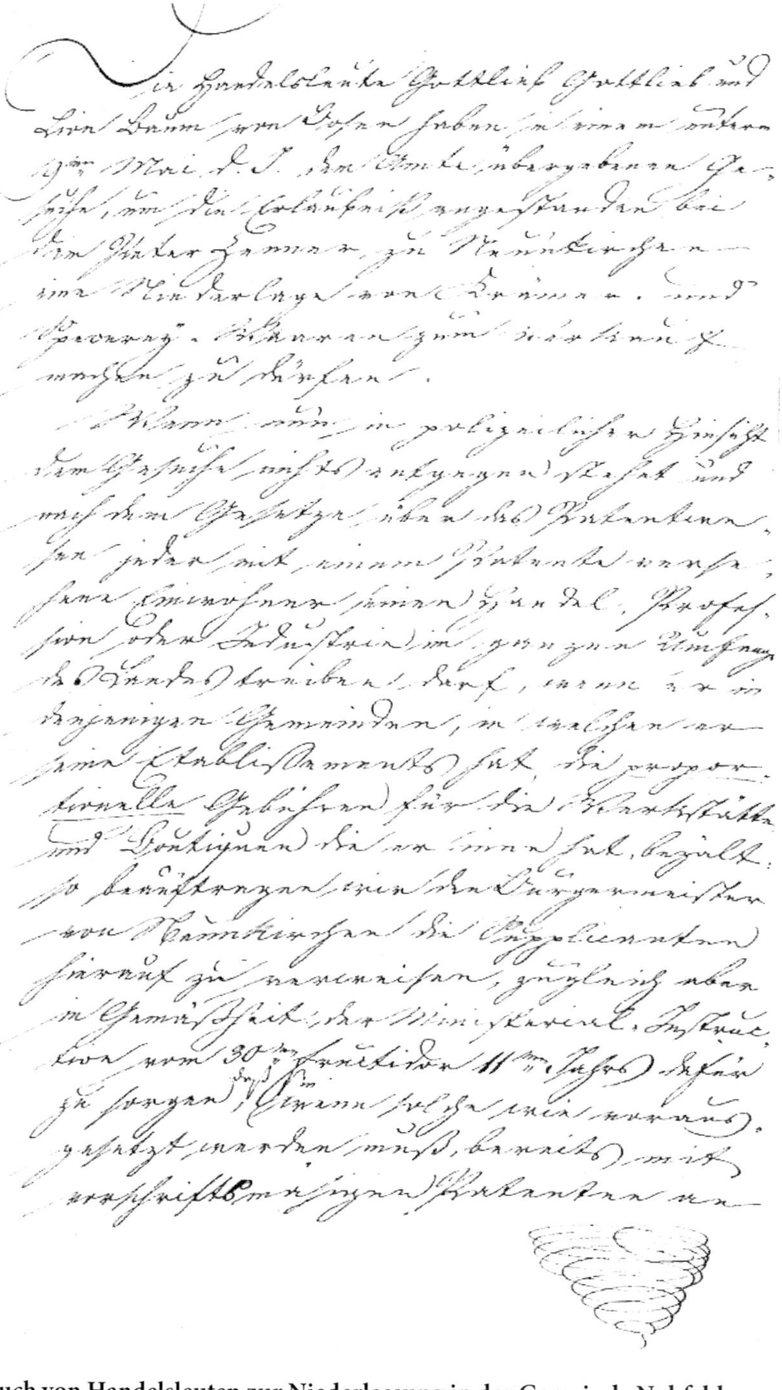

Gesuch von Handelsleuten zur Niederlassung in der Gemeinde Nohfelden vom 28. Mai 1830, *Quelle: Archiv Nohfelden*

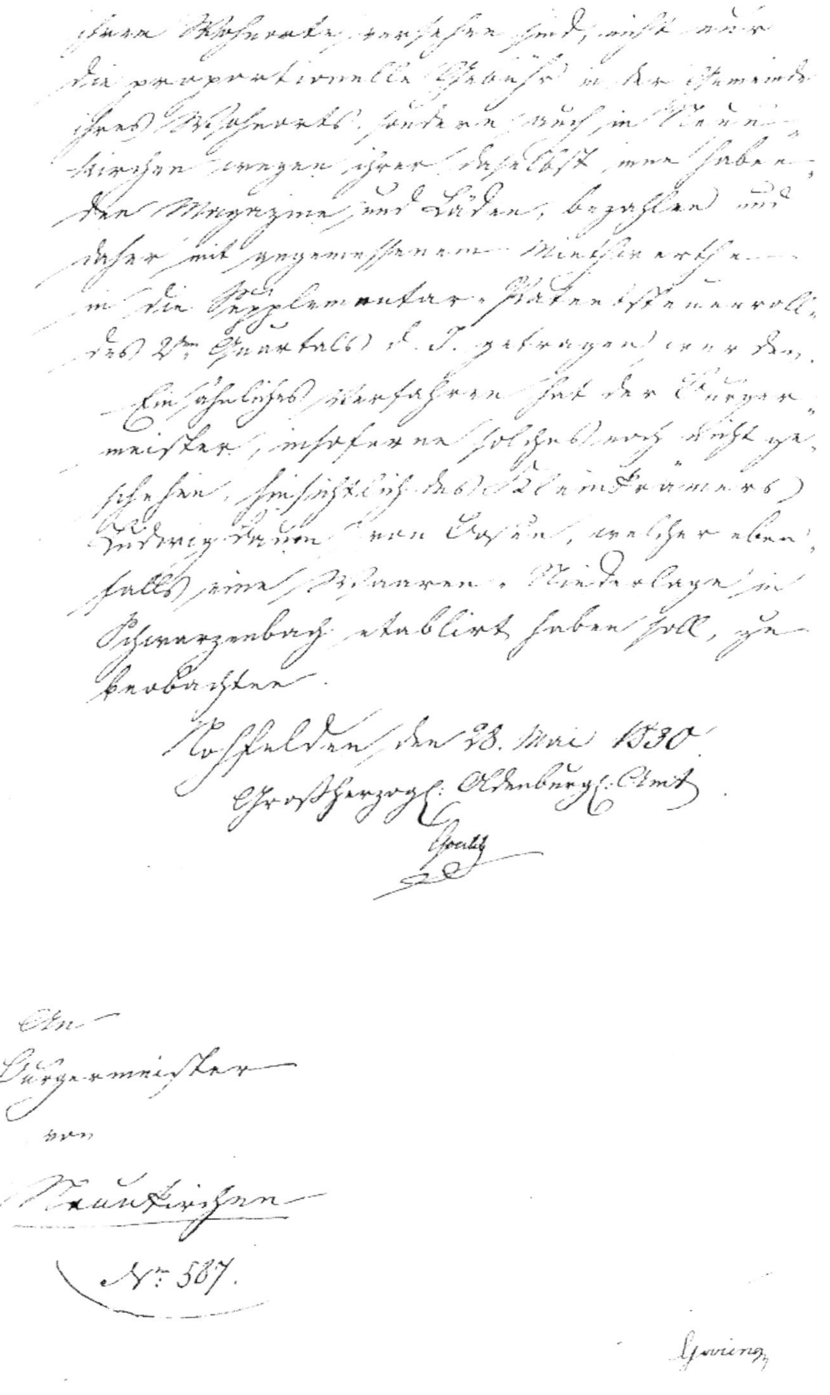

ihren Wohnsitz genommen sind, nicht nur
die proportionelle Steuer in der Gemeinde
ihres Wohnorts, sondern auch in Neun-
kirchen wegen ihres daselbst [illegible] haben-
den Magazins und Ladens, bezahlen und
daher mit gegenwärtigem Verzeichnisse [illegible]
in die Supplementar-Patentsteuerrolle
des 2ten Quartals d. J. getragen werden.

Ein ähnliches Verfahren hat der Bürger-
meister, insofern solches noch nicht ge-
schehen, hinsichtlich des [illegible]
[illegible] Simon, welcher eben-
falls einen Wein- und Niederlage in
Schwarzenberg etablirt haben soll, zu
beobachten.

Nohfelden, den 28. Mai 1830.
Großherzogl. Oldenburg. Amt
[illegible]

An
Bürgermeister
von
Neunkirchen
No. 587.

[illegible]

ORGANISATION DER JÜDISCHEN GEMEINDEN IM FÜRSTENTUM BIRKENFELD

Die jüdischen Glaubensgenossen bildeten vier Synagogengemeinden: Hoppstädten, Oberstein, Sötern und Bosen. 1923 kam noch Birkenfeld hinzu. Die Angehörigen jeder Synagogengemeinde wählten aus ihrer Mitte den Synagogenrat bestehend aus einem Vorsteher und zwei Beisitzern. Sie hatten u.a. den Gemeindehaushalt zu verwalten, stellten die Kultusbeamten ein und sorgten für die Aufrechterhaltung der Ordnung beim Gottesdienst.

Übergeordnetes Gremium und zentrale Instanz aller Synagogengemeinden war die Landgemeinde. Ihre Organe waren der Landesrabbiner und der Landesgemeinderat. Dem Landesrabbiner unterstanden alle jüdischen Kultus- und Unterrichtsangelegenheiten.

1928 umfasste die Synagogengemeinde Sötern die Orte Sötern, Eisen und Schwarzenbach, die Synagogengemeinde Bosen die Orte Bosen, Eckelhausen, Eiweiler, Gonnesweiler, Mosberg-Richweiler, Neunkirchen, Selbach, Steinberg-Deckenhardt und Walhausen.

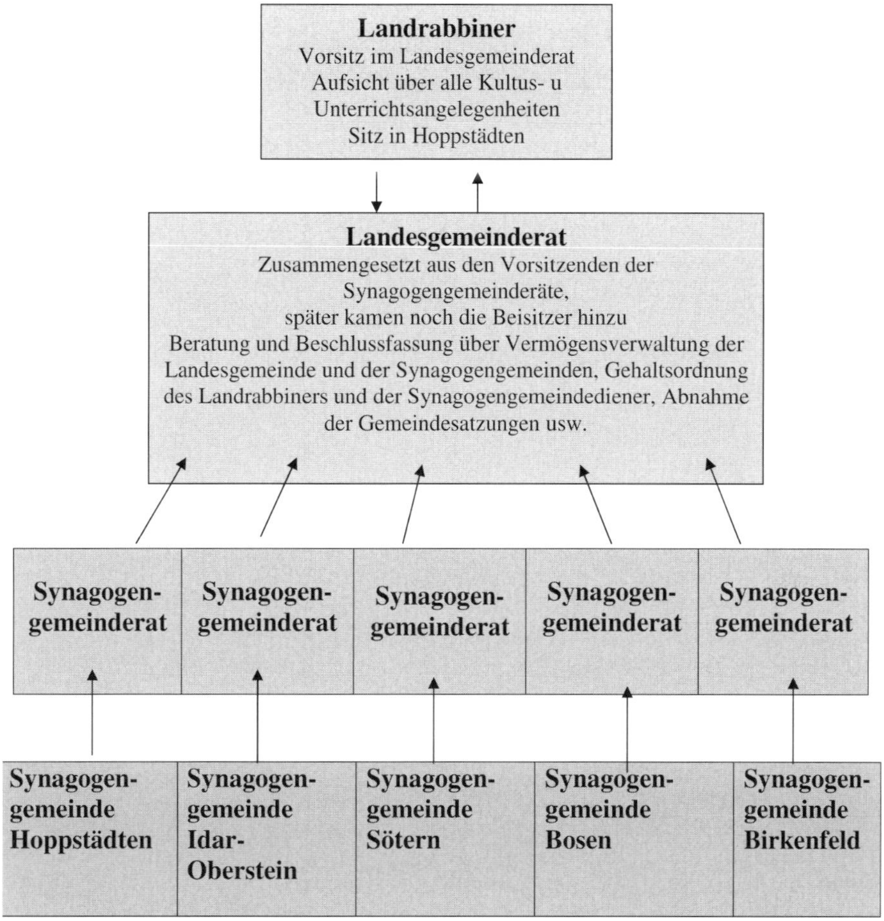

Elias Grünebaum, *1835*
Landrabbiner im Fürstentum Birkenfeld

Dr. David Einhorn, *Landrabbiner im Fürstentum Birkenfeld*

EINRICHTUNGEN DER SYNAGOGENGEMEINDEN

DIE SYNAGOGEN

Die Synagoge[38] ist der wichtigste religiöse und gesellschaftliche Mittelpunkt des jüdischen Gemeindelebens.

Die Söterner Synagoge[39] wurde1817 erbaut. Die Kosten für den Bau wurden von den Gebrüdern Emanuel, Herz und Borg Feis und von David Sender vorfinanziert und von den übrigen Gemeindemitgliedern in der Folgezeit zinslos abbezahlt. Diese ursprünglich 19 Gemeindemitglieder erhielten eigene Plätze in der Synagoge.[40]
Später hinzugekommene Gemeindemitglieder konnten Plätze pachten oder nachträglich erwerben. Schon 1831 befand sich das Gebäude in einem schlechten baulichen Zustand und der Maurer Claus Marian von Nohfelden wurde mit den Reparaturen beauftragt. Sein „Kostenanschlag" belief sich auf 242 Gulden und 48 Kreuzer. Die Kosten hatten die jüdischen Einwohner selbst zu tragen, wobei ihr jeweiliger Vermögensstand berücksichtigt wurde.[41] Im Sommer 1841 war die Synagoge durch Hagelschlag und Sturm so beschädigt worden, dass sie erneut renoviert werden musste.
Als 1851 die Synagoge mit neuen Bänken ausgestattet wurde, musste eine Neuverteilung der nunmehr 21 Eigentumsplätze vorgenommen werden. Die restlichen Plätze wurden nach dem Alter an die verheirateten Gemeindemitglieder verteilt. Dahinter saßen die Unverheirateten, ebenfalls nach dem Alter aufgeteilt. Den Knaben wurden besondere Bänke zugewiesen. Alle Gemeindemitglieder sowie Vertreter des Amtes Nohfelden und der Gemeinde waren bei der Neuverteilung zugegen und unterzeichneten die Abmachung.[42] Wo die Frauensynagoge untergebracht war, konnte aus den Quellen nicht ermittelt werden. Da das Gebäude zweigeschossig ist, ist anzunehmen, dass die Männersynagoge im ersten und die Frauensynagoge im zweiten Stock untergebracht waren.

---

38 griechisch: Versammlungshaus; hebräische Bezeichnung: „Bet ha Knesset"

39 heutiger Standort: Hauptstraße 30

40 LHA Ko, Bestand Nr. 295

41 LHA Ko, Bestand Nr. 393 Nr. 308, S. 17ff.

42 LHA Ko, Bestand Nr. 393 Nr. 308, S. 63-72

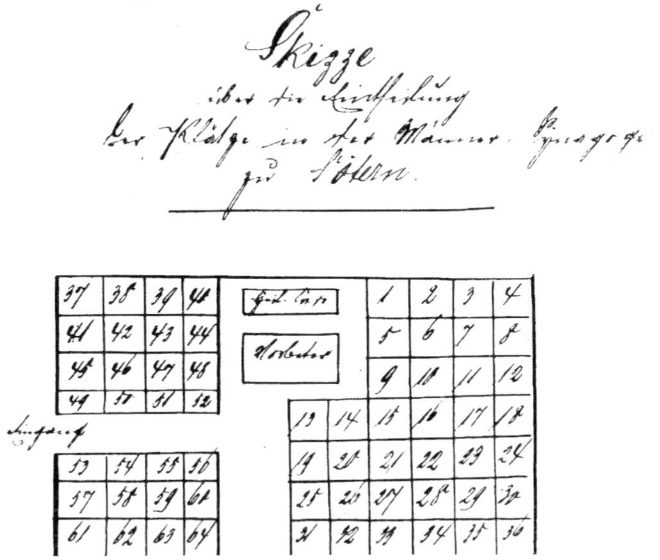

Skizze über die Eintheilung der Plätze in der Männer-Synagoge zu Sötern,
LHA Koblenz Best. 393 A Nr. 2738

1881 kam es zu einer Umordnung der Sitzplätze in der Synagoge. Die Bänke auf der linken Seite des Thoraschreins wurden dem Chor und der Schuljugend zugewiesen, während die Eigentumsplätze alle auf die rechte Seite verteilt wurden.
Lange Zeit war im Erdgeschoss des Synagogengebäudes die jüdische Privatschule untergebracht.

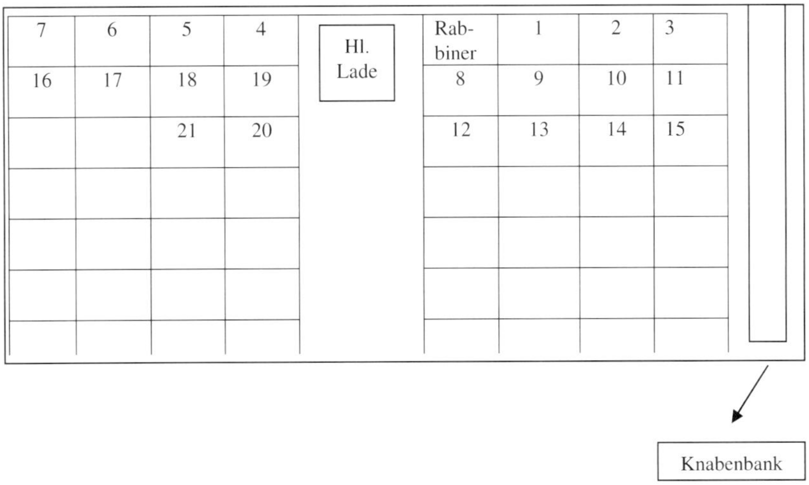

Skizze zur Neuverteilung der Eigentumsplätze in der Männersynagoge Sötern vom 18.12.1851

Seit 1843 regelten von der großherzoglich oldenburgischen Regierung erlassene „gottesdienstliche Anordnungen" die Abläufe des religiösen Lebens. Im ersten Kapitel gab es allgemeine Anweisungen z. B. über das Verhalten in der Synagoge, die Leitung des Gottesdienstes durch den Landrabbiner oder Vorsänger, den jede Kultusgemeinde auf eigene Kosten einstellen musste und der auch den Religionsunterricht der Kinder übernahm. In Kapitel 2 ging es um Gebete und religiöse Vorträge während des Jahres. „Vom Aus- und Einheben der Thora, Vorlesen derselben und den dabei üblichen Gebräuchen" ging es in Kapitel 3. Im 4. Kapitel wurde die Themen Beschneidung, Konfirmationen, Trauungen und Beerdigungen angesprochen. Kapitel 5 handelte „von den Strafen und Strafverfahren" bei Zuwiderhandlungen gegen die Anordnungen.[43]
Wie in vielen Synagogen üblich hingen wohl über dem Altar zwei Gesetzestafeln mit den zehn Geboten. Sie waren angefertigt worden von dem Bildhauer Jakob Strube in St. Wendel, der sie mit seinem Kuhgespann zur Synagoge nach Sötern brachte. Dies war einer der außergewöhnlichsten Aufträge und blieb deshalb in der Erinnerung der Familienmitglieder erhalten.[44]
Während des Novemberpogroms 1938 wurden die Söterner Juden gezwungen das Innere ihres Gotteshauses zu zerstören. „ Als ich…bei der Synagoge ankam, waren bereits alle Juden aus Sötern dort versammelt, es waren dieselben, als ich die Synagoge betrat, bereits damit beschäftigt die Inneneinrichtung zu zerstören. So wurden z. B. die Bänke, der Altar, die Leuchter, eine Kristalllampe sowie alle Kultgeräte zerschlagen.", so die Aussage von Maria Sender vor der Polizei nach dem Krieg.[45]
Einer der Hauptverantwortlichen dieser Aktion war der damalige Amtsbürgermeister von Nohfelden, Rümmler.

Die „Arisierung des Synagogengebäudes"[46]

Im Zuge der „Arisierung" jüdischen Besitzes sollte auch das Synagogengebäude in „arische" Hände d.h. in nichtjüdischen Besitz übergehen. Die unmenschliche Bürokratensprache der damaligen Zeit nennt diesen Vorgang „Entjudung jüdischen Eigentums".
Im Juni 1939 ließ Bürgermeister Rehmann von Sötern auf Anweisung von Amtsbürgermeister Rümmler die Synagoge mit dem angebauten Schuppen für den Leichenwagen sowie das angrenzende Grundstück von der Abschätzungskommission abschät-

43 Dokumentation Bd. 4 S. 110-121

44 Saarbrücker Zeitung vom 17.12.1996, Artikel von Liesel Marx

45 LA Sbr., Sta Sbr. 1002 Bd. I. S. 5

46 Gemeindearchiv Nohfelden

zen. Die Synagoge wurde auf 2000 RM und die Parzelle daneben auf 300 RM taxiert. Es gab zwei Privatleute, die sich für das Gebäude bzw. für das Grundstück interessierten. Der benachbarte Bäcker E.M. schloss mit dem Vorsteher der Synagogengemeinde einen Kaufvertrag über 1000 RM für das Grundstück und dem darauf befindlichen Schuppen. Die Gemeinde selbst hatte ebenfalls Interesse am Kauf der Synagoge angemeldet. Sie bot lediglich 300 RM mit dem Hinweis, dass das Gebäude abbruchreif sei. Rümmler glaubte „daß sich das Gebäude durch einen kleinen Umbau ganz gut zu einem Stierstall eignen würde." Vom Söterner Ortsgruppenleiter K. wurden diese Pläne wegen der Lage des Gebäudes in der Dorfmitte nicht gutgeheißen. Dennoch war die Gemeinde weiterhin an dem Kauf interessiert. Eventuell sollte der Bau auch der Partei zur Verfügung gestellt werden.

Der andere Interessent war ein verdienter Parteigenosse und SA-Mann, der sich ein Jahr zuvor maßgeblich am Novemberpogrom beteiligt hatte und nach dem Krieg auch verurteilt wurde. Er schloss am 4. August 1939 mit Salomon Wolf, dem Vorsteher der Synagogengemeinde einen Kaufvertrag über 900 RM ab. Gegen diesen Kauf erhob nun die Gemeinde ihrerseits Einspruch. Die Verhandlungen, in die auch die NSDAP-Kreisleitung in Idar-Oberstein und das Landratsamt in Birkenfeld involviert waren, zogen sich in die Länge. Auf Gemeindeseite wollte man schließlich das Synagogengebäude ganz entfernen und hier eine Grünfläche anlegen. Auf dem hinteren Teil des Grundstücks sollte dann der gemeindeeigene Stierstall errichtet werden. Der hinzugezogene Parteisachverständige, der Architekt W.T. aus Idar-Oberstein, betonte in seinem Gutachten vom 9. August 1940, dass „die Bebauung in diesem Ortsteil

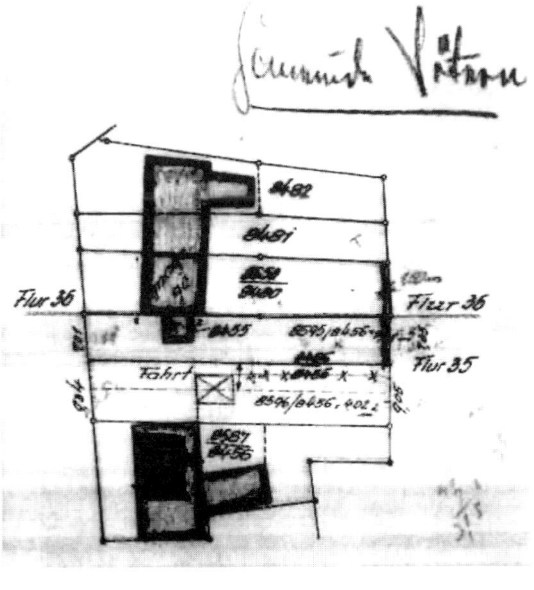

Lageplan der Synagoge und der umliegenden Gebäude
Gemeindearchiv Nohfelden

(...) in städtebaulicher Hinsicht als für die hiesige Gegend selten glückliche Lösung bezeichnet werden" könne. Die Entfernung der Synagoge werde eine unschöne Lücke hinterlassen, wodurch die raumbildende Wirkung der Platzwand zerstört werde. Er lehnte deshalb die Anlage eines Gartens ab und empfahl den Bau eines möglichst breit gelagerten zweigeschossigen Baukörpers, der in seiner Architektur den umliegenden Gebäuden angeglichen werden solle. Unter diesen Voraussetzungen beschlossen der Söterner Gemeinderat und Bürgermeister Rehmann auf den Kauf der Synagoge zu verzichten.

Im Juni bzw. Oktober 1941 genehmigte Landrat Wild schließlich die Kaufverträge der Synagogengemeinde mit dem Bäcker E.M. einerseits und dem Parteigenossen K. andererseits. E. M. erhielt für den Kaufpreis von 300 RM die Parzellen neben der Synagoge. Das Synagogengebäude selbst ging für den Kaufpreis von 650 RM an K. Die Käufer hatten das Geld an die Reichsvereinigung der Juden in Deutschland mit Sitz in Berlin-Charlottenburg zu zahlen. Die Reichsvereinigung der Juden in Deutschland wurde am 4. Juli 1939 durch die 10. Verordnung zum Reichsbürgergesetz von den

Geschmückte Häuser in Sötern anlässlich des Besuchs des Großherzogs von Oldenburg, Beginn des 20. Jahrhunderts. Das Gebäude ganz links ist die Synagoge, *Foto priv.*

Zustand des Synagogengebäudes in Sötern (links) kurz nach Kriegsende.
Foto priv.

Bildausschnitt aus einer Ansichtskarte Söterns aus den 60er Jahren. Zu dieser Zeit beherbergte das ehemalige Synagogengebäude eine Tankstelle.

nationalsozialistischen Machthabern übernommen, stand ab September 1939 unter Kontrolle des Reichssicherheitshauptamtes beziehungsweise der Gestapo und hatte deren Anordnungen umzusetzen. Alle Personen, die nach den Nürnberger Gesetzen als Juden galten, wurden in der Reichsvereinigung zwangsweise eingegliedert und mussten Pflichtbeiträge entrichten.[47]

Am Gebäude der Synagoge wurden jedoch bis Kriegsende keine Baumaßnahmen durchgeführt, da der neue Besitzer sich als Soldat im Krieg befand, außerdem bestand während des Krieges eine Bausperre. Das Gebäude wurde, wie bisher, von den jeweils im Ort in Quartier liegenden Truppen als Unterkunft für Pferde u.ä. genutzt.

Nach dem Krieg erwarb die Familie N. das Synagogengebäude. Es dient heute als Wohn- und Geschäftshaus. Nichts erinnert an seinen ursprünglichen Zweck als Gotteshaus der jüdischen Gemeinde Sötern.

Die Synagoge in Bosen

Die Bosener Judenschaft erwarb 1769 für 350 Gulden in Bosen ein Privathaus, das über 100 Jahre als Synagoge diente. 1879 sollte Baurat Meyer im Auftrag der großherzoglichen Regierung prüfen, ob das Gebäude noch renoviert werden könne oder ein Neubau erforderlich sei. Meyer riet zum sofortigen Abriss: „Der Versuch aus dieser schauerlichen Baracke ein würdiges Gotteshaus zu machen, wäre ein vergeblicher.“[48]

1881 wurde das Gebäude abgerissen. An gleicher Stelle sollte ein Neubau errichtet werden. In einem Schreiben an das Staatsministerium in Oldenburg befürwortete die Regierung in Birkenfeld einen staatlichen Zuschuss von 750 Mark. Sie betonte auch die finanziell schwierige Lage der Bosener Judenschaft. Sie zähle nur 63 Seelen, darunter seien lediglich 15 Steuerpflichtige. Die Kosten des Neubaus beliefen sich auf rund 8000 Mark. Die Bosener Synagogengemeinde hatte schon seit einigen Jahren Sammlungen durchgeführt, so dass ein Fond von 3400 Mark zur Verfügung stand. Der Restbetrag sollte durch Anleihen gedeckt werden. Im folgenden Jahr wurde ein weiterer Zuschuss in Höhe von 250 Mark bewilligt.[49]

Im Erdgeschoss befand sich ein Schulsaal für die jüdische Privatschule sowie die Lehrerwohnung. Im ersten Stock war die Synagoge untergebracht.

Während des Novemberpogroms 1938 wurden die jüdischen Frauen und Männer auch hier gezwungen, das Innere der Synagoge zu zerstören. An den Ausschreitungen

47 aus: Wikipedia

48 LHA Ko, Best. 393 Nr. 311, S. 95

49 Staatsarchiv Oldenburg, Best. 134, Nr. 196, S. 117ff

gegen die jüdische Bevölkerung waren neben Partei- und SA-Leuten aus Idar-Oberstein und Nohfelden auch örtlichen SA-Männer beteiligt.
Die Thorarollen und sonstige Schriften aus der Synagoge wurden auf dem Sportplatz verbrannt, Metallteile von Leuchtern wurden im Keller des Schulhauses gelagert und später der Altmetallsammlung zugeführt.[50]
Während des Krieges wurde die Synagoge als Kriegsgefangenenlager genutzt. Da die Synagogengemeinde Bosen mittlerweile in die Reichsvereinigung der Juden in Deutschland eingegliedert war, stand auch die Nutzung des Synagogengebäudes unter deren Aufsicht. 1942 ging das Gebäude jedoch „in das Eigentum des Reiches" über. Zuvor hatte die Gemeinde Bosen mit der Reichsvereinigung der Juden in Verkaufsverhandlungen gestanden. Sie erwarb daraufhin das Gebäude für den zuvor mit der Reichsvereinigung ausgehandelten Kaufpreis von 1000 RM vom Reich.[51]
Heute befindet sich das Gebäude in Privatbesitz. Auch hier erinnert nichts an seine frühere Bestimmung.

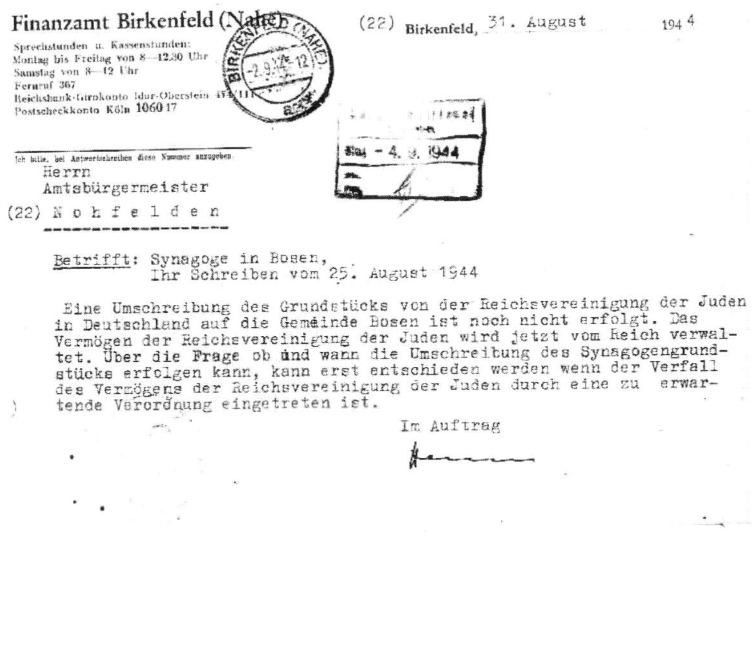

Finanzamt Birkenfeld (Nahe)
(22) Birkenfeld, 31. August 1944

Sprechstunden u. Kassenstunden:
Montag bis Freitag von 8—12.30 Uhr
Samstag von 8—12 Uhr
Fernruf 367
Reichsbank-Girokonto Idar-Oberstein 474/111
Postscheckkonto Köln 1060 17

Ich bitte, bei Antwortschreiben diese Nummer anzugeben.

Herrn
Amtsbürgermeister
(22) N o h f e l d e n

Betrifft: Synagoge in Bosen,
Ihr Schreiben vom 25. August 1944

Eine Umschreibung des Grundstücks von der Reichsvereinigung der Juden in Deutschland auf die Gemeinde Bosen ist noch nicht erfolgt. Das Vermögen der Reichsvereinigung der Juden wird jetzt vom Reich verwaltet. Über die Frage ob und wann die Umschreibung des Synagogengrundstücks erfolgen kann, kann erst entschieden werden wenn der Verfall des Vermögens der Reichsvereinigung der Juden durch eine zu erwartende Verordnung eingetreten ist.

Im Auftrag

---

50 Aussage der Zeugen K.M. und J.M., LA Sbr., Sta Sbr. 1002 Bd. IV. S. 34

51 Schreiben des Amtsbürgermeisters an den Oberfinanzpräsidenten in Köln vom 19.11.1942

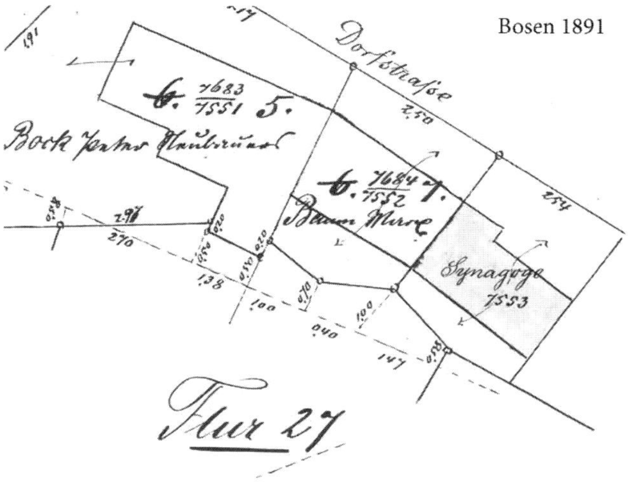

Bosen 1891

DIE FRIEDHÖFE

Nach jüdischer Tradition ist ein Friedhof - hebräisch „Bet ha – kwarot“ (Haus der Gräber) oder „bet,olam“ (Haus der Ewigkeit)– ein Ort, dessen Frieden bis zum Jüngsten Tag niemand stören darf. Die Toten haben ewiges Ruherecht. In den meisten Gemeinden gab es so genannte Beerdigungsbruderschaften, die „Chewra Kadischa“, die den Sterbenden und den Angehörigen beistanden. Die Beerdigung soll noch am Todestag stattfinden. Die Leiche wird nach der rituellen Waschung in einem schlichten Holzsarg zu Grabe getragen. In den weiter oben erwähnten gottesdienstlichen Anordnungen des Fürstentums Birkenfeld von 1843 hieß es im § 56: „Der Leichenzug hat sich langsam und in guter Ordnung nach der Begräbnisstätte zu begeben. Vor dem Wagen oder, wenn der Sarg getragen wird, vor den Trägern und zur Seite darf niemand gehen. Unmittelbar hinter der Bahre folgen die Leidtragenden, sodann der Landrabbiner oder der Vorsänger, und diesen schließen sich die sämtlichen Begleiter Paar und Paar der Leiche an. Alle, die Leidtragenden nicht ausgenommen, müssen anständig gekleidet und mit einer Hutbedeckung erscheinen. Vor der Versenkung des Sarges werden die Grabrede und die üblichen Gebete vom Rabbiner oder Vorsänger laut vorgetragen, die Anwesenden beten leise nach. Das Kadisch wird von den Leidtragenden gesprochen.“ Aus Sötern wurde berichtet, dass nicht alle Juden dem Trauerzug bis zum jüdischen Friedhof folgten.[52] Sie kehrten an einer bestimmten Stelle, dort wo sie einen Wasserlauf hätten überqueren müssen, um.

Ähnliches wird auch für Gonnesweiler berichtet. Es handelte sich in diesem Bericht wahrscheinlich um Mitglieder der Familien Kahn. Der Familienname Kahn (ebenso wie Cohn oder Katz) leitet sich ab von Kohen (Mehrzahl: Kohanim). Nach jüdischer Rechtstradition (Halacha) handelt es sich bei den Kohanim um Priester, die sich von dem biblischen Priester Aaron ableiten. Nach der Tora werden Lebende durch die Berührung eines Toten rituell verunreinigt. Für die einstigen Priester des Jerusalemer Tempels galten besonders strenge Auflagen. Diese Traditionen wurden und werden auch nach der Zerstörung des Tempels beibehalten. Der Besuch eines Friedhofs war untersagt oder nur für die Bestattung naher Verwandter erlaubt.[53]

Während die alten jüdischen Grabsteine nur hebräische Schriftzeichen aufweisen, werden im Laufe des 19. Jh.s zusätzlich deutsche Inschriften üblich. Symbole auf den Grabsteinen weisen auf den Namen, auf Ämter oder Verdienste des Verstorbenen hin.

---

52 Erzählungen von Frau Christa Keller

53 M. Brocke u.a.: Stein und Name, Die jüdischen Friedhöfe in Ostdeutschland, Berlin 1994, S. 38

Die Grabinschrift endet meist mit der Formel: „Seine Seele möge eingebunden sein in den Bund des Lebens."
Beim Friedhofsbesuch wird als Zeichen der Verehrung ein Steinchen auf das Grab gelegt. Der Ursprung dieser Tradition ist in der Zeit zu suchen, als Gräber durch die Anhäufung von Steinen vor der Zerstörung durch Tiere geschützt werden mussten. Jeder Besuch trug so zum Erhalt des Grabes bei. Blumen sind unüblich; sie bedeuten Leben.

Die hebräische Inschrift lautet: Hier ruht ein biederes Weib ist dem Manne und den Söhnen eine Krone. u.: Ihre Seele möge eingebunden sein in den Bund des ewigen Lebens.
Übersetzung aus: Müller, Ch.: Der Judenfriedhof in Gonnesweiler

Der Baumstamm mit dem abgebrochenen Ast weist auf einen frühen oder gewaltsamen Tod hin.

Fotos von Horst Peter

Die segnenden Hände der Kohanim, das Zeichen der Familien Kahn, die ihre Herkunft auf den Hohepriester Aaron zurückführen.

Sötern[54]

Der Friedhof, auf dem auch die Toten der jüdischen Gemeinde Bosen bestattet wurden, dürfte Ende des 17. Jahrhunderts entstanden sein. Im Laufe des 19. Jahrhunderts wurde er mehrmals vergrößert. Nach seinem Erhaltungszustand kann man den Friedhof in einen älteren verwahrlosten und einen neuen gepflegten Abschnitt einteilen. Auf Antrag des Landrabbiners Einhorn erhielt der Söterner Friedhof 1842 eine eigene Begräbnisordnung, die den jeweiligen Vorsänger mit der Anweisung der Grabstellen und Führung eines Grabregisters beauftragte.

Während der Pogromnacht wurde der Friedhof geschändet. Viele Grabmale wurden zerstört und entfernt. Es sollen hier auch Kultgegenstände aus der Synagoge vergraben worden sein.

Der damals in Sötern stationierte Gendarmeriebeamte W. L. sagte aus, dass die Grabsteine mit schweren Zuschlaghämmern zertrümmert worden sein müssten. Eine Frau aus Hermeskeil, deren Familiengräber auch geschändet worden waren, habe damals Anzeige erstattet. Gemeint ist wohl Emma Baum, deren Eltern auf dem Söterner Friedhof beerdigt sind. W.L. gab an, die Anzeige aufgenommen und weiter bearbeitet zu haben. „Einwohnern von Sötern oder Bosen konnte ich die Täterschaft nicht nachweisen, es ergaben sich auch keine Verdachtsmomente gegen diese. Die Spur führte vielmehr zu den Wachmannschaften der Westwallbunker. Es handelte sich dabei nicht um ortseingesessene Leute sondern um fliegende Einsatzkommandos…“ [55]

Jüdischer Friedhof in Sötern, *Foto von Horst Peter*

---

54 LHA Koblenz, Best. 393, Nr. 309

55 LA Sbr. Sta Sbr. 1002 Bd. I, S. 196

Der Zeuge J. Schwickert arbeitete als Betriebsleiter in einem Steinbruch bei Sötern. Von dort beobachtete er am Tag nach den Geschehnissen des 9./10. Novembers, dass am jüdischen Friedhof ein Lastwagen hielt. „Auf dem Friedhof befanden sich einige SA-Männer in Uniform, welche auf dem Friedhof Schriften aus der Synagoge verbrannten und Grabmäler zerstörten. Wegen der Entfernung konnte ich von den SA-Männern niemand erkennen."[56]

Heute sind noch etwa 205 Gräber zu sehen.
Der jüdische Friedhof befindet sich auf dem Gelände eines alten Begräbnisplatzes der spätesten Latènezeit bzw. der frühesten römischen Zeit. Prof. Baldes von Birkenfeld führte hier zu Anfang des 20. Jahrhunderts mehrere Grabungen durch. Fundstücke aus dieser Zeit sind noch heute im Birkenfelder Museum zu besichtigen. Es handelte sich um ca. 10 Brandgräber. Man fand Reste der eingeäscherten Leichen sowie zahlreiche Grabbeigaben (Schwert, Lanze, Schildbuckel, Messer, Tongefäße, Werkzeuge...).[57]
Im Oktober 1998 wurde der Söterner Friedhof geschändet. Über 59 Grabmale wurden schwer beschädigt. Die Täter konnten nicht ermittelt werden.

Zerstörte Grabreihen auf dem Söterner Friedhof 1998, *Foto: Adolf-Bender-Zentrum*

56 ebda. S. 156

57 aus: Ein Begräbnisplatz der späten La-Tènezeit bzw. der fühesten römischen Zeit bei Sötern (Fürstent. Birkenfeld) von Professor Baldes in Birkenfeld, in: Trierer Jahresberichte. II. 1909. Jahresbericht der Gesellschaft für nützliche Forschungsen zu Trier für das Jahr 1909, Seite 95-106

Gonnesweiler[58]

Der jüdische Friedhof in Gonnesweiler wurde wahrscheinlich erst um 1800 angelegt. Heute sind, infolge der Schändungen während der NS-Zeit, nur noch 21 Gräber zu sehen.

Noch 1932 war der Friedhof vergrößert und neu eingefriedet worden. Die letzte Beerdigung soll 1940 gewesen sein (Helene Heymann). Ein Grabstein ist jedoch nicht mehr erhalten. Die letzte erhaltene Grabstätte ist die von Siegfried Mendel. Er verstarb 1935. Auf seinem Grab befindet sich auch eine Gedenkplatte, die an seine im Konzentrationslager ermordete Familie erinnert. Eine Augenzeugin hat diese Beerdigung im Altern von 24 Jahren miterlebt. Sie berichtete, der damalige Ortgruppenleiter habe die Teilnahme nichtjüdischer Bürger an der Beerdigung verboten. Den Ablauf des Begräbnisses schilderte sie folgendermaßen:

„Siegfried Mendel wohnte bis 1935 in einem Haus in der Nahetalstraße.[59] Vier Männer trugen den aus einfachem Holz gemachten Sarg aus dem Haus und legten ihn auf einen Holzkarren mit zwei davor gespannten Kühen. Der Wagen wurde von dem Besitzer selbst geführt. Der Sarg war mit einem schwarzen Tuch bedeckt. Blumenschmuck, wie bei einem christlichen Begräbnis, fehlte ganz. Alle Trauernden waren schwarz gekleidet und gingen hinter dem Kuhgespann her. Die Familienangehörigen von Siegfried Mendel folgten dem Leichenwagen zuerst, dann die jüdischen Freunde; das Schlusslicht bildeten die Leute aus der Nachbarschaft. Der Zug ging durch die Nahetalstraße in Richtung Türkismühle, bog dann nach links ab über die Bosbachbrücke hinauf zum Friedhof. Bis hierhin wurden keinerlei Gebete gesprochen. Auf Friedhof angekommen, nahmen vier Angehörige den Sarg vom Wagen und trugen ihn, gefolgt vom Rabbiner, den Angehörigen und jüdischen Freunden auf den Friedhof. Die Freunde des Toten aus der Nachbarschaft verfolgten die Beerdigung aus etwa 100 m Entfernung. Der Sarg wurde neben das Grab gestellt und der Rabbiner sprach mehrere jüdische Gebete. Anschließend ließen die vier Männer den Sarg an Seilen ins Grab hinab. Während des Hinablassens sprach der Rabbiner weitere Gebete. Danach wurde das Grab sofort zugeschaufelt und alle verließen den Friedhof.“[60]

Ein 1980 errichteter Gedenkstein im Eingangsbereich des Friedhofs trägt die Inschrift: „Den ehemaligen jüdischen Mitbürgern von Gonnesweiler ihren hier ruhenden Toten zur ehrenden Erinnerung. Gemeinde Nohfelden, Synagogengemeinde Saar.“

---

58 LHA Ko, Best. 393, Nr. 312

59 heute Nahetalstraße 64

60 Bericht von Anna Timmer in: Müller, Christoph: Der Judenfriedhof in Gonnesweiler, Facharbeit in Geschichte, 1994, S. 33

DIE MIKWEN [61]

Die Mikwe ist ein Kultbad, bei dem durch völliges Untertauchen in ungeschöpftes „lebendiges" Wasser rituelle Reinheit erworben wird.
Die religionsgesetzlichen Vorschriften für die Benutzung der Mikwe sind für verhei-

Foto von Horst Peter

ratete Frauen besonders streng. Sie schreiben den Besuch des Bades nach der Menstruation und nach der Geburt eines Kindes vor, deshalb auch die nicht ganz korrekte Bezeichnung der Mikwe als Frauenbad.
1838 beauftragte die Großherzogliche Regierung in Birkenfeld den Physikus Upmann mit der Begutachtung der Frauenbäder im gesamten Fürstentum. Zur gleichen Zeit fand in der benachbarten Pfalz eine Umfrage der bayrischen Regierung unter den Bezirksrabbinern statt. Sie sollten sich dazu äußern, ob nach „dem mosaischen Zeremonialgesetze ....der periodische Gebrauch der Kellerquellen- oder Tauchbäder von seiten der verheirateten Israelitinnen ... unerläßlich und daher die Anlegung solcher

61 hebr. Ansammlung

Badeanstalten, die den Anforderungen der Gesundheitspolizei und den klimatischen Verhältnissen entsprechen, erforderlich sei."[62]

Es zeigte sich, dass in dieser Frage die Meinungen innerhalb des Judentums weit auseinander gingen. Während Rabbiner, die eher der liberalen Richtung angehörten, die Benutzung der Quellbäder nicht für obligatorisch erachteten, hielten die orthodoxen Rabbiner an dieser Einrichtung fest. Bezirksrabbiner Grünebaum von Landau, vormals Landrabbiner im Fürstentum Birkenfeld, hielt das rituelle Bad für Menstruierende weder mosaisch noch traditionell für erforderlich, sondern bloß für eine talmudische (rabbinische) Satzung. Aber gerade auf dem Land waren die Menschen noch sehr strenggläubig und hielten an ihren alten Vorschriften fest. Daher blieb, nach Grünebaums Ansicht, „nichts übrig als diese Bäder den Anforderungen der Gesundheitspolizei entsprechend einzurichten."[63]

Nach der Besichtigung der Kellerbäder in den jüdischen Gemeinden des Fürstentums bemängelte Physikus Upmann deren für die jüdischen Frauen gesundheitsgefährdenden Zustand. „Die Bäder bestehen aus einem länglich viereckigen Loche, Keller genannt, worin sich Wasser befindet, das sich als Quellwasser daselbst ansammelt. Die Tiefe des Kellers ist verschiedentlich mehr als 5 Fuß, die Breite circa 4, die Länge circa 6 Fuß.[64] Erwägt man nun, daß eine Frau zur Zeit der monatlichen Reinigung und gleich nachher empfänglicher für äußere Eindrücke ist, wie zu irgendeiner anderen Zeit, daß sie bei dieser Disposition in das kalte Wasser hinabsteigt, so sieht man leicht ein, daß dieser Eindruck der Veränderung der Temperatur und des Mediums nicht wohltuend auf die Gesundheit wirken kann. Dazu kommt noch, daß das Wasser sehr unrein und ekelerregend ist, da der Keller nur alle Jahre einmal gereinigt wird. Das Wasser wird freilich im Winter, wie die Juden es nennen, erwärmt, allein diese Erwärmung ist gar geringe, und zu verschieden, da die Erwärmung davon abhängt, wie viel eine Judenfrau zur Erwärmung des Bades Holz hergibt. ....."[65]

Er riet zu Neubauten, wie sie auch in den benachbarten Regionen von Regierungsseite verordnet worden seien.

Auf Weisung der Regierung befasste sich auch das Amt Nohfelden mit der Frage der Frauenbäder. Die beiden Mikwen im Amtsgebiet befanden sich in einem schlechten Zustand. Während die Söterner Judenschaft sofort die Notwendigkeit eines Neubaus

---

62 Dokumentation Bd. 4, S 87ff

63 Dokumentation, Bd. 4 S. 96f

64 Fuß, veraltetes Längenmaß: 1 Fuß = 12 Zoll, zwischen 28 und 43 cm, Oldenburgischer Fuß = 0,2958 Meter, 3,3 old. Fuß = 1 Meter

65 LHA Ko, Best. 393, Nr. 313, Bl. 2

einsah, verweigerten die Bosener Juden zunächst ihre Zustimmung, bis ihnen mit der Schließung ihrer bisherigen Mikwe gedroht wurde, die sich im Keller der dortigen Synagoge befand. Die sechs jüdischen Familien in Gonnesweiler hatten bisher die Frauenbäder der beiden Nachbardörfer mit benutzt, sie entschlossen sich nun jedoch zum Bau eines eigenen Badehäuschens.

Die Mikwe in Sötern

Die Mitglieder des in Sötern seit einigen Jahren bestehenden jüdischen Wohlfahrtsvereins beschlossen, das bisher angesammelte Vereinsguthaben in Höhe von ca. 45 Talern für den Bau der Mikwe zur Verfügung zu stellen.[66] Am 23. Februar versammelten sich auf Geheiß des Landrabbiners Dr. Bernhard Wechsler alle Mitglieder der jüdischen Gemeinde Sötern in der Synagoge. Fast alle verpflichteten sich einen bestimmten Geldbetrag für den Bau der Mikwe zu spenden. Insgesamt kamen 117 Taler zusammen.

Wahrscheinlich befand sich die erste Söterner Mikwe im Keller der Synagoge. Für das neue Frauenbad sollte nun ein eigenes kleines Gebäude nach dem Vorbild des Badehauses in Blieskastel errichtet werden. Georg Sender stellte den Bauplatz für die neue Mikwe unentgeltlich zur Verfügung. Im September 1940 wurde der Architekt Kasten mit dem Entwurf eines Bauplans und Kostenvoranschlags beauftragt. Die Söterner Judenschaft beantragte von staatlicher Seite einen zinslosen Kredit um die veranschlagten Kosten in Höhe von 400 Gulden[67] bestreiten zu können. Dies wurde von amtlicher Seite auch befürwortet, da bekannt war, „daß namentlich die jüdischen Einwohner von Sötern durch Ausgaben für Synagoge, Schule und Rabbiner mehr als irgend sonst Einwohner in neuerer Zeit belastet gewesen". Im Mai 1841 wurde der Unternehmer Michael Müller von Gonnesweiler mit dem Bau des Gebäudes beauftragt und im Oktober war das für damalige Verhältnisse moderne Badehaus fertig gestellt. In einem kleinen Vorraum war der Ofen mit dem Heizkessel untergebracht. Daneben lag die Badestube. Die hölzerne Badewanne war in den Boden eingelassen. Das erwärmte Wasser floss durch ein Rohr vom Heizkessel zur Wanne.

Das Gebäude, das später verkauft und jahrelang als Stall bzw. Abstellraum benutzt wurde, stand seit 1989 unter Denkmalschutz. Es befand sich in Privatbesitz und wurde im Dezember 2005 abgetragen.

66 LHA Ko, Best. 393, Nr. 313, Bl 15

67 Offizielles Zahlungsmittel im Fürstentum Birkenfeld war der Taler = 30 Groschen, daneben war auch noch der Gulden als Zahlungsmittel anerkannt. (Es gab eine Münze mit der Aufschrift: 2 Taler = 3 1/2 Gulden.) Spätestens ab Januar 1876 galt die Mark als alleiniges Zahlungsmittel im gesamten Deutschen Reich. Umrechnung: 1 Taler = 3 Mark)

Zustand 1994

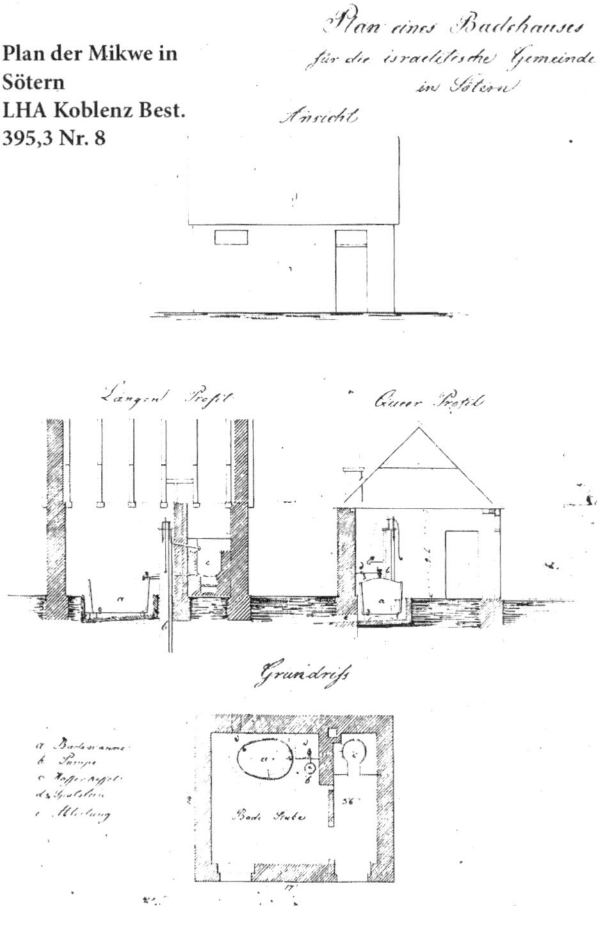

Plan der Mikwe in Sötern LHA Koblenz Best. 395,3 Nr. 8

Die Mikwe in Bosen

Das erste Bosener Frauenbad befand sich im Keller der dortigen Synagoge. In einem Bericht des Amtes Nohfelden vom 9. April 1841 wird es als eine „abscheuliche und schlechte Einrichtung" beschrieben.[68]

Nachdem es die sofortige Schließung ankündigte, sah sich die Bosener Judenschaft, die durchweg sehr arm war, gezwungen, ein neues Badehaus errichten zu lassen. Für 12 Gulden pro Quadratrute[69] erwarb die jüdische Gemeinde von Theobald Weber ein Gartenstück, in dem sich eine Quelle befand. Das Häuschen in der Brückenstraße war bereits Ende 1841 fertig gestellt. Die Kosten beliefen sich auf rund 280 Gulden. Die Bosener Mikwe war, entsprechend der Armut der dortigen Gemeinde, etwas einfacher gestaltet als das Söterner Gebäude. Es gab nur einen einzigen Raum, in dem sowohl der Heizkessel und der Ofen als auch die in den Boden eingelassene Wanne untergebracht waren. Eine Pumpe beförderte das Quellwasser in den Heizkessel. Das erwärmte Wasser floss dann über eine Holzrinne in die Wanne aus Eichenholz. Ein für mildtätige Zwecke eingerichteter Fonds aus freiwilligen Beiträgen der Gemeindemitglieder sollte zur Deckung der Kosten verwendet und der Rest wie die Rabbinatsbedürfnisse aufgebracht werden.[70]

Um 1920 verkaufte die Bosener Judenschaft das Grundstück mit dem Gebäude an den Bosener Peter Sänger. Die Motive hierfür können nur vermutet werden. Einer der Gründe war sicher der starke Rückgang der Gemeindemitglieder. Ein anderer Grund mag auch in der zunehmenden Abkehr von den orthodoxen Formen jüdischen Lebens zu suchen

Blick auf das ehemalige Badehäuschen, *Ausschnitt aus: Bildband Bosen-Eckelhausen S. 18*

68 LHA Ko, Best. 393, Nr. 313, Bl. 36

69 Rute = altes deutsches Längenmaß, rund 3-7 m je nach Land, meist 4,6 m

70 LHA Ko, Best. 395,3 Nr. 8

Der von Architektur Casten gefertigte Bauplan der Bosener Mikwe LHA Koblenz Best 395.3 Nr. 8

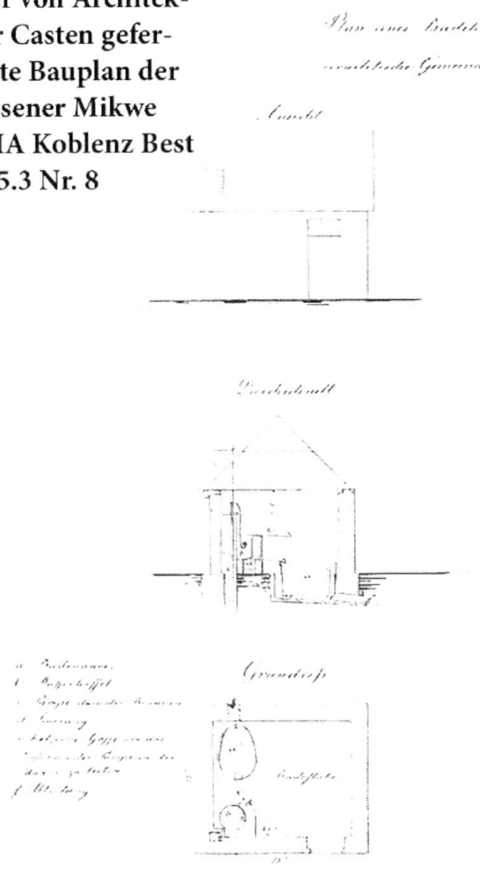

sein. Wahrscheinlich entsprach die Mikwe auch nicht mehr den hygienischen Erfordernissen der Zeit. Das unter Denkmalschutz stehende Gebäude wurde nach 1945 renoviert und die Tür verbreitert.

Die Mikwe in Gonnesweiler

Wie schon erwähnt, entschlossen sich die Juden in Gonnesweiler ein eigenes Frauenbad direkt am Bosbach zu errichten. Es sah wohl ähnlich aus wie die Bosener Mikwe. Im amtlichen Bericht heißt es: „Zur Herstellung des Bades soll ein einfaches kleines Badgebäude in Kalkmauer mit einem Ziegeldache erbaut, in demselben eine holzene drei Fuß hohe geräumige Badewanne so tief in den Boden gestellt werden, daß sie 2 ½ Fuß unter dem Niveau des Bosbaches steht und mittels hölzerner Röhren fließend das Wasser aus dem Bosbache in die Wanne geleitet werden kann. Zugleich soll zur Er-

Aktuelle Aufnahme des Gebäudes der Mikwe in Bosen, *Foto priv.*

wärmung des Badewassers neben der Badewanne ein kleiner Feuerherd, und auf demselben ein Kessel eingemauert, auch der Fußboden um die Badewanne gedielt werden. ...Die Kosten des Baus und der ganzen Einrichtung sind durch freiwillige Beiträge, zu welchen sich dieselben nach einem bestimmten vertragsmäßigen, doch dem Vermögen der Einzelnen angemessenen Maßstabe verpflichtet haben, gesichert.“ [71]

Nur fünf Jahre nach seiner Erbauung im Jahr 1841 war das Frauenbad schon so reparaturbedürftig, dass es nicht mehr benutzt werden konnte. Im Winter 1846/47 war das Gebäude mit Wasser gefüllt und die Wanne eingefroren. Der „Kosten-Anschlag“ über die Reparatur betrug 65 fl (Florin=Gulden).

Ob und wie lange das Badehäuschen in späterer Zeit noch benutzt wurde ist ungewiss. Jedenfalls ist es in einer Katasterkarte von 1901 nicht mehr eingezeichnet.

Das Gebäude selbst ist schon lange aus dem Ortsbild verschwunden.

71 LHA Ko Best. 393, Nr. 313, Bl. 34f

Ausschnitt aus der ersten Flurkarte des Gonnesweiler Bannes, vermessen durch den Geometer Maull in den Jahren 1838/39, mit späteren Ergänzungen. (Dorfmitte, Flur XXII.)

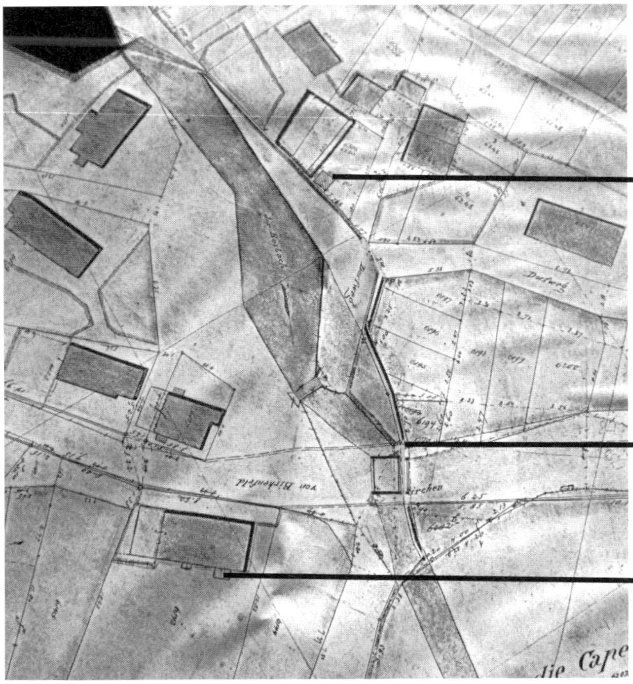

Standort der Gonnesweiler Mikwe

Brücke über den Bosbach

Gebäude des heutigen Hotel Gierend; gegenüber das alte, Ende der 60er Jahre abgerissene, Schulgebäude

Hier am Bosbach stand die frühere Gonnesweiler Mikwe. Das Foto wurde in den 50er Jahren aufgenommen. *(aus: Bildband Gonnesweiler, S. 29)*

JÜDISCHES SCHULWESEN IM AMT NOHFELDEN

Die Wahrung ihrer religiösen und kulturellen Traditionen war ein Hauptanliegen der jüdischen Gemeinden. Ebenso wichtig und eng damit verknüpft war ihnen eine gute religiöse und schulische Ausbildung ihrer Kinder. Sie waren deshalb schon frühzeitig bestrebt eigene Schulen zu gründen. Die Anerkennung als gleichberechtigte Institution neben den christlichen Gemeindeschulen bedeutete einen wichtigen Schritt auf dem Weg zur Emanzipation der jüdischen Bevölkerung. Indem man ihre kulturelle und religiöse Identität, entgegen ebenfalls vorhandener Assimilierungsbestrebungen, achtete, erleichterte man auch die soziale Integration der Juden in die Dorfgemeinschaft.

Die jüdischen Knaben besuchten bereits ab dem 4. Lebensjahr den „Cheder“, die jüdische Religionsschule, in der sie in den heiligen Schriften, besonders den Fünf Büchern Moses, und im Hebräischen unterrichtet wurden. Der Lehrer war meist auch Vorbeter der Synagogengemeinde. In den jüdischen Gemeinden gab es jedoch zunehmend Bestrebungen, eigene jüdische Volksschulen zu errichten, um den Kindern, neben dem Religionsunterricht auch das Elementarwissen, wie es an den christlichen Gemeindeschulen unterrichtet wurde, zu vermitteln.

Der Weg zur Gleichberechtigung

Das Schulwesen des Fürstentums Birkenfeld war bis zu diesem Zeitpunkt durch mehrere Gesetze und Erlasse in geordnete Bahnen gelenkt worden. Allerdings regelten sie lediglich die Verhältnisse an den öffentlichen christlichen Schulen, die jüdischen Privatschulen blieben weiterhin außen vor. Die jüdischen Gemeinden versuchten jedoch immer wieder das Amt Nohfelden bzw. die Regierung in Birkenfeld als oberste Entscheidungsinstanz zur Regelung ihrer Angelegenheiten einzuschalten. Diese befanden sich jedoch hier in einem Dilemma, da es noch keine gesetzlichen Maßgaben für die jüdische Bevölkerung im Fürstentum Birkenfeld gab.

Als es in Sötern nun erneut zu Unstimmigkeiten wegen des Lehrers kam und die Synagogengemeinde sich erneut an die Regierung wandte, sah sich diese außerstande hier helfend einzugreifen. Man berief sich auf das Fehlen jeglicher rechtlicher Grundlagen zur Regulierung dieser Angelegenheiten. Grundsätzlich hatten alle Juden ihre Kinder auf die öffentlichen Schulen des Ortes zu schicken, die allerdings christlich ausgerichtet waren. Nur wenn sie bereit seien, einen eigenen Schulmeister einzustellen und entsprechend zu besolden, könnte von dieser Verpflichtung abgesehen werden. Von Amts wegen wurde der Vertrag zwischen der Söterner Judenschaft und Lehrer Kahn jedoch als rein privatrechtliche Angelegenheit betrachtet.[72]

Auf Seiten der Oldenburger Regierung gab es hier dringenden Handlungsbedarf. Ein wichtiger Schritt zur Regelung dieser Fragen bildete die „Verordnung des Großherzogs Paul Friedrich August von Oldenburg über das Schul- und Kultwesen der jüdischen Glaubensgenossen im Fürstentum Birkenfeld" vom 26. Juli 1831.[73] Hier eine Zusammenfassung der für das jüdische Schulwesen relevanten Passagen:

Dem für die gesamte Judenschaft des Fürstentums zuständigen Landrabbiner unterstanden alle jüdischen Unterrichtsangelegenheiten. Er hatte die neu einzustellenden jüdischen Lehrer zu prüfen und das Ergebnis der Regierung zu melden. Diese entschied dann über die Anstellung bzw. Ablehnung eines Bewerbers. Die jüdischen Kinder hatten das Recht und die Pflicht christliche Ortsschulen zu besuchen. Eine Ausnahme „kann nur dann gestattet werden, wenn sie eigene Schulen zu errichten vermögen, welche dasselbe leisten können, was von den christlichen Landschulen gefordert wird."

Der Stundenplan und die Schulordnung der jüdischen Schulen waren vom Landrabbiner zu entwerfen und der Regierung zur Genehmigung vorzulegen. Er hatte auch den regelmäßigen Schulbesuch der Kinder streng zu überwachen. Die Besoldung der Lehrer sollte durch eine eigene Schulkommission festgesetzt werden.

Mit dieser Anordnung war ein wichtiger Schritt aus der rechtsunsicheren Lage der jüdischen Bevölkerung getan. Die Rechte und Pflichten des Landrabbiners entsprachen denjenigen der evangelischen Superintendenten und der katholischen Dechanten. Trotzdem fehlte noch viel an der völligen Gleichstellung der jüdischen Schulen mit den christlichen. Die Lehrer der christlichen Gemeindeschulen erhielten ihr Gehalt von der politischen Gemeinde, nicht von der evangelischen bzw. katholischen Kirche. Seit 1923 gab es zusätzlich beträchtliche Zuschüsse aus der Landeskasse. Die jüdischen Schulen hingegen wurden als Privatschulen behandelt, die die jüdische Bevölkerung aus eigenen Mitteln zu finanzieren hatte. Erschwerend kam hinzu, dass die Judenschaft bei der Schaffung einer Privatschule nicht etwa von den Schullasten der christlichen Gemeindeschule befreit wurde, sondern praktisch die doppelten Schullasten zu tragen hatte.[74] Es bestand offensichtlich von staatlicher Seite das Bestreben die Bildung jüdischer Schulen zu erschweren.

---

72 LHA Ko. Best. 293 Nr. 325, S. 25 ff, außerdem LA Sbr. Dep. Nohf. Nr. 30

73 Dokumentation Bd. 2, S. 245ff

74 LHA Ko. Best. 293 Nr. 316, S. 171, Wochenblatt für die Kreise St. Wendel und Ottweiler vom 7.11.1849

Um so höher ist es zu bewerten, dass die Juden trotzdem immer um die Errichtung eigener Schulen für ihre Kinder bemüht waren. Sie räumten der guten Schulbildung ihrer Jugend einen sehr hohen Stellenwert ein und waren auch bereit, große finanziellen Lasten auf sich zu nehmen. Einer der Gründe, ihre Kinder auf eigene Schulen zu schicken, war, dass sie den Unterricht an den christlichen Schulen „nicht für genügend" erachteten.[75]

Tatsächlich lag zu dieser Zeit im christlichen Schulwesen noch vieles im Argen. Die Lehrerausbildung war noch nicht einheitlich geregelt. Dieter Bach stellt in seiner Dissertation über die Volksschule im Fürstentum Birkenfeld fest: „Leider wurden nur wenige ausgebildete Lehrer von den Gemeinden angestellt. Das ist der Hauptgrund für die geringe Verbesserung, die das Birkenfelder Schulwesen zwischen 1823 und 1832 erfuhr."[76]

Doch auch von kirchlicher Seite gab es offenbar Ressentiments gegen die Einrichtung jüdischer Schulen. In einem Visitationsprotokoll evangelischer und katholischer Schulkommissionen von 1832 wird zwar dem jüdischen Lehrer in Sötern zugestanden, „daß er die Prüfung gut bestanden habe", doch sei es doch zu wünschen, dass „die Judenkinder im Interesse ihrer größeren Versittlichung den christlichen Schulen zugewiesen blieben."[77]

Auch auf staatlicher Seite wurde ähnlich argumentiert. Im Entwurf des Staatsrats Laurenz Hannibal Fischer zu einem „Reglement über die bürgerlichen Verhältnisse der Juden im Fürstentum Birkenfeld" vom 08.05.1832[78] spricht auch er von der Unsittlichkeit der Juden, welche die Abneigung gegen dieses Volk größtenteils rechtfertige. Doch mit der Zeit müsse sich auch die Gesinnung des christlichen Volkes bessern und von Vorurteilen frei machen. „Zu diesem Ziele kenne ich nur einen Weg, die möglichste Aufhebung der Trennung der unteren Stände des christlichen und jüdischen Volkes, welche durch den gemeinsamen Unterricht und das gemeinsame Aufwachsen herbeigeführt wird." Fischer schlägt deshalb vor, selbst dort, wo „Judenschulen" bestehen, die jüdischen Kinder pflichtmäßig anzuhalten die christlichen Schulen zu besuchen. Obwohl dieser Entwurf nicht zur Ausführung gelangte, zeigt er doch auf staatlicher Seite die Tendenz, den Juden ihre Eigenständigkeit zu beschneiden. Besonders suspekt war vielen die in der Geschichte begründet liegende Tatsache, dass die Juden meist Händler und Kaufleute waren. Dies wurde als wichtigste Ursache ihrer

---

75 so in einem Bericht des Amts Nohfelden zu Sötern, LHA Ko. Best. 393 Nr. 325

76 Bach, S. 132

77 Sta. Old. Best. 32. 10; 7-21 I, zitiert nach Bach, S. 118f

78 Dokumentation Bd. 2, S. 248f

angeblichen Unsittlichkeit angesehen, so auch von Staatsrat Fischer. Diesen Assimilierungsbestrebungen zum Trotz beharrte die jüdische Bevölkerung auf der Wahrung ihrer kulturellen und religiösen Identität.
Bei dem von den kirchlichen Schulkommissionen wider Willen so positiv beurteilten Lehrer handelte es sich um den seit 1831 in Sötern wirkenden Joseph Maas. Ihm folgte am 1. Mai 1835 der aus Bayern stammende Michael Kohn. In dem Vertrag mit der, wie es damals allgemein üblich hieß, „israelitischen" Gemeinde Sötern, verpflichtete sich Kohn erstens zum „Unterricht der Schuljugend in jüdischer Religion und im Elementarschulwesen" und zweitens zum Vorsängeramt. Er erhielt ein jährliches Gehalt von 200 Gulden zuzüglich der bisher üblichen Zulagen sowie freies Wohnrecht. Ein Vergleich des Gehalts mit den christlichen Kollegen zeigt, welch hohen Stellenwert die Söterner Juden der Bildung ihrer Kinder beimaßen. Es lag, in Anbetracht der geringeren Kinderzahl, relativ hoch.[79]
Um einigermaßen mit dem kärglichen Lohn auszukommen, übernahmen die christlichen Lehrer häufig das Küster- und Organistenamt. Dies entsprach der Praxis der Synagogengemeinden, in welchen die Lehrer gleichzeitig Vorsänger waren.
Bei seinem Amtsantritt in Sötern war Michael Kohn 29 Jahre alt. Sein Zeugnis wies ausgezeichnete Noten aus.[80]
Einen Überblick über den Zustand der israelitischen Schule in Sötern gab Landrabbiner Elias Grünebaum in seinem Visitationsbericht vom Oktober 1835: „Unter meinem Vorgänger wurde hier ein in der Religion und im Elementarfache geprüfter Lehrer angenommen. Auch ist hier ein besonderes Schullocal. Das Resultat der Prüfung war deswegen befriedigend. Nur wird immer noch kein Unterricht in Gesang gegeben, obgleich ich den Lehrer wiederholt dazu aufgefordert. Ob er in diesem Fache keine Fähigkeiten besitzt, oder ob er diesem Zurückhalten einigen in Sötern besonders finstern Israeliten fröhnen will, oder, was wahrscheinlich ist, beide Gründe bei ihm zusammenwirken, will ich für jetzt nicht entscheiden."[81]
Am 15. Oktober 1835 wurde Landrabbiner Grünebaum von der Birkenfelder Regierung aufgefordert, einen Lagebericht über das jüdische Schulwesen im Fürstentum Birkenfeld zu erstellen. Die Regierung verlangte u.a. nähere Auskünfte über die Ortschaften, an welchen eigene Schulen entstanden bzw. errichtet werden konnten, sowie über die Orte, in denen die jüdischen Kinder die christlichen Schulen besuchten.

79 vgl. Lehrer- und Küstergehalt in Birkenfeld: 296 Gulden; Oberstein: 120 Gulden, Bundenbach: 233 Gulden; Bach, S. 127

80 LHA Ko. Best. 293 Nr. 325, S. 31

81 LHA Ko. Best. 293 Nr. 316, S. 109

Grünebaum nahm diese Anfrage zum Anlass, sich grundsätzlich zum jüdischen Schulwesen zu äußern. Man könne den christlichen Religionsunterricht nicht ohne weiteres mit dem israelitischen vergleichen. Er sei ausgedehnter, schwieriger und umfassender. „Der Lehrer muß das Kind schon in frühester Jugend hebräisch lesen und schreiben lehren." Schon früh werde mit der Übersetzung der Gebote, der jüdischen Religionsschriften vor allem des Pentateuch und wo möglich der übrigen Bücher des alten Testaments aus dem Hebräischen in die Muttersprache begonnen. „Denn es wird bei den Juden als ein religiöses Gebot betrachtet, daß jeder Israelite verpflichtet sei, die heilige Schrift selbst zu studieren, er soll, wie das Gesetz sich ausdrückt, seinem Gott nicht bloß glauben, sondern zu erkennen streben." Deshalb müsse der Schüler die heiligen Schriften also im Original lesen können. Dem Religionsunterricht müsse jedoch ein geregelter, den Forderungen des Landes gemäßer Elementarunterricht zur Seite stehen.

Beim Besuch der christlichen Schulen durch die jüdischen Kinder bestehe oft die Gefahr der Intoleranz gegen fremde Meinungen. Von der alleinigen Vortrefflichkeit der eigenen Religion überzeugt, würden Andersgläubige mit Spott und Herablassung verfolgt. „Wie oft erlaubt man sich dergleichen gerade besonders gegen die Juden."

Grünebaum riet deshalb dort, wo es irgend möglich sei, zur Einrichtung jüdischer Schulen. Als eine Bedingung führte er auf, dass diesen Schulen die gleichen Vergünstigungen und Unterstützungen zuteil werden sollten wie den christlichen. So könnte „jene kirchliche Trennung zu einer vollkommenen politischen Vereinigung gestaltet werden....Dies würde dem gemeinen Mann zeigen, daß man einen politischen, sozialen Unterschied auf religiöse Scheidungen nicht ferner gründen lasse." Grünebaum erhoffte sich also von einer Gleichstellung der Religionsgemeinschaften positive Auswirkungen auf die soziale Integration der Juden in die Dorfgemeinschaft.

Grünebaum unternahm hier einen ersten Vorstoß in Richtung Gleichstellung der jüdischen und christlichen Schulen. Ihre tätsächliche Verwirklichung ließ allerdings noch einige Jahre auf sich warten.

Im Fürstentum Birkenfeld gab es zu diesem Zeitpunkt neben Sötern noch fünf weitere jüdische Schulen und zwar in Hoppstädten, Birkenfeld, Idar, Oberstein und Bosen. Da jedoch in den meisten Orten eigene Schulgebäude fehlten, bzw. die Lehrer nur ungenügende Kenntnisse besaßen oder die Kinderzahl zu gering war, empfahl Grünebaum, dass in Birkenfeld, Idar, Bosen und Gonnesweiler die jüdischen Kinder die christlichen Gemeindeschulen besuchen sollten. Doch auch in diesem Fall musste mit Schwierigkeiten gerechnet werden. So hatte sich z.B. die Gemeinde Hoppstädten geweigert, die jüdischen Schulkinder in die dortige Gemeindeschule aufzunehmen, bzw.

während der unterrichtsfreien Zeit die Schulräume zur Benutzung für den israelitischen Unterricht freizugeben.[82]
Im gleichen Jahr stellte der israelitische Schulvorstand von Sötern ein Gesuch um Beteiligung am großherzoglichen Unterstützungsfond für Schulen.[83] Das Geld aus dem 1823 eingerichteten Fond solle allen Schulen zugute kommen „ohne Unterschied der Konfession".[84] Doch die jüdischen Schulen hatten nicht den Status von Gemeindeschulen, aus diesem Grund wurde ihr Gesuch abgelehnt. Damit war ein weiterer Versuch, eine Gleichbehandlung für die jüdischen Schulen zu erlangen, gescheitert.
Tatsächlich bedeuteten die doppelten Schulkosten für die dörflichen Synagogengemeinden, die doch in der Mehrzahl aus ärmeren Leuten bestanden, eine enorme Belastung.
Die Nachfolger Grünebaums, David Einhorn und Benedikt Goldmann, machten in mehreren Eingaben an die Regierung immer wieder auf die ungerechte Behandlung aufmerksam.[85]
Landrabbiner Goldmann berief sich auf die neuen Grundrechte, die im Januar 1846 auch im Fürstentum Birkenfeld veröffentlicht worden waren. Hier wurde ausdrücklich die völlige Gleichbehandlung aller Religionen betont. Mit dieser neuen Gesetzgebung trete die Verordnung vom 26.07.1831 außer Kraft. Goldmann beantragte deshalb die Anwendung der allgemeinen Schulgesetze auf das jüdische Schulwesen, wonach auch Konfessionsschulen als Gemeindeschulen betrachtet wurden und die finanziellen Lasten von der politischen Gemeinde bzw. vom Staat übernommen wurden. Doch auf Regierungsseite versuchte man die Angelegenheit weiter zu verzögern. Bis zum Erlass der neuen Schulgesetze müsse alles beim Alten bleiben.
Daraufhin beantragten mehrere Synagogengemeinden unter anderem auch Sötern, die Aufnahme ihrer Kinder in die christlichen Gemeindeschulen gemäß der Verordnung von 1831 und die Anstellung der jüdischen Lehrer als zusätzlicher Lehrkraft. Doch gab es dagegen offenbar Widerstand von Seiten der örtlichen Schulvorstände. Doch dies dürfe, so Goldmann, nicht berücksichtigt werden, da ihnen gesetzlich keine Mitwirkung bei der Anstellung der Lehrer zustehe.
Schließlich konnte man sich auf staatlicher Seite den berechtigten Forderungen der Juden nicht mehr verschließen. Das Staatsministerium, Abteilung der Justiz, Schulen und geistliche Angelegenheiten, entschied 1851 schließlich, dass eine definitive Rege-

---

82 Dokumentation Bd. 9, S. 41 Nr. 109

83 LHA Ko. Best. 293 Nr. 325

84 Bach, S. 97

85 LHA Ko. Best. 293 Nr. 316, S. 169f; Dokumentation Bd. 2, S. 257ff, sowie S. 261ff

lung der jüdischen Schulangelegenheiten zwar erst im Wege der ordentlichen Gesetzgebung erfolgen könne, dass es aber, um den an sich begründeten Anforderungen der Judenschaft jetzt möglichst zu entsprechen, allerdings gerechtfertigt erscheine die jüdischen Lehrer in Sötern und Bosen als dritte Lehrer an den dortigen Gemeindeschulen provisorisch anzustellen.[86] Dies bedeutete also endlich de facto die Gleichstellung der jüdischen mit der christlichen Konfessionsschule. Eine endgültige Bestätigung erhielt diese Regelung am 1. Juli 1856 durch den Beschluss der Schulkommission in Birkenfeld „die israelitischen Schulen zu Hoppstädten, Sötern und Bosen als besondere Confessions-Schulen zu behandeln und danach die Lehrerstellen zu classifizieren."[87]

Fazit: Entgegen den vorhandenen Assimilierungsbestrebungen auf staatlicher und kirchlicher Seite beharrten die Juden auf der Beibehaltung ihrer eigenständigen Lebensformen. Trotz großer finanzieller Opfer richteten sie, wenn möglich, eigene Schulen ein, um ihre überkommenen religiösen Traditionen zu bewahren. Die Gleichstellung der Schulen war dann ein wichtiger Schritt auf dem Weg zur Emanzipation der Juden. Mit der im oldenburgischen Grundgesetz erlassenen religiösen Glaubensfreiheit vollzog sich die Integration der Juden in die bürgerliche Gesellschaft im Fürstentum Birkenfeld weitaus rascher und umfassender, als es in den benachbarten bayrischen und preußischen Gebieten je möglich war. Man knüpfte damit an die relativ judenfreundliche Tradition der Freiherrn von Dürckheim an.[88]

Der Unterricht an der jüdischen Schule

Da nun die jüdischen Schulen als Gemeindeschulen anerkannt waren, unterlagen sie auch den geltenden oldenburgischen Schulgesetzen. Die Schulaufsicht oblag, wie bei den christlichen Schulen, der Geistlichkeit.

1866 erstellte Landrabbiner Goldmann einen Lektionsplan für die israelitischen Schulen des Fürstentums Birkenfeld. Jüdische Gemeindeschulen bestanden damals in Hoppstädten, Sötern und Bosen, jüdische Privatschulen in Birkenfeld und Oberstein. Er hatte sich hierbei an die Richtlinien der Regierung zu halten. Sämtliche Schulen waren in drei Klassen eingeteilt. Jungen und Mädchen wurden gemeinsam unterrichtet. Der aufgestellte Stundenplan galt für das ganze Jahr, d.h. auch im Sommer wurde, wie im Winter, von 8-14 Uhr unterrichtet. Der Lektionsplan sah für die Ober- und Mittelstufe (1. und 2. Klasse) 30 Wochenstunden vor. Die 3. Klasse mit den jüngeren

---

86 LHA Ko. Best. 293 Nr. 317, S. 117

87 ebda. S. 143

88 so auch Marx, Juden im Saarland, S. 104

Schülern wurde nochmals in zwei Gruppen, 3a und 3b, unterteilt, so dass die Schulanfänger zunächst nur 10 Stunden, die etwas älteren Kinder der 3. Klasse 20 Stunden in der Woche unterrichtet wurden. Der Religionsunterricht und die hebräische Sprache nahmen im Stundenplan einen wichtigen Platz ein. Schon in der unteren Klasse wurde mit dem Lesen des Hebräischen begonnen. Der Religionsunterricht bestand aus Katechismus und biblischer Geschichte.

In der Mittelklasse wurde mit dem Übersetzen aus der hebräischen Sprache begonnen. Neben der Religion hatte der Deutschunterricht den wichtigsten Stellenwert im Lektionsplan. Die meisten Unterrichtsstunden, insgesamt 12 in der Oberklasse, entfielen auf deutsche Sprachlehre, Schreiben und Lesen, wogegen man sich im Rechnen mit vier Stunden in der Woche begnügte. Weitere Fächer waren Geschichte, Naturkunde und Gesang. Im Vergleich mit den christlichen Schulen ergeben sich hier gravierende Unterschiede. Die jüdischen Kinder mussten im Sommer die gleiche Stundenzahl absolvieren wie im Winter, während an den christlichen Schulen im Sommersemester nur vormittags unterrichtet wurde, z.B. in Sötern von 7 – 11 Uhr im Sommersemester und von 8 – 11 Uhr und von 13 – 16 Uhr im Wintersemester. Hinzu kam noch eine wesentlich höhere Wochenstundenzahl für die einzelnen Klassen.

Wie schon erwähnt, war der Deutschunterricht an den jüdischen Schulen sehr umfangreich. Viele auf dem Land lebende Juden beherrschten die deutsche Sprache nicht korrekt. Wahrscheinlich waren ihnen ihre christlichen Nachbarn in dieser Hinsicht nicht sehr überlegen. Die Umgangssprache der Juden unter sich war das „Juden-Deutsch", eine spezifische Färbung der jiddischen Sprache. Anstelle der zahlreichen slawischen Ausdrücke, die in das Jiddisch des Ostens eingedrungen waren, enthält das Jiddische des Westens viele Worte lateinischen und französischen Ursprungs.[89] Baum erwähnt, dass das von den Juden des Hunsrück bis zum Beginn des 19. Jahrhunderts gesprochene Idiom ebenso wie auch das Elsässer Juden-Deutsch eine Spielart der jiddischen Sprache darstellt.[90]

Mit ihren christlichen Nachbarn sprachen die Juden den örtlichen Dialekt, der zur rheinfränkischen Mundart gehört, durchsetzt mit jiddischen Elementen. Ihr typischer Akzent grenzte die Juden schon sprachlich von der übrigen Bevölkerung aus, so dass die Beherrschung der Landessprache eine wichtige Voraussetzung zur Integration der Juden darstellte. Im Übrigen kam es auch durchaus zu Wechselwirkungen. Noch heute sind zahlreiche Ausdrücke aus dem Jiddischen im Dialekt präsent.

---

89 Nach Hans-Joachim Baum: Das Tagebuch einer Dorfschule, unveröffentlichtes Manuskript, S. 46

90 Bis ins 20. Jahrhundert wurde in Europa noch von 12 Millionen Juden jiddisch gesprochen. Gidal, S. 65

Der Vergleich der beiden Stundenpläne zeigt, dass an die jüdischen Kinder größere Anforderungen gestellt wurden. Sowohl der umfangreiche Lehrplan als auch die höhere Wochenstundenzahl mussten zwangsläufig ein höheres Niveau der jüdischen Schulen bewirken. Erst 1885 gab die Regierung einen neuen Lehrplan heraus, wonach auch an den christlichen Schulen die Wochenstundenzahl auf 30 bzw. 20 in der 3. Klasse erhöht wurde, außerdem wurde auch im Sommer nachmittags unterrichtet. Zeichnen, Turnen und weibliche Handarbeiten kamen als Fächer hinzu.
Wie eine Schulvisitation ablief, zeigt folgender Bericht des Landrabbiners Benedikt Goldmann an die Birkenfelder Regierung vom 5. Juni 1871: „Die Prüfung der irael. Schule zu Soetern wurde auf den 5. Mai Nachmittags 1 Uhr festgesetzt. Von den Schulvorstandsmitgliedern war nur Lion Sender erschienen. Der Herr Bürgermeister Fillmann und Schöffe Henn ließen sich entschuldigen. Wie gewöhnlich wurde die Prüfung mit Gesang und Gebet eröffnet und geschlossen. Der Gesang ist die schwächste Seite der Schule. Dagegen sind die aufgelegten Schönschriften „sehr gut" zu nennen. Es wurde dann hebräisch gelesen und aus dem Gebetbuch und der Bibel übersetzt. Dieses Fach betreibt der Lehrer Kohn mit Vorliebe und die Kinder zeigen darin recht gute Kenntnisse. Deutsch Lesen ist durch alle Classen „gut" zu nennen. Namentlich las die untere Classe richtig u. mit Verständnis in kurzer Zeit. In der deutschen Sprache wurde in der oberen Classe aus der Satzlehre geprüft u. in der mittleren wurden Sätze geschrieben. Beides war befriedigend. Jedoch wurden bei Diktirtem noch manche …Fehler gemacht. Mehrere Schüler trugen Gedichte mit Verständnis u. richtiger Betonung vor. Kopf- und Tafelrechnen wurde durch alle Klassen vorgenommen und wird von den meisten Schülern das durch den Lehrplan vorgesteckte Ziel erreicht. Schriftlich wurde in Religion und biblischer Geschichte geprüft, worin die Kinder befriedigende Kenntnisse besitzen. Die Schule ist wie immer in gutem Zustande. Die statistische Tabelle liegt bei."

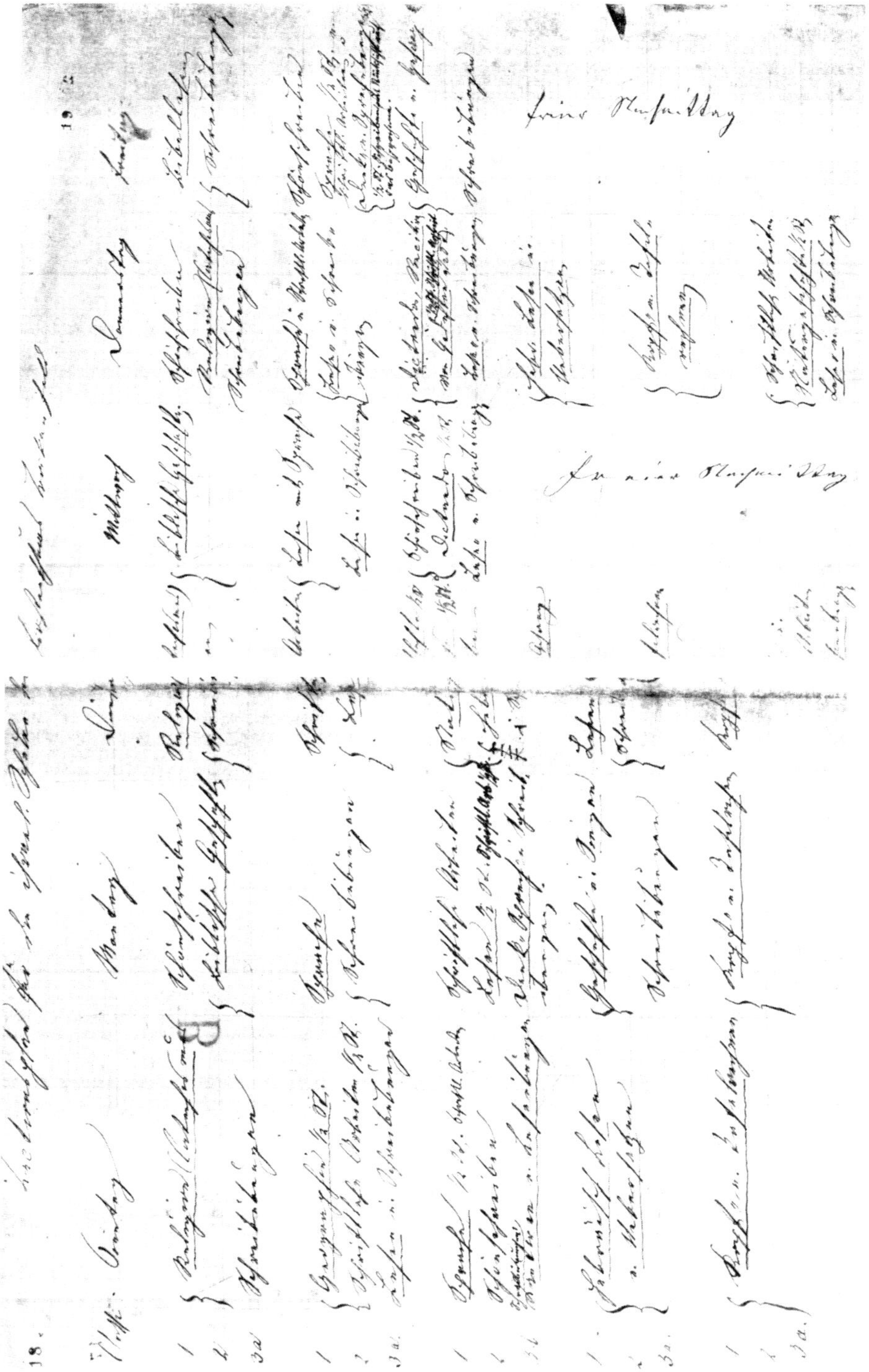

Lectionsplan für die israelitischen Schulen des Fürstentums Birkenfeld von 1866[91]

Uhrzeit	Klasse	Sonntag	Montag	Dienstag	Mittwoch	Donnerstag	Freitag
8 - 9	1	Religion, Cathechismus	Schönschreiben	Religion, Cathechismus	Biblische Geschichte	Schönschreiben	Bibellesen
	2	=	Biblische Geschichte	Schriftliche Arbeiten	=	Religion, Cathechismus	Schreibübungen
9 - 10	1	Geographie und schriftliches Arbeiten je ½ Stunde	Sprache	schriftliches Arbeiten	Lesen mit Sprache	Sprache und schriftliches Arbeiten	Schönschreiben
	2	=	Schreibübungen	Lesen	=	Lese- und Schreibübungen	Sprache, schriftliches Arbeiten, Denk- und Sprechübungen je ½ Stunde
	3 a	Lesen und Schreibübungen	=	=	Lese- und Schreibübungen	=	=
10 - 11	1	Sprache, schriftliches Arbeiten je ½ Stunde	Schriftliches Arbeiten	Naturgeschichte und Hebräisch je ½ Stunde	Schönschreiben und Dictando je ½ Stunde	Dictandos, Rezitieren von Gedichten und schriftliches Arbeiten je ½ Stunde	Geschichte und Gesang
	2	Schönschreiben	Lesen und schriftliches Arbeiten je ½ Stunde	=	=	=	=
	3 b	Schreibübungen, Lautieren und Lesen	Denk- Sprech- und Schreibübungen	Schreiben	Lese- und Schreibübungen	Lese- und Schreibübungen	Schreibübungen
11 - 12	1	Hebräisch Lesen und Übersetzen	Geschichte und Singen	Lesen, Gesang		Hebräisch Lesen und Übersetzen	
	2	=	=	Schreiben		=	

91 LHA Ko, Best 393, Nr. 319

	3 a	=	Schreib-übungen	=		=	
12 - 13	1	Kopf- und Tafelrechnen	Kopf- und Tafelrechnen	Kopf- und Tafelrechnen		Kopf- und Tafelrechnen	
	2	=	=	=		=	
	3 a	=	=	=		=	
13 - 14	1	Naturlehre und schriftliches Arbeiten je ½ Stunde	Sprache und schriftliches Arbeiten je ½ Stunde	Geographie und schriftliches Arbeiten je ½ Stunde		schriftliches Arbeiten und Naturgeschichte je ½ Stunde	
	2	=	=	=		=	
	3 b	Lese und Schreib-übungen	Lese- und Schreib-übungen	Denk-übungen		Lese- und Schreib-übungen	

Vergleich der Wochenstunden:

	Jüdische Schule	Christliche Schule
1. Klasse	30 Stunden	26 Stunden
2. Klasse	30 Stunden	22 Stunden
3. Klasse a)	20 Stunden	13 Stunden
3. Klasse b)	10 Stunden	

Die Fächeraufteilung in der Oberklasse

Fächer	Jüdische Schule	Christliche Schule
Religion, Hebräisch	7 Stunden	6 Stunden
Deutschunterricht	12 Stunden	5 Stunden
Rechnen	4 Stunden	4 Stunden
Geographie	2 Stunden	1 Stunde
Geschichte	1 Stunde	1 Stunde
Naturkunde	2 Stunden	3 Stunden
Gesang	2 Stunden	2 Stunden
Sonstige (Denkübungen, Formenlehre, Zeichnen)		4 Stunden
Gesamt	30 Stunden	26 Stunden

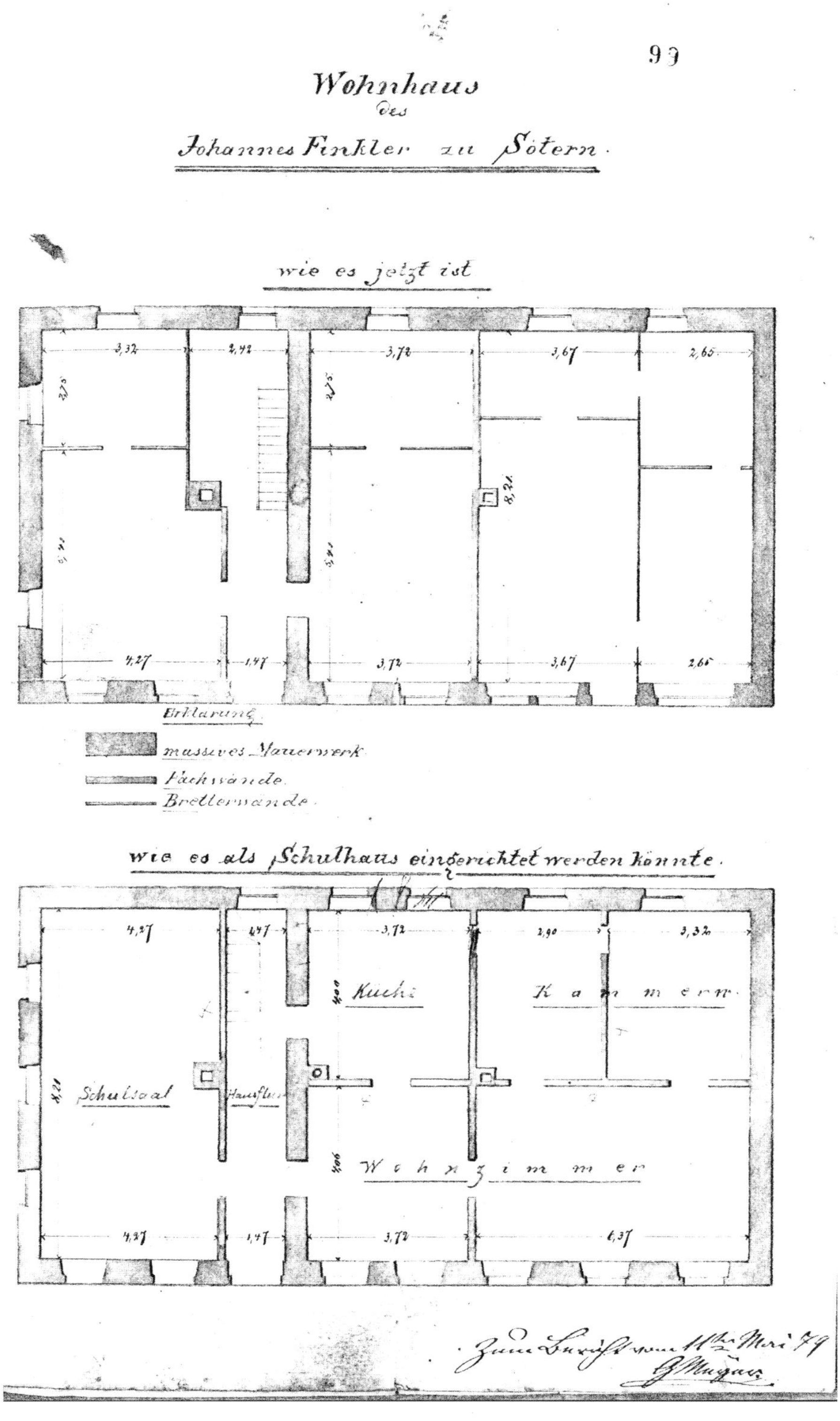
99
Wohnhaus
des
Johannes Finkler zu Sötern.
wie es jetzt ist
Erklärung
massives Mauerwerk
Fachwände
Bretterwände
wie es als Schulhaus eingerichtet werden könnte.
Küche
Kammern
Schulsaal
Hausflur
Wohnzimmer

DAS JÜDISCHE SCHULWESEN IN SÖTERN

Die erste gesicherte Information über jüdisches Schulwesen in Sötern stammt aus dem Jahre 1819. In diesem Jahr stellte die Söterner Judenschaft den Abraham Kahn aus Lothringen als Schullehrer und Vorsänger für ihre Gemeinde ein. Zu seinen Aufgaben gehörten darüber hinaus das Schächten der Tiere und das Beschneiden der neugeborenen Knaben. Er erhielt ein jährliches Gehalt von 220 Gulden für seine Schullehrer- und Vorsängerdienste, außerdem bekam er als Schächter für jedes geschlachtete Stück Vieh eine Vergütung an Geld oder Fleisch. Die Besoldung musste, nach einem bestimmten Aufteilungsmodus, von der gesamten Söterner Judenschaft aufgebracht werden.

Im Laufe der Zeit gerieten nun einige der Zahlungspflichtigen mit ihren Beitragszahlungen in Rückstand, teils aus „bösem Willen, teils aus Armut", wie der Judenvorsteher Emanuel Feis dem Amt Nohfelden mitteilte.[92] Kahn drohte damit, seinen Dienst zu quittieren und verlangte amtlicherseits seine offizielle Bestätigung als Lehrer der jüdischen Schule in Sötern und die Beitreibung seines noch ausstehenden Gehalts. Vorsteher Feis schlug einen anderen Verteilungsmodus für das Aufbringen des Gehalts vor. Nicht ein Drittel sondern nur noch ein Viertel der Summe sollte von den Eltern der schulpflichtigen Kinder aufgebracht werden, um so die „armen Leute, welche gewöhnlich die größte Kinderzahl besitzen", nicht zu hart zu bestrafen.[93] Offensichtlich kam man zu einer Einigung, denn am 29. Februar 1828 schloss Kahn einen neuen

Die ehemalige jüdische Schule in Sötern,
Foto: privat

92 LHA Ko. Best 293 Nr. 316, S. 3-6

93 ebda.

Vertrag mit der Söterner Judengemeinde, da seine neunjährige Dienstzeit abgelaufen war. Beim Amt Nohfelden erbat er die Genehmigung dieses Vertrags.[94]

Schulgebäude in Sötern

1819 wurde das Bestehen einer jüdischen Schule in Sötern erstmals in den Akten erwähnt. Leider wurde nicht darauf eingegangen, wo die Schule untergebracht war. Aus späteren Äußerungen lässt sich jedoch schließen, dass sich sowohl der Schulsaal als auch die Lehrerwohnung im Synagogengebäude befanden. So heißt es 1829 in einem behördlichen Schreiben: „Lehrer Kahn wohnt z. Zt. noch im Schulhaus.“[95] Damals war es allgemein üblich, die Begriffe Judenschule und Synagoge synonym zu gebrauchen. Als „Schul“ verstanden die Juden den Ort, an dem fromme Studien getrieben wurden. Dies war räumlich gleichbedeutend mit dem Ort des Gottesdienstes, der Synagoge.

In einem Amtsbericht vom 4. August 1842 ist vom „elenden Zustand des im untersten Stocke des Synagogengebäudes befindlichen jüdischen Lehrzimmers zu Sötern“ die Rede.[96] Da zu dieser Zeit keine angemessene Wohnung für den jüdischen Lehrer zur Verfügung stand, hatten einige jüdische Bürger bereits ein kleines Haus direkt neben der Synagoge angekauft. Auf Vorschlag der Judenschaft sollte es als Lehrerwohnung hergerichtet werden. Außerdem sollte der Schulsaal wiederhergestellt und erweitert werden. Das Nohfelder Amt schloss sich den Vorschlägen der Söterner Juden an und erbat von der Birkenfelder Regierung ihr Einverständnis. Das Urteil des Sachverständigen zu dem für den Lehrer bestimmten Haus war jedoch so negativ, dass die Regierung das Haus als Lehrerwohnung ablehnte. Ob es tatsächlich zur Renovierung des Schulsaals gekommen ist, geht aus den Akten nicht hervor.

Auch nach der Anerkennung als Gemeindeschule befand sich die jüdische Schule weiterhin in der Synagoge. In einem Sitzungsbericht der Schulkommission vom 1. Juli 1856 heißt es: „ Das Schulzimmer wird von der Cultgemeinde gestellt. Die Kosten der Reparaturen werden aber von der politischen Gemeinde unterhalten.“[97] So übernahm beispielsweise 1857 die Gemeinde Sötern die Kosten für die Ausbesserung an zwei Fenstern und Maurerarbeiten am jüdischen Schulsaal.[98]

---

94 LHA Ko. Best. 293 Nr. 316, S. 37

95 LHA Ko. Best. 393 Nr. 316, S. 51

96 LHA Ko. Best. 393 Nr. 325, S. 72

97 LHA Ko. Best. 393 Nr. 317

98 Gemeinderatssitzung vom 1. Dez. 1856, Gemeindearchiv Sötern

Anfang der 70er Jahre des 19. Jahrhunderts befand sich der Schulsaal jedoch in einem so schlechten Zustand, dass der zuständige Baurat Meyer feststellte: „ dass mir weder hier im Lande, noch sonst irgendwo ein Schulzimmer bekannt geworden ist, welches so in jeder Beziehung den Anforderungen Hohn spricht.“ Er befürchtete gesundheitliche Beeinträchtigungen für Schüler und Lehrer[99] und riet deshalb zum Neubau einer jüdischen Schule. Auf Gemeindeseite hingegen plädierte man für einen Umbau des alten Schulsaals. In der Sitzung des Schulvorstandes von 28. März 1876 entschloss man sich schließlich von einem Umbau abzusehen. Die politische Gemeinde Sötern ersteigerte das Haus des verstorbenen Elias Stern auf dem so genannten „Matzenberg“. Es sollte zu einem Schulhaus für die jüdischen Kinder umgebaut werden. Doch offenbar konnte keine Einigung erzielt werden, da das Haus 1876 von der Gemeindeverwaltung „soweit auf ein Jahr anderweitig verpachtet werden [soll], als es nicht zum Bau eines israelitischen Schulhauses in Anspruch genommen wird.“[100]

1877 verfügte die Birkenfelder Regierung, dass in Sötern ein neuer Lehrsaal für die jüdische Schule erbaut werden solle. Zunächst plante man den Neubau der Schule, wobei bei der Regierung ein zweijähriger Aufschub erwirkt werden sollte, um im ersten Jahr das nötige Baumaterial heranzuschaffen und im zweiten Jahr den Bau zu vollenden.[101] Später rückte man jedoch von diesem Vorhaben ab und beschloss am 14.05.1879 das zur Versteigerung stehende Haus des Wirtes Johannes Finkler zum Preis von 5100 Mark anzukaufen und zu einem Schulhaus für die jüdische Schuljugend umzubauen. Das einige Jahre zuvor gekaufte Haus auf dem „Matzenberg“ sollte wieder versteigert werden und der Erlös zur Bezahlung des neu erworbenen Hauses verwendet werden. Erst ein Jahr später wurde mit dem Umbau begonnen. Sämtliche Arbeiten wurden an den Schreiner Philipp Saar von Sötern zum Preis von 740 Mark vergeben.[102] Als Anbau befand sich an dem ehemaligen Finklerschen Haus ein Wagnerschuppen. Der Gemeinderat beschloss außerdem, über diesem Schuppen eine Wohnung herzurichten und zu vermieten. Ein Stück Land beim Schulhaus sollte als Garten zur Wohnung gehören.

Im Oktober 1880 erfolgte dann die „Besichtigung und Abnahme der Lehranstalt für die israelitischen Kinder“ durch die Gemeinderatsmitglieder, unter ihnen auch Ludwig Kahn und Lion Sender. Der Schöffe Henn wurde beauftragt, bei der Mariahütte Öfen sowohl für den Schulsaal als auch für die Wohnung anzukaufen. Ab dem Win-

99 LHA Ko. Best. 393 Nr. 5942, S. 11

100 Gemeinderat Sötern. Sitzung vom 27.08.1876.

101 Gemeinderat Sötern. Sitzung vom 16.09.1877

102 Gemeinderat Sötern, Sitzung vom 07.08.1880

tersemester 1880 konnten die jüdischen Schulkinder von Sötern ihr neues Schulhaus beziehen. Auch die Lehrerwohnung war fertig gestellt.[103]

In der Gemeinderatssitzung vom 29. April 1881 beschloss man nachträglich, „dass der Stall in dem Gemeindehaus der israelitischen Schule zum Einstellen von krankem oder verdächtigem Vieh auf dem hiesigen Markte benutzt werden soll."

Bereits in den 90er Jahren wies das Gebäude erhebliche Mängel auf. Bei seiner Jahresprüfung 1896 fand Landrabbiner Dr. J. Lövy „das Schullokal in einem baulichen Zustand vor…., welcher das Leben des Lehrers wie der Schüler gefährdet. Die Wände seien geborsten und an einer Ecke lasse ein fingerbreiter Spalt direkt ins Freie blicken.[104]

Das Bauamt in Nohfelden bestätigte den schlechten Zustand des Schulgebäudes und riet sogar zum Verkauf, da die Kosten der Renovierung zu hoch seien. Entgegen dieser Empfehlung entschloss sich die Gemeinde Sötern das Haus wiederherstellen zu lassen. Bis September 1896 waren alle Reparaturarbeiten durchgeführt. Die Kosten beliefen sich auf 1600 Mark.

Bis zur Aufhebung der jüdischen Gemeindeschule im Jahr 1910 war die jüdische Schuljugend in diesem Gebäude untergebracht. Danach bezog die neueingerichtete katholische Gemeindeschule hier ihr Domizil. Nachdem auch die jüdische Privatschule nicht mehr existierte, wurden die jüdischen und katholischen Kinder hier gemeinsam unterrichtet. Das Gebäude der ehemaligen jüdischen Gemeindeschule ist heute noch erhalten. Es befindet sich in Privatbesitz.

Das Ende der jüdischen Schule in Sötern

Seit der rechtlichen Gleichstellung im Jahre 1851 wurde der jüdische Lehrer Michael Kohn in die 2. Gehaltsklasse eingestuft. Er erhielt 230 Taler, 25 Taler Alterszulage und Brennholzentschädigung. Ab 1870 wurde auch die Wohnungsentschädigung von der politischen Gemeinde übernommen.

Am 1. Oktober 1881 wurde Kohn nach 46jähriger Tätigkeit in Sötern in den Ruhestand versetzt. Er bekam eine Pension in Höhe von 1140 Mark, da „durch das Schulgesetz vom 1. März 1861 die jüdischen Lehrer, solche gibt es nur in Sötern, Bosen und Hoppstädten, den christlichen ganz gleichgestellt worden sind", also auch im Bezug auf die Pensionierung.[105] Kohns Nachfolger war Joseph Baum, der vorher an der jüdischen Privatschule in Bosen tätig gewesen war. Er erhielt 700 Mark aus der Gemeindekasse, freie Wohnung und Garten sowie eine auf jährlich 120 Mark festgesetzte

---

103 LHA Ko. Best. 393 Nr. 5942

104 LHA Ko. Best 393 Nr. 5942, S. 127

105 LHA Ko. Best. 393 Nr. 317

Entschädigung für die Stellung des Brennmaterials. Joseph Baum leistete folgenden Diensteid: „Ich, Joseph Baum, schwöre Treue dem Großherzog und gelobe, daß ich die Staatsverfassung und die Gesetze gewissenhaft beachten und die mir übertragenen dienstlichen Obliegenheiten treu wahrnehmen will. So wahr mir Gott helfe!"[106]

Im Laufe der folgenden Jahrzehnte ging die Zahl der jüdischen Schulkinder immer weiter zurück (etwa 15 – 18 Kinder). Dem stand ein starkes Anwachsen der Schülerzahl an der evangelischen Gemeindeschule gegenüber. Etwa 250 Kinder wurden hier in drei Klassen unterrichtet. Auf einen Lehrer kamen also durchschnittlich 83 Kinder. Mehrmals hatte der örtliche Lokalschulinspektor Pfarrer Bonnet auf diesen Missstand aufmerksam gemacht. 1907 forderte die Regierung den evangelischen Schulvorstand auf, Vorschläge zur Verbesserung der Schulverhältnisse zu machen. Der Schulvorstand erklärte „dies sei ohne wesentliche Mehrbelastung der Gemeinde nur dadurch möglich, das die israelitische Gemeinde, die schon länger als 5 Jahre weniger als 25 Schüler zähle, aufgehoben und eine Simultanschule mit vier Lehrkräften geschaffen werde. Gemäß Schulgesetz von 1861, Art. 42, § 1 war für die Errichtung einer Schule eine Mindestschülerzahl von 25 Kindern erforderlich. Man erklärte sich jedoch gleichzeitig bereit, den jüdischen Lehrer Baum als 4. Lehrkraft zu übernehmen auf eine Stelle in der höchsten Besoldungsgruppe.

Der jüdische Schulvorstand sprach sich jedoch entschieden gegen die Aufhebung der jüdischen Schule aus. In einer Aufstellung über die zukünftigen Schülerzahlen versuchte man den Nachweis zu erbringen, dass voraussichtlich bis 1911 die Schülerzahl wieder auf 25 anwachsen werde. Doch der Visitationsbericht des Jahres 1908 gab erneut Anlass, die Frage aufzugreifen. Wieder wurde die Aufnahme des Lehrers Baum als 4. Lehrer an die Gemeindeschule vorgeschlagen. Der jüdische Schulvorstand wollte hierzu nur unter der Bedingung seine Zustimmung geben, dass an der geplanten Simultanschule auch in Zukunft ständig ein jüdischer Lehrer angestellt werde. Auf diese Forderung wollte der evangelische Schulvorstand jedoch nicht eingehen. Es kam nun ein völlig neuer Sachverhalt hinzu. Die Katholiken Söterns beantragten ihrerseits die Errichtung einer eigenen Konfessionsschule, da die Zahl der katholischen Schulkinder auf 33 angewachsen war. Auch sie lehnten die Errichtung einer Simultanschule ab. Die Regierung sah sich genötigt, dem gesetzlich begründeten Anliegen der Katholiken stattzugeben. Andererseits brachte dies der evangelischen Schule keine große Entlastung. Die Überfüllung der Klassen würde bestehen bleiben, so dass die Anstellung eines 4. Lehrers nicht mehr lange aufzuschieben war. Dies bedeutete jedoch für die Gemeinde Sötern, die zurzeit noch an den Kosten des letzten Schulneubaus abzahlte, eine

106 LHA Ko. Best. 393 Nr. 3713

weitere finanzielle Mehrbelastung. Aus diesem Grund forderte man die Aufhebung der jüdischen Schule. Die Regierung stimmte der Aufhebung am 16. August 1909 zu mit der Begründung, die Schülerzahl sei schon längere Zeit unter die erforderliche Mindestzahl von 25 herabgesunken. Man berief sich hier auf eine Ministerialentscheidung von 1871 im Zusammenhang mit der Schließung der jüdischen Gemeindeschule in Bosen. Die dagegen eingelegte Beschwerde des Synagogengemeinderats von Sötern wurde abgelehnt.[107] Objektiv gesehen wäre die Einrichtung einer Simultanschule die beste Lösung gewesen. Doch die starre Haltung aller Beteiligten machte dies unmöglich.

Die aus heutiger Sicht wenig sinnvolle Aufteilung der Schulen nach der Konfessionszugehörigkeit setzte sich durch, allerdings auf Kosten der jüdischen Kinder, die ab dem 1. April 1910 der neu eingerichteten katholischen Schule zugewiesen wurden. Das System der Konfessionsschulen hielt sich, außer einer kurzen Unterbrechung in der NS-Zeit, bis Ende der 60er Jahre des 20. Jahrhunderts.

Somit gehörte auch die letzte jüdische Gemeindeschule des Fürstentums Birkenfeld der Vergangenheit an. Schon am 1. Juli 1910 verließen die jüdischen Kinder die katholische Schule und besuchten die neue eingerichtete Privatschule. Bis 1914 waren drei Lehrer hier tätig: Leo Aach (1910-1911), Joseph Eschwege (1911-1912) und Joseph Aron (1913-1914). Im ersten Kriegsjahr wurde, wahrscheinlich wegen des Lehrkräftemangels, die jüdische Privatschule vorübergehend aufgehoben. Die 19 Schulkinder wurden der evangelischen Schule überwiesen.[108] Davon gehörten sieben zur Oberklasse, sieben zur Mittel- und fünf zur Unterstufe. Die Gesamtzahl der evangelischen Schüler lag zu Beginn des Sommersemesters bei 219.

Erst nach dem Krieg richtete die jüdische Gemeinde wieder eine Privatschule ein. Lehrer wurde der aus Bosen stammende Berthold Sender. Ihm folgte bis 1923 Josef Simon. Wegen der weiter zurückgehenden Schülerzahlen sah sich die Synagogengemeinde gezwungen, die Schule bis auf weiteres zu schließen Dies bedeutete nach über hundertjährigem Bestehen das Ende des jüdischen Schulwesens in Sötern. Die jüdischen Kinder besuchten von nun an die katholische Schule des Ortes, die im ehemaligen jüdischen Schulhaus untergebracht war.

Jüdische Lehrer in Sötern

Abraham Kahn	1819 - 1831
Joseph Maas	1831 - 1835

107 Sta. Oldenburg 134, Nr. 781

108 Söterner Schulchronik

Michael Kohn	1835 - 1881
Joseph Baum	1881 - 1910
Leo Aach	1910 - 1911
Joseph Eschwege	1911 - 1912
Joseph Aron	1913 - 1914
Berthold Sender	1920
Josef Simon	1920 - 1923

Schulunterricht in der NS-Zeit

Nach der Machtübernahme Hitlers und den allmählich sich verstärkenden antijüdischen Maßnahmen sahen sich viele Juden gezwungen ihre angestammte Heimat zu verlassen. Bis 1935 war die Zahl der jüdischen Schulkinder auf elf zurückgegangen.[109]
Auch das Schulwesen wurde in nationalsozialistischem Sinn umgestaltet. In einem Erlass der Unterrichtsverwaltungen vom 10.09.1935 hieß es unter anderem: „Die Herstellung nationalsozialistischer Klassengemeinschaften als Grundlage einer auf dem deutschen Volkstumsgedanken beruhenden Jugenderziehung ist nur möglich, wenn eine klare Scheidung nach der Rassenzugehörigkeit der Kinder vorgenommen wird.“ Ab dem Schuljahr 1936 sollte deshalb an allen Schulen eine möglichst vollständige Rassentrennung durchgeführt und die jüdischen Kinder in eigenen Schulen zusammengefasst werden.[110]
Dieser Erlass führte zu organisatorischen Schwierigkeiten. Im oldenburgischen Landesteil Birkenfeld gab es 1935 noch rund 45 jüdische Schulkinder, die in sieben teils weit voneinander entfernt liegenden Orten wohnten. Man beabsichtigte, für diese Kinder in Hoppstädten eine eigene Schule einzurichten. Doch da kein geeigneter Schulraum geschaffen werden konnte und außerdem mit weiteren Auswanderungen und somit mit einem weiteren Sinken der Schülerzahl gerechnet wurde, ließ man diesen Plan schließlich fallen. Zeitzeugen berichten, dass auch noch nach 1936 einige jüdische Kinder die Söterner Schule besuchten. Wie es ihnen dort erging, lässt sich aus heutiger Sicht nur schwer nachvollziehen. Die Chronik der katholischen Volkschule ist leider nicht mehr vorhanden. Der dortige Lehrer H. war jedoch schon frühzeitig Parteigenosse. 1937 wurden die Konfessionsschulen abgeschafft und alle Kinder in der Gemeinschaftsschule zusammengefasst. Den jüdischen Schulkindern wurde die weitere Teilnahme am Unterricht untersagt. Die Aufzeichnungen über die Zeit ab 1933 sind in der Söterner Schulchronik bezeichnenderweise entfernt worden.

---

109 s. Rumpel, S. 35

110 Mais, Verfolgung, S. 77, Dok. Bd. 6, S. 62ff

Die Lehrer wurden systematisch in nationalsozialistischem Sinn geschult. Es hing von der jeweiligen Persönlichkeit ab, wie intensiv das NS-Gedankengut an die Schüler weitergegeben wurde. Viele Lehrer taten dies aus Überzeugung. So traten beispielsweise die beiden Lehrer der evangelischen Schule in Bosen schon 1933 dem Stahlhelm bzw. der NSDAP bei, „deren Ortsgruppen sie führten", wie aus der Bosener Schulchronik zu ersehen ist, andere mussten von höchster Stelle ermahnt werden.[111]
Neue Schulfächer waren Vererbungslehre und Rassenkunde. Hier sollte besonders „das nordisch bestimmte Rassengemisch gegenüber andersrassigen, fremdvölkischen Gruppen, besonders also dem Judentum, gegenüber gestellt werden." Auch die Weltgeschichte musste als „Geschichte rassisch bestimmter Volkstümer" dargestellt werden.[112]

DAS JÜDISCHE SCHULWESEN IN BOSEN

1829 ist in den Akten erstmals von einer jüdischen Schule in Bosen die Rede.[113]
Der damalige Lehrer hieß Aron Levison, er stammte aus Polen. Von jeher gehörten die jüdischen Einwohner von Gonnesweiler zur Synagogengemeinde Bosen. Deshalb leisteten sie auch einen entsprechenden Beitrag zur Besoldung des dortigen Vorsängers. Die Gonnesweiler Kinder besuchten jedoch wegen des weiten Schulweges nicht alle den Unterricht in Bosen.[114] Salomon Kahn aus Gonnesweiler verweigerte deshalb auch die Zahlung von Schulgeld nach Bosen, mit dem Argument, die Israeliten von Gonnesweiler hätten zum Religionsunterricht bisher

Rabbiner Elias Grünebaum, *aus: Hermann Arnold: Von den Juden in der Pfalz, 1967, Anm. 2, S. 49 u. 50*

111 ebda. S. 79

112 aus Amtsblatt des Reichs- und Preußischen Ministeriums für Wissenschaft, Erziehung und Volksbildung, Jg. 1935 Heft 3, Mais, S. 79

113 Dokumentation Bd. 9 Nr. 105

114 LHA Ko. Best. 393 Nr. 320

immer einen eigenen Lehrer angestellt. Den Elementarunterricht erhielten die jüdischen Kinder in der Gonnesweiler Gemeindeschule. Es gab hier 1835 nur vier jüdische Familien mit fünf schulfähigen Kindern.[115]
Lehrer Levison blieb nur ein Jahr in Bosen. Seine Nachfolger waren Moses Ries und Aron Immerfroh aus Fürth. In seinem schon im Zusammenhang mit Sötern erwähnten Visitationsbericht von 1835 an die Birkenfelder Regierung zeichnete Landrabbiner Elias Grünebaum ein äußerst negatives Bild der jüdischen Schulverhältnisse in Bosen: „Leider muß ich hier wieder in die dumpferstickende Region der Unwissenheit, Abgeschmacktheit und Roheit hinabsteigen und Eure höchstverordnete Regierung, wenn ich dieselbe in die dortige Elementar- und Religionsschule der Juden einführen will, in alle die armen Kämmerchen führen, in welchen dieser Unterricht erteilt wird. Der Lehrer, der hier weder äußern noch innern Beruf zu seinem Amte hat, muß der Reihe nach von einem Haus ins Andere ziehen mit seiner Schule, seinem Tische und seinem Bette. Welch ein Unterricht, welch eine Erziehung, welch sittliche und religiöse Erhebung hier stattfinden können, ...dies läßt sich leider ... allzu leicht denken. Israelitische Familien sind hier siebzehn mit 12-15 schulpflichtigen Kindern."

Die Synagogengemeinde Bosen war trotz ihrer großen Armut immer wieder bemüht, einen eigenen Lehrer und Vorsänger einzustellen. Wie aus dem Zitat ersichtlich, gelang es der Gemeinde selten, einen fähigen Lehrer zu gewinnen. Schuld daran war nicht nur die „Ärmlichkeit der Gemeinde" sondern auch das „Unzuverlässige der Anstellung", so Landrabbiner Bernhard Wechsler in einem Schreiben nach Birkenfeld.[116]
Die Lehrer an den jüdischen Privatschulen hatten bis zu diesem Zeitpunkt keinerlei staatliche Absicherung. Sie schlossen mit den Gemeinden kurzfristige Kontrakte und waren vom Wohlwollen der jeweiligen Gemeindemitglieder abhängig. Häufiger Lehrerwechsel und längere Vakanzen der Stelle waren deshalb auch in Bosen die Regel. Anfang des Jahres 1839 war die Lehrerstelle in Bosen wieder unbesetzt, da der bisherige Lehrer und Vorsänger gekündigt und eine bessere Anstellung gefunden hatte. Die Bosener Judenschaft engagierte daraufhin den Lehramtskandidaten Marcus Marx aus Trier für ein jährliches Gehalt von 76 Talern und ersuchte den Landrabbiner den Kandidaten der gesetzlich vorgeschriebenen Prüfung zu unterziehen.[117] Obwohl die Prüfung nicht zur vollen Zufriedenheit Wechslers ausfiel, glaubte dieser dennoch, dass Marx „doch so viele Kenntnisse besitzt, in einer so kleinen Schule, wie die israelitische

115 LHA Ko. Best. 393 Nr. 316, S. 110

116 LHA Ko. Best. 393 Nr. 322, S. 15

117 LHA Ko. Best. 393 Nr. 322

in Bosen ist, den nöthigen Religions- und Elementarunterricht mit Erfolg erteilen zu können." Ob die Regierung Wechslers Entscheidung befürwortete ist nicht bekannt. Doch lange hielt sich Lehrer Marx nicht in Bosen. Bereits 1841 war die Stelle in Bosen wieder vakant. Die Kinder besuchten deshalb die öffentliche Elementarschule Bosen. Die Gemeinde stellte nun dem Landrabbiner einen neuen Bewerber namens Bergsträßer aus Bayern zur Prüfung vor. Doch die Prüfung fiel so ungenügend aus, dass Wechsler sich außer Stande sah, Bergsträßer auch nur den Religionsunterricht anzuvertrauen. Auf Drängen der Gemeinde wurde ihm schließlich doch das Vorbeteramt übertragen. Außerdem sollte er nach zwei Monaten erneut geprüft werden. Doch offenbar versagte er auch beim 2. Versuch, denn der Nachfolger Wechslers, Landrabbiner Dr. Einhorn berichtete 1842, dass die Synagogengemeinde Bosen in einem bedauernswerten Zustand sei. Es gäbe keinen Religionslehrer und keinen Vorsänger. Er beantragte deshalb die erneute Einrichtung einer jüdischen Elementarschule in Bosen. Der jüdischen Gemeinde, die größtenteils aus armen Mitgliedern bestehe, sei es nicht möglich, einen Vorsänger und Religionslehrer anzustellen und zusätzlich noch die Kosten der christlichen Elementarschule zu tragen. Bei einer amtlichen Befragung stellte sich heraus, dass die Bosener Judenschaft mit der Einrichtung einer eigenen Schule nur einverstanden war, wenn sie von den Kosten der christlichen Gemeindeschule befreit wurde. Da die Regierungsseite dies ablehnte, besuchten die jüdischen Kinder weiter die Dorfschule, deren 180 Kinder in zwei Klassen aufgeteilt waren.

Weitere Bemühungen des Landrabbiners und der Bosener Juden waren schließlich 1844 von Erfolg gekrönt. Sie verpflichteten Alexander (Ensel) Levino als Vorsänger und Elementarschullehrer nach Bosen. Als Lehrzimmer wurde ihm ein Raum in der Synagoge zugewiesen. Doch später wurde eine andere Regelung getroffen. Levino war vorher in Spiesen tätig gewesen. Seine offizielle Bestätigung durch die Regierung erhielt er erst 1847. Die Gonnesweiler Juden beteiligten sich lediglich an seinem Vorsängergehalt, da sie es vorzogen, ihre Kinder auch weiterhin in die Gonnesweiler Dorfschule zu schicken. Insgesamt erhielt Levino 200 Gulden sowie eine Mietentschädigung.

Die jüdische Gemeindeschule in Bosen

Im Jahre 1851 erfolgte die Gleichstellung der Konfessionsschulen und Lehrer Levino erhielt die 3. Lehrerstelle in Bosen mit einem Gehalt von 140 Gulden. In Bosen wurde nun das gesamte Schulwesen in einer für die damalige Zeit sehr fortschrittlichen Weise umgestaltet. Die Kinder aller drei Konfessionen wurden in einer Simultanschule zusammengefasst. Der erste Lehrer der evangelischen Schule, Karl Groß, unterrichtete die Oberklasse, d.h. die Kinder von 10. bis 14. Lebensjahr, der zweite Lehrer, der katholische Schulamtskandidat J. Scherer die Mittelklasse vom 8. bis 10. Lebensjahr. Der dritte Lehrer, Alexander Levino, unterrichtete die Unterklasse. Nur der Religionsunterricht wurde getrennt erteilt. Da im alten Bosener Schulhaus nur zwei Säle vorhanden waren, mussten zunächst zwei Klassen in einem Schulsaal gemeinsam unterrichtet werden. Diesem Missstand wurde später durch die Errichtung einer Trennwand abgeholfen.[118]

Hier hatte man sich also über die konfessionellen Schranken hinweggesetzt und vernünftigerweise eine zahlen- und altersmäßige Aufteilung der Kinder vorgenommen. Die jüdischen Schulkinder waren völlig in die jeweilige Klassengemeinschaft integriert. Fast zwei Jahrzehnte wurden so die Bosener Kinder gemeinschaftlich unterrichtet, bis sich Ende der 60er Jahre wieder die Befürworter der Religionstrennung durchsetzten. Dies führte nun, wie in Sötern, zu einem deutlichen Missverhältnis der Schülerzahlen. Den 18 Kindern der jüdischen Schule standen 100 Kinder in der evangelischen gegenüber. Hier wäre eine 2. Lehrkraft erforderlich gewesen. Aus Kostengründen vereinbarten der evangelische und katholische Schulvorstand, dass der katholische Lehrer die beiden untersten Jahrgänge der evangelischen Schule mit unterrichtete.

1869 führte Landrabbiner Goldmann eine Jahresprüfung der jüdischen Schule durch: „Im ganzen ist die Schule in befriedigendem Zustand und zwar in einem besseren als in früheren Jahren, wo die Zahl der Schüler eine bei weitem größere war. Der Lehrer Levino scheint eine kleinere Schule besser bewältigen zu können.“[119] Lehrer Levino starb im darauf folgenden Jahr. Sein Nachfolger wurde Ferdinand Eisenkrämer. Wegen der weiter sinkenden Kinderzahl wurde, trotz des Widerstands der jüdischen Gemeinde, von Regierungsseite die Schließung der jüdischen Gemeindeschule beschlossen. Ihr Vorschlag, die älteren jüdischen Schüler sollten den Religionsunterricht in Sötern besuchen, wurde mit der Begründung abgelehnt, der jüdische Religionsunterricht sei komplizierter als der christliche, die Anfangsgründe, besonders in der hebräischen Sprache, müssten schon früh gelegt werden.

Jüdische Privatschule in Bosen

Trotz großer finanzieller Probleme entschloss sich die jüdische Gemeinde zur Einrichtung einer Privatschule. Als Lehrer engagierte man Joseph Baum. Das Staatsministerium Oldenburg bewilligte immerhin im Dezember 1871 eine staatliche Unterstützung von 30 Talern zur Lehrerbesoldung. 1875 wurde ein Zuschuss von 150 Mark gewährt.

---

118 Schulchronik Bosen

119 LHA Ko. Best. 393 Nr. 321

Eine Erhöhung wurde 1886 abgelehnt, obwohl anerkannt wurde, dass die „Israeliten" in Bosen größtenteils in dürftigen Verhältnissen lebten und durch die doppelten Schullasten schwer bedrückt würden.[120] Lehrer Baum blieb 10 Jahre in Bosen, danach wechselte er an die jüdische Gemeindeschule in Sötern. Die Lehrerstelle war nun wieder mehrfach vakant, so dass die jüdischen Kinder zeitweilig wieder den beiden christlichen Schulen überwiesen wurden.

Als 1895 in Bosen eine neue Gemeindeschule gebaut wurde, beantragte die Synagogengemeinde, dass für die jüdische Schule ein Lehrraum mit angebaut werden solle. Dies wurde jedoch abgelehnt, da man bezweifelte, dass die jüdische Privatschule, angesichts der sinkenden Schülerzahlen, noch lange existieren würde.[121]

Zwischen den drei Bosener Schulen herrschte ein freundschaftliches Einvernehmen. Regelmäßig fanden gemeinsame Unternehmungen wie Spaziergänge, Ausflüge sowie Schulfeiern statt.

Die Förderung patriotischer Gesinnung und Treue zur staatlichen Obrigkeit hatten an den jüdischen Schulen einen ebenso hohen Stellenwert wie an den christlichen. Anlass zu Schulfeiern waren auch hier die Geburtstage des Kaisers sowie des Großherzogs von Oldenburg. Wie eine solche Feier ablaufen konnte, erfahren wir aus der jüdischen Schulchronik. Lehrer Heilbronn notierte 1895: „Am 8. Juli fiel der Unterricht anlässlich der Geburtstagsfeier S. Königl. Hoheit des Großherzogs Peter Nikolaus aus. Im Verein mit der evang. Schule (Lehrer Dörr) machten wir einen Ausflug nach dem Waldbach (5/4 St. von Bosen). Nachdem hier die Schulfeier durch Rede, sowie patriotische Gesänge beendet war, gaben sich die Kinder dem Vergnügen hin. Später besahen wir uns die Ziegelei, sowie das Eisenbahnterrain, welches eben gebaut wird und kehrten dann vergnügt gegen 12 Uhr Mittags über Sötern nach Bosen zurück.[122]

Auch sonstige Feierlichkeiten innerhalb der kaiserlichen bzw. großherzoglichen Familien, wie Vermählungen oder Jubiläen, wurden in allen Schulen in besonderer Weise gefeiert. Auch staatliche Gedenktage, wie z.B. der Sedanstag, wurden feierlich begangen. Beim alljährlichen Besuch des Großherzogs von Oldenburg im Fürstentum Birkenfeld wirkten auch alle Schulkinder mit. Neben den Ausflügen waren diese Besuche eine willkommene Abwechslung im Schulalltag. In der katholischen Schulchronik von Bosen wird ein solcher Besuch beschrieben: Die katholische Schule ging „in Gemeinschaft mit der I. und II. evangelischen und jüdischen Schule nachmittags nach Sötern, um am Empfang Ihrer Königl. Hoheiten des Großherzogs Friedrich August und der

120 Sta. Oldenburg Best. 134, 7981

121 Baum, S. 97

122 Baum, Anlage Nr. 40

Großherzogin, welche Sötern an selbem Tage mit ihrem hohen Besuche beehrten, teilzunehmen. Die Bewohner von Sötern und Bosen-Eckelhausen bildeten zu beiden Seiten der Straße Spaliere. Hieran reihten sich dann die Schulen. Unter Hurrah- und Hochrufen fuhren die Königlichen Hoheiten zwischen den Spalieren durch und stiegen sodann ab, um sich persönlich in der Ihnen eigenen Leutseligkeit über manches zu erkundigen. Sie ließen sich von Herrn Pfarrer Bonnet die Lehrer der anwesenden Schulen vorstellen und erkundigten sich eingehend über Schülerzahl, Unterricht, sowie Studienzeit und Dienstalter der Lehrer."

Zu Beginn des 1. Weltkrieges lehrte David Hartmann an der jüdischen Privatschule in Bosen. Er wurde zum Kriegsdienst eingezogen, nach zwei Jahren jedoch auf Gesuch der Synagogengemeinde zur Erteilung des Religionsunterrichts und zur Abhaltung des Gottesdienstes freigestellt. Seine ausführlichen Schilderungen der Kriegsereignisse und ihrer Auswirkungen auf das dörfliche Leben sind „ein Zeitdokument besonderer Art".[123] Sie spiegeln überdies seine patriotische Gesinnung und die Loyalität gegenüber seinem Vaterland wider. Die Eintragungen von 1916 sind zunächst noch vom Vertrauen auf einen Sieg bestimmt: „Unser Volk hat schwere Opfer an Gut und Blut bringen müssen, doch sie waren nicht umsonst gebracht. An der eisernen Wand unserer Feldgrauen... in Ost und West...zerschellte jeder Ansturm. Unser Vaterland blieb von Verheerungen verschont."

Später schlug die anfängliche Euphorie in Empörung und Niedergeschlagenheit um: „Das große Ringen nimmt indessen ungeachtet des unermeßlichen Verlustes an Gut und Blut seinen Fortgang, bis endlich, ganz unerwartet, das Volk aufstand, der Sturm losbrach....Am 11. November wurde der denkwürdige aller Gerechtigkeit und Völkerversöhnung hohnsprechende Waffenstillstand abgeschlossen.... dem Ende Mai ein noch schmachvollerer Frieden folgte... Am 2. Dezember 1918 zogen die Franzosen mit klingendem Spiel und wehenden Fahnen als Sieger in Bosen ein.

Unser Schicksal ist besiegelt!" Mit diesen Worten endete vorläufig die Schulchronik der jüdischen Schule in Bosen, ein Menetekel für die kommenden Ereignisse?

Dass rund 20 Jahre später den Juden jegliche Daseinsberechtigung in ihrer deutschen Heimat abgesprochen werden würde, daran hätte damals mit Sicherheit niemand geglaubt.

Lehrer Hartmann hatte im September 1918 erfolgreich die Hauptprüfung als Volksschullehrer abgelegt. Seinem Antrag, an der Bosener Gemeindeschule zu unterrichten wurde trotz Lehrermangels nicht entsprochen. Er verließ daraufhin Bosen im Jahr

123 Baum, S. 111

1920.[124] Danach kam die jüdische Privatschule ganz zum Erliegen. Die wenigen Kinder wurden endgültig der katholischen Schule überwiesen.

Jüdische Lehrer in Bosen:

Aron Levison	1829
Moses Ries	1830 -
Aron Immerfroh	- 1835
Alexander Levino	1844 - 1870
Ferdinand Eisenkrämer	1871
Joseph Baum	1871 - 1881
Markus Baum	1882 - 1889
Julius Goldschmidt	1889 - 1894
Jacob Heilbrunn	1895 - 1898
Levi Katz	1898 - 1902
Hermann Katzenstein	1902 - 1905
Leopold Hess	1905 - 1906
Siegfried Braun	1906 (6 Monate)
Daniel Holzapfel	1906 - 1908
Baruch Kleeblatt	1908 - 1910
Hans Klötzel	1912 - 1913
David Hartmann	1914 - 1920 mit Unterbrechung
Berthold Sender	1920
Siegfried Mendel (Religionslehrer)	

Lehrer David Hartmann, geb. 1891 in Beuthen, Polen; gest. 1973 in Nahariya, Israel; er war nach seiner Tätigkeit in Bosen von 1921 bis 1939 Lehrer der jüdischen Elementarschule in Wittlich.
aus: Schleindl, A.: Jüdisches Leben in Wittlich, 1993, S. 34

124 Baum, Anhang Nr. 55

Jahrgänge 1901 – 1903 in Gonnesweiler, rechts neben der Lehrerin, Frau Becker, Ida und Flora Kahn, *privat*

Jahrgänge 1906-1913 der katholischen Konfessionsschule in Bosen mit Lehrer Otto Hiebel, 1919. In diesem Jahr wurden erstmals die jüdischen Kinder des Dorfes in die katholische Volksschule aufgenommen. *aus: Bildband Bosen, S. 181*

Katholische und jüdische SchülerInnen ca. 1932 in Sötern vor ihrem Schulhaus, *privat*

Reihe u. v. l.: Rudhard Leid, Bernhard Töttel, Edmund Kunz, Edwin Baltes, Herbert Wolf, Gerhard Töttel; 2. Reihe v. l.: Ludwig Erwin Wolf , genannt „Ellich", Günther Hirsch, Heinz Herwagen, Siegfried Leopold Lion, Klaus Baltes, Jakob Werner Wolf, Heinz Engelhard Sender; 3. Reihe v. l.: Blandine Rausch, davorstehend: Irmgard Mörsdorf, Adeline Baltes; Veronika Kolling, Auguste (Guteli) Baum, Henni Lion, Helga Arnold; davor: Ilse Hiebel, Maria Herwagen Agnes Kolling, Helene Hassel, Ursula Leid; Lehrer: Otto Hiebel

Fritz und Paul Jost, *privat*

DIE JÜDISCHE „NOTSCHULE" IN BOSEN UND DAS SCHICKSAL DER SCHÜLER

Jüdische Kinder in der NS-Zeit

Es lässt sich nur erahnen, welchem zunehmendem Druck die jüdischen Kinder nach 1933 in der Schule ausgesetzt waren. Die Bemerkung eines Lehrers in der Bosener Schulchronik zur so genannten „Reichskristallnacht" spricht jedoch Bände: „Am 9. November starb in Paris der Gesandtschaftsrat von Rath an den Folgen eines Attentats, das ein Jude auf ihn verübt hatte. Nach Bekanntwerden der Todesnachricht machte sich die Erregung des deutschen Volkes in Vergeltungsmaßnahmen Luft. Hier im Ort mußten Juden die gesamte Einrichtung ihrer Synagoge zerstören und entfernen. Bei der Aktion gegen die Vertreter des auserwählten Volkes gingen auch einige Fensterscheiben an ihren Wohnhäusern in Trümmer. Hoffentlich haben die Juden nun begriffen, daß sie in Deutschland unliebsam geworden sind." Den jüdischen Kindern wurde der weitere Besuch der Gemeindeschule untersagt.

Am 22. Februar 1940 kam es in Bosen zur Wiederbelebung der jüdischen Schule. Wie schon fünf Jahre zuvor für Hoppstädten geplant, sollten hier nicht nur die Bosener Kinder, sondern diejenigen der gesamten Region zusammengefasst werden. Die insgesamt 15 jüdischen Schulkinder stammten aus den verschiedensten Orten, nicht nur des Landkreises Birkenfeld.
Der Schulbetrieb konnte aber offiziell nur 2 Wochen bis zum 08. März 1940 aufrecht erhalten werden.[125]
Als Lehrer[126] war Michael Daniel, geb. 27.09.1882, verheiratet, tätig. Er meldete sich am 05.09.1940 von Bosen nach Euskirchen bei Köln, Adolf Hitler Straße 18 ab.
Im Gedenkbuch des Bundesarchivs Koblenz ist er als vermisst verzeichnet.

Hier das Schülerverzeichnis der Schule in Bosen am 22. Februar 1940[127]:

Knaben:

1)	Herbert Wolf	geb. 07.12 1925 in Sötern
2)	Günter Lion	geb. 12.01.1927 in Bosen

125 Baum, S. 119; bearbeitet und ergänzt durch die Autoren

126 s. Einwohnermeldebuch der Gemeinde Nohfelden; s. auch: www.yadvashem.org

127 Baum, Anhang Nr. 51

3)	Heinz Wolf	geb. 14.8.1928 in Sötern
4)	Herold Marx	geb. 30.11.1931 in Herchweiler
5)	Kurt Mayer	geb. 01.05.1932 in Ulmet

Mädchen:

6)	Marianne Scharawner	geb. 16.06.1926 in Becherbach
7)	Rut Baer	geb. 19.06.1926 in Idar
8)	Lucie (Susi) Alexander	geb. 25.02.1927 in Illingen
9)	Lieselotte Sender	geb. 02.06.1927 in Bosen
10)	Henriette Reinheimer	geb. 13.09.1927 in Türkismühle
11)	Lore Schwarz	geb. 08.10.1927 in Merchweiler
12)	Reni Heymann	geb.13.12.1930 in Hoppstädten
13)	Gisela Mendel	geb. 16.03.1932 in Sötern
14)	Betty Münster	geb. 07.09.1932 in Merchweiler
15)	Else Levy	geb.30.04.1932 in Sensweiler

1) Herbert Wolf, Sohn von Arthur Wolf geb. 19.01.1894 in Bosen und Pauline Wendel geb. 23.08.1895, wurde mit seinen Eltern und seinen beiden Brüdern am 29.04.1942 deportiert, letzte Wohnung: Sötern Haus Nr. 152

2) Günter Lion, Sohn von Max Lion geb. 10.11.1890 in Bosen, Landwirt in Bosen, und Flora Heimann geb. 19.06.1902 in Laufersweiler, besuchte vom 20.04.1933 bis 17.11.1938 die Volksschule. Günter und sein Bruder Egon wurden am 04.01.1941 nach Frankfurt/Main, Ebersheimstraße 5 verschickt[128], aber am 29.04.1942 mit den Eltern deportiert. Letzte Wohnung der Eltern: Bosen Haus Nr. 35

3) Heinz Wolf, Bruder von Herbert Wolf wurde am 14.01.1942 nach Frankfurt/Main, Röderbergweg 87, abgemeldet[129]. Er teilte das Schicksal der ganzen Familie

4) Herold Marx hat, da er ein sogenannter „Mischling" war, überlebt. Sein Lebenslauf, datiert 14.12.1959 liegt vor. Er schreibt darin, dass er von 1937 bis 1938 die Volksschu-

128 Dort befand sich die 1863 gegründete Julius und Amalie Flersheim'sche Stiftung. Der Stiftungszweck war die Erziehung und Ausbildung von Knaben aus der israelitischen Gemeinde. Das Heim wurde 1939 in die Reichsvereinigung der Juden eingegliedert und 1941 als Hilfskrankenhaus sicher gestellt. Aus: www.ffmhist.de

129 Dort befand sich eine Israelitische Waisenanstalt, von der aus Kinder u.a. über Frankreich in die Freiheit gelangten.

le in Herchweiler, nach einjähriger Unterbrechung 1940 die Schule für jüdische Kinder in Bosen besuchen konnte. Nach einer halbjährigen Unterbrechung durfte er die Schule in Haupersweiler besuchen. Da er nicht arischer Abstammung war, wurde ihm dies 1943 untersagt. Insgesamt konnte er nur 4 ½ Jahre die Volksschule besuchen.“[130] Er lebte nach dem Krieg in Herchweiler.

5) Kurt Mayer wurde im Oktober 1940 mit seinen Eltern in das Konzentrationslager Gurs bei Pau, Basses-Pyrénées deportiert. 1941 konnte er an Bord der „USCOM“[131] in die USA auswandern.
Sein Vater Julius war vom 12.11. bis 21.12. 1938 in Dachau. Mit seiner Frau Olga Baum aus Bosen, geb. 01.08.1907, kam er von Gurs über Rivesaltes am 04.09.1942 nach Drancy und am 11.09.1942 nach Auschwitz. Sie gelten als verschollen.[132]

6) Marianne Scharawner kam Ende der 20er Jahre mit ihren Eltern von Becherbach nach Weierbach und ging dort in die evangelische Volksschule. Mit ihren Eltern wollte sie dem 1938 in die USA ausgewanderten Bruder nachreisen. Dies misslang jedoch. Am 29. April 1942 wurde sie mit ihren Eltern deportiert.[133]

7) Rut(h) Baer wanderte mit ihrer Mutter (Name unbekannt) und ihren beiden Brüdern 1940 über Köln, Berlin, Königsberg, Wilna, Kowno, Moskau und Yokohama in die USA aus, wo der Vater (Max, geb. 1895 in Idar, gest. 1945 in den USA, Metzger) sich bereits seit 1938 aufhielt und die Nachreise der Familie organisierte.[134]

8) Lucie (Susi) Alexander, Tochter von Albert Alexander und Blandine aus Illingen, wohnte bei Siegfried Baum in Bosen Nr. 75. Am 15.03.1940 wurde sie nach Illingen Adolf Hitler Straße 111 abgemeldet. Gemeinsam mit ihren Eltern wurde sie am 22.10.1940 nach Gurs deportiert, wo sie bis 14.03.1941 verblieben. Anschließend waren sie im Lager in Rivesaltes.
Die Eltern wurden am 14.8.1942 über Drancy nach Auschwitz verschleppt und ermordet.

---

130 zitiert aus: Baum, S. 121

131 United States Commitee for the Care of European Children, gegründet 1940 von Clarens Picket, unterstützt von Eleanor Roosevelt

132 aus: Dokumentation zur Geschichte..., Bd. 7, S. 187; vgl. auch: Baum, S. 123

133 Näheres zur Familie in: Redmer, S. 90f.

134 Näheres zur Familie in: Redmer, S. 23ff.

Lucie wurde auf Grund einer Intervention der jüdischen Pfadfinder am 11.08.1942 befreit und in einem Waisenhaus, einem Kloster in Brives, unter dem falschen Namen Lucie d´ Aubrinon bis zum Frühjahr 1943 vor der Besatzung versteckt. Danach nahm sie unter Beibehaltung des falschen Namens eine Friseurlehre auf. Sie lebte nach dem Krieg nach ihrer Verheiratung als Lucia Kouklia in Levallois – Rerret in Frankreich.[135]

9) Lieselotte Sender, Tochter von Leo Sender, geb. 13.03.1895 in Bosen und Rosetta Lion, geb. 05.11.1897 in Bosen. Liselotte wurde am 13.11.1940 nach Frankfurt/Main, Sandweg 7 abgemeldet. Eltern und Tochter wurden am 29.04.1942 deportiert, letzter Wohnsitz Bosen Nr. 132.

10) Henriette Reinheimer, Tochter von Markus Reinheimer, geb. 28.08.1890 und Artella Levy, geb. 23.02.1891 in Rhaunen.
Henriette wurde am 13.11.1940 von Gonnesweiler Haus Nr. 163 nach Frankfurt/Main, Sandweg 7 abgemeldet[136] und am 29.04.1942 mit ihrer Mutter und ihrem Bruder Kurt deportiert. Letzte Wohnung von Mutter und Kindern Sötern Haus Nr. 50.

11) Lore Schwarz, Tochter von Isaac Schwarz, Merchweiler und Delphine Wolf, geb. 25.04.1892 in Sötern, wohnte in Sötern Nr. 59 bei Salomon Wolff. Am 12.03.1940 wurde sie nach Merchweiler, Bismarkstraße 22 abgemeldet.
Am 22.10.1940 wurde die Familie Schwarz nach Gurs deportiert. Im März 1941 wurden die Eltern, Sohn Werner und Tochter Lore nach Rivesaltes verbracht. Dort starb der Vater am 12.03.1942 und wurde auf dem Friedhof von Rivesaltes beerdigt.
Am 11.08.1942 wurde die Mutter über Drancy nach Auschwitz deportiert.
Beide Kinder entkamen aus dem Lager Rivesaltes in das christliche Kinderheim Chateau de Gramond und überlebten. Nach dem Krieg wanderten Lore und Werner zu ihrem Onkel in die USA, Hartford, Connecticut aus.[137]

12) Reni Heymann, Tochter von Walter Heymann, geb. 25.05.1903 in Gonnesweiler, und Rosa Lorig geb. 01.03.1904 in Butzweiler/Trier.
Reni wurde am 05.01.1941 abgemeldet nach Frankfurt/Main, Sandweg 7. Am 29.04.1942 wurde sie mit den Eltern deportiert, letzter Wohnsitz: Sötern Haus Nr. 150.

---

135 Rudnick, S. 351

136 Im Sandweg 7 unterhielt die jüdische Gemeinde ein Kinderheim.

137 Rudnick, S. 366

13) Gisela Mendel war die Tochter von Ernst Mendel, geb. 20.11.1902 in Birkenfeld, Zahntechniker in Sötern, und Lucy Sender geb. 29.10.1905 in Sötern, am 22.10.1940 nach Gurs/Frankreich abgemeldet, für tot erklärt.
Gisela wurde 1939 mit der jüdischen Wohlfahrt nach Berlin verschickt, am 02.10.1940 nach Frankfurt/Main Sandweg 7 und am 14.01.1942 nach Frankfurt Röderbergweg 87 abgemeldet. Laut einer mündlichen Aussage von Heinz Sender soll Gisela mit der Mutter deportiert worden sein.[138] Sie wurde für tot erklärt, letzte Wohnung: Sötern Haus Nr. 152.

14) Betty Münster, Tochter von Erna Münster, wurde am 05.11.1938 aus rassischen Gründen von der katholischen Schule in Merchweiler verwiesen. Am 12.03.1940 wurde sie aus Sötern Nr. 50 nach Merchweiler Weißgerberstraße 38 abgemeldet.
Am 15.11.1941 wurde sie auf Anordnung des Reichsstatthalters in der Westmark im Auftrag des Reichserziehungsministers wieder eingeschult. Im März 1945 sperrte man sie zusammen mit ihrer Mutter in einem Lager am Mellinschacht ein.[139] Doch man ließ die Dreizehnjährige anschließend frei. Sie wohnte nach dem Krieg in Merchweiler.[140]

15) Else Levy (Eltern: Emanuel, geb. in Sensweiler, für tot erklärt zum 20. April 1942, Kaufmann, und Hilde) wohnte mit ihren Eltern bis 1939 in Sensweiler. Dann zog die Familie nach Idar um.
Offensichtlich wurde Else gemeinsam mit dem Vater deportiert und umgebracht, da sie in einem Wiedergutmachungsverfahren vor dem Landgericht Bad Kreuznach nach 1945 nicht als Erbin ihres Vaters angegeben wurde.[141]

---

138 Baum, S. 123

139 Zum Schicksal ihrer Mutter siehe: Landau, Michael: „Ein Jude ist ein Jude...“, in: Lebenswege jüdischer Mitbürger, hrsg. Landkreis Neunkirchen, Ottweiler 2009, S. 101 ff.

140 Rudnick, S. 372

141 Näheres zur Familie in: Redmer, S. 62f.; vgl. auch: meigen, S. 41f.

Lieselotte Sender (links) und Mitschüler aus Bosen; *aus: Mais, Die Verfolgung, S. 289*

Spielende jüdische Kinder vom Lande im Kinderheim Frankfurt, Sandweg 7, 1940/41 *aus: www. ffmhist.de*

Das Kinderheim - Israelitische Waisenanstalt - im Röderbergweg 87 wurde während der NS-Zeit ein Zufluchtsort für Kinder aus dem weiten Umland Frankfurts. Aufnahme im Hof des Kinderheimes um 1939.

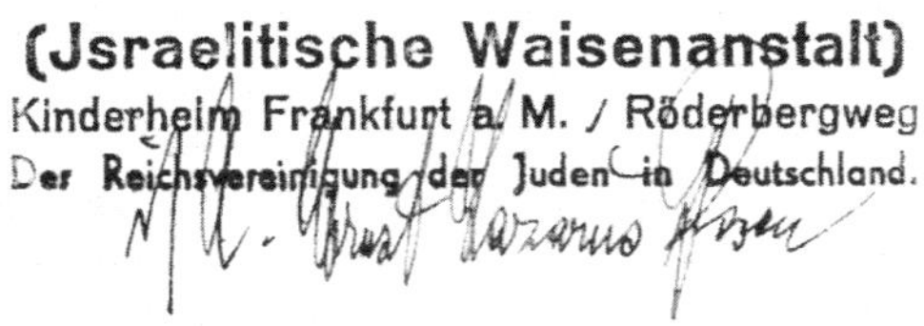

Stempel des Kinderheims Israelitische Waisenanstalt im Röderbergweg 87

142

142 Deportation aus Frankfurt, S. 63

TEIL III

AUSGRENZUNG UND VERNICHTUNG

VOGELFREI – DER ENTZUG DER STAATSBÜRGERSCHAFT

Bereits im Parteiprogramm der NSDAP vom 20. Februar 1920 wurde klar definiert, wer nach Auffassung der Nationalsozialisten deutscher Staatsbürger sein durfte und wer nicht. In Punkt vier des Programms hieß es ausdrücklich: Staatsbürger kann nur sein, wer deutschen Blutes ist, ohne Rücksichtnahme auf Konfession. Kein Jude kann daher Volksgenosse sein.[143]

Auch in „Mein Kampf" kritisierte der Verfasser das Staatsbürgerrecht der Weimarer Republik, nach welchem man entweder durch Geburt oder durch spätere Einbürgerung das Staatsbürgerrecht besitze und die Rasse oder Volkszugehörigkeit keine Rolle spiele.[144]

Nach seinem Machtantritt griff er diesen Gedanken sofort wieder auf.

Am 23. März 1933 hatte sich das deutsche Parlament selbst entmachtet, indem es dem „Gesetz zur Behebung der Not von Volk und Staat" (dem so genannten Ermächtigungsgesetz) mehrheitlich zustimmte. Es besagte, dass Reichsgesetze „außer in dem in der Reichsverfassung vorgesehenen Verfahren auch durch die Reichsregierung beschlossen werden" konnten. Diese von der Regierung beschlossenen Gesetze konnten ausdrücklich auch von der Reichsverfassung abweichen.[145]

Dadurch war es Hitler innerhalb kürzester Zeit möglich, das „Gesetz über den Widerruf von Einbürgerungen und die Aberkennung der deutschen Staatsangehörigkeit" im Reichskabinett durchzupeitschen. Es wurde am 14. Juli 1933 im Reichsgesetzblatt veröffentlicht. In Paragraph 1 des Gesetzes hieß es, dass Einbürgerungen, die in der Zeit zwischen dem 9. November 1918 und dem 30. Januar 1933 vorgenommen worden seien, widerrufen werden konnten.[146] Reichsangehörige, die sich im Ausland aufhielten, konnten „der deutschen Staatsangehörigkeit für verlustig erklärt werden, sofern sie durch ein Verhalten, das gegen die Pflicht zur Treue gegen Reich und Volk verstößt, die deutschen Belange geschädigt haben". Das Gleiche galt für Deutsche, die einer Rückkehraufforderung des Reiches nicht Folge leisteten. Das Vermögen dieser

143 aus: Hofer, Walter (HG): Der Nationalsozialismus. Dokumente 1933-1945; Frankfurt 46.A. 1999, S. 28

144 Mein Kampf, S. 488

145 aus: Hofer, Walter (HG): Der Nationalsozialismus. Dokumente 1933-1945; Frankfurt 46. A. 1999, S. 58f

146 Gesetzestext abgedruckt in: Redmer, Axel: Staatenlos und vogelfrei. Widerstand, Verweigerung und Verfolgung von Menschen aus dem Bereich der oberen Nahe 1933-1945. 1. Teil: Die Ausgebürgerten. Birkenfeld 1993, S. 121f

Reichsangehörigen wurde beschlagnahmt und nach Aberkennung der Staatsbürgerschaft „als dem Reiche verfallen erklärt". Ausdrücklich wurden hier Reichsangehörige erwähnt, die nach der Machtergreifung in das noch freie Saargebiet geflüchtet waren. Im Sinne der Sippenhaft konnte der Verlust der Staatsangehörigkeit auf den Ehegatten und die Kinder ausgedehnt werden, was in den meisten Fällen wohl auch geschah.
Wie dieses Gesetz durchzuführen war, wurde in einer Verordnung festgelegt, die am 26. Juli 1933 veröffentlicht wurde.[147] Für die Beurteilung der Frage der Einbürgerung sollten „rassische, staatsbürgerliche und kulturelle Gesichtspunkte" im Mittelpunkt stehen. Danach kamen für den Widerruf der Einbürgerung besonders zwei Gruppen von Menschen in Betracht: „Ostjuden" und „Personen, die sich eines schweren Vergehens oder eines Verbrechens schuldig gemacht oder sich sonst wie in einer dem Wohle von Staat und Volk abträglichen Weise verhalten haben."
Zahllose Ausbürgerungsverfahren wurden nun in Gang gesetzt. Federführend war hierbei die Gestapo.[148] „Da der Schein eines rechtsstaatlich korrekten Verfahrens gewahrt bleiben sollte, bemühte sich die Gestapo um justitiables Belastungsmaterial und schuf aus diesem Grund im Ausland ein weit gespanntes Spitzelsystem… Vom Auswärtigen Amt unterstützt, schleuste die Gestapo Denunzianten in zahlreiche Exilorganisationen ein." Die über im Exil lebenden Regimegegner angelegten Karteien waren häufig lückenhaft und enthielten grobe Fehler. Es wurde ungeniert Belastungsmaterial erfunden, um Ausbürgerungsverfahren im gewünschten Sinn zu beschleunigen, so Redmer. Die am häufigsten genannten Gründe für die Ausbürgerung waren:
- die Zuordnung zu einer Linkspartei
- die frühere Mitgliedschaft im „Reichsbanner Schwarz-Rot-Gold"
- der pauschale Vorwurf der „Deutschfeindlichkeit" und
- des „Wirtschaftsschädlings".

Zu den ersten ausgebürgerten Regimegegnern, die schon einen Monat nach Inkrafttreten des Gesetzes ausgebürgert wurden, zählten so bekannte Persönlichkeiten wie die Schriftsteller Lion Feuchtwanger, Heinrich Mann und Kurt Tucholsky, sowie der Oppositionspolitiker Otto Wels, der nun für seinen Mut bestraft wurde. Er hatte im Reichstag als SPD-Abgeordneter eine flammende Rede gegen das Ermächtigungsgesetz gehalten.
Im Laufe der Zeit wurde man offensichtlich der anwachsenden Bürokratie bei den Ausbürgerungsverfahren überdrüssig. Da seit Kriegsbeginn zunehmend die Juden in den Focus der Ausbürgerungspolitik gerieten, schaffte man schließlich die individuel-

---

147 Redmer, S. 122ff

148 Ich folge in den nachstehenden Ausführungen v.a. der Arbeit von Axel Redmer S. 7-18.

len Verfahren zugunsten kollektiver Ausbürgerungen ab. In der 11. Verordnung zum Reichsbürgergesetz vom 25. November 1941 wurde allen Juden, die sich im Ausland aufhielten, oder später ausreisen wollten, die Staatsangehörigkeit entzogen; ihr Vermögen fiel an den Staat.

Paragraph 12 betonte, dass die Verordnung auch im Protektorat Böhmen und Mähren und in den eingegliederten Ostgebieten gelte. Dies bedeutete, dass auch die Juden, die in die KZ´s des Ostens deportiert wurden, ihre Staatsangehörigkeit verloren.

Die Verordnung zum Entzug der Staatsbürgerschaft stellte, wie Axel Redmer richtig feststellt, einen „wichtiger Mosaikstein in der angestrebten Endlösung der Judenfrage dar."

Was der Verlust der Staatsangehörigkeit für die im Ausland lebenden Deutschen bedeutete, lässt sich nur erahnen. Nachdem sie ihre Heimat verloren hatten, wurde ihnen neben ihrem Vermögen auch noch die Ehre genommen. Die Veröffentlichung im Reichsgesetzblatt brandmarkte sie als Verbrecher an der Nation. Von 1933 bis 1945 wurden ca. 39 000 Personen durch individuelle Verfahren und rund 400 000 kollektiv ausgebürgert.[149]

Im Bereich der oberen Nahe geht Redmer von mehr als 500 Ausbürgerungen aus.[150] In seiner Liste von ausgebürgerten Personen, die insgesamt 454 Namen enthält, werden 104 Namen aus Orten des früheren Amtes Nohfelden genannt. 73 der von ihm genannten Personen wurden bis 1941 in individuellen Verfahren ausgebürgert. Ab 1941 verloren weitere 381 Personen in Kollektivverfahren ihre Staatsangehörigkeit.[151]

---

149 Redmer folgt hier den Angaben bei Georg Lehmann: Acht und Ächtung politischer Gegner im Dritten Reich. Die Ausbürgerung deutscher Emigranten 1933-45, in: Die Ausbürgerung deutscher Staatsbürger 1933-45 nach den im Reichsanzeiger veröffenlichten Listen, Bd. 1 München, New York, London, Paris 1985, S. XIV.

150 Sein Untersuchungsraum bezieht sich auf den Bereich des früheren Landkreises Birkenfeld, zu welchem die heutige Gemeinde Nohfelden damals gehörte.

151 Als Quellen benutzte er u.a. die Ausbürgerungsakten des Politischen Archivs des Auswärtigen Amtes in Bonn. Er gibt allerdings zu bedenken, dass die Liste große Lücken aufweist, da die im Kreis Birkenfeld vorhandenen Deportationsunterlagen zusammen mit anderen Behördenakten vor dem Einmarsch der Allierten vernichtet wurden.

Gesetz über den Widerruf von Einbürgerungen und die Aberkennung der deutschen Staatsangehörigkeit

(Ausbürgerungsgesetz: ABürG) (14. Juli 1933)[152]

Die Reichsregierung hat das folgende Gesetz beschlossen, das hiermit verkündet wird:

§ 1 Einbürgerungen, die in der Zeit zwischen dem 9. November 1918 und dem 30. Januar 1933 vorgenommen worden sind, können widerrufen werden, falls die Einbürgerung nicht als erwünscht anzusehen ist. ....

§ 2 Reichsangehörige, die sich im Ausland aufhalten, können der deutschen Staatsangehörigkeit für verlustig erklärt werden, sofern sie durch ein Verhalten, das gegen die Pflicht zur Treue gegen Reich und Volk verstößt, die deutschen Belange geschädigt haben. Das gleiche gilt für Reichsangehörige, die einer Rückkehraufforderung nicht Folge leisten, die der Reichsminister des Innern unter Hinweis auf diese Vorschrift an sie gerichtet hat. Bei der Einleitung des Aberkennungsverfahrens oder bei Erlaß der Rückkehraufforderung kann ihr Vermögen beschlagnahmt, nach Aberkennung der deutschen Staatsangehörigkeit als dem Reiche verfallen erklärt werden. Die Beschlagnahme des Vermögens endigt spätestens mit dem Ablauf von 2 Jahren, falls es nicht vorher als dem Reiche verfallen erklärt wird.

Diese Maßnahmen können auch gegenüber Reichsangehörigen im Saargebiet getroffen werden, die in der Zeit nach dem 30. Januar 1933 ihren Aufenthalt dorthin verlegt haben. ....

Der Reichsminister des Innern im Einvernehmen mit dem Reichsminister des Auswärtigen beschließt im einzelnen Falle, inwieweit sich der Verlust der deutschen Staatsangehörigkeit auf den Ehegatten, auf die ehelichen oder an Kindesstatt angenommenen Kinder, bei Frauen auf die unehelichen Kinder erstreckt.

Verordnung zur Durchführung des Gesetzes über den Widerruf von Einbürgerungen und die Aberkennung der deutschen Staatsangehörigkeit (26. Juli 1933)[153]

zu § 1

I. Ob eine Einbürgerung als nicht erwünscht anzusehen ist, beurteilt sich nach völkisch-nationalen Grundsätzen. Im Vordergrunde stehen die rassischen, staatsbürgerlichen und kulturellen Gesichtspunkte für eine den Belangen von Reich und Volk zuträgliche

152 Redmer, S. 121 f

153 ebda. S. 122 ff

Vermehrung der deutschen Bevölkerung durch Einbürgerung. Dabei sind außer Tatsachen aus der Zeit vor der Einbürgerung vor allem auch Umstände zu berücksichtigen, die in die Zeit nach der Einbürgerung fallen.
Hiernach kommen für den Widerruf der Einbürgerung insbesondere in Betracht:
a) Ostjuden, es sei denn, dass sie auf deutscher Seite im Weltkriege an der Front gekämpft oder sich um die deutschen Belange besonders verdient gemacht haben;
b) Personen, die sich eines schweren Vergehens oder eines Verbrechens schuldig gemacht oder sich sonst wie in einer dem Wohle von Staat und Volk abträglichen Weise verhalten haben.

....

V. Die Gründe für den Widerruf werden nicht mitgeteilt. In der Widerrufsverfügung sind diejenigen Personen namentlich aufzuführen, auf die sich der Widerruf erstreckt..... Personen im Inland soll die Widerrufsverfügung durch die zuständige Behörde gegen Empfangsbescheinigung ausgehändigt oder durch die Post zugestellt werden (Postzustellurkunde) Personen im Ausland soll die Widerrufsverfügung durch Vermittlung der zuständigen diplomatischen oder konsularischen Vertretung des Reichs ausgehändigt werden. Soweit die Zustellung oder Aushändigung nicht erfolgt, muß der Widerruf, um wirksam zu werden, im Reichsanzeiger veroffentlicht werden.
Der Widerruf kann nicht mit Rechtsmitteln angefochten werden.

zu § 2
I. Ein der Treuepflicht gegen Reich und Volk widersprechendes Verhalten ist insbesondere gegeben, wenn ein Deutscher der feindlichen Propaganda gegen Deutschland Vorschub leistet oder das deutsche Ansehen oder die Maßnahmen der nationalen Regierung herabzuwürdigen gesucht hat.
II. Die Vermögensbeschlagnahme und die Verfallerklärung werden im Reichsanzeiger veröffentlicht. Sie werden mit dem Zeitpunkt der Veröffentlichung wirksam. ....

Punkt vier des 25-Punkte-Programms der NSDAP vom 24. Februar 1920:[154]

„Staatsbürger kann nur sein, wer Volksgenosse ist. Volksgenosse kann nur sein, wer deutschen Blutes ist, ohne Rücksichtnahme auf Konfession. Kein Jude kann daher Volksgenosse sein.“

---

154 Hofer, W. (HG): Der Nationalsozialismus 1933 - 1945, Frankfurt 46. A. 1999, S. 28

DURCH EMIGRATION NACH 1933 ÜBERLEBENDE

	Name	Vorname	geb. am / in	emig-riert am	nach	Alter am 31.12.42
1	ACKER-MANN	Hertha geb. Wolff	00.00.1924 in Bosen		Luxemburg	18
2	ADLER	Liselotte, geb. Levy	27.06.1913 in Sötern		Palästina	29
3	BAUM	Arthur	09.11.1897 in Bosen	10.08.1939	London	45
4	BAUM	Wilhelmine, geb. Gerson	13.09.1880 in Perscheid	27.01.1938	New York	62
5	BAUM	Max	24.08.1907 in Bosen	11.09.1937	New York	35
6	BAUM	Ludwig	19.05.1915 in Bosen	20.10.1937	Chicago	27
7	BAUM	Max	12.01.1884 in Bosen	26.08.1939	Clerf, dann USA	58
8	BAUM	Auguste	02.06.1924 in Sötern	26.08.1939	Clerf, dann USA	18
9	BAUM	Edith Mel., geb. Wolff	17.01.1920 in Gonnesweiler	24.04.1935	Luxemburg	22
10	BAUM	Edith	19.09.1914 in Hermeskeil	16.09.1938	New York	28
11	BAUM	Clara	20.08.1916 in Hermeskeil	16.09.1938	New York	26
12	BAUM	Thekla	20.08.1916 in Hermeskeil	16.09.1938	New York	26
13	BOEHM	Frieda, geb. Hanau	20.08.1897 in Bosen		USA	45
14	CONRAD	Karl	15.10.1919 in Sötern	20.04.1936	Palästina	23
15	ERMANN	Gertrud, geb. Lion	10.01.1914 in Sötern	01.08.1938	New York	28
16	ERMANN	Heinz Ludwig	03.09.1905 in Sötern		Palästina	37
17	FRENKEL	Selma, geb. Löb	06.09.1890 in Sötern	22.12.1937	USA	52
18	GOTTLIEB	Leo	26.05.1903 in Bosen	00.00.1938	USA	39

19	GOTTLIEB	Else, geb. Teutsch	22.12.1906 in Venningen	00.00.1938	USA	36
20	GRUEN	Lilly, geb. Kahn	07.07.1917 in Gonnesweiler		Belgien, dann USA	25
21	HAMBURGER	Rosa, geb. Wolf	23.01.1903 in Neunkirchen		USA	39
22	HARRIS	Karl	15.10.1908 in Langensenbold	23.10.1935	Palästina	34
23	HAYUM	Jenni, geb. Lion	18.09.1912 in Sötern		New York	30
24	HAYUM	Irma, geb. Gottlieb	10.08.1913 in Bosen		New York	29
25	HEYMANN	Julius	11.02.1901 in Gonnesweiler		Rio de Janeiro	41
26	HIRSCH	Hugo	22.08.1908 in Sötern	05.11.1938	USA	34
27	HIRSCH	Irma, geb. Kahn	28.05.1908 in Gonnesweiler	05.11.1938	USA	34
28	KAHN	Ruth	29.04.1914 in Gonnesweiler		USA	28
29	KAHN	Julius	22.03.1910 in Sötern	23.10.1935	Palästina	32
30	KAHN	Hildegard, geb. Harris	26.01.1907 in Langensenbold	23.10.1935	Palästina	35
31	KOHNER	Melliane, geb. Kahn	18.10.1912 in Gonnesweiler		Prag, dann USA	30
32	KOSCHELNIK	Isaak	05.05.1897 in Mazewo	25.04.1939	Shanghai	45
33	LEVI	Leo	31.12.1902 in Sötern		USA	40
34	LEVI	Martha, geb. Löb	07.05.1905 in Neunkirchen		USA	37
35	LEVI	Meta, geb. Wolf	19.03.1908 in Bosen		Frankreich	34
36	LEVY	Albert	27.06.1886 in Sötern	31.01.1939	Palästina	56
37	LEVY	Gisela, geb. Richard	22.04.1887 in Trier	31.01.1939	Palästina	55
38	LION	Ludwig	13.07.1911 in Sötern		Luxemburg	31
39	LION	Alfred	29.03.1910 in Sötern		Palästina	32
40	LION	Hedwig	10.06.1915 in Sötern	27.12.1935	Palästina	27
41	LION	Siegfried Leopold	16.05.1920 in Sötern	13.11.1935	Palästina	22

42	LION	Julius	25.06.1887 in Sötern	00.00.1936	Palästina	55
43	LION	Clara, geb. Heymann	00.00.1887	00.00.1936	Palästina	55
44	LION	Rita, geb. Hamburger	02.08.1908 in Langenselbold	26.05.1936	Palästina	34
45	MANNHEIMER	Martha, geb. Heymann	31.03.1910 in Gonnesweiler	13.09.1939	USA	32
46	MENDEL	Ernst	20.11.1902 in Birkenfeld	00.00.1935	Argentinien	40
47	ROTHSCHILD	Ingeborg, geb. Kahn	03.06.1915 in Trier		USA	27
48	SECKLER	Lilli, geb. Sender	30.07.1910 in Sötern		Luxemburg	32
49	SENDER	Zilla	08.06.1887 in Bosen		Frankreich	55
50	SENDER	David	23.08.1893 in Bosen		Frankreich	49
51	SENDER	Arthur	09.10.1896 in Bosen		USA	46
52	SENDER	Berthold	08.08.1898 in Bosen		Palästina	44
53	SENDER	Rosa	25.05.1892 in Sötern		USA	50
54	SENDER	Leo	12.02.1913 in Sötern	21.12.1937	New York	29
55	SENDER	Norbert	27.03.1908 in Sötern	21.10.1939	USA	34
56	SENDER	Marta, geb. Wolf	19.12.1888 in Sötern		USA	54
57	SENDER	Edgar	19.06.1911 in Sötern		USA	31
58	SENDER	Kurt Siegwart	25.12.1912 in Sötern		USA	30
59	SENDER	Günther Theodor	06.04.1918 in St. Wendel		USA	24
60	SENDER	Bertha	25.05.1892 in Sötern		Palästina	20
61	SENDER	Albert	08.01.1899 in Sötern	15.07.1938	New York	43
62	SENDER	Bella Babette	29.11.1927 in Sötern	15.07.1938	New York	15
63	SENDER	Leo	05.08.1930 in Sötern	15.07.1938	New York	12
64	SENDER	Franziska, geb. Ermann	22.08.1906 in Oberkail	15.07.1938	New York	36
65	SENDER	Betty, geb. Bier	11.11.1913 in Köln	21.10.1939	USA	29
66	SENDER	Hans Engelhard			Palästina	20
67	SENDER	Siegfried	26.09.1899 in Sötern	24.04.1939	Shanghai	43
68	SENDER	Johanna, geb. Lorig	03.07.1902 in Lautzweiler	24.04.1939	Shanghai	40
69	SENDER	Blanka	03.07.1930 in Sötern	24.04.1939	Shanghai	12

70	SENDER	Karl	05.11.1934 in Sötern	24.04.1939	Shanghai	8
71	SENDER	Gertrud	28.02.1920 in St. Wendel	11.01.1936	Palästina	22
72	STERN	Meta, geb. Lion	21.03.1909 in Sötern	24.05.1939	England	33
73	STERN-BERG	Isidor	18.07.1901 in Sötern	24.06.1937	Nordame-rika	41
74	STERN-BERG	Max	05.11.1904 in Sötern	11.06.1938	New York	38
75	STERN-BERG	Erna, geb. Maier	08.05.1910 in Kintrich	11.06.1938	New York	32
76	STERN-BERG	Renate	13.11.1932 in Sötern	11.06.1938	New York	10
77	STERN-BERG	Edgar Erich	12.02.1937 in Sötern	11.06.1938	New York	5
78	STERN-BERG	Gerda, geb. Baum	15.01.1920 in Bosen		New York	22
79	TRAUB	Renate, geb. Baum	25.04.1912 in Bosen	24.06.1937	USA	30
80	WEIN-BERGER	Martha, geb. Baum	31.01.1909 in Bosen	00.07.1937	New York	33
81	WOLF	Jacob Isidor	21.12.1890 in Sötern	00.00.1935	Palästina	52
82	WOLF	Friedrich	21.12.1897 in Sötern		USA	45
83	WOLF	Emma	11.02.1901 in Sötern	16.03.1938	USA	41
84	WOLF	Julius	20.01.1915 in Sötern	07.02.1938	New York	17
85	WOLF	Heinrich	09.031914 in Sötern		Argentinien	28
86	WOLF	Karl Siegfried	15.09.1905 in Bosen	00.00.1934	New York	37
87	WOLF	Walter	15.08.1909 in Bosen	00.00.1936	New York	33
88	WOLFF	Arthur	07.04.1909 in Selbach	25.02.1938	Schweden	33
89	WOLFF	Arnold	07.06.1913 in Selbach	02.12.1935	Luxemburg	29
90	WOLFF	Alfred Herbert	01.11.1921 in Nohfelden	05.04.1938	Chicago	21
91	WOLFF	Gerhard	01.11.1921 in Nohfelden	01.09.1937	Luxemburg	21

Durchschnittsalter: ca. 33

In den Straßen des Ghettos von Shanghai, Hongkew, das zum Teil auch von Chinesen bewohnt wird, verkaufen europäische Flüchtlinge ihre letzte Habe an Chinesen und japanische Soldaten.
Foto: H.J. Szelinsky, in: Enzyklopädie des Nationalsozialismus, hrsg. von Wolfgang Benz, Hermann Graml, und Hermann Weiß, Digitale Bibliothek Bd. 25, Berlin 1999, S. 745, Abb. 43

DIE NOVEMBERPOGROME IN SÖTERN UND BOSEN[155]

In der Nacht vom 9. auf den 10. November 1938 kam es zu angeblich spontanen Kundgebungen der deutschen Bevölkerung, die sich gegen Synagogen, gegen jüdische Geschäfte und Wohnungen, gegen jüdische Schulen und gegen jüdische Mitbürger richteten. Die von den Nationalsozialisten als Kundgebungen des Volkszorns gedeuteten Demonstrationen forderten mindestens 400 Tote.[156] Brandanschläge, Sachbeschädigungen, auch Plünderungen bestimmten das Bild. Die Feuerwehr griff ebenso wenig wie die Polizei ein. Die „Reichskristallnacht"[157] ereignete sich auch vor den Augen der Nohfelder Bürger.

---

155 In diesem Kapitel wurde neben der einschlägigen Literatur, folgende Aktenbestände benutzt: Bestand Staatsanwaltschaft Saarbrücken Nr. 999, Misshandlung der jüdischen Familie Hermann und Hanau in Losheim und des „Halbjuden" Kurt Sender aus Sötern am 10.11.38
Bestand Staatsanwaltschaft Saarbrücken Nr.1002, Verwüstung der Synagogen von Sötern und Bosen am 10.11.38. Misshandlung, Ausplünderung und Erpressung jüdischer Wohnungen und Geschäfte. Schändung und Zerstörung des jüdischen Friedhofs in Sötern am gleichen Tag - insbesondere Misshandlung des Kurt Sender aus Sötern. 10 Bände
Bestand Staatsanwaltschaft Saarbrücken Nr.1004, Misshandlung des Kurt Sender in seiner Wohnung am 10.3.33 und in Hermeskeil am 10.11.38 sowie von Markus Krämer, Die Reichspogromnacht in Sötern und Bosen, Manuskript
Eine zweite, inhaltlich fast gleiche Darstellung der Ereignisse findet sich in: Mais, E.: Die Verfolgung der Juden in ..., S 213 ff. Mais zog hierzu die Akten der Staatsanwaltschaft Bad Kreuznach, Az. 3 KLs 26/50 heran.

156 Zahl nach www.shoa.de - Die Kristallnacht-Lüge v. Prof. Dr. Meier Schwarz v. Synagogue Memorial (Jerusalem), in Zusammenarbeit mit Karin Lange

157 Der Begriff Kristallnacht oder Reichskristallnacht ist wohl kurz nach den Geschehnissen des 9. November 1938 entstanden. Ursprünglich entstammt er nicht dem Nazi-Jargon. Unter der Berliner Bevölkerung soll angesichts der zahllosen zerbrochenen Fensterscheiben und Kristallleuchter in Synagogen und Geschäften dann der Begriff „Kristallnacht" entstanden sein. Die Vorsilbe „Reichs-" war zunächst ironisch gemeint. Sie verspottete den all zu häufigen Gebrauch dieses Wortes in allen möglichen Wortschöpfungen (Reichsarbeitsdienst, Reichsbauernführer, Reichsfluchtsteuer, ...) auf staatlicher Seite. Die Verbrechen bekamen somit den Anstrich staatlicher Aktionen, was sie ja auch tatsächlich waren. Was in diesem Sinn als ironischer Wortwitz gemeint war, wurde jedoch bald von nationalsozialistischer Seite vereinnahmt. Damit ging natürlich der sarkastische Unterton des Begriffs verloren und wendete sich ins Gegenteil. Seit den 70iger Jahren wurde der Begriff mehr und mehr zu einem Unwort. Man sah in ihm nur noch die zynisch verharmlosende Bezeichnung der NS-Propaganda für das groß angelegte Pogrom gegen die jüdischen Mitbürger, das die Brutalität des Geschehens verniedlichte und nur auf die Vernichtung materieller Werte abzielte, während das Leid der Menschen ausgeblendet wurde. So wurde in der deutschen Geschichtsschreibung, in Politik und Medien der Begriff Pogromnacht oder Reichspogromnacht üblich.
Der aus dem Russischen kommende Begriff Pogrom heißt wörtlich übersetzt Verwüstung, Zerstörung. Er meint darüber hinaus „eine gewaltsame, auch organisierte Massenausschreitung gegen Mitglieder einer religiösen, nationalen, ethnischen oder andersartig definierten Minderheit oder Gruppe einer Nationalität oder Bevölkerung, verbunden mit Plünderungen und Misshandlungen sowie Mord oder

Besprechung in der Kreisleitung Idar-Oberstein

Hauptorganisator der Terrormaßnamen gegen die jüdische Bevölkerung im Landkreis Birkenfeld war der Kreisleiter Ernst Diedenhofen aus Idar-Oberstein.

Am 9.11.1938 fanden auch in den Ortsgruppen der NSDAP in Idar-Oberstein Gedenkfeiern an den missglückten Hitler-Putsch von 1923 statt. Nach dieser Feier, gegen 3 Uhr nachts, wurde Diedenhofen vom Gauamt der NSDAP in Koblenz telefonisch instruiert, wie die „Aktion" gegen die Juden durchzuführen sei: „Die Bevölkerung sei mobil zu machen und mit den Ortsgruppenleitern sei die Aktion durchzuführen. Und zwar solle sie so durchgeführt werden, als ob dies alles von der Bevölkerung ausginge. Fest entsinne ich mich, dass es hieß, die Synagogen seien in Brand zu setzen und an den jüdischen Häusern seien die Fenster einzuwerfen. Ebenso sei... die Anweisung gekommen, dass die jüdischen Friedhöfe zu zerstören seien." [158]

Noch in der gleichen Nacht alarmierte Diedenhofen mehrere höhere Partei- und SA-Führer seines Amtsbereichs.

Es fanden sich etwa 10 Personen ein, die Diedenhofen in Gruppen einteilte. Sie sollten in den verschiedenen Orten die Ausschreitungen in Gang setzen. Als Anführer der Aktion in den Synagogengemeinden Bosen und Sötern wurde der Kreisamtsleiter Lehmann bestimmt. SA-Obersturmbannführer und Standartenleiter Schwarzer, sowie der Kassenleiter der SA Kreis sollten ihn begleiten. Schwarzer[159] protestierte zunächst mit der Begründung, er hätte von seiner vorgesetzten Dienststelle (SA-Brigadenführer Körner) keinerlei Informationen und Befehle für eine solche Aktion. Darauf legte ihm Diedenhofen nahe, sich einem Kommando anzuschließen. Er fügte hinzu, dass Schwarzer auch keinerlei Befehle erhalten würde, weil dieser Befehl über die Partei gehe (Propagandaministerium, Gauleitung, Kreisleitung).

Genozid." Doch auch der Begriff „Reichspogromnacht" blieb nicht unumstritten. Es verbindet den objektiven, unbelasteten Begriff „Pogrom" wieder mit der problematischen Vorsilbe Reichs-.
Neuere historische Untersuchungen benutzen den Begriff Novemberpogrom oder Novemberpogrome, um so die ganze Bandbreite der Ausschreitungen gegen die Juden während dieser Zeitspanne zu erfassen. Doch auch der Begriff „Reichskristallnacht" wird in seiner ursprünglichen doppelbödigen Bedeutung wieder verwendet und neu bewertet. Innerhalb der Bevölkerung war er ohnehin nie verschwunden. Ebenso wenig im angelsächsischen Sprachraum. Der Politologe Harald Schmid nennt den Begriff einen nützlichen sprachlichen Stolperstein, der mitten in die Diskussion über die ganze NS-Vergangenheit und ihren kritischen Umgang mit ihr führt.
(nach: Wikipedia, der freien Enzyklopädie)

158 Zitat aus der Aussage Diedenhofens vor Gericht am19. Juli 1948, Sta. Sbr. Nr. 1002 Bd.IX

159 Im November 1938 war Schwarzer in der SA dem Dienstgrad nach SA-Obersturmbannführer und mit der Führung der Standarte in Idar-Oberstein beauftragt, da Standartenführer Sassenberg versetzt worden war. Seinem Dienstgrad nach war er also Obersturmbannführer, seiner Dienststellung nach SA-Standartenführer. Im November 38 war Schwarzer erst rund 8 Wochen in Idar-Oberstein, vorher war er in Traben-Trabach.

Formell war Schwarzer der Befehlsgewalt des Kreisleiters nicht unterstellt. Da aber nach bisheriger Gewohnheit oder auf Grund allgemeiner Weisungen die SA politische Aktionen der Partei zu unterstützen hatte, hielt sich Schwarzer für verpflichtet, dem Wunsch des Kreisleiters nachzukommen und bis zum Eintreffen für ihn verbindlicher Weisungen an der Aktion teilzunehmen. Es könne sich jedoch in den einzelnen Ortschaften die Notwendigkeit ergeben, dass dieser oder jener SA-Mann zugezogen werden müsse, weil Angehörige der örtlichen politischen Leitung nicht zur Verfügung stünden.

Kurze Zeit später machten sich die drei mit dem Auto von Schwarzer auf den Weg nach Nohfelden, wo sie gegen fünf Uhr morgens eintrafen.

Zunächst suchten sie den Amtsortsgruppenleiter Leismann auf. Auch der Amtsbürgermeister Rümmler wurde verständigt. Schon in Nohfelden sollte der einzige hier lebende jüdischen Bürger Ferdinand Wolf überfallen werden. Doch Leismann sprach sich dagegen aus, da Wolf Kriegsteilnehmer gewesen sei. Mit zwei Fahrzeugen ging die Fahrt zunächst nach Türkismühle. Dort sollte ein jüdischer Einwohner namens Reinheimer verprügelt werden, was jedoch nicht möglich war, da dieser wenige Stunden vorher bereits von der Gestapo verhaftet worden war. Nach Aussage Schwarzers stoppten sie auf Betreiben Leismanns am Haus eines jüdischen Bürgers, mit dem dieser noch eine Rechnung offen hätte. Der Mann wurde aus dem Haus geholt und von Leismann mehrmals geohrfeigt. Da Schwarzer ortsfremd war, konnte er später nicht mehr genau angeben, wo diese Misshandlung stattgefunden hatte. Die Fahrt ging schließlich weiter nach Sötern.[160]

---

160 folgende Fotos und Text aus: Dorfey, Beate: „Goldfasane" oder Hoheitsträger der Kreise?, in : Jahrbuch für westdeutsche Landesgeschichte, 29 Jg. 2003, S. 387 f.

Ernst Diedenhofen

Kreisleiter von Bitburg, Birkenfeld, Baumholder und Neuwied.

Geburtsdatum und -ort: 22.12.1898 in Mayen

Familienstand: verheiratet, 3 Kinder

Religion: katholisch

Ausbildung: Volksschule, Gymnasium bis Obersekunda

Beruf: Kaufmann

Berufliche Laufbahn: elterliches Geschäft, dann Geschäft der Ehefrau bis 1930
12.03.1933 Stadtverordneter im Stadtrat Mayen; Wahl zum 1. Beigeordneten, als solcher Führung der Geschäfte des Bürgermeisters; September 1934 – September 1937 Stadtbürgermeister Mayen

Parteieintritt: 01.01.1932

Parteilaufbahn: Herbst 1932 vorübergehende Führung der Geschäfte des Ortsgruppenleiters in Mayen; Herbst 1933 hauptamtliche Stelle bei der Gauleitung, Amt für Kommunalpolitik.
Ab August 1934 Kreisleiter und Stadtbürgermeister in Bitburg.
Ab September 1937 Kreisleiter des Kreises Birkenfeld mit Sitz in Idar-Oberstein.
Ab Ende 1942 bis zum Zusammenbruch Kreisleiter in Neuwied; gegen Kriegsende noch 6 Wochen Soldat.

Internierung: Ende April bis Oktober 1945 Gefangenschaft, wurde nach seiner Rückkehr jedoch sofort verhaftet.

28.04.1950 Entlassung aus der Haft wegen Verbrechens gegen die Menschlichkeit.

Einbruch in die Söterner Synagoge und Misshandlung von Kurt Sender

In Sötern angekommen verschafften sie sich Zutritt zur Synagoge. Eine Inbrandsetzung kam nicht in Frage, da das Gebäude dicht von anderen Häusern umgeben war. Nach dieser vorläufigen Besichtigung machten sich die Funktionäre aus Idar-Oberstein auf den Weg nach Bosen.

Amtsbürgermeister Rümmler[161] und Amtsortsgruppenleiter Leismann starteten unterdessen einen Alleingang gegen den Söterner Kurt Sender. Sie ließen sich von einem ortsansässigen SA-Mann dessen Wohnung zeigen, trommelten dann gegen die Haustür und schrien: „Aufmachen! Polizei!“ Es war zwischen 6 und 7 Uhr und die Familie Sender wurde aus dem Schlaf gerissen. Frau Sender öffnete noch im Nachthemd die Tür. Rümmler verlangte barsch ihren Mann zu sprechen. Dieser befand sich noch im Schlafzimmer und verschloss die Tür. Leismann trat mit dem Fuß die Tür ein und Sender musste, nur mit Nachthemd, Hose und Pantoffeln bekleidet, den beiden vor das Haus folgen. „Ich musste zu Rümmler und Leismann ins Auto steigen und sie fuhren Richtung Ortsausgang. Dort befahl Rümmler mir auszusteigen. Anschließend schlug er mich mit einem Gummiknüppel oder Ochsenziemer. Als Rümmler anscheinend vom Schlagen warm bekam, zog er seinen Mantel aus und schlug weiter auf mich ein. Dann frug mich Rümmler, ob ich Jude sei. Als ich dies bejahte, sagte er, jetzt kriegst du sie erst recht und misshandelte mich nochmals.“ [162]

Danach wurde Sender nach Hause gejagt. Leismann, der dabeigestanden hatte, rief Sender die höhnischen Worte nach: „Lauf nur, sonst wirst Du noch aufgehängt.“

Doch sein Leidensweg war an diesem Tag noch nicht zu Ende. Er machte sich um 7.15 Uhr mit dem Zug auf den Weg nach Hermeskeil, wo er im Geschäftshaus der Firma Geschwister Baum arbeitete. Doch dort kam er an diesem Tag nicht mehr an. Vor dem Geschäft wurde er von dem Hermeskeiler Amtsbürgermeister und SS-Sturmführer Madel verhaftet und mit aufs Amt genommen.

---

161 Josef Rümmler (NSDAP-Mitglied seit dem 01.04.1932) war seit dem 01.03.1937 Amtsbürgermeister von Nohfelden.

162 aus Senders Zeugenaussage vor Gericht

Landeskriminalpolizeiamt
Nebenstelle Idar-Oberstein
Krim.Tgb.Nr. 1oo9/47

Idar-Oberstein, den 12. 11. 1947

U.

Dem Untersuchungsrichter
beim Landgericht Saarbrücken

in Saarbrücken.

Der ehemalige Kreisleiter Ernst Diedenhofen, wurde am 22.12.98 in Mayen geboren. Er war vom 28.1o.37 bis zum 12.9.44 in Idar-Oberstein, Hindenburgstr. 119 wohnhaft und soll sich zur Zeit im Internierungslager in Darmstadt befinden.
Am 12.9.1944 verzog er nach Neuwied, Friedr.Siegerstr. 33 .
Diedenhofen wird von der Bevölekrung als rücksichtsloser Nazi geschildert. Er war einer jener Kreisleiter, der die Befehle Hitlers rücksichtslos durchführte. D. war nicht nur in der Bevölkerung, sondern auch in den Reihen seiner eigenen Partei=genossen, wegen seiner Rücksichtslosigkeit und seines brutalen Wesens, verhasst.
Seiner Initiative ist es zu verdanken, dass Beamte und Angestellte, die nach der Machtübernahme nicht freiwillig der Partei bei=traten, in dieselbe durch Zwang eintraten.
Kriminell ist D. hier nicht in Erscheinung getreten.

Polizeikommissar

/Pe.

Der spätere Regierungspräsident Wilhelm Herbert Wild
aus: Brand, S. 132

Amtsbürgermeister Josef Rümmler, *privat*

Von Madel aufs Polizeibüro befohlen musste Sender dort ca. 10 Minuten warten. Dann erschien Madel mit einem Bogen Papier und fragte Sender, ob er um sein Leben fürchte. Als Sender dies verneinte und unterschrieben hatte, entließ ihn Madel. Draußen angekommen wurde er von ca. 10 Mann von der Kreisleitung der NSDAP erwartet.

Sie drängten ihn dann zum Kunickerweg ab; in der Nähe des Hauses Hermann Weiler fiel die ganze Meute über ihn her und malträtierte ihn mit Fußtritten und Faustschlägen. B. schlug mit einem Stock auf Sender ein. Wie sich später herausstellte hatte Kreisleiter Peter Schmitt[163], ein gebürtiger Ottweiler, den Auftrag für diese Aktion erteilt: Die Parteischergen hatten in der Gastwirtschaft „Zum Ratskeller" (gegenüber dem Rathaus) auf Kurt Sender gewartet. Sie sollten ihn verprügeln, damit Amtsbürgermeister Madel Grund hatte, ihn in Schutzhaft zu nehmen.

Der schwer misshandelte Sender wurde schließlich in der Nähe des Hauses von Dr. Hackethal von dem HJ-Führer K. in einen frisch gepflügten Acker gestoßen. Blutüberströmt und zerschunden musste Sender nach preußischem Muster kriechen. Nach einer Stunde erhielt er den Befehl aufzustehen und die Täter stellten sich im Kreis um ihn herum auf. K. fragte ihn, wie er sterben wolle, erhängt, ertränkt oder erschossen. Sender wurde schließlich in das Gerichtsgefängnis nach Hermeskeil gebracht. Der später ebenfalls dort eingelieferte Ernst Hirsch erkannte ihn beinahe nicht, so schlimm waren seine Gesichtsverletzungen. Der damalige Amtsgerichtsrat von Hermeskeil besuchte ihn in der Zelle und nahm Anteil an seinem Schicksal, bis ihm dies

163 Peter Schmitt war seit 1933 Kreisleiter für Trier Land - Ost, seit 12.11.33 auch Mitglied des Reichstages, Wahlkreis Koblenz-Trier. Vgl. hierzu: Stockhorst, Erich: Fünftausend Köpfe. Wer war was im III. Reich, Rheinhausen 1967, S. 389

von Madel verboten wurde. Drei Tage später ging ein Transport nach Koblenz ab, von wo aus am nächsten Tag der Weitertransport nach dem KZ Dachau erfolgte.

Misshandlungen der Bosener Juden sowie Zerstörung der Synagoge in Bosen

Während der Misshandlung von Sender in Sötern war Schwarzer mit Lehmann und Kreis mit nach Bosen weitergefahren, wo sich kurze Zeit später auch Rümmler und Leismann in der Synagoge einfanden.Wegen der dichten Bebauung rundum war auch hier ein Brandanschlag nicht möglich. Man beschloss deshalb, das Innere des Gotteshauses durch die Juden selbst zerstören und ausräumen zu lassen.

Die drei Obersteiner begaben sich zunächst zur Schule. Hierhin wurden drei Bosener Geschäftsleute bestellt, die Kaufleute Leonhard und Schmidt sowie der Klempner Molter. Es wurde ihnen schwere Vorhaltungen gemacht, dass sie immer noch geschäftliche Beziehungen zu Juden hätten. Sie entgegneten daraufhin, dass sie gegen solche Beziehungen keine Bedenken hätten, solange die Juden Lebensmittelkarten bekämen. Währenddessen fuhren Rümmler und Leismann zum Bosener Ortsbürgermeister. Mehrere Bosener SA-Leute wurden ebenfalls alarmiert. Zeugen beobachteten, wie die Kinder des Bürgermeisters das Haus verließen und nach verschiedenen Richtungen davonliefen. Vor Gericht ließ sich jedoch nicht mehr aufklären, ob sie selbst die jüdischen Einwohner herbei riefen oder ob sie den Gemeindedienern diesen Auftrag überbrachten. Kurze Zeit später fanden sich mehrere Juden vor dem Haus des Bürgermeisters ein. Die teilweise nur notdürftig bekleideten Männer wurden nun zum Ortsausgang Richtung Neunkirchen eskortiert. Direkt hinter ihnen marschierte der SA-Mann B., dann folgten die „auswärtigen Herren". Eine besondere Erklärung wurde nicht abgegeben. Schwarzer, Lehmann und Kreis fuhren mit dem Fahrzeug im Schritttempo nach. Mittlerweile hatte das Kommando Verstärkung erhalten: den SA-Sturmbannführer und Amtsbürgermeister von Oberkirchen, Kiefer. Er beteiligte sich an den nachfolgenden Ausschreitungen, an denen neben Rümmler und Leismann mindestens einer der Männer aus Idar-Oberstein und mehrere Bosener SA-Leute beteiligt waren. Rümmler gab dem Ortsbauernführer M. noch den Befehl, sich am Ortsausgang von Bosen zu postieren und den Weg in Richtung Neunkirchen abzusperren, damit keine Kinder und andere Personen die Vorgänge beobachten konnten. Abseits der Hauptstraße, auf einem Feldweg, mussten sich die jüdischen Einwohner in einer Reihe mit dem Rücken zu ihren Bewachern aufstellen.

SA-Sturmbannführer Kiefer spottete: „Da ist ja einer dabei mit einem außergewöhnlich großen Ohrläppchen, durch das man hindurch schießen könnte."

Bald darauf fiel auch ein Schuss. Ein Mann zuckte aus Angst zusammen. Auf diesen sprang nun Leismann zu und hieb mit den Worten „Was, Du zuckst auch noch!“ auf ihn ein.

Dies war quasi das Signal zur Misshandlung sämtlicher Juden, an der sich alle Anwesenden beteiligten, wobei sich Leismann, Rümmler und insbesondere Sch. besonders hervortaten. Geprügelt wurde mit kräftigen Stöcken, Gummiknüppeln, Koppeln bzw. Farrenschwänzen. Der SA-Mann Sch. (nicht zu verwechseln mit dem SA-Standartenführer Schwarzer) schlug Lion so schwer, dass dieser von zwei anderen gestützt zurückgeführt werden musste. Kreispropagandaleiter Lehmann befahl schließlich den Abbruch der Aktion, da Männer, die das EK vom Weltkrieg hatten, dabei seien. Dann sagte Leismann zu den Juden: „So, jetzt sofort von der Straße verschwinden und in 10 Minuten seid ihr mit Sägen und Äxten in der Synagoge.“

Zuvor trennte sich der SA-Standartenführer Schwarzer von den übrigen und fuhr wahrscheinlich mit Kreis nach Idar-Oberstein zurück. Schwarzer rechnete damit, dass er im Zusammenhang mit diesen ganzen Aktionen Befehle von seiner übergeordneten SA-Brigade in Trier erhalten würde. In Idar-Oberstein angekommen, setzte er sich sofort mit dem Brigadeführer Körner in Verbindung und fragte, wie er sich zu verhalten habe. Dieser antwortete ihm, für die SA lägen keine Befehle vor, er, Schwarzer, habe nichts zu veranlassen. An den Ausschreitungen in Idar-Oberstein bzw. im Landkreis Birkenfeld war er nicht beteiligt.

Aus Furcht vor weiteren Misshandlungen fanden sich die Juden auch kurze Zeit später an der Synagoge ein, wo sie auf Anweisung von Leismann und Rümmler unter Bewachung von Sch., Sch., L., S. und anderen nicht ermittelten SA-Männern Inneneinrichtungen und Kultgegenstände der Synagoge zerstören und auf die Straße werfen mussten.

Die Beteiligung von Kiefer an dieser Aktion ließ sich nicht mehr aufhellen. Der jüdische Bürger Willi Baum musste sein Fuhrwerk holen, darauf wurden Schriftstücke, Bücher und Gebetsrollen verladen. Auf Befehl der SA-Männer Sch. und Sch. zündete Baum die Kultgegenstände auf dem Sportplatz (ca. 300 m von der Synagoge entfernt) an. Auf Anordnung Rümmlers ließ der Ortsbürgermeister auch die Gemeindediener S. und L. morgens gegen 9 Uhr zur Synagoge rufen. S. bekam den Auftrag, noch drei fehlende Juden mit Axt und Säge zur Synagoge zu schicken. Anschließend erhielt er von Seibert den Befehl, das Holz und den Unrat durch die Juden von der Straße wegschaffen zu lassen. Dem L. gebot Rümmler, auf der Straße vor der Synagoge aufzupassen, damit sich keine Kinder und sonstigen Personen ansammelten. Im Verlauf der Zerstörungsaktion ließ man auch die jüdischen Frauen in die Synagoge rufen, wo sie mit Körben die zerschlagenen Bänke und Kultgegenstände auf die Straße tragen und später den Fußboden der Synagoge aufwaschen mussten. Als das Zerstörungswerk soweit gediehen war, übertrug Rümmler die Vollendung Seibert mit der Weisung, dass die Juden, wenn sie mit der Reinigung der Synagoge und der Straße fertig wären, nach Hause gehen dürften. Danach fuhren Rümmler, Leismann und Lehmann mit dem Wagen davon.

Seibert beauftragte daraufhin die Gemeindediener S. und L. die Juden beim Reinigen der Straße zu beaufsichtigen, was diese auch taten, ohne jedoch die Juden zu misshandeln. Metallteile von zerstörten Kultgegenständen aus der Synagoge wurden im Schulhaus aufbewahrt und später der Altmetallsammlung zugeführt.

Die Nachmittagsaktion: Zerstörung der Söterner Synagoge sowie Ausschreitungen gegen jüdische Bürger

Auf Veranlassung Rümmlers und Leismanns sollte nun auch die Söterner Synagoge auf die gleiche Weise zerstört werden. Mehrere Söterner SA-Leute zitierten am frühen Nachmittag die jüdischen Männer von zu Hause oder von ihrem Arbeitsplatz zur Synagoge. Unterstützt wurden sie dabei von einem SA-Trupp aus Bosen, der von Rümmler nach Sötern bestellt worden war. Auch hier mussten sich die Juden mit Werkzeugen ausrüsten. Die Vorgehensweise schilderte Ernst Hirsch in seiner Zeugenaussage: „Am 10. November 1938 arbeitete ich zusammen mit meinem Bruder Max im Steinbruch. Gegen 11.30 Uhr kam mein Vater zu uns und teilte uns mit, dass wir sofort nach Hause kommen sollten, um uns zum Abmarsch bereit zu halten. Gegen 16 Uhr kam ein fremder SA-Mann zu mir in die Wohnung und forderte mich auf, mittels Axt und Säge zur Synagoge zu kommen. Als ich an der Synagoge ankam, trat ein fremder SA-Mann auf mich zu, indem er sagte:“ Wenn Du nicht bald hereinkommst, trete ich Dir in den Arsch.“

Darauf betrat ich die Synagoge. Da ich keine Werkzeuge besaß, musste ich die Bretter durch das Fenster werfen. Die SA-Männer, welche sich in der Synagoge befanden, waren mir unbekannt. Als die Synagoge vollständig ausgeräumt war, verließ ich dieselbe und wollte nach Hause gehen. Unterwegs begegnete mir der Polizeibeamte Schnier und K. aus Sötern. Ich hörte wie K. zu dem Wachtmeister sagte:“ Hier kommt einer, den können wir mitnehmen.“ Ich ging mit den beiden zurück bis unmittelbar vor die Synagoge. Dort stand der damalige Bürgermeister Rümmler, welcher zu mir sagte:“ Was haben Sie gemacht.“ Ich antwortete demselben, dass ich nichts getan, als schwer im Steinbruch gearbeitet. Rümmler erklärte: „Nein! Nichts haben Sie gemacht! Weg mit ihm !“

Hierauf wurde ich vor die Synagoge gestellt, wo mich die SA-Männer M. und Sch. bewachten. Auch wurde mir von zwei jungen Burschen ein Schild auf die Brust gehängt, mit der Aufschrift: „Ich bin ein Jude."
Gegen 20 Uhr kamen die beiden SA-Männer J.K. und W.R. aus Bosen, welche mich aufforderten, mit in meine Wohnung zu gehen, um mich dort zum Abtransport fertig zu machen. Als ich fertig war, führte mich J.K. bis vor das Haus des Siegfried Sender, wo ein Auto bereitstand, welches ich besteigen musste. Zu mir in das Auto stiegen noch hinzu: Siegfried Sender, Artur Sender und Wachtmeister Winter. Von hier fuhren wir in die Wohnung meines Bruders Max, welcher ebenfalls das Auto besteigen musste. Von hier aus wurden wir in das Gefängnis Hermeskeil transportiert."
Auch die jüdischen Frauen bzw. die mit Juden verheirateten Frauen wurden herbeizitiert. Der Jugendliche K. erhielt den Auftrag, Frau Sender zu benachrichtigen. Diese weigerte sich jedoch mit den Worten, „sie sei keine Jüdin". Daraufhin ergriff K. einen auf dem Schrank stehenden siebenarmigen Leuchter mit den Worten, „Das ist doch der Beweis" und warf ihn zum Fenster hinaus. In ihrer Zeugenaussage nach dem Krieg schilderte sie die Vorgänge:
„Am 10. Nov. 1938 erschien gegen 14.00 Uhr der SA-Mann K. mit einem mir ...unbekannten SA-Mann aus Bosen in meiner Wohnung. Nachdem sie meinen Mann in der Wohnung nicht vorfanden, forderten sie mich auf mit zur Synagoge zu gehen.

Die Synagoge in Sötern 1934, 3. Haus v. l., *aus: www.soetern.de*

„Kerweumzug". In der Bildmitte die Synagoge in Bosen, *aus: Bosen, Eckelhausen, in Bildern*

Als ich... bei der Synagoge ankam, waren bereits alle Juden aus Sötern versammelt, es waren dieselben ....bereits damit beschäftigt die Inneneinrichtung zu zerstören. So wurden z.B. die Bänke, der Altar, die Leuchter, eine Kristalllampe, sowie alle Kultgegenstände zerschlagen. ...Als ich bei der Synagoge ankam, sah ich nachfolgende Leute, die der Aktion beiwohnten und gewissermaßen beaufsichtigten:
Der Führer der RAD-Abt. Türkismühle oder Neubrücke, der Amtsbürgermeister Rümmler aus Nohfelden, der Adjutant Leismann aus Nohfelden, der Parteigenosse K. aus Sötern.
Während die Juden diese Zerstörung verüben mussten,.....wurden sie von den Vorgenannten bei der Arbeit angetrieben."

Aus beiden Stockwerken wurden die Trümmer aus den Fenstern des Gebäudes auf die Straße geworfen. Auf Geheiß eines SA-Mannes lud der Söterner B. die Holzteile auf sein Fuhrwerk und brachte sie nach Hause. Nach eigenen Angaben verwendete er die Bretter später beim Einschalen an seinem Neubau.
B. nahm auch eine Gedenktafel für die im ersten Weltkrieg gefallenen Juden mit, die sich in der Synagoge befunden hatte. Sie war von Ludwig Wolf eigenhändig geschnitzt

worden. Einer seiner Brüder war im Krieg gefallen. Angeblich sollte diese Tafel wieder an Wolf zurückgegeben werden. Sie ist jedoch nie wieder aufgetaucht.[164]

Papiere und Gebetsrollen aus der Synagoge wurden am nächsten Morgen auf dem jüdischen Friedhof verbrannt.

Ob die Verwüstungen in der Söterner Synagoge durch Leismann und Rümmler unmittelbar veranlasst wurden, oder ein fremdes SA-Rollkommando das Zerstörungswerk eröffnet hat, ließ sich nicht mehr eindeutig feststellen.

Ein Söterner Bürger verlangte von den SA-Leuten, die in seinem Haus wohnende jüdische Familie aus der Wohnung zu werfen. Dies unterblieb jedoch. Auch der Leichenwagen der Söterner Judengemeinde wurde zerstört.

Ausschreitungen gegen Söterner Juden am Abend des 10.11.38

In Sötern gingen die Ausschreitungen bis in die Nachtstunden weiter.

Bei Einbruch der Dämmerung hielt zunächst ein graues Fahrzeug, gesteuert von einem höheren SA-Führer (mehrere Sterne) in der Ortsmitte. Er ließ durch HJ den Ludwig Wolf zu sich rufen. Der SA-Führer ließ sich von Wolf die Brieftasche zeigen und geben. Er entwendete sämtliche Geldscheine und gab dann die Brieftasche zurück. Der vorerwähnte SA-Führer kam aus Richtung Waldbach. Ein Zeuge beschrieb diesen SA-Führer folgendermaßen: „Er trug braune Uniform und die SA-Mütze. Er hatte ein

aus: Marx G.: Juden in Hermeskeil, 1999, S. 27

164 Vergleiche dazu das Kapitel: Die Gefallenen des Ersten Weltkrieges

Rangabzeichen vorne am Kragen. Er war ca. 1,70 m groß, gut genährt, untersetzt mit rötlicher Gesichtsfarbe und rötlich-blondem Haar."

Ein Zeuge aus Sötern berichtete: „Im Zusammenhang mit der Kristallnacht wurden auch die jüdischen Geschäfte geplündert. Zwei jüdische Geschäfte waren gleich gegenüber der Synagoge. Das war das Geschäft Baum, das größte Geschäft hier in der Gegend, da gab's alles; heute würde man sagen, so eine Art Einkaufszentrum. Das Geschäft wurde geplündert. Da sind Leute herausgekommen mit großen Säcken auf dem Rücken, mit Schuhen und Kleidern.
Dann haben sie die gesamte Einrichtung des Geschäfts kurz und klein geschlagen. Ich sehe heute noch den Max Baum, das war der Geschäftsinhaber, und seine Tochter, die war bei uns in der Schule – alle Juden waren ja damals in der katholischen Schule - , wie die beiden die Fenster mit Brettern vernagelt haben, damit sie nachts nicht kalt hatten, es war ja im November. Und dann entsinne ich mich noch des Herrn Wolf, wie er, eskortiert von zwei SA-Leuten zur gegenüberliegenden Bank gehen musste. Der Wolf hatte ein Textilgeschäft."[165]

Ein Nachbar beobachtete, dass die beiden SA-Leute mit einer Eisenstange die Hintertür des Hauses Wolf aufbrachen und eindrangen. Wahrscheinlich wurde die Wohnung verwüstet, an näheres konnte sich der Zeuge nicht mehr erinnern.
Ein Trupp von Söterner SA-und Parteiangehörigen überfiel am Abend mehrere jüdische Familien in Sötern.
Der Nachbar der Eheleute Gustav und Julia Wolf, Julius Schwickert, kam kurz nach 17.00 Uhr von seiner Arbeitsstelle nach Hause. Als er von seiner Frau über die Vorgänge an der Synagoge unterrichtet worden war, ging er zu seinem Nachbarn und lud ihn ein, mit in seine Wohnung zu kommen, da ihm dort nichts geschehen könne. Doch Wolf lehnte ab mit der Begründung, dass er doch nichts verbrochen habe.
Gegen 22 Uhr abends wurden die Fenster der Wohnung von Gustav Wolf im Erdgeschoß eingeworfen. Etwa gegen 0.30 Uhr drangen dann mehrere Personen in die Wohnung Wolf ein und demolierten im Erdgeschoß die Wohnungseinrichtung. Die Eheleute hatten sich mittlerweile in die Wohnung der Familie Ernst Hirsch im ersten Stock geflüchtet. Danach kamen K., R. und einige andere Personen die Treppe hoch zur Wohnung Hirsch. Luise Hirsch machte einem der Täter, den sie gut kannte, Vorhaltungen, ob er sich nicht schäme, so etwas zu tun. Er erwiderte ihr: „Mit Dir will keiner was, heraus mit dem Jud." Sie zerrten dann das Ehepaar Wolf aus dem Schlaf-

165 aus: Eckert, Die Visionen des Aaron von Illingen, S. 142f

zimmer. Luise Hirsch berichtete weiter: „ K. drückte mich zur Seite und schloss die Tür, sodass ich nicht sehen konnte, was draußen mit den Eheleuten Wolf geschehen ist….Ich hörte draußen die Eheleute Wolf schreien. Insbesondere schrie der Ehemann Wolf jämmerlich." Von dem Tumult wurden die Eheleute Schwickert im Nachbarhaus geweckt. Als sie das Fenster öffneten, wurde ihnen gedroht, sie sollten sofort das Fenster schließen, sonst könnten sie „was erleben". Ein dicker Stein flog durchs Fenster ins Zimmer. Schwickert sprang daraufhin aus dem Fenster hinaus, um den Steinewerfer, den er erkannt hatte, zu ergreifen. In diesem Moment brachten zwei SA-Männer Frau Wolf aus ihrem Haus und warfen sie auf die Treppe des Hauses Schwickert.

Julius Schwickert - einer der Widerstand leistete. *Foto privat*

Als Julius Schwickert seine Nachbarin aufhob, zog einer der Täter seine Pistole. Schwickert schrie seiner Frau daraufhin zu, sie solle ihm sein Jagdgewehr bringen.
Er brachte Frau Wolf und später auch ihren Ehemann in ihre Scheune. Einer der Täter kam währenddessen hinzu und verlangte von Wolf 200 RM, woraufhin Schwickert ihn verjagte.
Der Leidensweg der Eheleute Wolf war aber noch nicht zu Ende. Sie begaben sich anschließend in ihre Küche. Sie waren so verängstigt, dass sie Frau Hirsch keine Fragen nach den weiteren Teilnehmern beantworteten. „Sie blieben in der Küche bis etwa 3 Uhr nachts. Sie konnten nicht mehr zu Bett gehen, weil die Betten, die sich in der Erdgeschoss-Wohnung befanden, zerstört waren. Etwa um 3 Uhr kam Frau Wolf in Begleitung von 3 SS Männern in die Obergeschoss-Wohnung. Licht durften wir nicht machen, vielmehr hielt einer der Männer seine Hand vor den Lichtschalter. Ich nehme an, dass niemand erkannt sein wollte. Frau Wolf musste ihre Handtasche holen. Alle gingen hinaus. Frau Wolf sagte mir, die SS habe nach Gold und Silber gefragt und habe ihr aus der Handtasche Geld entwendet. Der Ehemann Wolf musste mit in den Keller gehen, wo man auch nach Gold gesucht habe. Die Eheleute Wolf erklärten, sie seien misshandelt worden." , so Luise Hirsch in ihrer Zeugenaussage.

Auf der anderen Straßenseite befand sich das Haus der Eheleute Moritz und Bertha Lion. Auch sie wurden in dieser Nacht überfallen, schwer misshandelt und bestohlen. Ihr Sohn Max berichtete in einem Brief an das Landgericht über die Vorfälle dieser Nacht:

„Meine Eltern Moritz und Bertha Lion wurden vor dem Krieg von K. und B. des Nachts im Bette überfallen, mit Knüppeln und Stühlen misshandelt, so dass mein Vater noch 8 Monate später blaue Flecken hatte. Bei dieser Gelegenheit stahlen die beiden Obengenannten eine goldene Herrenuhr mit goldener Kette, die sich auf dem Nachttisch befand. Meine Eltern, die zu dieser Zeit 66 und 63 Jahre alt waren, wohnten, ebenso

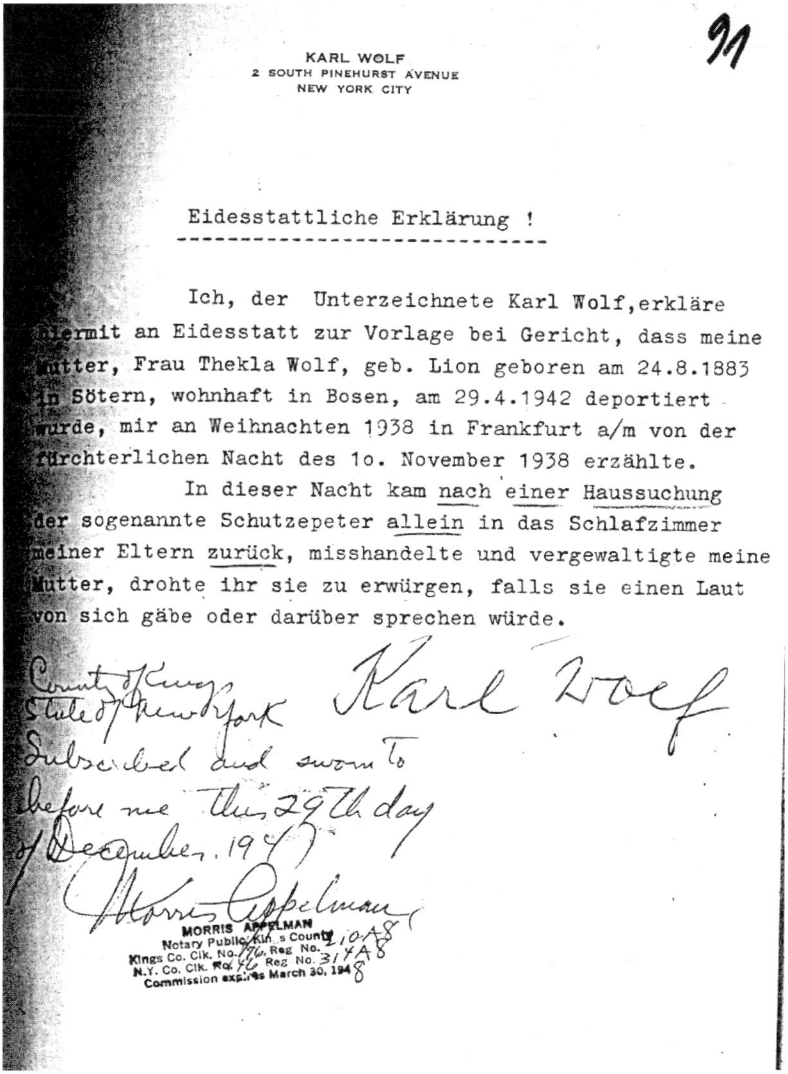

91

KARL WOLF
2 SOUTH PINEHURST AVENUE
NEW YORK CITY

Eidesstattliche Erklärung !

Ich, der Unterzeichnete Karl Wolf, erkläre hiermit an Eidesstatt zur Vorlage bei Gericht, dass meine Mutter, Frau Thekla Wolf, geb. Lion geboren am 24.8.1883 in Sötern, wohnhaft in Bosen, am 29.4.1942 deportiert wurde, mir an Weihnachten 1938 in Frankfurt a/m von der fürchterlichen Nacht des 10. November 1938 erzählte.

In dieser Nacht kam nach einer Haussuchung der sogenannte Schutzepeter allein in das Schlafzimmer meiner Eltern zurück, misshandelte und vergewaltigte meine Mutter, drohte ihr sie zu erwürgen, falls sie einen Laut von sich gäbe oder darüber sprechen würde.

Karl Wolf

County of Kings
State of New York
Subscribed and sworn to before me this 29th day of December, 194

Morris Appelman

MORRIS APPELMAN
Notary Public, Kings County
Kings Co. Clk. No. 196, Reg. No. 210A8
N.Y. Co. Clk. No. 46 Reg. No. 314A8
Commission expires March 30, 1948

wie K. und B. in Sötern mussten aber, da das Leben für sie in Sötern unerträglich wurde, nach Trier umziehen, von wo sie nach Litzmannstadt deportiert wurden.....“

Josef Lion wurde ebenfalls misshandelt und seine Frau aufs Übelste beschimpft.
Ein SA-Trupp drang auch in die Wohnung von Artur Sender ein und warf die Möbel zum Fenster hinaus.

Günther Hirsch berichtete später in einem Interview: Gegen zehn, halb elf kamen Gestapobeamte auch in unsere Wohnung. Sie haben meine Großeltern so geschlagen, dass mein Großvater dadurch ein Auge verloren hat. Ich weiß nicht, wie viele da hereinkamen, denn ich lag unterm Bett im Schlafzimmer; mein Großvater hatte nämlich zu mir gesagt: „Versteck dich!“ ....Die haben richtig getobt, die haben den Küchenschrank umgeworfen und das Geschirr zerschlagen und im Schlafzimmer die Tücher rausgeworfen, und ich lag unterm Bett, und die haben mich nicht gesehen. Ich hab nur gedacht: „Hoffentlich finden sie dich nicht.“ Das Ganze ging sehr schnell, das hat vielleicht fünf Minuten gedauert. Mein Großvater war damals schon alt, der war schon achtundsechzig. Deshalb haben sie auch nur meinen Vater mitgenommen, weil der noch jünger war, die älteren ließen sie zu Hause. Mein Vater kam nach Dachau. Er war dort etwa drei Monate, von November bis Ende Februar:“[166]

Die Trittbrettfahreraktion am Abend des 11.11.38 in Bosen

Am 11. November gegen 22 Uhr tauchten bei den jüdischen Familien Sigmund Wolf und Siegfried Baum drei Männer aus Sötern auf. Sie verlangten einen Schuldschein eines der Beteiligten und entwendeten Vieh aus den Ställen.

Die Beweggründe von P. und L. waren angebliche Geldforderungen aus früheren Viehgeschäften mit Bosener Juden, die sie beitreiben wollten. Die Beteiligten sagten später aus, sie hätten keinen Zwang ausgeübt, sondern man habe ihnen die Rinder freiwillig überlassen, da die Betreffenden kein Geld gehabt hätten. Über die angebliche Harmlosigkeit der Aktion berichtete ein Zeuge: „Am 11.11.38 kam ich abends zwischen 22.00 Uhr und 22.30 Uhr an der Schule in Bosen vorbei, da hörte ich aus der Wohnung des Pferdehändlers Baum Geschrei und Gejammer. Beim Näherkommen sah ich, dass das ganze Haus Baum hell erleuchtet gewesen war und die Stalltür offen gestanden hat. Die Frau Baum und ihre beiden Töchter standen ganz aufgeregt am Fenster und weinten. Auf meine Frage, was denn geschehen sei, antwortete Frau Baum, die Söter-

166 aus: Eckert, Die Visionen des Aaron von Illingen, S.146 ff

ner seien da gewesen und hätten eine Kuh mit dem Strick aus dem Stall geholt." Eine der Töchter der Familie Baum, Gerda Sternberg, schilderte die Geschehnisse dieser Nacht in einem Brief: „Was den 10. November anbetrifft, so weiß ich noch sehr gut Bescheid, wer damals bei uns war, und werde diese Nacht nie vergessen. Der P. war der Anführer, er schuldete uns Geld und musste damals meine l. Mutter unter Zwang den Schuldschein raus geben. Auch dem W. 50 RM geben. Der B. und L. waren auch dabei und wie sich die Verbrecher benommen haben, ist kaum zu beschreiben. Außerdem stahlen sie eine Kuh."

Im Prozess gegen die Täter der Pogromnacht kam das Gericht zu dem Schluss:

„Auf Grund der im wesentlichen übereinstimmenden Zeugenaussagen und Tatschilderungen hat das Gericht keinen Zweifel, dass P. und L. mit Unterstützung des B. ohne rechtlichen Grund den beiden jüdischen Familien zur Nachtzeit die Rinder wegnahmen, was diese durch die antisemitischen Pogrome verschüchtert und unter dem Druck der Verhältnisse nicht verhindern konnten. Dass die Angeklagten sich dieses Druckes bewusst waren und ihn ausnützen wollten, ergibt sich mit hinreichender Sicherheit aus der Tatsache, dass sie zur Eintreibung ihrer angeblichen Forderungen ausgerechnet die Nacht des 11. November aussuchten, nachdem die Juden tags zuvor gleichsam für vogelfrei erklärt worden waren."

Offenbar zeitlich etwas früher und ohne Beziehung zu dem Vorgehen der vorgenannten Drei beteiligte sich der wegen Sittlichkeitsdelikten vorbestrafte W. ebenfalls an den Ausschreitungen gegen die Familien Wolf und Baum.

W. nutzte insbesondere die am Vortage geschaffene schutzlose Lage der Juden bewusst aus und vergewaltigte Frau Thekla Wolf. Auf ihre Hilferufe hin packte er sie mit der Hand am Hals und drohte ihr mit Erwürgen, wenn sie noch weiter schreie.

Das Verhalten der Polizei am 10.11.38 und danach

Polizeihauptwachtmeister Schnier war zur Zeit der Novemberpogrome in Vertretung für den Oberwachtmeister Lehr in Sötern stationiert. Am Abend des 9. November bekam er von seinem direkten Vorgesetzten, dem Gendarmeriemeister in Nohfelden, die Order, sich um 24 Uhr in Nohfelden einzufinden. Als er dort ankam, waren noch weitere Polizeibeamte anwesend, unter anderem auch der Gendarmerie-Obermeister Gödde aus Birkenfeld, dem die Polizeibeamten des Kreises unterstellt waren. Bei seiner Vernehmung nach dem Krieg sagte Schnier aus, dass Alarmbereitschaft angeordnet worden sei. Danach hieß es, sie sollten sich für den nächsten Tag bereit halten. Nähere Angaben seien angeblich nicht gemacht worden.

Schnier konnte sich noch daran erinnern, dass kurze Zeit zuvor eine Liste mit den Namen sämtlicher Söterner Juden angelegt worden war. Durch den damaligen Ortsbürgermeister von Sötern sei diese Namensliste an die Polizei und ans Landratsamt weitergegeben worden. Von dort kam dann die Weisung, einen Teil der männlichen Juden zu verhaften und ins Gefängnis zu überstellen.
Am 10.11.38 unternahmen Schnier und drei weitere Beamten einen Rundgang durch Sötern, um sich über die Vorkommnisse zu orientieren.
Sie stellten fest, dass verschiedene jüdische Geschäfte geplündert waren, besonders das Haus Baum. Zahlreiche SA-Männer befanden sich im Ort. An diesem Tag blieb die Polizei jedoch untätig. Am nächsten Tag wurden die in sogenannte Schutzhaft genommenen Personen ins Gefängnis nach Hermeskeil gebracht.
Am 23.12.1938 kehrte der eigentlich für Sötern zuständige Gendarmeriebeamte Lehr nach Sötern zurück. Bis zu diesem Zeitpunkt war in Bezug auf die Straftaten des Pogroms von Polizeiseite nichts unternommen worden. Lehr besaß, wie er selbst bei seiner Vernehmung gegenüber dem Untersuchungsrichter versicherte, das Vertrauen der jüdischen Bevölkerung. Deshalb gingen bei ihm nach seiner Rückkehr mehrere Anzeigen ein, die er auch bearbeitete. Er führte bei verschiedenen Söterner Einwohnern Hausdurchsuchungen durch.
Dabei wurden Gegenstände aus den geplünderten Geschäften auf der Polizeidienststelle Sötern sichergestellt. In der Hauptsache waren es Waren aus dem Geschäft Baum, aber auch andere jüdische Geschäfte waren geplündert worden - hauptsächlich größere Mengen an Leder- und Textilwaren. Gegen verschiedene Personen wurde Anzeige erstattet.

Nach den ersten Hausdurchsuchungen wurde Lehr im Auftrag des Kreisleiters vor den Ortsgruppenleiter K. geladen. „Dieser erklärte mir unter Androhung, mich andernfalls vor das Kreisparteigericht zu stellen, meine Durchsuchungen und Anzeigen einzustellen. Ich habe dies abgelehnt unter Bezugnahme auf den Erlass der Kriminalpolizeileitstelle Koblenz, wonach Plünderungen bei der Judenaktion zu verfolgen waren. K. stellte die Rechtmäßigkeit dieses Erlasses in Zweifel, indem er darauf hinwies, dass man einerseits diese Aktion angeordnet habe und sie deshalb andererseits wegen ihrer Auswirkungen nicht strafrechtlich verfolgen könne. Ich habe aber trotzdem meinen Standpunkt behauptet und mit weiteren Anzeigen und Hausdurchsuchungen gedroht. Daraufhin wurden von verschiedenen Leuten nachts den Juden Sachen wieder vor die Türen gelegt.“[167]

---

167 aus der Zeugenaussage Lehrs

Im Bild links das noch nicht wiederhergestellte Synagogengebäude in Sötern nach dem Krieg. *privat*

Lehr berichtete auch, dass von Emma Baum aus Hermeskeil Anzeige wegen Friedhofsschändung erstattet wurde.
Der Friedhof sei völlig zerstört, die Grabsteine zertrümmert worden. Einwohnern von Bosen und Sötern konnte die Täterschaft nicht nachgewiesen werden. Die Anzeige wurde auch an den Staatsanwalt weitergeleitet, von dort jedoch nicht mehr weiter verfolgt. Die Täter wurden nie ermittelt. Schon Ende 1938 richteten sich allerdings starke Verdachtsmomente gegen die SS-Wachmannschaften der Westwallbunker.

Auch auf dem jüdischen Friedhof in Gonnesweiler gab es Zerstörungen. Die Staatsanwaltschaft Saarbrücken leitete nach dem Krieg auch in diesem Fall ein Ermittlungsverfahren wegen Verbrechens gegen die Menschlichkeit ein. Verschieden Personen wurden vernommen; Verdachtsmomente ergaben sich gegen zwei Personen, von denen der eine als vermisst galt und der andere sich noch in Gefangenschaft befand. Die Ermittlungen wurden schließlich eingestellt.

Der Prozess zu den Pogromen in Bosen und Sötern

Im Jahre 1947 veranlasste die Staatsanwaltschaft Saarbrücken erste umfangreiche Ermittlungen über die Verbrechen und die Täter der Novemberpogrome in Bosen und

Sötern. Erste Sondierungen wurden im Juli 1947 durch den Untersuchungsrichter, Landgerichtsrat Dr. Bongartz, vorgenommen. Ursprünglich ermittelte die Staatsanwaltschaft gegen 15 Personen, der Täterkreis erweiterte sich jedoch schnell.
Die Beschuldigung lautete auf: „Verbrechen gegen die Menschlichkeit". Die Haupttäter der Pogrome saßen zu dieser Zeit meist schon in verschiedenen Lagern in Internierungshaft.
Am 19. Juli begann dann der Prozess gegen 24 Beschuldigte, von denen allerdings vier wegen Schwierigkeiten bei der Einreise ins Saarland nicht erschienen waren. Das Verfahren gegen Kreisleiter Diedenhofen wurde ebenfalls abgetrennt, da gegen ihn in Rheinland-Pfalz weitere Ermittlungen liefen und er dorthin ausgeliefert werden sollte. Insgesamt wurden 39 Zeugen aufgerufen, davon 33 für die Anklage und 6 für die Verteidigung.
Am 23. Juli 1948 erfolgte die Urteilsverkündung: 14 Angeklagte erhielten Haftstrafen bis zu drei Jahren, fünf Angeklagte wurden aus Mangel an Beweisen freigesprochen und einer wegen erwiesener Unschuld.
Aus der Urteilsbegründung: „Bei der Strafzumessung hat das Gericht zugunsten sämtlicher Angeklagten strafmildernd berücksichtigt, dass sie mit Ausnahme des Angeklagten W. noch nicht vorbestraft sind und dass sie nicht aus eigenem Entschluss zu diesen Ausschreitungen kamen, sondern auf höheren Befehl und aus Furcht vor materiellen Nachteilen und Unannehmlichkeiten durch die Parteiführung tätig wurden. Ferner durfte bei der Strafzumessung nicht übersehen werden, dass die meisten Angeklagten aus einfachen Lebensverhältnissen stammen und infolge ihres geringen Bildungsgrades den damaligen fortgesetzten Massenaufhetzungen durch Rundfunk, Presse und Versammlungen leichter unterlagen, wobei noch zu berücksichtigen ist, dass bei dem eigentlichen blinden Autoritätsglauben vieler deutscher Menschen, dem Fehlen jeder Möglichkeit der öffentlichen Kritik wohl fast alle der heute Angeklagten glaubten, bedingungslos dem Befehl folgen zu müssen. Insoweit sind sie Opfer der brutalen Verbrecher geworden, die heute nicht mehr zur Rechenschaft gezogen werden können.
Strafmildernd war weiterhin zu beachten, dass die Taten fast zehn Jahre zurückliegen. ....Nicht zuletzt musste die 1-3 jährige Internierung, die mehrere der Angeklagten erlitten, wenigstens strafmildernd Berücksichtigung finden, ...
Straferschwerend fiel jedoch die von den Haupttätern bei den Misshandlungen der Juden und der Zerstörung der Synagogen offenbarte rohe und herzlose Gesinnung .... ins Gewicht. Aus allen diesen Gründen kam das Gericht zu der Überzeugung, dass für

sämtliche.... Angeklagten empfindliche aber dennoch keine übertrieben harte Strafen festgesetzt werden mussten."[168]

Im Berufungsverfahren, das von Januar bis Mitte März 1949 stattfand, wurden die Urteile etwas abgeschwächt.

Der frühere Kreisleiter Diedenhofen und 28 Mitangeklagte mussten sich vom 19.-27. April 1950 vor dem Schwurgericht Bad Kreuznach, das in Idar-Oberstein tagte, verantworten. Diedenhofen wurde wegen Verbrechens gegen die Menschlichkeit in Tateinheit mit Anstiftung zum Landfriedensbruch und schwerem Hausfriedensbruch, Religionsbeschimpfung und Körperverletzung zu drei Jahren Gefängnis verurteilt. Untersuchungs- und Internierungshaft wurden angerechnet.
In der Berufungsverhandlung am 29.02.1952 wurde er zu 10 Monaten Gefängnis verurteilt. Das Verfahren gegen den in Bosen und Sötern maßgeblich beteiligten ehemaligen Kreisamtsleiter Lehmann wurde aufgrund des Gesetzes über die Gewährung von Straffreiheit vom 31.12.1949 eingestellt.[169]

Zwei der Täter der Pogrome in Sötern und Bosen konnten sich ihrer Verantwortung entziehen.

---

168 Sta.Sbr. 1002 Bd. II

169 Mais, S. 198

DIE „ENTJUDUNG“ DES HAUS- UND GRUNDBESITZES – „ARISIERUNG“ UND GHETTOBILDUNG

DIE BIRKENFELDER ZEITUNG BERICHTET:

am 16.06.1937
Nohfelden judenfrei
Nohfelden: Der Viehhändler Ferdinand Wolf, der einzige Jude in Nohfelden, beabsichtigt nach Amerika auszuwandern.

am 18.03.1938
Ein neues Bauernhaus entsteht
Sötern: Das von einem Umsiedler erworbene Haus des Juden Sender wird umgebaut. Der neue Besitzer hat Scheune und Stall bereits abgerissen und will hier ein größeres Ökonomiegebäude errichten.

am 04.01.1939
Die letzten Juden
Gonnesweiler: Das Haus des jüdischen Schneiders Heymann ging in den Besitz des Bergmanns J. T. über und das des Viehhändlers Mendel in den Besitz des Schuhmachers K. aus Oberthal. Die restlichen zwei jüdischen Häuser von Josef Kahn und Geschwister Heymann sind noch verkäuflich.

am 25.01.1939
Wieder ein Judenhaus verkauft
Sötern: Das Haus des Salomon Wolf ging in den Besitz von R. S., Hüttenarbeiter, über.

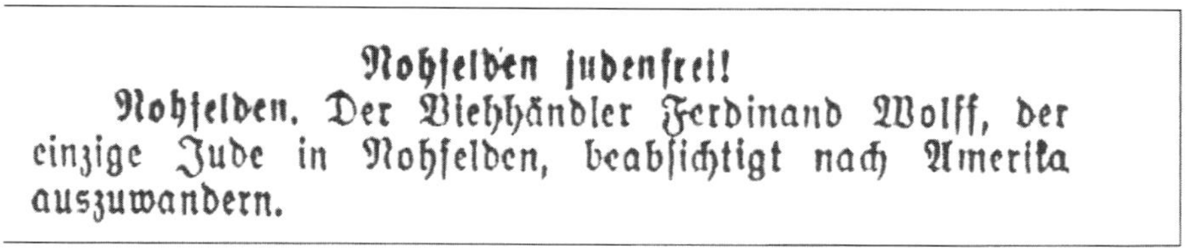

Nohfelden judenfrei!

Nohfelden. Der Viehhändler Ferdinand Wolff, der einzige Jude in Nohfelden, beabsichtigt nach Amerika auszuwandern.

aus: Birkenfelder Zeitung om 16.06.1937

Akten im Archiv der Gemeinde Nohfelden, *privat*

Der nationalsozialistische Begriff der „Arisierung" bezeichnete die schrittweise erfolgte Enteignung der jüdischen Bevölkerung zugunsten von Nichtjuden (aus der imaginären „arischen Herrenrasse"), sowie ihre Verdrängung aus dem Erwerbs- und Wirtschaftsleben. Der in gleichem Sinn gebrauchte Begriff der „Entjudung" enthält die antisemitische Konnotation der Ungezieferbekämpfung.[170]

Der Prozess der „Arisierung" lässt sich in drei Phasen aufteilen. Ab 1933 wuchs der Druck auf die jüdische Bevölkerung. Ihr Leben wurde immer stärker reglementiert und eingeschränkt. Von der Partei inszenierte Geschäftsboykotte, die Verdrängung von Juden aus dem öffentlichen Dienst (Arierparagraph), das Reichsbürgergesetz vom 1935, dessen §2 festlegte, dass Reichsbürger nur derjenige Staatsangehörige sein könne, der deutschen oder artverwandten Blutes sei, wozu natürlich Juden nach NS-Ideologie nicht gehören konnten, das Gesetz zum Schutze des deutschen Blutes und der deutschen Ehre, ebenfalls vom 15. September 1935[171], das die Ehe sowie außerehelichen Verkehr von Juden und Nichtjuden streng verbot, dies alles machte vielen

170 .Enzyklopädie des Nationalsozialismus, Digitale Bibliothek Bd. 25, S. 374; außerdem Wikipedia, freie Enzyklopädie

171 Texte beider Gesetze abgedruckt bei Simmert, S. 70 ff

Juden auch in unserer Region klar, dass es für sie im neuen nationalsozialistischen Staat keine Chance mehr gab für ein gleichberechtigtes Miteinander mit der übrigen Bevölkerung. Sie entschlossen sich zur Ausreise und hatten noch relativ gute Chancen, wenigstens einen Teil ihrer Habe zu retten. Ausreisewillige hatten seit 1931, also schon vor der nationalsozialistischen Ära, die so genannte Reichsfluchtsteuer zu zahlen. Doch im NS-Staat wurde diese Steuer drastisch erhöht. Aufgrund von Devisenbestimmungen und Wechselkursen erhielten Auswandernde nur einen Bruchteil der verbleibenden Summe.[172]

Die 2. Phase begann im Frühjahr 1938. In der „Verordnung über die Anmeldung jüdischen Vermögens" vom 26. April 1938, erlassen durch den Beauftragten für den Vierjahresplans (Kriegsbereitschaft des Deutschen Reiches innerhalb von vier Jahren), Hermann Göring und Innenminister Frick, hieß es im Paragraph 1: Jeder Jude hat sein gesamtes in- und ausländisches Vermögen nach dem Stande vom Tage des Inkrafttretens dieser Verordnung gemäß den folgenden Bestimmungen anzumelden und zu bewerten."[173] Die Anzeigepflicht galt ab einem Vermögen von 5000 RM und sollte bis zum 30. Juni 1938 erfüllt werden. Diese Frist wurde in einer weiteren Verordnung bis zum 31. Juli 1938 verlängert. Wer seiner Anmeldepflicht nicht nachkam oder unrichtige Angaben machte, dem wurden hohe Geld- aber auch Freiheitsstraßen bis zu 10 Jahren Zuchthaus angedroht.

Nachdem so die Erfassung jüdischen Vermögens gewährleistet war, konnte die nächste Stufe der Arisierung erfolgen. Das Attentat auf den Gesandtschaftssekretär vom Rath in Paris bot der NS-Regierung den Vorwand für weitere immer radikaler werdende Maßnahmen. Die „Verordnung zur Ausschaltung der Juden aus dem deutschen Wirtschaftsleben" vom 12. November 1938 verfügte die Schließung aller noch bestehenden jüdischen Gewerbebetriebe zum Jahresende und die „Verordnung über den Einsatz jüdischen Vermögens" vom 3. Dezember 1938 ermöglichte per Gesetz, jüdischen Besitz zwangsweise zu „arisieren".

Sie ermächtigte die Verwaltungsbehörden, Juden zum Verkauf oder zur Abwicklung ihres gewerblichen Betriebes sowie zur Veräußerung ihres Grundbesitzes und ihrer sonstigen Vermögensteile zu zwingen. Waren die Besitzer nicht mehr vor Ort, konnten so genannte Treuhänder zur Abwicklung eingesetzt werden. Jeder Grundstücksverkauf durch Juden musste behördlicherseits genehmigt werden. Für Wertpapiere wurde der Depotzwang eingeführt, d.h. Juden mussten ihre gesamten Wertpapiere u.ä. innerhalb einer Woche in ein Depot bei einer Devisenbank einliefern. Verfügun-

172 aus: Digitale Bibliothek Band 25: Enzyklopädie des Nationalsozialismus, S. 2299

173 RGBl. I. S. 414f. Abdruck in: www.verfassungen.de/de/de33-45/juden38-2.htm

gen darüber bedurften einer staatlichen Genehmigung. Der Erwerb oder Verkauf von Gold, Platin, Silber, Edelsteinen und Perlen durch Juden wurde gesetzlich verboten.[174] Nach Kriegsausbruch sah sich der Reichswirtschaftsminister in einem Erlass vom 6. Juli 1940 veranlasst, die „Zwangsentjudung des nicht land- oder forstwirtschaftlich genutzten Grundbesitzes…einstweilen zurückzustellen und nur in besonderen Ausnahmefällen eines dringenden öffentlichen Interesses" zuzulassen. Bei den zuständigen Behörden gingen in steigendem Maß Anträge privater Bewerber, sogar umfangreiche Sammelanträge ein, „die offensichtlich in Ausnutzung der Tatsache, daß viele besonders tüchtige Volksgenossen, die in großer Zahl im Dienste der Wehrmacht von der Heimat abwesend sind, zur Zeit als Mitbewerber entfallen, noch schnell während des Krieges billig Judengrundstücke erwerben wollen…Bei der Entjudung des Grundbesitzes darf es keine Kriegsgewinnler geben." Nach dem Krieg sollte die „Zwangsentjudung" aller Grundstücke von Amts wegen systematisch und schnell durchgeführt werden.[175]

Die 3. und abschließende Phase des Arisierungsprozesses begann mit der 11. Verordnung zum Reichsbürgergesetz vom 25. 11.1941. Die Einziehung jüdischen Vermögens wurde vereinfacht. Sobald ein Jude das Deutsche Reich verließ, sei es durch Emigration oder durch Deportation, verlor er die deutsche Staatsangehörigkeit und damit verfiel sein Vermögen automatisch dem Reich.[176] Zu dieser Verordnung erging vom Reichswirtschaftsminister am 16. Mai 1942 ein zusätzlicher Erlass. Private Kaufverträge von Juden mit Nichtjuden sollten erst dann genehmigt werden, wenn die zuständige Staatspolizeistelle mitgeteilt habe, dass mit einem Übergang des Vermögens an das Reich in absehbarer Zeit nicht zu rechnen sei. Wenn aber die Gestapo mitteilte, dass der jüdische Grundstückseigentümer das Reichsgebiet bald verlassen werde, sollte die Entscheidung stillschweigend ausgesetzt werden. Ein Verlassen des Reichsgebiets konnte jedoch zu diesem Zeitpunkt nur noch durch Deportation erfolgen, da eine Auswanderung seit Ende 1941 offiziell verboten war.[177] Die zuständigen Verwaltungsbehörden sollten also einfach die bevorstehende Deportation des jüdischen Grundstückseigentümers abwarten, dann konnte der Staat den Besitz vereinnahmen und später, nach dem Krieg selbst „nach einheitlichen Richtlinien" veräußern.

---

174 RGBl I, S. 1709, Text zu Artikel II bei Simmert, S. 159, siehe dazu auch unter www.holocaust-chronologie.de/chronologie/1938/dezember/01-07.html

175 Abschrift des Erlasses RWMbl. 1940 S. 348 im Gemeindearchiv Nohfelden, Bauamt, 17 – B

176 s. auch Kap. Vogelfrei - Entzug der Staatsbürgerschaft

177 Abschrift im Gemeindearchiv Nohfelden, Bauamt, 18 – B

Die Entwicklung in den Dörfern

Für die „Arisierung“ und die „Verwertung des jüdischen Grundbesitzes“ war für unsere Region als oberste Verwaltungsbehörde der Oberpräsident der Rheinprovinz mit Sitz in Koblenz zuständig. Dieser gab seine Weisungen weiter an die Landräte und diese wiederum an die Bürgermeistereien, von wo aus die einzelnen Ortsbürgermeister instruiert wurden. Aber auch die Parteihierarchie der NSDAP war in den Arisierungsprozess eingebunden.

Anhand der Auswandererlisten ist festzustellen, dass zunächst vorwiegend jüngere Leute auswanderten, allein stehende Personen oder junge Familien, die noch keinen eigenen Wohnbesitz hatten. Eine starke Auswanderungswelle setzte dann 1938 ein. Die Auswanderungen gingen mit starken finanziellen Verlusten einher.[178] Ganze Familien verließen ihre Heimat und emigrierten meist nach Übersee oder nach Palästina. In Sötern wurden in dieser Zeit mehrere Wohnhäuser aus jüdischem Besitz an so genannte Umsiedlerfamilien verkauft.[179] 1939 ebbte die Auswandererwelle etwas ab. Allerdings ist von über 30 Personen das Emigrationsdatum nicht bekannt. Im Krieg gab es offenbar keine Auswanderungen mehr. Am 23.10.1941 wurde die Auswanderung für Juden generell untersagt. Die Juden, die in den Dörfern zurückblieben, waren meist ältere Menschen, die sich nicht mehr zu einem Verlassen ihrer Heimat hatten entschließen können, oder Familien, die entweder zu lange gewartet hatten oder sich die Auswanderung einfach nicht leisten konnten.

Von der NS-Behörde wurde nun eine gezielte Politik der Ghettoisierung der letzten jüdischen Einwohner betrieben.[180] Das Gesetz über die Mietverhältnisse mit Juden

---

178 Es „wurde bereits ab 1934 für jüdische Auswanderer die Erlaubnis zur Mitnahme von Barbeträgen radikal eingeschränkt. Auch die Mitnahme von Umzugsgut wurde zunehmend erschwert. Ab Dezember 1938 mussten Juden eine zusätzliche Auswandererabgabe in Höhe von 20% der Reichsfluchtsteuer, wenig später als gestaffelte Abgabe auf ihr Vermögen, entrichten… Als Dego-Abgabe wurde die bei der Auswanderung zu leistende Abgabe an die Deutsche Golddiskontbank bezeichnet; sie wurde erhoben für transferiertes Geld und später auch für Umzugsgut. Sie betrug bereits im August 1934 65% der transferierten Gesamtsumme, stieg bis Oktober 1936 auf 81% und bis Juni 1938 auf 90%. Ab September 1939 betrug der Abschlag durchgängig 96%. Ab 1.1.1939 wurde auch die Mitnahme von Umzugsgut eingeschränkt. Nur zum persönlichen Gebrauch unbedingt erforderliche Gegenstände durften noch mitgenommen werden. Jeder, der auswandern wollte, musste vorher um Genehmigung nachsuchen und zu diesem Zweck alle auszuführenden Sachen in einem „Umzugsgutverzeichnis“ auflisten. Die Mitnahmegenehmigung wurde nur erteilt, wenn zuvor ein Betrag in Höhe des Anschaffungswertes für so genannten Neubesitz (Sachen, die nach dem 31.12.1932 angeschafft waren) an die Deutsche Golddiskontbank überwiesen worden war. In Einzelfällen konnte die Abgabe bis zu 300% betragen.“ www.staatsarchive.niedersachsen.de/master/C1246199_N1224125_I503_L20_D0.html

179 Im Jahr 1937 wurde der Truppenübungsplatz Baumholder angelegt. Ungefähr 4000 Menschen mussten ihre Dörfer (13) räumen und wurden in Orten der näheren Umgebung angesiedelt. s. Kunz, F.: 70 Jahre Truppenübungsplatz Baumholder, 1.A. Horb am Neckar, 2008, S. 23

180 RGBl., Jg. 1939, Teil 1, http://www.onb.ac.at/

vom 30.04.1939 war ein weiterer Schritt in dieser Richtung. Für Juden wurde der Mieterschutz faktisch aufgehoben. So konnten einerseits jüdische Mieter von einem nichtjüdischen Vermieter jederzeit vor die Tür gesetzt werden, andererseits hatte ein jüdischer Vermieter in seinen eigenen vier Wänden kaum noch etwas zu sagen. In § 4 hieß es: „Ein Jude hat in Wohnräumen, die er als Eigentümer …hat, auf Verlangen der Gemeindebehörde Juden als Mieter oder Untermieter aufzunehmen. …Die Höhe der Vergütung …bestimmt die Gemeindebehörde". Eine Kündigung war nur mit Genehmigung der Gemeindebehörde möglich. Der Durchführungserlass zu diesem Gesetz vom 04.05.1939 sah vor, die jüdischen Bewohner „gegebenenfalls zwangsweise" in relativ wenigen, möglichst in jüdischem Besitz befindlichen Häusern zusammenzufassen. Dies erleichterte auch die spätere Deportation.[181]
Bereits im Oktober 1939 hatte im Kreis Birkenfeld amtlicherseits eine Besichtigung und Bestandsaufnahme „jüdischen" Grundbesitzes stattgefunden. In einem Verzeichnis vom 20.06.1940 wurden die zu diesem Zeitpunkt noch 38 jüdischen Eigentümer des Amtes Nohfelden mit ihrem Grundbesitz tabellarisch aufgelistet, wobei nach der Kulturart und mit genauem Flächeninhalt („Haus- und Hofbering, Acker, Wiesen, Hochwald, Niederwald, Ödland und Driesch") unterteilt wurde. Auf einer im Oktober des darauf folgenden Jahres angelegten Liste war die Zahl der jüdischen Eigentümer schon auf 29 zurückgegangen.

Häuser, die noch nicht verkauft waren, wurden „zwangsarisiert".
Systematisch wurden in den Dörfern des Amtsbezirks die Juden auf Weisung der Amtsbürgermeisterei aus ihren Häusern vertrieben und in wenigen so genannten Judenhäusern eingewiesen.

Aussage der M. S. vom 11.04.1961[182]
„... Im Jahre 1942 sind die Juden aus dem Amtsbezirk Nohfelden, wozu auch der Ort Gonnesweiler gehört, auf Veranlassung der NS – Parteileitung zwangsweise hier in Sötern in einem Haus zusammengepfercht worden....."
„Flora Hirsch geb. Kahn hat bis Herbst 1938 in Gonnesweiler gewohnt und wurde zwangsweise mit den übrigen jüdischen Familien von Gonnesweiler nach Sötern verlegt.[183]

181 www.staatsarchive.niedersachsen.de

182 LA Saarbrücken, Nr. 7205a - b, Anlage 176

183 LA Saarbrücken, BEG Nr. 6291

„Hirsch (Ludwig) ist am 30.04.1942 nach unbekannt ins Ausland ausgewandert. Er hat aufgrund der 11. VO zum RBG vom 25.11.1941 die deutsche Staatsangehörigkeit verloren. Das Vermögen ist dem Reich verfallen."[184]

Die jüdischen Besitzer mussten sie gemäß o.g. Gesetz aufnehmen, obwohl sie dort in bedrückender Enge leben mussten. Die NSDAP-Kreisleitung Birkenfeld Baumholder erkundigte sich am 22. Oktober 1941 bei Ortsgruppenleiter L. in Nohfelden „über den jetzigen Stand des jüdischen Wohnraumes in Ihrem Amtsbereich". Er kündigte an, dass „in nächster Zeit auf Grund eines ganz einfachen Verfahrens der jüdische Wohnraum für unsere deutschen Volksgenossen freigemacht werden kann. Wir wollen diese Gelegenheit voll und ganz nutzen." Er spielte hier wohl auf die im November erlassende 11. VO zum Reichsbürgergesetz oder auf die bevorstehenden Deportationen an. Ortsgruppenleiter L. in Nohfelden antwortete, dass noch 23 Wohnhäuser in jüdischem Eigentum seien. Neun Wohngrundstücke seien bereits „entjudet" worden. Sofern in der „Entjudung des Grundbesitzes ein vereinfachtes Verfahren" eintrete, so könne er dies nur begrüßen, „da das bisherige Verfahren mehr als langwierig zu bezeichnen" sei.[185]

Nach dem Stand vom 27. November 1941 war der „jüdische Wohngrundstücksbesitz" in Sötern auf sieben und in Gonnesweiler auf zwei Häuser geschrumpft. Bei den beiden Häuser in Sötern, deren Zustand in der untenstehenden Liste mit gut bewertet wurden, war vermerkt, dass die Wohnungen „freigemacht und vermietet werden sollten". Dies war die euphemistische Umschreibung dafür, dass die jüdischen Besitzer bzw. Mieter aus ihren Wohnungen hinausgeworfen wurden, um diese dann nichtjüdischen „Volksgenossen" zu zuweisen.

Amtsbürgermeister Rümmler meldete am 28. Januar 1942 Landrat Wild, dass in Gonnesweiler das Judenanwesen Heymann freigemacht worden sei „dadurch, daß ich die Judenfamilie nach Sötern zu andern Juden eingewiesen habe. Das Haus wird nunmehr an den Straßenwärter S. in Gonnesweiler vermietet, sobald es soweit hergestellt ist, daß man S. zumuten kann es zu beziehen. S. wäre bereit das Haus zu kaufen, der jü-

184 LA Saarbrücken, BEG Nr. 9895

185 Schreiben vom 25.10.1941 an die Kreisleitung der NSDAP in Idar-Oberstein, Gemeindearchiv Nohfelden Bauamt 18–B

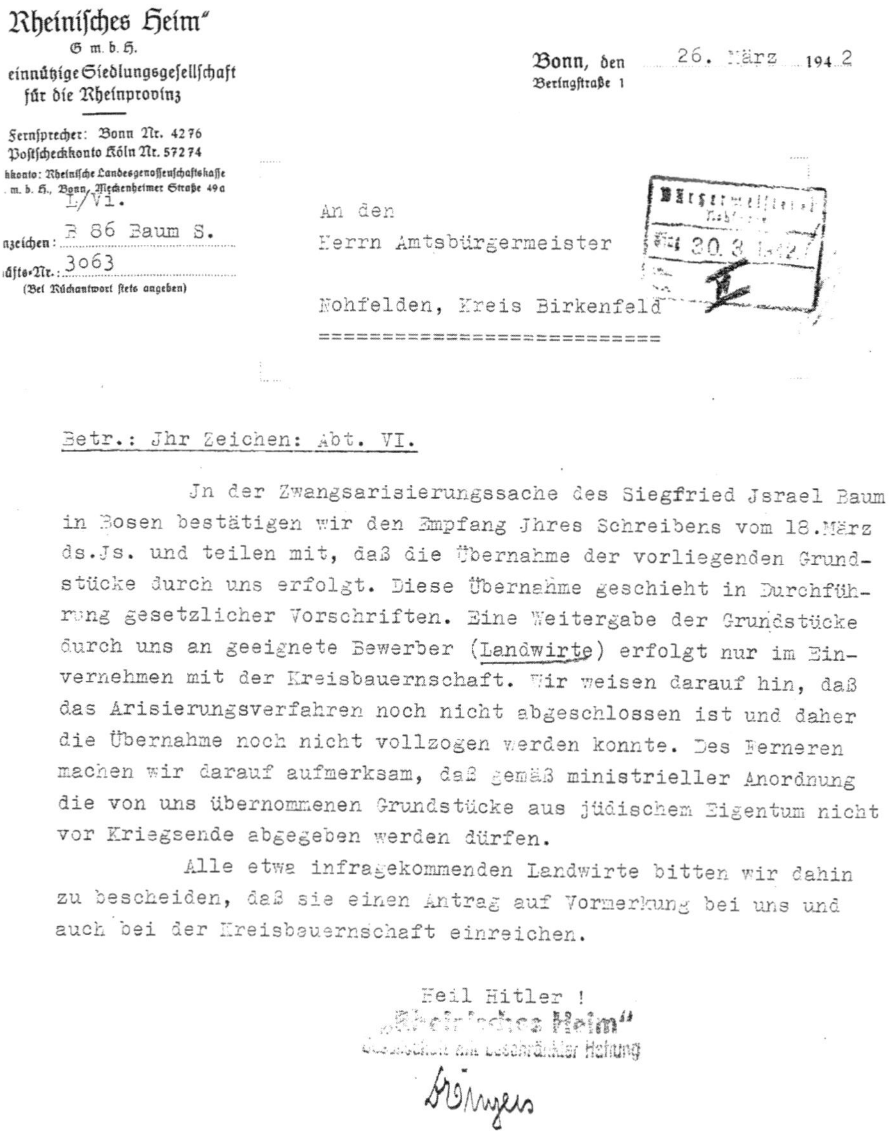

„Rheinisches Heim“
G. m. b. H.
einnützige Siedlungsgesellschaft
für die Rheinprovinz

Fernsprecher: Bonn Nr. 4276
Postscheckkonto Köln Nr. 57274
kkonto: Rheinische Landesgenossenschaftskasse
. m. b. H., Bonn, Meckenheimer Straße 49a

Bonn, den 26. März 1942
Beringstraße 1

L/VI.
nzeichen: B 86 Baum S.
äfts-Nr.: 3063
(Bei Rückantwort stets angeben)

An den
Herrn Amtsbürgermeister

Nohfelden, Kreis Birkenfeld
==========================

Betr.: Jhr Zeichen: Abt. VI.

Jn der Zwangsarisierungssache des Siegfried Jsrael Baum in Posen bestätigen wir den Empfang Jhres Schreibens vom 18.März ds.Js. und teilen mit, daß die Übernahme der vorliegenden Grundstücke durch uns erfolgt. Diese Übernahme geschieht in Durchführung gesetzlicher Vorschriften. Eine Weitergabe der Grundstücke durch uns an geeignete Bewerber (Landwirte) erfolgt nur im Einvernehmen mit der Kreisbauernschaft. Wir weisen darauf hin, daß das Arisierungsverfahren noch nicht abgeschlossen ist und daher die Übernahme noch nicht vollzogen werden konnte. Des Ferneren machen wir darauf aufmerksam, daß gemäß ministrieller Anordnung die von uns übernommenen Grundstücke aus jüdischem Eigentum nicht vor Kriegsende abgegeben werden dürfen.

Alle etwa infragekommenden Landwirte bitten wir dahin zu bescheiden, daß sie einen Antrag auf Vormerkung bei uns und auch bei der Kreisbauernschaft einreichen.

Heil Hitler !
„Rheinisches Heim“
Gesellschaft mit beschränkter Haftung

dische Besitzer hat mir jedoch erklärt, daß er nicht verkäuft.“[186] Der nach den beiden Deportationen vom April und Juli 1942 noch nicht „arisierte“ Grundbesitz verfiel danach automatisch an das Deutsche Reich. So war der Staat einer der größten Profiteure der Arisierung.

186 Gemeindearchiv Nohfelden Bauamt 18–B

Jüdischer Wohngrundstücksbesitz
in S ö t e r n
nach dem Stand vom 27. Nov. 1941

Jüdischer Hauseigentümer	Hs. Nr.	Anzahl der Räume im Erdgeschoß	Anzahl der Räume im Obergeschoß	Zustand der Räume	Anzahl der Personen	Zusätzliche Aufnahme	Bemerkungen
Wolff	168	1 Küche 2 Zimmer	-	gut	3	-	Die Wohnung soll frei gemacht und vermietet werde
[illegible] der Sender	152	1 Küche 4 Zimmer	1 Küche 1 Kammer	schlecht	6	5	
Levy Jos.	14o	1 Küche 3 Zimmer 1 Kammer	-	schlecht	4	5	[illegible]
Lion Jos.	148	1 Küche 2 Zimmer	Speicher 1 Kam.	[illegible] schlecht	2	~~2~~	2 Personen [illegible]
Fr. Wolf geb. Baum	15o	1 Küche 3 Zim.	-	schlecht	1	5	[illegible]
Emma Baum [illegible]	67	1 Küche 2 Zimmer	gr. Zim.	xxxx gut xxxxxxxx	6	x	Die Wohnung soll fr xxxxxxxxxxxxxxxxx gemacht und vermietet werden.
Salomon Wolf	5o	1 Küche 2 Zim.	1 m. Zim. 1 gr. Zim.	schlecht	3	5	[illegible]

Die Verwaltung der verfallenen Immobilien wurde den Oberfinanzpräsidenten der Länder übertragen die eigens „Dienststellen für die Verwertung eingezogenen Vermögens“ einrichteten.[187]

187 Fritz Bauer Institut (Hg.), „Arisierung“ im Nationalsozialismus. Volksgemeinschaft, Raub und Gedächtnis, Frankfurt/M. 2000; S. 140

Die so genannten „Judenhäuser" und ihre Bewohner 1942

Sötern

Haus Nr. 140

1. Rosalie Levy (Besitzerin)
2. Hermann Hirsch
3. Sara Hirsch
4. Ludwig Hirsch
5. Flora Hirsch, geb. Kahn
6. Raimund Hirsch
7. Josef Kahn
8. Charlotte Kahn

Das Haus Nr. 140 im Jahr 1994, ***privat***

Haus Nr. 148

1. Josef Lion (Besitzer)
2. Nanette Lion
3. Isaak Heymann
4. Lina Heymann

Haus Nr. 150

1. Henriette Baum
2. Johanna Wolf, geb. Baum (Besitzerin),
3. Walter Heymann

4. Rosa Heymann
5. Reni Heymann

Haus Nr. 152

1. Hermann Sender (Besitzer)
2. Julianne Sender
3. Max Hirsch
4. Ida Hirsch
5. Rosa Stern
6. Arthur Wolf
7. Pauline Wolf
8. Ludwig Erwin Wolf
9. Herbert Wolf
10. Heinz Wolf
11. Gisela Mendel

Hermann Rümmler, Amtsbürgermeister in Nohfelden 1937-1945
aus: Neunkirchern/Nahe Bilder vom Dorf und seiner Geschichte, hrsg. von Verkehrsverein Neunkirchen/Nahe

Haus Nr. 50

1. Salomon Wolf (Besitzer)
2. Bertha Wolf
3. Rosa Wolf
4. Markus Reinheimer
5. Artella Reinheimer
6. Kurt Reinheimer
7. Henriette Reinheimer

Bosen

Haus Nr. 30

1. Sigmund Wolf
2. Thekla Wolf
3. Leonie Baum
4. Ferdinand Wolf
5. Bertha Wolf

Nachdem die letzten jüdischen Bewohner ihre Häuser verlassen hatten, wurde ihr Hausrat öffentlich an die übrigen Dorfbewohner versteigert.

DIE VERSTEIGERUNG DES BEWEGLICHEN BESITZES

Foto des Wohnhauses der Familie Baum in Bosen, das von Maria Veit, geb. Scherer, bei der Versteigerung der Wohungseinrichtung aufgenommen wurde.
LA Saarbrücken. Best. BEG Akten. Nr. 4714

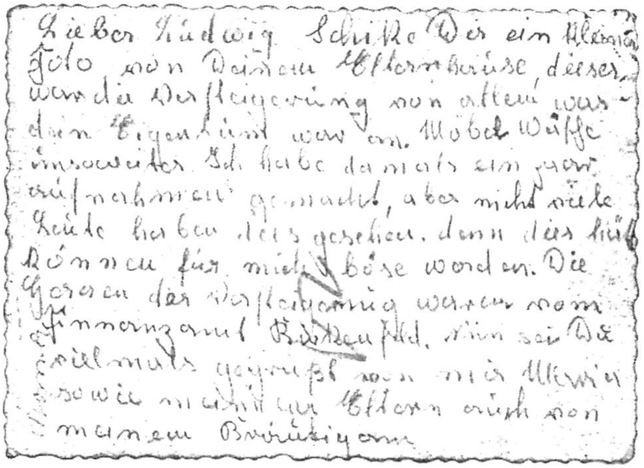

Die Rückseite des Fotos *ebda.*

Lieber Ludwig![188]
Schicke Dir ein kleines Foto von Deinem Elternhause, dieses war die Versteigerung von allem, was Dein Eigentum war an Möbel, Wäsche usw. Ich habe damals ein paar Aufnahmen gemacht, aber nicht viele Leute haben das gesehen, denn dies hätte können für mich böse werden. Die Herren der Versteigerung waren vom Finanzamt Birkenfeld. Nun sei Du vielmals gegrüßt von mir Maria sowie meinen Eltern auch von meinem Bräutigam.

---

188 Es handelt sich um Ludwig Baum geb. 19.05.1915 in Bosen, 1937 in die USA emigriert.

Foto privat

Versteigerung jüdischen Besitzes in Bosen, *aus: Bildband Bosen, S. 133,* **Bildunterschrift dort:** *Eine „Judenversteigerung" (Versteigerung der gesamten Habe, vom Grundstück bis zum Hausrat). – Während die „amtliche Kommission" die öffentliche Versteigerung vornahm, durften die jüdischen Hausbewohner ihre Wohnung nicht verlassen. Sie mussten mit ansehen, wie ihr Eigentum verteilt wurde. Den Erlös aus der Versteigerung bekamen die Juden selbstverständlich nicht.*

Bild nächste Seite:

Letzte Nachricht von Leonie Baum, *geb. Isaac * 24.03.1878 an ihre Tochter Martha, verheiratete Weinberger in New York:*

Innigstgeliebte Kinder!
Hoffe Euch gesund. Wir sind es. Morgen verreisen wir wohin unbekannt. Von Olga hatte Post. Lebt wohl auf Wiedersehen. Innigste Küsse
Eure Mutter
28.04.1942

LA Saarbrücken, Best. BEG Nr. 5278

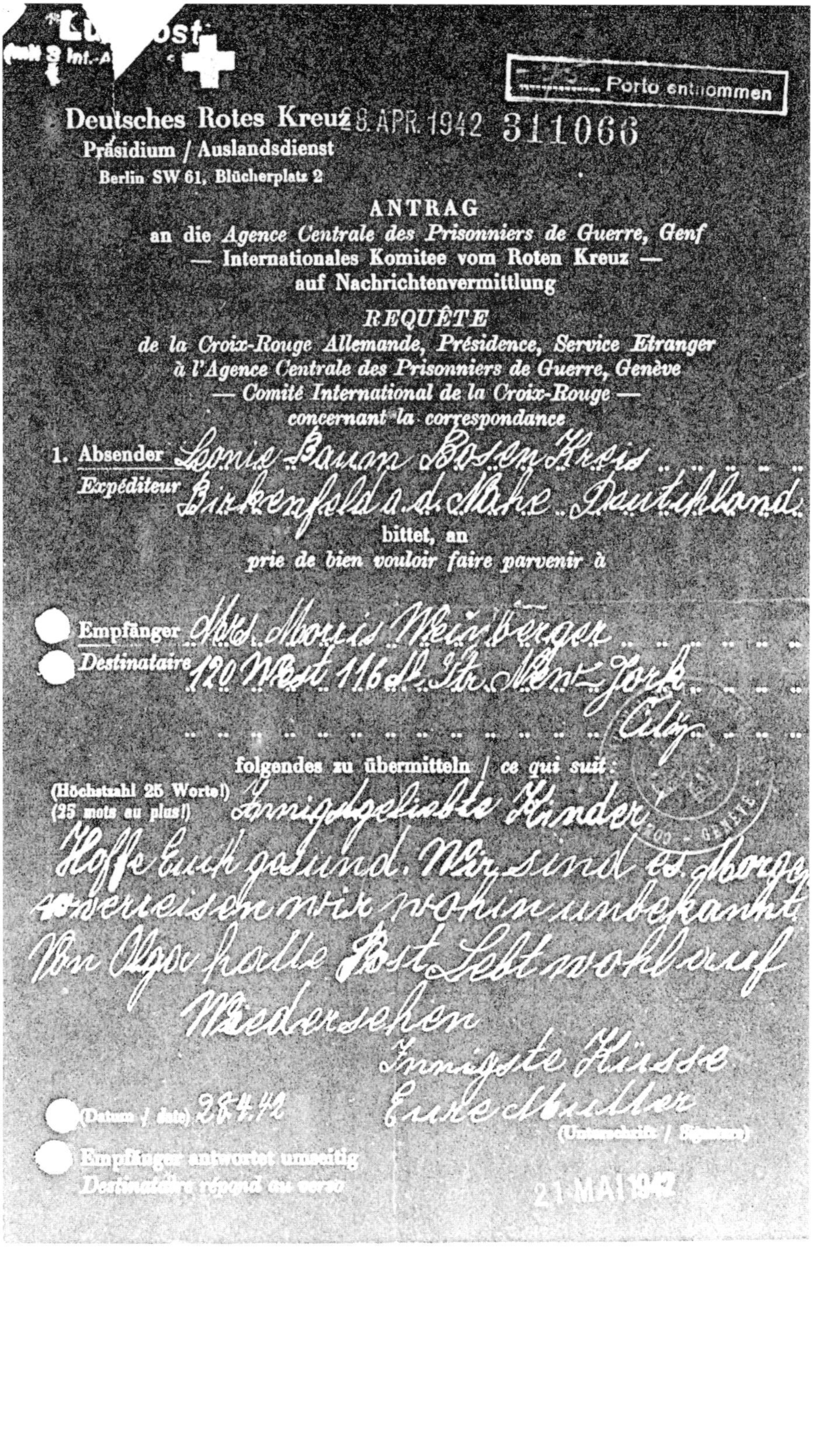

Luftpost

3 Int.-A

Porto entnommen

Deutsches Rotes Kreuz 28. APR. 1942 311066

Präsidium / Auslandsdienst

Berlin SW 61, Blücherplatz 2

ANTRAG

an die *Agence Centrale des Prisonniers de Guerre, Genf*

— Internationales Komitee vom Roten Kreuz —

auf Nachrichtenvermittlung

REQUÊTE

de la Croix-Rouge Allemande, Présidence, Service Etranger

à l'Agence Centrale des Prisonniers de Guerre, Genève

— Comité International de la Croix-Rouge —

concernant la correspondance

1. Absender / *Expéditeur* Leonie Bauer Bosen Kreis Birkenfeld a. d. Nahe Deutschland

bittet, an

prie de bien vouloir faire parvenir à

2. Empfänger / *Destinataire* Mrs. Morris Weinberger 120 West 116 St. Str. New-York City

folgendes zu übermitteln / *ce qui suit:*

(Höchstzahl 25 Worte!)
(25 mots au plus!)

Innigstgeliebte Kinder

Hoffe Euch gesund. Wir sind es. Morgen verreisen wir wohin unbekannt. Von Olga hatte Post. Lebt wohl auf Wiedersehen

Innigste Küsse

Eure Mutter

(Datum / date) 28.4.42

(Unterschrift / Signature)

3. Empfänger antwortet umseitig

Destinataire répond au verso

21. MAI 1942

Ungeniert wurde versucht, in den Besitz auch kleinerer Habseligkeiten zu gelangen.[189]

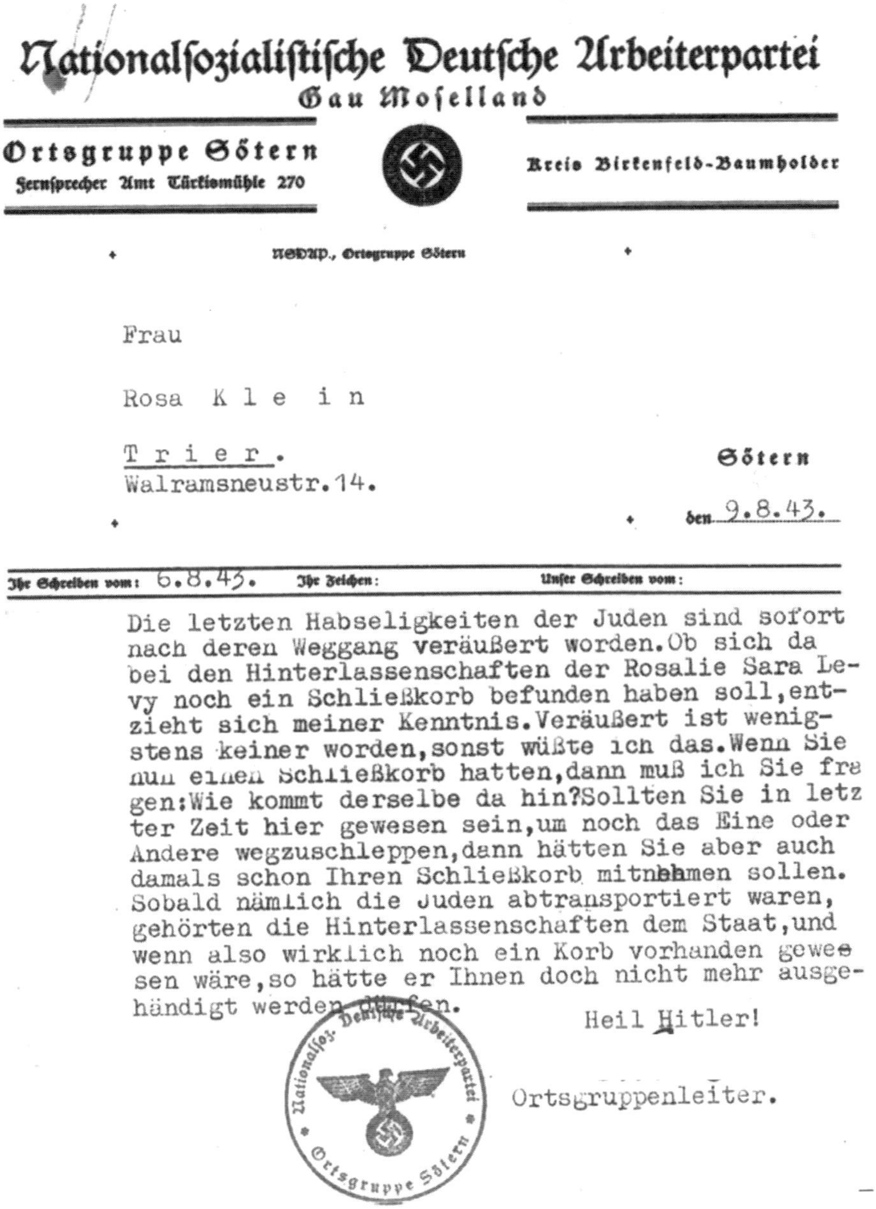

Nationalsozialistische Deutsche Arbeiterpartei
Gau Moselland

Ortsgruppe Sötern
Fernsprecher Amt Türkismühle 270

Kreis Birkenfeld-Baumholder

NSDAP., Ortsgruppe Sötern

Frau

Rosa Klein

Trier.
Walramsneustr. 14.

Sötern

den 9.8.43.

Ihr Schreiben vom: 6.8.43. Ihr Zeichen: Unser Schreiben vom:

Die letzten Habseligkeiten der Juden sind sofort nach deren Weggang veräußert worden. Ob sich dabei den Hinterlassenschaften der Rosalie Sara Levy noch ein Schließkorb befunden haben soll, entzieht sich meiner Kenntnis. Veräußert ist wenigstens keiner worden, sonst wüßte ich das. Wenn Sie nun einen Schließkorb hatten, dann muß ich Sie fragen: Wie kommt derselbe da hin? Sollten Sie in letzter Zeit hier gewesen sein, um noch das Eine oder Andere wegzuschleppen, dann hätten Sie aber auch damals schon Ihren Schließkorb mitnehmen sollen. Sobald nämlich die Juden abtransportiert waren, gehörten die Hinterlassenschaften dem Staat, und wenn also wirklich noch ein Korb vorhanden gewesen wäre, so hätte er Ihnen doch nicht mehr ausgehändigt werden dürfen.

Heil Hitler!

Ortsgruppenleiter.

Nationalsoz. Deutsche Arbeiterpartei – Ortsgruppe Sötern

189 Es handelt sich in dem Brief um die Hinterlassenschaft von Rosalie Levi geb. Hirsch, geb. 15.04.1873 in Sötern.

LISTE DER WOHNHÄUSER AUS JÜDISCHEM BESITZ UND DAS SCHICKSAL DER LETZTEN JÜDISCHEN BEWOHNER[190]

Bosen:

1. Haus Gottlieb Ferdinand, Nr. 11, genannt „Feiwersch"

Das Ehepaar Ferdinand und Selma Gottlieb emigrierte 1939 in die Niederlande und wurde 1942 über das Lager Westerbork ins Vernichtungslager Auschwitz deportiert und ermordet. Ihr Sohn Ernst erlitt mit seiner Familie das gleiche Schicksal. Der erste Sohn Leo und die Tochter Irma waren bereits 1938 ausgewandert. Per Kaufvertrag vom 10.03.1941 wurde das Haus Gottlieb für 5000 RM verkauft. Als Treuhänder fungierte der Ortsbürgermeister. Der Betrag wurde auf ein Sperrkonto eingezahlt.

Haus Gottlieb „Feiwersch", *aus Bildband Bosen Eckelhausen, S. 128*

190 Die Hausnummern sind dem Adressbuch des Landesteils Birkenfeld von 1930 entnommen. In einzelnen Fällen differieren die Nummern mit den späteren Quellen aus der NS-Zeit. Neben dem Familienbuch dienten die Bauamtsakten des Gemeindearchivs Nohfelden, 17–B und 18-B, der Bildband Bosen Eckelhausen von 1988, S. 132 sowie Zeitzeugenberichte als Quellen.

2. Baum Siegfried, Nr. 63, (bzw. 75 s.u.), gen. „Goldes", heute Bosbachstraße
Siegfried und Clementine Baum wurden am 29.April 1942 in ein Vernichtungslager deportiert und ermordet. Die beiden verheirateten Töchter Renate Rosalie und Gerda wanderten in die USA aus, während ihre Schwester Lore ebenfalls deportiert und ermordet wurde.

Am 22.12.1941 richtete Amtsbürgermeister Rümmler ein Schreiben an Landrat Wild mit dem Betreff „Verwertung des jüdischen landwirtschaftlichen Grundbesitzes" (Verfügung vom 26.11.1941). Der Grundbesitz des Siegfried Baum in Bosen, Eiweiler und Schwarzenbach wurde auf 14 482,--RM abgeschätzt. Pg. NN. wolle das Haus des Siegfried Baum gegenüber der Schule erwerben oder mieten. Die „Rheinische Heim" GmbH teilte Amtsbürgermeister Rümmler am 26. März 1942 mit, dass die Übernahme des Grundvermögens des Siegfried Baum durch Zwangsarisierung erfolge. „Eine Weitergabe der Grundstücke durch uns an geeignete Bewerber (Landwirte) erfolgt nur im Einvernehmen mit der Kreisbauernschaft....Des Ferneren machen wir darauf aufmerksam, daß gemäß ministerieller Anordnung die von uns übernommenen Grundstücke aus jüdischem Eigentum nicht vor Kriegsende abgegeben werden dürfen." Etwa in Frage kommende Landwirte sollten sich vormerken lassen.
Rümmler teilte dem NN. mit, dass zurzeit eine Übernahme des Hauses noch nicht möglich sei, da die Räume noch nicht frei seien. Man werde zu gegebener Zeit auf seinen Antrag zurückkommen.
Die eigentlichen Besitzer des Hauses, die Eheleute Baum, waren zu diesem Zeitpunkt schon in den Osten deportiert worden. Schließlich wurde die Wohnung im ersten Obergeschoss des Hauses (Küche, 2 Zimmer und kleine Kammer) an eine Familie in Bosen für 15 RM vermietet.

3. Haus Brüder Felix und Wilhelm Baum, Nr. 66 gen. „Veilches",
(heute: Bosbachstraße)
Felix Baum (ledig) wurde deportiert, ebenso sein Bruder Wilhelm mit drei Kindern, nur Sohn Ludwig emigrierte.
Zwei Wohnungen mit je drei Wohnräumen wurden an zwei Ehepaare für 15 bzw. 18 RM vermietet; in der Wohnung im Obergeschoss musste zunächst noch die Wasserleitung verlegt und ein Spülstein gesetzt werden.[191]

191 Schreiben Rümmlers ans Finanzamt Birkenfeld, 2. 04. 1943

4. Haus Jakob Baum, Nr. 67, gen. „Wolfs", (heute Bosbachstraße 9)

In dem Haus, das direkt an die Synagoge angebaut war, befand sich ein Geschäft, in dem Lebensmittel, Wolle, Textilien und Eisenwaren verkauft wurden. Baum hatte auch noch eine Filiale in Schwarzenbach, in der er die gleichen Waren anbot.[192]

Jakob Baum war bereits 1928 verstorben. Sein Sohn Max wanderte 1937 in die USA aus, seine Mutter Wilhelmine folgte ein Jahr später.

Am 4. Okt. 1941 wurde das Haus zum Kaufpreis von 2450 RM an eine Familie verkauft, die hier schon seit zwei Jahren zur Miete wohnte. Der Geldbetrag wurde auf ein Sperrkonto überwiesen.

Das Haus „Wolfs", nachdem es die Besitzer verlassen hatten. Der Geschäftsname „Max Baum" über den beiden Fenstern im Erdgeschoss ist übertüncht worden.
aus: Bildband Bosen Eckelhausen, S. 74

5. Haus Jakob Baum (Beruf: Schneider), Nr. 88, gen."Arjes", (heute: Bostalstraße)

Das Ehepaar Baum wohnte während des Krieges in Köln und wurde wahrscheinlich von dort aus deportiert.

---

192 Bildband Bosen Eckelhausen, S. 73

6. Haus Lion Gustav und Adelheid, Nr. 32, gen. „Joschbels Alte"

Gustav Lion verstarb bereits 1909. Seine Frau Adelheid und seine vier Kinder mit Familien wurden deportiert und ermordet.

Der älteste Sohn Max Lion verkaufte am 7. 11.1941 das Haus für 6000 RM. Lion erhielt das Recht bis zur evtl. Abreise in dem Haus zu wohnen. Ob dieser Kaufvertrag von den Behörden anerkannt wurde, geht aus den Akten nicht hervor. Das Haus ist heute nicht mehr vorhanden.

7. Haus Sigmund Wolf, Nr. 30, gen. „Frommsches", (heute Bostalstraße 67)

Sigmund Baum betrieb hier bis zur Schließung 1938 ein Geschäft für Lebensmittel und Textilien. Siegmund und Thekla Wolf wurden am 27. Juli 1942 von Bosen aus in den Osten deportiert und ermordet. Ihre drei Kinder wanderten mit ihren Familien aus. Am 4. Nov. 1941 richtete der Oberpräsident der Rheinprovinz ein Schreiben an Landrat Wild in Birkenfeld unter dem Betreff der „Verwertung des jüdischen landwirtschaftlichen Besitzes". Er bat um beschleunigte Angabe des Verkehrswertes der im Folgenden aufgelisteten Grundstücke des Siegmund Wolf in Bosen und Sötern. „Ich beabsichtige die Zwangsarisierung des Grundstückes durchzuführen zum Preise von 3270,-- RM. Gelegentlich der Besichtigung des jüdischen Grundbesitzes im Kreise Birkenfeld im Oktober 1939 war dieser Preis ermittelt worden."

Wild leitete dieses Schreiben weiter an Amtsbürgermeister Rümmler, der in seinem Schreiben vom 20.11.1941 für das gesamte Vermögen eine Abschätzsumme von 3078,-- RM nannte. Am 8. Juni 1942 teilte die Gemeinnützige Siedlungsgesellschaft für die Rheinprovinz „Rheinisches Heim" GmbH dem Nohfelder Amtsbürgermeister mit, dass sie den Besitz der Eheleute Wolf in Bosen durch Zwangsarisierung erworben hätten. Grund des Schreibens war die Regelung der Versicherungsverhältnisse für das Gebäude. Das Haus wurde schließlich an zwei Familien vermietet.[193]

8. Haus Gustav Sender, Nr. 110, gen. „Dowitz" oder „Bertas", (heute Bostalstraße)

Berta Sender verstarb 1940 und ihr Mann Gustav 1941. Drei Söhne wanderten aus. Sohn Leo hatte am 1. Weltkrieg teilgenommen und war mit dem Eisernen Kreuz ausgezeichnet worden. „Aufgrund seiner Auszeichnung mit dem Eisernen Kreuz erhielt er zwar Berufsverbot, wurde jedoch persönlich nicht von den Nationalsozialisten verfolgt. Da jedoch seine Frau und seine Tochter mit den übrigen Juden 1942 deportiert wurden, folgte „Perds-Leo ihnen freiwillig ins Vernichtungslager."[194]

---

193 Gemeindearchiv Nohfelden, Bauamt, 18 – B

194 Bildband Bosen Eckelhausen, S. 74

9. Haus Leopold Baum 2. Witwe Jakobine (Johannette), Nr. 88, genannt „Betschs", später"Guttrauds" (Mutter von Leopold Baum 2 hieß Gertraud!),
Frau Baum starb 1934, Sohn Arthur emigrierte 1939 nach England, Tochter Emilia wanderte ebenfalls aus. Arthur Baum verkaufte das Haus privat. Die Genehmigung des Verkaufs erfolgte am 14.November 1940.

10. Haus Baum Alexander (Alfred), Nr. 31, gen, „Mades", (heute Bostalstraße)
Alexander Baum starb bereits 1930, seine Frau Leonie wurde am 29.04.1942 von Bosen aus deportiert und ermordet, ihre Tochter Olga fand in Auschwitz den Tod. Die zweite Tochter Martha Weinberger emigrierte 1937. Als letzte Wohnung von Frau Baum vor der Deportation wurde Hausnummer 30 angegeben.
Es gab zwei Interessenten für das Haus der Familie Baum. Einer der beiden befand sich im Krieg. Der Soldat bat in einem Schreiben an Amtsbürgermeister Rümmler diesen um Amtshilfe. „Wie mir meine Eltern nun von zu Hause schreiben, mußte die Ww. Baum auf Befehl von unserm Ortsbürgermeister ausziehen, und der NN. ist mit seiner Familie dort eingezogen. Diese Anordnung von unserm Ortsbürgermeister ist zu begrüßen, da dieses Judenpack ohne Gewalt doch nicht fort will. Obwohl mir unser Stützpunktsleiter PG. NN. versichert hat, daß dieses Haus für niemanden käuflich erworben werden könnte als von mir, hat nun die-

Haus „Mades" früher und heute,
aus: Bildband Bosen Eckelhausen,S. 127 und priv.

ser NN einen Antrag auf Umbau gestellt, da es eine elends Wohnung wäre. Ich möchte Sie, sehr geehrter Herr Amtsbürgermeister, bitten, diese Sache selbst zu bearbeiten…“ Da es außerhalb der Bauflucht lag, war auch ein Abbruch des Gebäudes im Gespräch.

11. Haus Max Lion, genannt „Joschbels-Max“, Nr. 35 (heute Bostalstraße)
Das Ehepaar Max und Flora Lion wurde zusammen mit den beiden Söhnen, dem 15jährigen Günther und dem achtjährigen Egon am 29.04.1942 deportiert.

Sötern:

1. Haus Elias Sternberg („Oleggs Elias“), Nr. 2. (heute: Weiherdamm)
Er und seine Frau Rosalie starben 1931, zwei Kinder wandern 1938 aus. Wahrscheinlich zu diesem Zeitpunkt wurde das Haus an eine Umsiedlerfamilie verkauft.

Das Haus 1994, *privat*

2. Haus Siegfried Sender, Nr. 13: (Hauptstraße)
Siegfried Sender wanderte mit seiner Familie 1939 nach Shanghai aus. Das Haus wur de an eine Umsiedlerfamilie verkauft.

3. Haus Arthur Sender (gen. „Stiwwel"), Nr. 13 a (Hauptstraße)

Das Ehepaar Arthur und Johannetta verzog 1938 nach Trier. 1941 wurden sie von dort aus nach Litzmannstadt deportiert. Die beiden Töchter Bertha und Gertrud sowie der Sohn Heinz wanderten nach Palästina aus. Das Haus wurde an eine Umsiedlerfamilie verkauft.

4. Haus Lion, („Schauls Leopold")

Die Besitzer waren verstorben. Das Haus, das direkt an das Haus von Arthur Sender angebaut war, wurde von der gleichen Umsiedlerfamilie erstanden.

ehemalige Häuser Sender und Lion, Zustand v. 1994, *priv.*

5. Haus Albert Sender, Nr. 14, („Leibs")[195] (Friedhofstraße gegenüber Kemmer)

Die Familie wanderte 1938 mit ihren beiden Kindern in die USA aus. Das Haus wurde an eine Umsiedlerfamilie verkauft. Später wurde es abgerissen.

6. Haus Salomon Sender, Nr.15, (Friedhofstraße)

Salomon Sender starb 1935. Sein Sohn Leo wanderte 1937 in die USA aus. Wenig später folgten seine Geschwister Ludwig und Rosa. Zuvor verkauften sie ihr Haus ebenfalls an eine Umsiedlerfamilie.

---

195 Name lt. Adressbuch von 1930 Bernhard Sender, im FB jedoch nicht zu finden.

Blick auf die heutige Friedhofstraße um 1900:
Oberer Pfeil: Haus Sender („Leibs"), mittlerer Pfeil: Haus Lion, unterer Pfeil: die Mikwe. Das Haus von Arthur Sender ist noch nicht erbaut. Rechts sind das „Schloss" und dahinter die evangelische Kirche zu sehen. *privat*

7. Haus Lion Hugo („Rondheroms Hucho"), Nr. 47, (Horntalstraße)

Am 29.April 1942 wurden die Eltern Hugo und Irma Lion mit ihren drei Kindern deportiert.

8. Haus Sabine Wolf, Nr. 49,

Sabine Wolf verstarb 1939. Sie lebte zuletzt bei ihrem Sohn Salomon (Nr. 50).

9. Haus Salomon Wolf, Nr. 50, („Hamatz"), (Horntalstraße)

Salomon und Berta wurden zusammen mit ihrer Tochter Rosa am 29.04.1942 deportiert. Zwei Söhne waren 1938 ausgewandert. Bis zur Deportation lebte hier noch die Familie Reinheimer mit zwei Kindern.
Während des Krieges war das Haus vermietet.[196]

10. Haus Wolf Emma, geb. Baum, Nr. 67

Emma Baum verzog 1940 nach Köln. Dort heiratete sie den Witwer ihrer Schwester, Ludwig Wolf. Dieser starb ein Jahr später. Bereits im Dezember 1938 hatte Frau Wolf

196 Gemeindearchiv Nohfelden, Bauamt 18-B, Schreiben vom 15.09.42

ihr Haus an einen Sattlermeister aus Sötern verkaufen wollen. Da dieser ihr aber das Geld nicht bar auszahlen konnte, unterschrieb sie den Kaufvertrag nicht. Emma Wolf wurde von Köln aus am 27.07.1942 ins KZ nach Lodz deportiert. In ihrem Haus lebte 1941 u.a. die Familie Artur Wolf. Diese musste die Wohnung allerdings verlassen und zog dann zu Hermann Sender. Die Wohnung wurde anschließend anderweitig vermietet.

11. Haus Emanuel Kahn, (Hauptstraße)

Emanuel Kahn starb 1935. Die Söhne Ludwig und Paul wanderten wahrscheinlich aus. Am 12.Mai 1941 verkaufte der als Treuhänder bestellte O.H. das Haus der Witwe des Emanuel Kahn, Mathilde, geb. Hirsch für 3500,- RM, wobei der Kaufpreis auf ein Sperrkonto auf einer Devisenbank eingezahlt werden musste.
Außer dem Kaufpreis war eine Ausgleichszahlung von 1 000 RM an das Reich zu leisten.

Haus Kahn, *privat*

12. Haus Siegfried Sender, Nr. 105 (heute Lindenstraße)

Siegfried Sender starb 1926, seine Witwe Marta wandert mit ihren drei Söhnen in die USA aus. Das Haus verkaufte sie an eine Umsiedlerfamilie.

13. Haus Emanuel Löb, Nr. 112, („Frommels“), (Hauptstraße)
Emanuel Löb verstarb 1936, seine Frau Johanna war schon 1917 verstorben. Die Töchter lebten mit ihren Familien in Konz, Wittlich und Rhaunen, die Tochter Selma Frenkel, wanderte 1937 aus. Sohn Gustav wanderte wahrscheinlich auch aus[197]. Das Haus wurde noch vor dem Krieg privat verkauft.

14. Haus Wolf Artur (gen. „die Zung“), bzw. Emma Wolf, geb. Baum, Nr. 118 (Hauptstraße)
Nach einem Hausbrand musste die Familie das Haus verlassen. Sie zog in Nr. 67. Das Haus wurde von Emma Baum übernommen. 1939 wurde es von der Wehrmacht beschlagnahmt und darin ein Kriegsgefangenenlager untergebracht. Die Miete von zunächst 20 später dann 40 RM ging auf ein Sperrkonto bei der Spar- und Darlehenskasse in Sötern. Bis Mai 1941 war hier eine Summe von rund 435 RM aufgelaufen. Das Kölner Bankhaus Mertins und Co. verlangte im Namen von Frau Wolf die Einzahlung der Beträge auf deren dortiges Konto. Amtsbürgermeister Rümmler bat die Gestapo um „Mitteilung, ob gegen die Überweisung des Betrages ....sowie die monatlichen Mietzahlungen in Höhe .... an die Kommanditgesellschaft in Köln Bedenken bestehen, da von hier aus nicht ermittelt werden kann, ob Frau Emma Sara Wolf ihren Wohnsitz aufgeben mußte und dadurch die Liegenschaften sowie die hieraus sich ergebenden Einnahmen dem Reiche verfallen sind.“ Rümmlers Verzögerungstaktik gegenüber der Kölner Bank hatte Erfolg. Am 16.Oktober 1942 meldete er der Gestapo in Koblenz, dass „nach Mitteilung des Grundbuchamtes des Amtsgerichts Nohfelden ...das Grundstück bereits dem Deutschen Reich überschrieben worden“ sei. Frau Wolf war mittlerweile nach Polen deportiert worden.

15. Haus Max Baum, Nr. 118 a (Hauptstraße)
Max Baum und seine vier Töchter wanderten 1939 über Luxemburg in die USA aus. Das Haus wurde später verkauft.

16. Haus Ludwig Wolf, Nr. 118 b (Hauptstraße)
Seine 1. Frau Thekla starb 1939, Ludwig Wolf verzog 1940 nach Köln, dort heiratete er Emma Baum. Er starb 1941, seine 2. Frau wurde von Köln aus deportiert. Ludwig Baum hatte keine Kinder. Das Haus wurde 1940 verkauft. Der Käufer hatte zuvor schon längere Zeit dort mit seiner Familie zur Miete gewohnt.

---

197 nach Aussage von G. Hirsch

17. Haus Samuel und Ludwig Kahn, Nr. 126

Samuel Kahn war im 1. Weltkrieg gefallen. Seine Witwe Sara heiratete seinen Bruder Ludwig, der 1927 starb, die Witwe Sara Kahn starb 10 Jahre später. Ihr Sohn Julius wanderte nach Palästina aus. Das Haus wurde im Krieg für 4800 RM verkauft. Außerdem war eine Ausgleichszahlung von 400 RM zu leisten.

18. Haus Koschelnik, Nr. 132 (Hauptstraße), Vorbesitzerin des Hauses war Rosette Sender.

Isaak Koschelnik emigrierte 1939 nach Shanghai. Hedwig Koschelnik, geb. Kahn zog 1940 mit ihren Kindern nach Berlin. Dort lebte sie im Bereitschaftsheim der Jüdischen Kultusgemeinde von Berlin. Um die Kosten für die Unterbringung für sie selbst und ihre drei Kinder aufbringen zu können, schrieb sie am 7. 01.1942 an den Nohfelder Bürgermeister. Sie bat um Auskunft, wer jetzt ihr Haus verwaltet und nutzt. Sie benötigte das Geld aus den Grundstückseinkünften, um die für sie verauslagten Beträge der Jüdischen Kultusvereinigung begleichen zu können. Es stellte sich heraus, dass noch die gleichen Mieter wie bei ihrem Weggang in dem Haus wohnten. Sie bezahlten aber nach Aussage Bürgermeister Rebmanns keine Miete mehr. Auf Anhörung gaben die drei Mieter an, dass sie die Steuern und Reparaturen an dem Haus selbst zahlen und deshalb keine Miete mehr entrichten würden. Die Wohlfahrts- und Jugendpflegestelle der Jüdischen Gemeinde Berlin richtete schließlich ebenfalls ein Schreiben an Rümmler. Sie bat um Auskunft, wer der Verwalter des Grundstückes sei. „Ein solcher muss ja vorhanden sein, da die Eigentümer Juden sind. Da wie Sie schreiben, ein Teil der Miete für Steuern gepfändet sei, muss doch die Höhe der Miete der pfändenden Stelle bekannt sein. Wem ist denn der Pfändungsbeschluss zugestellt? Nicht verständlich ist, dass die Mieter selbst ihre Miete für Ausbesserungen des Grundstücks verwenden. Die gesetzliche Grundlage hierfür, ist uns nicht ersichtlich, zumindesten hätten doch die Mieter zuvor anfragen und Frist setzen müssen und sodann Rechnung legen…."

Frau Koschelnik betraute schließlich im Juli 1942 den nur zur rechtlichen Beratung und Vertretung von Juden zugelassenen Konsulenten Dr. Isidor Treidel aus Koblenz mit der Wahrung ihrer Interessen. Ob in dieser Angelegenheit noch etwas geregelt wurde ist ungewiss. Hedwig Koschelnik und ihre Kinder wurden am 12.01.1943 von Berlin aus nach Auschwitz deportiert und ermordet. Am 30. September 1943 richtete Amtsbürgermeister Rümmler ein Schreiben an den Oberfinanzpräsidenten der Westmark in Saarbrücken, in welchem er mitteilte, dass das der Ehefrau gehörende Wohnhaus noch nicht vom Reich eingezogen bzw. dem Reich verfallen erklärt worden sei.

Das frühere Haus Koschelnik in den 60er Jahren, *Ausschnitt aus einer Ansichtskarte von Sötern*

Haus Lion,
privat

19. Haus Julius Lion (Peterweg 1, wurde abgerissen),
Die Familie wanderte 1936 nach Palästina aus. Das Haus wurde privat verkauft.

20. Haus Rosalie Levy, geb. Hirsch, Nr. 140 (Peterweg),
Rosalie Levy wurde am 27. Juli 1942 nach Theresienstadt deportiert und später im KZ Minsk ermordet. Ihr Sohn Leo wanderte in die USA aus.

21. Haus Josef Lion („Jeguffs"), Nr. 148, (Peterweg)
Josef und Nanette Lion wurden am 27.07.1942 nach Theresienstadt deportiert. Ihre fünf Kinder wanderten aus. Eine Tochter aus der ersten Ehe des Josef Lion wurde ebenfalls deportiert.
Nach der Deportation wurde das Haus für 12 RM vermietet.

22. Haus Siegmund Baum („Schächter"), Nr. 150 (Peterweg)
Siegmund Baum verstarb 1940, seine Frau Henriette („Fanny") wurde am 27.04.1942 nach Theresienstadt deportiert. Die einzige Tochter Johanna wurde im KZ Izbica ermordet.
Nach der Deportation wurde das Haus für 10 RM vermietet.

Ansicht Sötern, um 1930

23. Haus Hermann Sender, Nr. 152 (Hauptstraße / Peterweg, nach dem Krieg Gasthaus Hirsch)
Hermann und Juliane Sender wurden am 29.04.1942 nach Lublin deportiert. Ihre Tochter Lucy war schon zwei Jahre vorher im Zuge der Deportation der saarländischen Juden nach Gurs in den Pyrenäen verschleppt worden. Ihr Sohn Norbert wanderte 1939 in die USA aus.

24. Gustav Wolf, („Tuda"), (Hauseigentümer) (Hauptstraße) **Nr. 168**
Gustav und Julia Wolf wurden am 29.04.1942 deportiert.
Im gleichen Haus, im Obergeschoss wohnte Ernst Hirsch mit seiner Familie. In seiner Zeugenaussage im Zusammenhang der Geschehnisse in der Pogromnacht sagte er aus, dass er bis Februar 1939 im KZ Dachau eingewiesen war. Er hatte Schwierigkeiten seine Familie zu ernähren. „Ich habe meine Arbeitsstellen öfter wechseln müssen, meine Kinder wurden aus der Schule verwiesen. Ich wurde mit meiner Familie viel schikaniert. Am 4. Januar 1945 sollte ich zum zweiten Mal verhaftet werden. Dieser Verhaftung habe ich mich durch Flucht entzogen."[198]

25. Fam. Hermann Hirsch
Hermann und Sara Hirsch mussten in Haus Nr. 140 umziehen. Am 27. Juli 1942 wurden sie nach Theresienstadt deportiert. Auch ihr Sohn Max Hirsch wohnte mit seiner Familie in diesem Haus.[199] Er musste später mit seiner 2. Frau in Hausnummer 152 umziehen, von wo aus er im April 1942 deportiert wurde.

26. Haus Moritz Lion, (Hauptstraße)
Familie Lion wohnte ursprünglich neben der Synagoge in Sötern. Anfang der 30er Jahre verkaufte Moritz Lion dieses Gebäude und bezog ein Haus gegenüber der katholischen Kirche. Das Ehepaar zog 1939 nach Trier um, da *„für sie das Leben in Sötern unerträglich wurde".*[200] Das Haus wurde an eine Umsiedlerfamilie verkauft.
Von Trier aus wurde das Ehepaar Lion abtransportiert und im KZ in Lódz (Litzmannstadt) ermordet.

Nohfelden:

1. Haus Ferdinand Wolf, Nr. 37
Die Familie wollte 1937 auswandern, sie zog vorübergehend nach Bosen, Hausnummer 30. Von hier wurde das Ehepaar Wolf am 29.04.1942 deportiert. Fünf Kinder des Ferdinand Wolf wanderten aus. Am 29.01.1941 richtete die Geschäftsführung der NSDAP Gau Koblenz Trier ein Schreiben an Amtsbürgermeister Rümmler, mit der

---

198 LA Sbr. Sta. Sbr. 1002, Bd. I, S. 53

199 Im „Verzeichnis der noch im jüdischen Eigentum stehenden Grundstücke" vom 20.06.1940 taucht dieses Haus nicht auf. Wahrscheinlich deshalb, weil Max Hirschs 1. Frau eine Katholikin war und ein Sohn aus dieser Ehe ebenfalls hier lebte. Es blieb im Besitz der Familie.

200 So ihr Sohn Max nach dem Krieg in einem Brief an das Landgericht in Saarbrücken, LA Sbr. Sta Sbr. Nr. 1002, Bd. I

Mitteilung, dass der Kreisleiter mit dem Verkauf des „Judenhauses“ an eine Familie, die z.Zt. zur Miete im Haus Wolf wohne, einverstanden sei.
Rümmler bat Landrat Wild am 17.04.1941 den privatschriftlichen Kaufvertrag zu prüfen. „Die im Kaufvertrag festgelegte Verkaufssumme in Höhe von RM 3 600,-- kann ich jedoch nicht als Verkehrswert an erkennen, da das ganze Haus einer Elendswohnung gleichkommt und von NN. erst grundlegend instandgesetzt werden muß. Der Einheitswert ist durch das Finanzamt auf RM 1.440,-- und die jährliche Rohmiete auf RM 144,-- festgesetzt worden. Der Bewerber .... konnte aber einen niedrigeren Verkaufspreis nicht erzielen, da ein Mitbewerber den Preis von RM 3.600, -- bereits geboten hatte und einen Kaufvertrag in Händen hielt. Der Herr Kreisleiter hat den Mitbewerber abschlägig beschieden und somit NN. als Käufer anerkannt. Es blieb NN. bei Abschluß des Kaufvertrags nichts anderes übrig als den Kaufvertrag auf gleicher Basis abzuschließen. Ich bitte, sofern bei Nachprüfung des von hier errechneten Verkehrswerts von RM 2.000,-- festgehalten wird, NN. von der Ausgleichszahlung in Höhe von RM 1.600,-- zu befreien.“
Am 04.09.1941 teilte Landrat Wild NN. mit, dass der Kaufvertrag zum Erwerb des jüdischen Anwesen Ferdinand Wolf abgeändert sei. Außer dem Kaufpreis von 2300,- RM müsse keine Ausgleichszahlung zu Gunsten des Reiches geleistet werden. Der Kaufvertrag sei abzuschließen und zur Genehmigung einzureichen.

Haus der Elfriede Heymann gen. „Meyersch“ in Gonnesweiler um 1910, links davon Haus Liesmann, rechts Bauernhaus Petry (heute nicht mehr vorhanden), *Ausschnitt aus einer Ansichtskarte aus: Gonnesweiler Bilder der Erinnerung*

Gonnesweiler

1.Haus Josef Kahn, Hauptstr. 43 (Nahetalstraße, Haus heute nicht mehr vorhanden)
Das Ehepaar Josef und Charlotte Kahn musste sein Haus verlassen und nach Sötern in Nr. 140 umziehen. Von dort wurden sie am 27. Juli 1942 nach Theresienstadt deportiert. Zwei ihrer Töchter wurden mit ihren Familien in KZ's ermordet. Sechs Kinder emigrieren. Eine Tochter überlebte, weil sie von ihrem nicht-jüdischen Ehemann versteckt wurde. Das Wohnhaus wurde im Krieg vermietet.

2. Haus Isaak Heymann, Hauptstr. 40 (Nahetalstraße)
Das Haus wurde 1938 verkauft. Von 1938 bis 12.1941 wohnte Heymann bei seiner Schwester in Gonnesweiler Hausnummer 52a, dann wurden er und seine Schwester nach Sötern zwangsübersiedelt. Letzter Wohnsitz von Isaac und Lina vor ihrer Deportation war Haus Nr. 148 in Sötern. Zwei seiner Kinder wanderten aus, zwei wurden mit ihren Familien ebenfalls deportiert.

3. Haus Lina Heymann, Hauptstr. 52 a (Nahetalstraße)
Lina Heymann wurde nach Sötern in Nr. 148 zwangsübersiedelt. Das Haus wurde im Krieg vermietet.

4. Haus Mendel Siegfried, Hauptstr. 91 (Nahetalstraße)
Siegfried Mendel starb 1935, seine Frau und die drei Kinder wurden in KZ's ermordet. Am 4. Jan. 1939 meldete die Birkenfelder Zeitung, dass das Haus verkauft worden sei.

Neunkirchen/Nahe

1. Haus Wolf Gustav , Nr. 16
Gustav und Bertha Wolf wurden am 27.Juli 1942 nach Theresienstadt deportiert. Ihre beiden Kinder Siegfried und Rosa überlebten den Holocaust.

Türkismühle

1. Hanau Albert
Das Haus wurde 1940 verkauft.

2. Reinheimer Markus, Nr. 8

Fazit

Von den insgesamt 41 Wohnhäusern aus jüdischem Besitz wurden ca. 11 Häuser in der ersten Arisierungsphase von privat an privat veräußert. Acht Gebäude wurden in der zweiten Phase der Arisierung verkauft. Die jüdischen Besitzer wurden zwar als Kaufpartner in den Kaufverträgen genannt, der Kaufpreis wurde jedoch auf ein Sperrkonto eingezahlt, auf das der jüdische Verkäufer keinen Zugriff hatte. Neben dem Kaufpreis hatten die Käufer meist noch zusätzlich eine Ausgleichszahlung direkt an das Deutsche Reich abzuführen.[201] Der Hintergrund war folgender: Besonders aufgrund der Verordnung über den Einsatz jüdischen Vermögens vom Dezember 1938, der die zwangsweise Arisierung von jüdischem Grundbesitz ermöglichte, war es vielfach vorgekommen, dass die Verkäufe „infolge unzureichender Bewerbungsgutachten von einem wesentlich zu niedrig angesetzten allgemeinen Verkehrswert ausgegangen“ waren. „Zweck der Vorschrift ist es, in den Fällen einen Ausgleich ungerechtfertiger Entjudungsgewinne zugunsten des Reichs herbeizuführen, in denen es der Erwerber verstanden hat, unter Ausnutzung der politischen Verhältnisse einen Gewerbebetrieb, ein Grundstück oder einen sonstigen Vermögensteil erheblich unter seinem wahren Verkehrswert von einem Juden zu übernehmen, ohne daß der entstandene Judengewinn durch eine entsprechende Ausgleichszahlung für das Reich und damit für die Allgemeinheit erfaßt worden ist.“ Staatlicherseits hatte man erkannt, dass viele nichtjüdische Bewerber die Notlage der jüdischen Bürger ausgenutzt und deren Besitz weit unter Wert erworben hatten. Bei großen Vermögensgewinnen konnten solche Geschäfte auch noch rückwirkend mit Ausgleichszahlungen belegt werden. So konnte der Staat noch im Nachhinein an der Arisierung kräftig mitverdienen. Bei Verkäufen nach der Veröffentlichung des Runderlasses im März 1941 wurde bei Verkäufen die Ausgleichszahlung automatisch erhoben.

Zuletzt wurden schließlich die restlichen 22 Häuser zwangsarisiert oder verfielen nach den Deportationen von 1942 dem Deutschen Reich.

---

201 Diese Regelung ging auf einen Runderlass des Reichsinnenministeriums vom 06.03.1941 zurück „betreffend Durchführung der VO. über die Nachprüfung von Entjudungsgeschäften vom 10.06.1940 RGBl.II. Nr. 2169, Gemeindearchiv Nohfelden Bauamt 17-B

DIE II. KOBLENZER DEPORTATION VOM 30. APRIL 1942

In dem Transport befanden sich 44 Personen aus der Gemeinde Nohfelden. Ziel waren „Arbeitslager“ im Distrikt Lublin in Polen.

Juden aus dem Kreis Birkenfeld im Sammellager an der Neubrücker Mühle vor dem Abtransport ins Konzentrationslager am 30.04.1942,
aus: Mais, Die Verfolgung, S. 253

Im Koblenzer Prozeß vom Mai 1949 gegen den ehemaligen Kriminalsekretär A.U. für Judenangelegenheiten der Gestapo Koblenz heißt es wörtlich im Urteil:[202]

„Im April 1942 wurde am Bahnhof Koblenz-Lützel ein Judentransport zusammengestellt. Die Zeugin M. wollte einige Bekannte, die zu diesem Transport gehörten, zum letzten Mal sehen und ihnen einige Kleinigkeiten mitgeben.

Die Zeugin wurde vom Bahnhof verwiesen, von dem Angeklagten aber festgehalten und angeschrien:

„Wie kommen Sie hier herein und können es wagen, mit den Juden zu sprechen?“

---

202 LHA Koblenz, Bestand: 584, 1, Nr. 1815. Zitiert nach: Ries, Elmar: die Deportation von jüdischen Mitbürgern aus Koblenz und Umgebung; in: Beiträge zur jüdischen Geschichte in Rheinland-Pfalz, 3. Jg. Ausg. 2/1993, Heft 5, S. 32-45, hier: S. 40

Als die Zeugin den Angeklagten über den Zweck ihres Besuchs am Bahnhof Auskunft gegeben hatte, nahm er der Zeugin ihren Ausweis ab und bedeutete ihr, diesen am nächsten Tag in seinem Dienstzimmer im Gestapohaus abzuholen. Wie dann dieses über dreistündige Verhör verlief, schilderte die Zeugin S.M., die damals „Verwandte" verabschieden wollte, wörtlich so:
„Die zuerst sehr liebenswürdige Vernehmung klang später in eine sehr zynische aus, und er versuchte von mir mit aller Gewalt zu erfahren, ob ich irgendein Mitleid mit den Juden gehabt hätte und ob ich einzig und allein aus diesem Grunde auf dem Bahnhof gewesen sei. Ich wußte genau, daß, wenn ich zugegeben hätte, aus Mitleid gehandelt zu haben, wäre ich von U. bestimmt festgehalten worden. U. verlangte von mir die Unterzeichnung der Erklärung, wonach ich mich verpflichten mußte, mich um keinen Juden mehr zu kümmern. U. wies mich darauf hin, daß, wenn ich nicht danach handeln würde, ich wüßte, was mir passieren würde."[203]

Postkarte des Ludwig Hirsch, Arbeitslager Augustowka[204], Post Krasnicyn, Kreis Krasnistaw, Distrikt Lublin an Frau Hedwig Meyer, Luxemburg, Petrusring 80, abgestempelt am 03.11.1942 in Krasnistaw[205]

Mittwoch, den 27.05.1942
Meine Lieben!
Heute sind wir bereits 4 Wochen von zuhause fort. 3 Wochen, daß ich von lieber Flora und Remo weg bin. Ich darf gar nicht daran denken, und doch muß man den Kopf hochhalten. Deine Karte, liebe Hedwig habe ich ja bereits bestätigt, will es aber nochmals wiederholen. Vor allem freut mich zu hören, daß es Euch noch gut geht und daß Onkel (.....) noch immer in Eurer Mitte weilt. Ich habe zwar sein Schreiben vermißt und bitte doch, daß er im Brief ein Schreiben beilegt, welches mir äußerst Freude bereiten wird. Sonst geht

203 P.S. Für diese Szene und noch weitere viel brutalere Untaten erhielt der Angeklagte Arnold U. „wegen Verbrechens gegen die Menschlichkeit" eine Gefängnisstrafe von sechs Monaten, welche durch die Untersuchungshaft bereits verbüßt war.

204 Das Lager Augustovka findet in der Literatur auch im Zusammenhang mit der Deportation der Patienten der jüdischen Anstalt Bendorf – Sayn Erwähnung: „... Am 10.05.1942 schrieb er uns einmal aus dem Generalgouvernement, nämlich einem im Distrikt Lublin Kreis Krasnystaw gelegenen Arbeitslager Augustovka, wo er in einem Wasserwerk arbeitete. Seither haben wir nichts mehr von ihm gehört. " aus: Klee, Ernst, „Euthanasie" im NS-Staat. Die „Vernichtung lebensunwerten Lebens", Frankfurt a.M. 1985, S. 262

205 Original im Besitz des Autors, erstmals abgedruckt in: Landau, Michael (Hrsg.), Damit es nicht vergessen wird - Beiträge zur Geschichte der Synagogengemeinden des Kreises St. Wendel, Veröffentlichungen des Adolf-Bender-Zentrums Bd. 1, St. Wendel 1988, hier S. 200 ff.

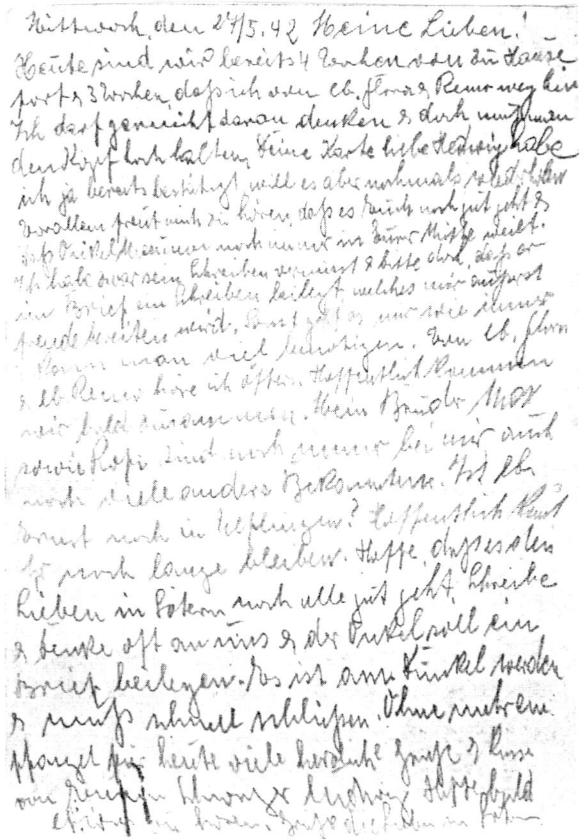

es mir wie immer und kann man viel benötigen. Von der lieben Flora und dem lieben Remo höre ich öfters. Hoffentlich kommen wir bald zusammen. Mein Bruder Max sowie Rosa sind noch immer bei mir, auch viele andere Bekannte. Ist der Max noch in Ulflingen[206]? Hoffentlich kann er noch lange bleiben. Hoffe, daß es den Lieben in Sötern noch allen gut geht. Schreibe und denke oft an uns und der Onkel soll einen Brief beilegen. Es ist am dunkel werden und muß schnell schließen. Ohne mehr empfanget für heute viele herzliche Grüße und Küsse von Eurem Schwager Ludwig. Hoffe bald etwas zu hören. Grüße die Lieben in Sötern.

Aussage des N. L. vom 16.07.1947[207]

„... Als die Juden etwa 1943[208] abtransportiert wurden, wurde ein Transport in Bosen und ein Transport in Sötern zusammengestellt. Beide Transporte wurden nach Türkismühle gebracht. In Sötern befand ich mich im Saal Eifler, wo die Registrierung vorgenommen wurde. Ich hatte den Auftrag, im Saal darüber zu wachen, daß die abzutransportierenden Juden mit den zurückbleibenden alten Juden keine Fühlung nahmen ...“

206 in Luxembourg, letzeburgisch Elwen, franz. Troisvierges

207 LA Saarbrücken, Bestand: Sta. Sbr. 1002, Bd. VI.

208 Hier irrt L. Es handelte sich um die Deportation am 29.04.1942.

Brief des Kurt Sender an Oberstaatsanwalt vom 21.12.1947

Betreff der Deportation der Bosener Juden am 29.4.1942:

„.....Die Durchsuchung der jüdischen weiblichen Personen wurde von der Ww. M. in Bosen durchgeführt, wobei sich dieselbe gemein und diebisch benommen hat und seit dieser Zeit in Bosen unter dem Namen „Judendoktor" bekannt ist."[209]

Mehrere Zeugen werden genannt.

Überreste des Lagers Augustowka

Fotos: 1993 Manfred Fink

209 LA Saarbrücken, Sta. Sbr. 1002, Bd. IV

Der Ort Krasniczyn, Kreis Krasnystaw, Distrikt Lublin

Postkarte der Flora Sara Hirsch, Post Krasnicyn, Kreis Krasnistaw, Distrikt Lublin, Gruppe Birkenfeld an Herrn Josef Israel Kahn, Sötern 140, abgestempelt am 23.10.1942 als Bahnpost Bingerbrück - Saarbrücken.[210]

Krasnicyn, den 05.06.1942

Meine lieben guten Eltern und Tanten!

Gestern kam ich in Besitz Eurer lieben Zeilen, sowie gesondert von lieber Hedwig. Für lieben Ludi und mich vielen herzlichen Dank. Die Freude war sehr groß. Päckchen habe noch nicht bekommen. Alma hat von Liesel erhalten. Sollen Dir immer schreiben, wenn sie etwas hören. Liebe Mama, vielleicht kannst Du Dich mit Frau Rothschild in Verbindung setzen. Meine Lieben, ich kann nicht verstehen, daß Ihr noch keine Post von mir habt, habe jede Woche geschrieben. Gesund sind wir, lieber Remo sagt immer, wenn ich

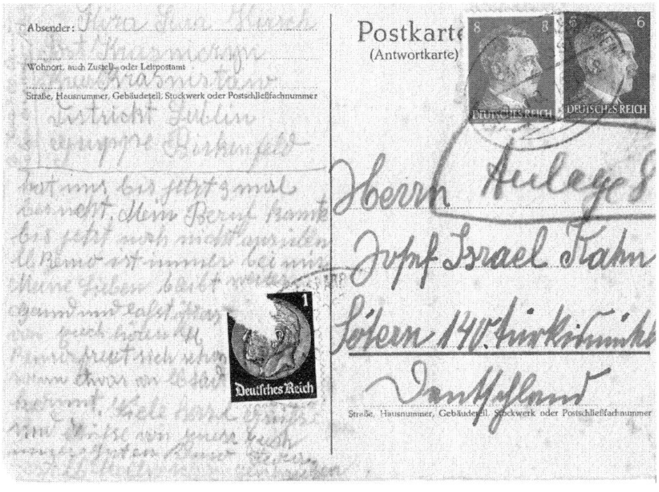
Absender: Flora Sara Hirsch
Wohnort, auch Zustell- oder Leitpostamt
Straße, Hausnummer, Gebäudeteil, Stockwerk oder Postschließfachnummer
Distrikt Lublin
Gruppe Birkenfeld

Postkarte
(Antwortkarte)

Deutsches Reich

Herrn
Josef Israel Kahn
Sötern 140
Deutschland
Straße, Hausnummer, Gebäudeteil, Stockwerk oder Postschließfachnummer

210 s. FN. 205

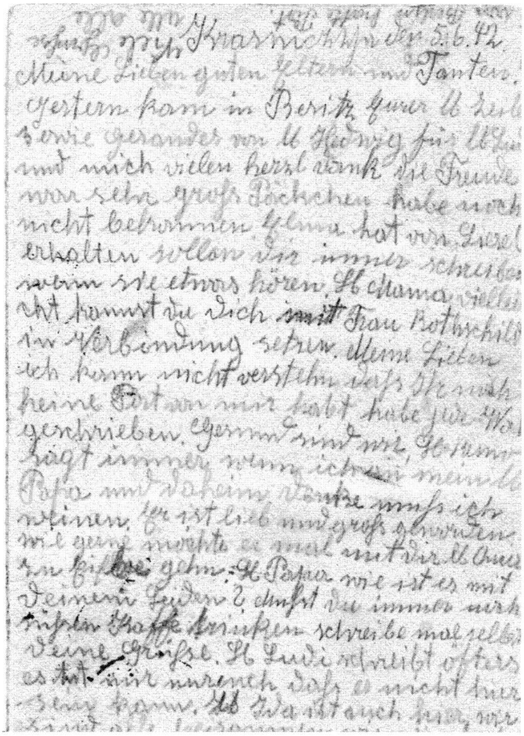

an meinen lieben Papa und daheim denke, muß ich weinen. Er ist lieb und groß geworden. Wie gerne möchte er mal mit Dir, liebe Oma, zu Eifler gehen. Lieber Papa, wie ist es mit Deinem Leiden? Mußt Du immer noch süßen Kaffee trinken, schreibe mal selbst Deine Grüße. Ludi schreibt öfters, es tut mir nur weh, daß er nicht hier sein kann. Ida ist auch hier, wir sind alle beisammen, wie wir fortgingen. Müllers Emma ist auch hier, hat uns bis jetzt 3 mal besucht. Meinen Beruf konnte bis jetzt noch nicht ausüben. Remo ist immer bei mir. Meine Lieben bleibt weiter gesund und laßt öfters von Euch hören. Remo freut sich sehr, wenn etwas von Euch kommt.

Viele herzliche Grüße und Küsse von mir und dem guten Remo.

Flora

Anfang Mai 1942 hatte Sobibor, das zweite Vernichtungslager im Distrikt Lublin, das Odilo Globocnik unterstand, seine „Arbeit" aufgenommen. In den folgenden sechs Wochen gingen dort Transporte aus den Lubliner Kreisen Zamos, Pulawy, Krasnystaw und Chelm ein. Bis zum 18. Juni hatte man bereits 100 000 Juden aus dem Distrikt Lublin sowie 65 000 aus Krakau und Galizien umgebracht, die meisten davon waren in Belzec und Sobibor vergast worden.[211]

---

211 Browning, Christopher R.: Das Reserve - Polizeibataillon 101 und die „Endlösung" in Polen, Reinbek 1993, S. 83

DIE IV. KOBLENZER DEPORTATION AM 27. JULI 1942

Bei der Deportation am 27.07.1942 handelte es sich um einen Sammeltransport für Menschen aus fast dem ganzen Gau Moselland. Ziel war Theresienstadt, das tschechische Terezin, das als Durchgangslager zu den Vernichtungslagern zu sehen ist.
Der Abtransport erfolgte um 21.00 Uhr im Deportationszug D A III/2 ab Koblenz nach Theresienstadt. In dem Transport befanden sich 26 Personen aus der Gemeinde Nohfelden.

Postkarte der Nanette Lion geb. Thal und ihres Mannes Josef Lion aus Sötern an die Familie ihres Sohnes Ludwig Lion nach Luxemburg 4 rue Lonvigny[212]

Sötern den 26.7.1942
Meine Lieben
Nochmals ein letztes Kärtchen von hier. Wir fahren jetzt bald fort mit dem Wagen nach Türkismühle um 7 Uhr abend. Wann es von dort weiter geht, wissen noch nicht.
Ihr wart heute sicher in Gedanken und Gebet bei uns. Noch eine Freude wurde uns zu teil, wir hatten von lieber Meta nochmals Post vom 6. Juni, es geht ihnen gut. Haben gleich beantwortet, daß wir verreisen und deine Adresse angegeben. Es wird ihnen sicher leid thun diese Neuigkeit. Was kann man dran machen. Darum still füg ich mich ins Joch.

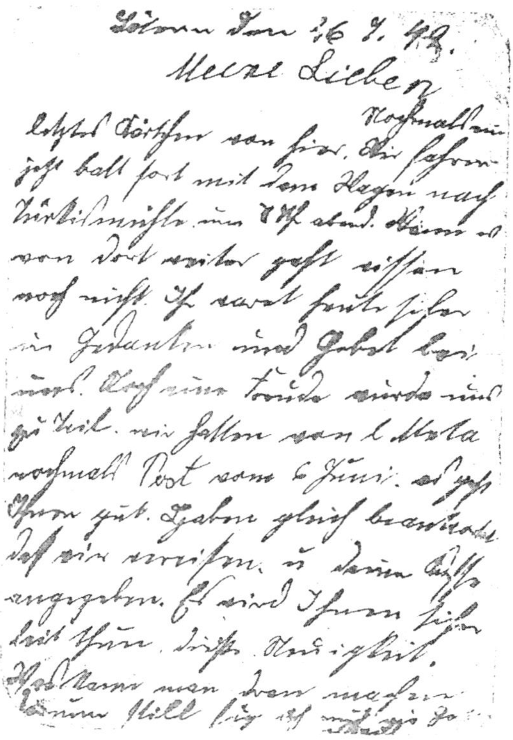

212 Landesarchiv Saarbrücken, Best. BEG Akten, Nr. 3156

Also weiter alles Gute, denkt oft an uns, seit nochmals herzlich gegrüßt und geküsst von euerer Mutter. Lebt wohl meine Lieben

Nochmals Lebewohl und herzliche Grüße Euer Vater

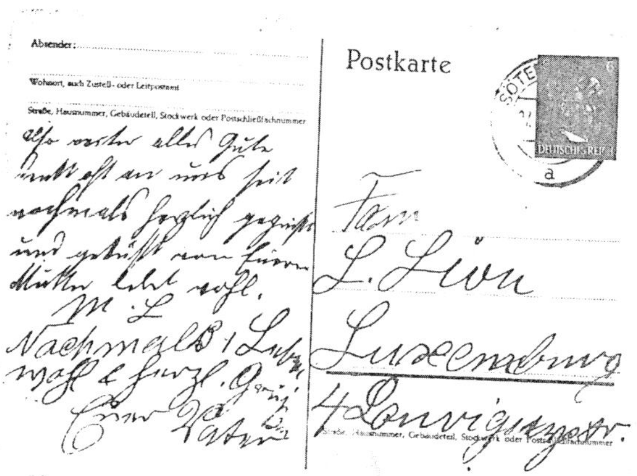

Frau A. Z. aus Bad Kreuznach sagte als Zeugin am 25.09.1948 zu den Vorgängen am 27.07.1942 in Koblenz - Lützel aus:[213]

„ Ich sah auf diesem Platz und auf dem Weg zum Zug, wie alte jüdische Personen aufgrund ihres Alters und ihrer Schwächen hinstürzten und sich nicht mehr helfen konnten. Ich wollte diesen Personen helfen, bzw. auch anderen Personen, doch wurde dies von dem Vorgesetzten von M. barsch mit dem Hinweis abgelehnt: „Die können auch hier kaputtgehen!" Mir selbst sagte dieser Mann: „Wenn Sie nicht machen, daß Sie fortkommen, können Sie was erleben, oder Sie gehen gleich selbst mit."

Der ehemalige Kriminalrat W. Z. gab im gleichen Prozeß gegen den ehemaligen Gestapochef Otto Sens am 17.02.1948 zu Protokoll:

Ich beobachtete durch einen Zaun die Vorgänge am Bahnhof. Hierbei sah ich beispielsweise, daß sämtliche Juden ihre Brieftaschen und Geldtaschen den Gestapobeamten vorzeigen mußten. Eine alte, über 60 Jahre alte Jüdin hatte in ihrer Geldtasche ein Fünfpfennigstück und wurde daraufhin von einem Gestapobeamten mit den Worten angeschrien: „Du altes, dreckiges Judenweib hast ja noch Geld!" Hierauf gab die alte Jüdin das Fünfpfennigstück dem Gestapobeamten.

Eine alte 72-jährige, blinde Jüdin aus Andernach war offenbar gezwungen worden, nur mit einem Nachthemd und einem Mantel bekleidet, den Zug zu besteigen. Ich sah, wie meine Ehefrau dieser alten, blinden Jüdin beim Besteigen des Wagens behilflich sein wollte. Ein hinzukommender Gestapobeamter schrie meine Ehefrau mit den Worten an: „Schmeißen Sie doch das dreckige Judenweib hinein und treten Sie ihr in

213 Jetzt und im Folgenden: Bundesarchiv Koblenz: Z 42 IV / 4531. Zitiert nach: Ries, Elmar: Die Deportationen von jüdischen Mitbürgern aus Koblenz und Umgebung; in: Beiträge zur jüdischen Geschichte in Rheinland Pfalz, 3. Jg., Ausg. 2/1993, Heft 5, S. 32-45, hier S. 43 f

den Arsch!" Hierauf sagte meine Frau zu dem Gestapobeamten: „Hören Sie mal, das ist eine alte, blinde Frau und auch eine Mutter." Darauf antwortete dieser: „Wenn Sie nicht ruhig sind, werde ich Sie verladen!"
Um das Entsetzliche dieses Abtransportes zu verstehen, muß man noch Folgendes berücksichtigen: Es regnete, und die Juden saßen mit ihren wenigen Habseligkeiten im Regen herum und wurden dauernd von irgendwelchen Gestapobeamten angeschrien und gequält, wie beispielsweise dadurch, daß ihnen bei der Untersuchung ihres Gepäcks der Inhalt ihrer Koffer auf den Boden geschüttet wurde.
Nachdem der Transport verladen war, versammelte Kriminalrat Schuber alle Gestapobeamten, es waren ungefähr 35 bis 40, und sagte so laut, daß ich es hören konnte (Ich stand ungefähr 40 - 45 m entfernt): „So, jetzt haben wir das Mistvieh verladen, jetzt werde ich noch einmal die Front abschreiten."

Die Ehefrau E. Z. des Zeugen W. Z. ergänzte am 08.03.1948:

„Ich selbst mußte mich am 27. Juli 1942 morgens um 8 Uhr auf dem Güterbahnhof Koblenz - Lützel melden. Die Leitung der Abtransporte hatte der Gestapobeamte Schubert, der von einer Anzahl von Beamten unterstützt wurde.
Schubert benahm sich gegen diese armen Menschen in einer sehr brutalen Art und Weise. Er untersuchte mit seinen Henkersknechten das Gepäck, indem er die wenigen Habseligkeiten auf den Boden zerstreute. Vor allen Dingen suchte er nach Geld und Wertsachen, und das Vorgefundene wurde beschlagnahmt. Als der Zug einlief, wurden zuerst die kranken und gebrechlichen Juden verladen...
Als Dr. Landau, der ebenfalls mit abtransportiert wurde, den Zug bestieg und in das Abteil seiner Angehörigen wollte, riß Schubert denselben zurück und versuchte, diesen in ein anderes Abteil zu stoßen. Dr. Landau wehrte sich, und darauf schlug Schubert Dr. Landau ins Gesicht.
Eine andere Frau wollte in das Abteil, wo sich bereits ihr Mann befand. Schubert ließ das nicht zu, sondern machte folgende Bemerkung: „In Köln können sie sich noch einmal beriechen!"

Die Zeugin M. M., die als Mischehejüdin mithelfen mußte, bezeugte am 08.03.1948:

„Ein altes jüdisches Ehepaar kam mit einer Droschke an. Nachdem es ausgestiegen war, machte der Gestapobeamte Schubert diesen Leuten heftige Vorwürfe, und zwar insofern, wie sie als Juden dazu kommen würden, in einer Droschke zu fahren und woher sie das Geld hätten. Mit gemeinen Schimpfworten, wie „versoffenes Schwein" und „Lump" beleidigte Schubert den alten Mann und stieß ihn mit der Faust gegen die

Brust. Der Schlag wurde so heftig ausgeführt, daß der alte Mann zu Boden fiel. Schubert lachte höhnisch und entfernte sich."

Die ehemalige Sekretärin der Gestapo S. N. ergänzte am 25.09.1947 aus ihrer Sicht:

„Später haben mir Kolleginnen, die ebenfalls bei der Gestapo beschäftigt waren, erzählt, daß sie bei dieser Judenaktion hätten zugegen sein müssen. Diese Kolleginnen deuteten an, daß ihnen die Juden leid getan hatten, erzählten jedoch nicht irgendwelche Einzelheiten über die Behandlung der Juden."

Der Zeuge S. P. präzisierte die Vorgänge am 08.03.1948 im gleichen Prozeß:

„Schubert benahm sich gegen diese Leute in einer unmenschlichen Art und Weise. Sie wurden nicht wie Menschen sondern wie Vieh behandelt. Ich habe beobachtet, wie auch kranke Juden in das Abteil mit Gewalt verladen wurden, in welchem sich Geisteskranke befanden.[214]

Ein gewisser Dr. Landau, ein Herr im Alter von ca. 75 Jahren, von Beruf Arzt, wurde von den Gestapobeamten mit Gewalt in dieses Abteil geschoben; ich hörte noch die Bemerkung von dem Gestapobeamten Schubert, wie er sagte: „Dann machen Sie diese Leute gesund!"

Die Leitung des Abtransportes hatte der Gestapobeamte Schubert, der von ca. 20 Gestapobeamten unterstützt wurde; außerdem waren einige Polizeibeamte anwesend."

Frau B. W. schildert als vereidigte Zeitzeugin das menschenverachtende Vorgehen der Gestapo am Güterbahnhof Lützel am 27.07.1942 so:

„Nachdem fast alle jüdischen Menschen verladen waren, half ich gemeinsam mit K. S., einem gelähmten Juden beim Einsteigen ins Abteil. Da der Mann eine ziemliche Körperschwere hatte, gelang es uns nur mit Mühe, ihn ins Abteil zu bringen. Schubert kam hinzu, es hatte ihm anscheinend zu lange gedauert, und half mit Fußtritten, bzw. seinen Fäusten nach, so daß der Mann mit dem Gesicht auf das Trittbrett fiel und dann auf allen Vieren in das Abteil hineinkroch.

Während des Verladens nahm Schubert die Gepäckstücke (Koffer) und schleuderte sie in die einzelnen Abteile, so daß die Insassen von diesen Gepäckstücken getroffen wurden.

---

214 Es handelte sich mit hoher Wahrscheinlichkeit um Patienten aus der jüdischen Heil- und Pflegeanstalt Bendorf – Sayn.

Zusammenfassend muß ich sagen, daß Schubert diese armen, gequälten Menschen in einer unwürdigen Art und Weise behandelt hat; man kann nicht sagen wie Menschen, sondern wie Vieh.

Der Güterbahnhof Koblenz-Lützel. Die ersten (großen) Deportationen von Juden aus Koblenz und Umgebung erfolgten von hier aus nach Köln und dann weiter in die Lager bei Lublin.
aus: www.mahnmalkoblenz.de

Postkarte der Charlotte Kahn, Theresienstadt L. 211, an die Familie Johann Nikolaus Jost, Elektriker in Gonnesweiler, abgestempelt am 04.08.1943 in Berlin Charlottenburg[215]

Meine lieben Kinder!
Hoffentlich seid Ihr alle gesund.
Auch ich und liebe Tochter Melly sind gesund. Würde mich sehr freuen, recht bald mal etwas von Euch zu hören, da alle Postsendungensowie Pakete prompt befördert werden. Herr Puger ist leider an Herzschwäche gestorben. Dies wäre alles für heute und herzliche Grüße.
Eure Mutter und Melly

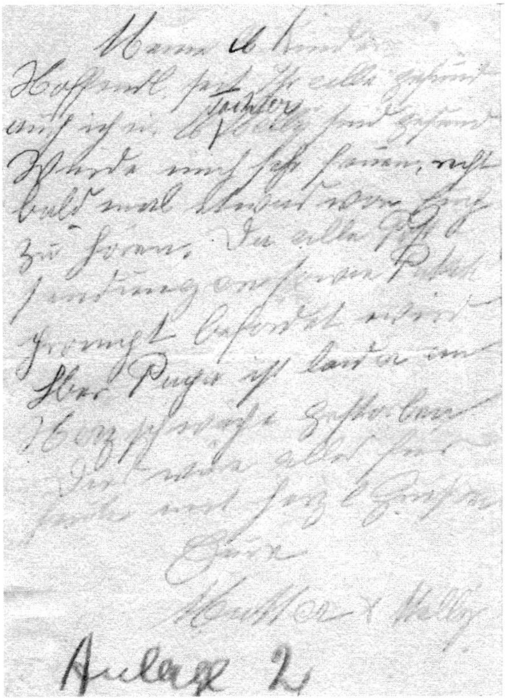

215 Original im Besitz des Autors, erstmals abgedruckt in: Landau, Michael (Hrsg.), Damit es nicht vergessen wird - Beiträge zur Geschichte der Synagogengemeinden des Kreises St. Wendel, Veröffentlichungen des Adolf-Bender-Zentrums Bd. 1, St. Wendel 1988, hier S. 200 ff.

Postkarte der Henriette Hirsch aus Theresienstadt, Parkstraße 4, an Frau Ida Jost in Gonnesweiler, abgestempelt am 21.09.1944 in Berlin Charlottenburg.[216]

Meine Lieben!
Hoffentlich seid Ihr gesund und geht Euch gut. Mir geht es nicht so gut. Kann sehr schlecht gehen. Daß Deine Eltern gestorben sind, wirst Du von Melie erfahren haben. Kommt als mal zu mir Post, kommt hier an. Denkt an mich.
Herzliche Grüße. Der Kuchen schmeckt Tante sehr gut.
Henriette Hirsch

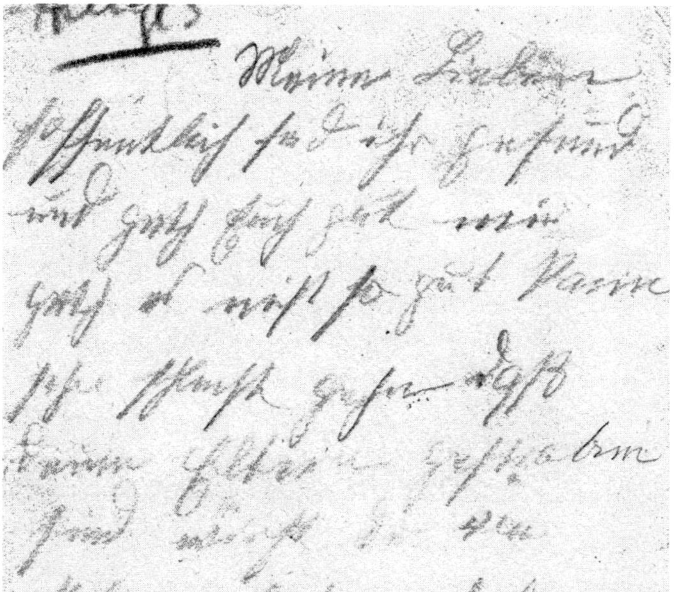

216 ebda.

Postkarte an die Familie Josef Kahn, Sötern, abgestempelt am 17.10.42 in Chemnitz.[217]

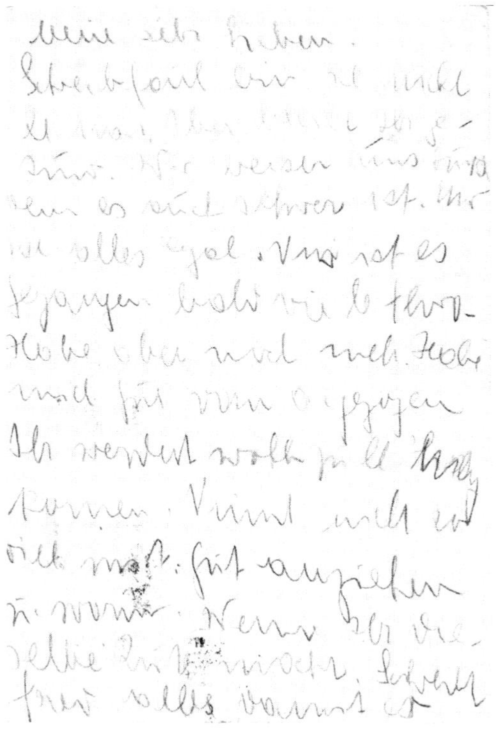

Meine sehr Lieben!
Schreibfaul bin ich nicht liebe Ma. Aber bleibt Ihr gesund. Wir beißen uns durch, wenn es auch schwer ist. Mir ist alles egal. Uns ist es gegangen bald wie lieber Flora. Habe aber noch mehr. Habe mich gut warm angezogen. Ihr werdet wohl zu lieber Melly kommen. Nimm nicht zuviel mit. Gut anziehen und warm, wenn Ihr dieselbe Route macht.
Schreibt Fred alles, damit er Bescheid weiß. Er weiß nicht, wie es hier auf der Reise ist.
Herzliche Grüße und Küsse!
Ernst

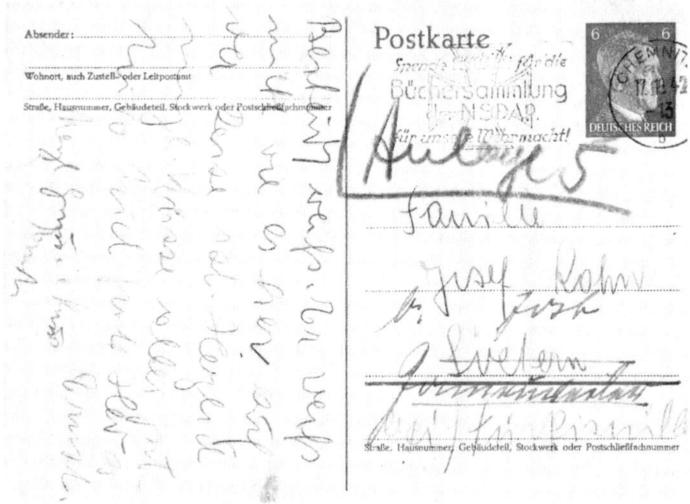

---

217 Beim Absender handelt es sich wahrscheinlich um den Schwiegersohn Ernst Meyer verheiratet mit Hedwig Kahn. Original im Besitz des Autors, erstmals abgedruckt in: Landau, Michael (Hrsg.), Damit es nicht vergessen wird - Beiträge zur Geschichte der Synagogengemeinden des Kreises St. Wendel, Veröffentlichungen des Adolf-Bender-Zentrums Bd. 1, St. Wendel 1988, hier S. 200 ff.

DIE OPFER NACH DEPORTATIONS-ORT UND -DATUM

	Name	Vorname	depor-tiert am	aus	nach	Alter am 31.12.42
1	MENDEL	Lucy, geb. Sender	22.10.1940	Saargebiet	Gurs	37
2	SENDER	Arthur	16.09.1941	Trier	Litzmannstadt	57
3	SENDER	Johanetta geb. Levy	16.09.1941	Trier	Litzmannstadt	60
4	HERRMANN	Ida, geb. Kahn	16.10.1941	Trier	Litzmannstadt	69
5	LION	Berta, geb. Moses	16.10.1941	Trier	Litzmannstadt	66
6	LION	Moritz	16.10.1941	Trier	Litzmannstadt	69
7	KOSCHELNIK	Friedrich Salomon	12.01.1942	Berlin	Auschwitz	14
8	KOSCHELNIK	Hedwig, geb. Kahn	12.01.1942	Berlin	Auschwitz	50
9	KOSCHELNIK	Lotte	12.01.1942	Berlin	Auschwitz	13
10	BAUM	Clementine, geb. Sender	29.04.1942	Nohfelden	Lublin	53
11	BAUM	Leonie, geb. Isaac	29.04.1942	Nohfelden	Lublin	64
12	BAUM	Lore	29.04.1942	Nohfelden	Lublin	25
13	BAUM	Siegfried	29.04.1942	Nohfelden	Lublin	61
14	HEYMANN	Lina	29.04.1942	Nohfelden	Lublin	61
15	HEYMANN	Reni	29.04.1942	Nohfelden	Lublin	12
16	HEYMANN	Rosa, geb. Lorig	29.04.1942	Nohfelden	Lublin	38
17	HEYMANN	Walter	29.04.1942	Nohfelden	Lublin	39
18	HIRSCH	Flora, geb. Kahn	29.04.1942	Nohfelden	Lublin	38
19	HIRSCH	Ida, geb. Stern	29.04.1942	Nohfelden	Lublin	43
20	HIRSCH	Ludwig	29.04.1942	Nohfelden	Lublin	39
21	HIRSCH	Max	29.04.1942	Nohfelden	Lublin	42
22	HIRSCH	Raimund	29.04.1942	Nohfelden	Lublin	8
23	LION	Arthur	29.04.1942	Nohfelden	Lublin	38
24	LION	Bela	29.04.1942	Nohfelden	Lublin	3
25	LION	Egon	29.04.1942	Nohfelden	Lublin	5
26	LION	Flora, geb. Heimann	29.04.1942	Nohfelden	Lublin	40
27	LION	Gisela Fanny (Jenny)	29.04.1942	Nohfelden	Lublin	8

28	LION	Günther	29.04.1942	Nohfelden	Lublin	15
29	LION	Hugo Hermann	29.04.1942	Nohfelden	Lublin	40
30	LION	Irma, geb. Simon	29.04.1942	Nohfelden	Lublin	43
31	LION	Max	29.04.1942	Nohfelden	Lublin	52
32	LION	Wilhelm Erich	29.04.1942	Nohfelden	Lublin	7
33	MENDEL	Elma, geb. Lion	29.04.1942	Nohfelden	Lublin	50
34	MENDEL	Leo	29.04.1942	Nohfelden	Lublin	28
35	REINHEIMER	Artella, geb. Levy	29.04.1942	Nohfelden	Lublin	51
37	REINHEIMER	Henriette	29.04.1942	Nohfelden	Lublin	15
37	REINHEIMER	Kurt	29.04.1942	Nohfelden	Lublin	21
38	SENDER	Hermann	29.04.1942	Nohfelden	Lublin	64
39	SENDER	Juliane, geb. Wolff	29.04.1942	Nohfelden	Lublin	63
40	SENDER	Leo	29.04.1942	Nohfelden	Lublin	47
41	SENDER	Liselotte	29.04.1942	Nohfelden	Lublin	15
42	SENDER	Rosetta, geb. Lion	29.04.1942	Nohfelden	Lublin	45
43	STERN	Rosa	29.04.1942	Nohfelden	Lublin	53
44	WOLF	Arthur	29.04.1942	Nohfelden	Lublin	48
45	WOLF	Berta, geb. Steinberger	29.04.1942	Nohfelden	Lublin	56
46	WOLF	Gustav	29.04.1942	Nohfelden	Lublin	65
47	WOLF	Heinz	29.04.1942	Nohfelden	Lublin	14
48	WOLF	Herbert	29.04.1942	Nohfelden	Lublin	17
49	WOLF	Julia, geb. Levy	29.04.1942	Nohfelden	Lublin	57
50	WOLF	Ludwig Erwin	29.04.1942	Nohfelden	Lublin	19
51	WOLF	Pauline, geb. Wendel	29.04.1942	Nohfelden	Lublin	47
52	WOLF	Rosa	29.04.1942	Nohfelden	Lublin	22
53	WOLF	Salomon	29.04.1942	Nohfelden	Lublin	58

[218]Altersdurchschnitt 10-53: 37,02

218 Die Personen 10 - 53 wurden am 30.04.1942 über Koblenz deportiert. Vgl. dazu das Kapitel: Die II. Koblenzer Deportation.

	Name	Vorname	deportiert am	aus	nach	Alter am 31.12.42
54	MEYER	Ernst	12.07.1942	Luxemburg	Auschwitz	47
55	MEYER	Hedwig, geb. Kahn	12.07.1942	Luxemburg	Auschwitz	36
56	MEYER	Adelheit, geb. Kahn	24.07.1942	Hannover	Theresienstadt	79
57	BAUM	Felix	27.07.1942	Nohfelden	Theresienstadt	68
58	BAUM	Henriette, geb. Blum	27.07.1942	Nohfelden	Theresienstadt	69
59	BAUM	Karola	27.07.1942	Nohfelden	Theresienstadt	26
60	BAUM	Nathan	27.07.1942	Nohfelden	Theresienstadt	22
61	BAUM	Sara	27.07.1942	Nohfelden	Theresienstadt	72
62	BAUM	Thea	27.07.1942	Nohfelden	Theresienstadt	21
63	BAUM	Wilhelm	27.07.1942	Nohfelden	Theresienstadt	64
64	HEYMANN	Isaak	27.07.1942	Nohfelden	Theresienstadt	72
65	HIRSCH	Berta	27.07.1942	Nohfelden	Theresienstadt	79
66	HIRSCH	Hermann	27.07.1942	Nohfelden	Theresienstadt	72
67	HIRSCH	Sara, geb. Wolf	27.07.1942	Nohfelden	Theresienstadt	69
68	KAHN	Charlotte, geb. Bach	27.07.1942	Nohfelden	Theresienstadt	65
69	KAHN	Josef	27.07.1942	Nohfelden	Theresienstadt	72
70	LEVI	Rosalie, geb. Hirsch	27.07.1942	Nohfelden	Theresienstadt	69
71	LION	Adelheid, geb. Baum	27.07.1942	Nohfelden	Theresienstadt	72
72	LION	Josef	27.07.1942	Nohfelden	Theresienstadt	69
73	LION	Nanette, geb. Thal	27.07.1942	Nohfelden	Theresienstadt	65
74	WOLF	Bertha, geb. Baum	27.07.1942	Nohfelden	Theresienstadt	66
75	WOLF	Emma, geb. Baum	27.07.1942	Nohfelden	Theresienstadt	63
76	WOLF	Fanny	27.07.1942	Nohfelden	Theresienstadt	68
77	WOLF	Gustav	27.07.1942	Nohfelden	Theresienstadt	71
78	WOLF	Johanna, geb. Scholem	27.07.1942	Nohfelden	Theresienstadt	85
79	WOLF	Sigmund	27.07.1942	Nohfelden	Theresienstadt	65

80	WOLF	Thekla geb. Lion	27.07.1942	Nohfelden	Theresienstadt	60
81	WOLFF	Bertha, geb. Kahn	27.07.1942	Nohfelden	Theresienstadt	58
82	WOLFF	Ferdinand	27.07.1942	Nohfelden	Theresienstadt	60

[219]**Altersdurchschnitt 57-82: 63,15**

	Name	Vorname	depor-tiert am	aus	nach	Alter am 31.12.42
83	SCHWARZ	Delphine geb. Wolf	14.08.1942	Drancy	Auschwitz	50
84	ROSENBERG	Moses	17.08.1942	Drancy	Auschwitz	62
85	WOLF	Wilhelm	02.09.1942	Drancy	Auschwitz	46
86	HIRSCH	Hermann	04.09.1942	Köln	Litzmannstadt	56
87	GOTTLIEB	Ferdinand	16.10.1942	Zwolle	Auschwitz	67
88	GOTTLIEB	Selma, geb. Salomon	16.10.1942	Zwolle	Auschwitz	65
89	MENDEL	Elise	01.03.1943	Berlin	Auschwitz	23
90	MENDEL	Elfriede	03.03.1943	Berlin	Auschwitz	20
91	LEVY	Esther, geb. Baum	06.04.1943	Luxemburg	Theresienstadt	83
92	SENDER	Gustav	23.06.1943	Drancy	Auschwitz	62
93	SENDER	Rosette, geb. Grünewald	07.10.1943	Drancy	Auschwitz	61
94	KAHN	Martha, geb. Hanau	31.07.1944	Drancy	Auschwitz	35
95	KAHN	Walter	31.07.1944	Drancy	Auschwitz	37
96	LEVY	Auguste, geb. Baum	00.00.41	Köln	Litzmannstadt	65
97	LION	Berthold	00.00.41	Köln	Riga	50
98	BLAU	Margot	00.00.42	Köln	Minsk	13
99	BLOCH	Frieda, geb. Lion	00.00.42	Köln	Minsk	39
100	GOTTLIEB	Ernst	00.00.42	Zwolle	Sobibor	37
101	HANAU	Leo	00.03.44	Bordeaux	Auschwitz	54
102	LEVY	Helmine, geb. Sender	00.12.42	Bollendorf	Theresienstadt	72
103	BAUM	Hermann		Frankfurt	Minsk	74
104	BAUM	Jacob				61

219 Die Personen 57 - 82 wurden am 27.07.1942 über Koblenz deportiert. Vgl. dazu das Kapitel: Die IV. Koblenzer Deportation.

105	BAUM	Sylvia, geb. Kaufmann		Köln	Litzmannstadt	46
106	DORNHARD	Selma, geb. Hanau		Köln	Riga / Stutthof	51
107	ERMANN	Delphine, geb. Lion		Wittlich	Minsk	67
108	ERMANN	Sophie, geb. Lion		Frankfurt	Riga	62
109	GOTTLIEB	Fred		Zwolle	Auschwitz	9
110	GOTTLIEB	Martha, geb. Levy		Zwolle	Auschwitz	34
111	HANAU	Albert		Laufersweiler	Theresienstadt	57
112	HEYMANN	Abraham			Auschwitz	70
113	HEYMANN	Max Sigmund			Auschwitz	37
114	HICHBERGER	Paula, geb. Baum		Frankfurt	Auschwitz	55
115	JOST	Hans Erich				15
116	JUNG	Lina, geb. Hanau		Frankfurt	Auschwitz	49
117	KAHNE	Else geb. Lion		Köln	Minsk	37
118	KLEEBLATT	Elma, geb. Baum		Kassel	Riga	59
119	KOSCHELNIK	Leonore			Riga	17
120	LION	Emil		Frankfurt	Riga	56
121	LION	Felix		Frankfurt	Minsk	63
122	LION	Isidor				63
123	MAYER	Olga, geb. Baum		Ulmet	Auschwitz	35
124	MENDEL	Gisela		Frankfurt		10
125	MEYER	Delvina, geb. Hirsch				57
126	MEYER	Johanna, geb Lion		Euskirchen		47
127	OPPENHEI-MER	Barbara, geb. Baum		Köln	Riga	69
128	REINHEIMER	Markus			Buchenwald	52
129	SIMON	Betty geb. Lion		Köln		33
130	WEIL	Lina, geb. Sender			Auschwitz	78
131	WOLF	Jakob Werner			Dachau	20
132	WOLF	Johanna, geb. Baum		Nohfelden	Izbica	38
133	WOLF	Markus				57
134	WOLFRAM	Ida, geb. Sender			Auschwitz	49

Altersdurchschnitt gesamt: 48,4

Die **II. Koblenzer Deportation vom 30.04.1942** führte zunächst in Transitghettos im Distrikt Lublin, ein von der Forschung bis jetzt kaum beachteter Sachverhalt.
Unter Aufsicht der Wasserwirtschaftinspektion (WWI) wurden die Deportierten, unter ihnen Nohfelder Bürger/Innen, zur Zwangsarbeit herangezogen. Nur eine kleine Anzahl von Menschen wurde von Izbica nach Augustowka und Bzite geschickt.
Arbeiter in **Augustowka**[220] erhielten täglich 140 Gramm Brot und schwarzen Kaffee. Viele starben schon in den Transitlagern an Unterernährung; die übrigen wurden in den nächsten Wochen in die Vernichtungslager gebracht. [221]

Entwässerungsarbeiten der WWI im Distrikt Lublin [222]

220 Vgl hierzu die oben abgebildeten Postkarten.

221 www. deathcamps.org/occupation und www.deathcamps.org./sobibor

222 ebda.

Schreiben der Gestapo Staatspolizeistelle Koblenz an den Amtsbürgermeister in Birkenfeld/Nahe betr. die Erstattung von Kosten anlässlich der Abschiebung von Juden am 30. April 1942. – 23. September 1943. – Az.Br. Nr. L I – II C e; gez. i.A. Unterschrift[223]

Der Landrat in Birkenfeld hat mir die Rechnung über die Kosten, die anläßlich der Evakuierung der Juden dort entstanden sind, zur Begleichung erneut hierher gegeben. Davon habe ich die Rechnungen über die Katastergebühren und das Verdunkelungspapier hier zurückbehalten. Um die restlichen drei Rechnungen noch anweisen zu können, bitte ich um folgende Angaben: Auf der Rechnung des Jakob Bambach I über 7,- RM an Transportkosten für die Überführung von zwei Herden und sonstigem Küchengerät bitte ich, wenn meine Vermutung zutrifft, zu bescheinigen, daß die Kosten anläßlich des An- und Abtransportes der notwendigen Kücheneinrichtung, um die Verpflegung für die Juden herstellen zu können, entstanden sind. Wenn meine Annahme nicht zutrifft, bitte ich anzugeben, für was der Betrag von 7,- RM bezahlt wurde, da der Text der Rechnung darüber nicht genügend Auskunft gibt.

Bevor ich die Rechnung der Firma Pfleger über 16,40 RM begleiche, bitte ich anzugeben, was mit den Schwarten und dem Rundholz geschehen ist, nachdem der Abtransport der Juden durchgeführt war. Gegebenenfalls wäre die Rechnung von dem Nutznießer des Holzes zu zahlen. Ich nehme an, daß die Veräußerung an eine Baufirma erfolgt ist, die laufend Bauzäune aufstellt.

Das gleiche gilt hinsichtlich der Rechnung des Zimmermanns Ruppenthal für einen Notabort. Auch hier bitte ich, auf der Rechnung anzugeben, wo der Abort hingekommen ist, bzw. wie er verwandt wurde. Wenn auch hier, wie ich annehme, eine Weiterveräußerung an eine Firma, die sich mit Bau- oder Straßenarbeiten befasst, stattgefunden hat, so dürfte die Begleichung durch diese Firma zu erfolgen haben.

Zum Schluß möchte ich noch bemerken, daß die insgesamt entstandenen Kosten vielleicht hätten vermieden werden können, wenn anstelle der Errichtung eines besonderen Gemeinschaftslagers die Juden in einer Turnhalle oder einem sonstigen Saal zusammengebracht worden wären. Um gegenüber der Rechnungsprüfungsstelle eine entsprechende

---

223 Ausfertigung. Verbandsgemeinde Birkenfeld Fach 15 Nr. 5 Bl. 1355 (StA Koblenz Film Nr. 33). Zitiert aus: Simmert, Johannes: Die nationalsozialistische Judenverfolgung in Rheinland-Pfalz 1933 bis 1945, in: Dokumentation zur Geschichte der jüdischen Bevölkerung in Rheinland-Pfalz und im Saarland von 1800 bis 1945 Bd. 6, hrsg. von der Landesarchivveraltung Rheinland-Pfalz in Verbindung mit dem Landesarchiv Saarbrücken. Koblenz 1974, S.253f.

Begründung geben zu können, bitte ich, mir anzugeben, warum ein besonderes Gemeinschaftslager errichtet werden mußte.[224]

Regierungspräsident Wild (Bildmitte) und seine Verwaltung
aus Brandt, H. Peter: Die Regierungspräsidenten in Birkenfeld, Birkenfeld 1990, S 136

224 Es handelte sich um das Sammellager an der Neubrücker Mühle.

SCHICKSAL DER FAMILIE KAHN AUS GONNESWEILER

Josef und Charlotte Kahn, geborene Bach hatten insgesamt 10 Kinder. Die Älteste war die 1901 geborene Ida. Ein Jahr später wurde der einzige Sohn Sally geboren, es folgten Flora (1904), Hedwig (1906) und Irma (1908). 1910 wurde ein Kind geboren, das aber gleich nach der Geburt starb. Zwei Jahre später kam Melliane, genannt „Melly" zur Welt. Es folgten Ruth (1914), Ingeborg Ilse (1915) und schließlich 1917 Lilly. Flora machte nach ihrer Schulzeit eine Ausbildung als Schneiderin. Sie legte die Meisterprüfung als Damenschneiderin ab und unterhielt ein Geschäft in Gonnesweiler. Verheiratet war sie mit Ludwig Hirsch aus dem Nachbarort Sötern. 1934 wurde ihr Sohn Raimund geboren. Die kleine Familie wohnte bei den Eltern im Haus (Hausnummer 43). Hedwig Kahn heiratete den aus Erfurt stammenden Reisevertreter Ernst Meyer. Die Familie lebte in Luxemburg.
Irma Kahn heiratete einen Bruder von Ludwig Hirsch und wanderte mit ihm 1938 in die USA aus. Die Schwestern Ruth, Ingeborg Ilse und Lilly wanderten ebenfalls nach Amerika aus. Melliane machte eine Ausbildung als Kinderkrankenschwester. 1930 arbeitete sie in einem Kinderheim in Niederschönhausen/Berlin.

Im Oktober 1940 waren die Juden des Saarlandes bereits größtenteils in ein Lager nach Gurs in den Pyrenäen deportiert worden. Die jüdische Bevölkerung des Landkreises Birkenfeld, zu dem das Amt Nohfelden gehörte, wurde erst zwei Jahre später im Zuge zweier großer Deportationen im April und Juli 1942 in die Konzentrationslager des Ostens deportiert. Bei der 1. Deportation am 29. April wurden die jüngeren Menschen abgeschoben, während am 27. Juli auch noch die alten Menschen verschleppt wurden. Von der ersten Deportation wurden auch Ludwig und Flora Hirsch und ihr kleiner Sohn Raimund, genannt Remo, erfasst. Vier Wochen nach dem Abtransport schrieb er eine Postkarte an die Familie seiner Schwägerin. Als Adresse nannte er ein Arbeitslager im Distrikt Lublin. Weitergeleitet wurde die Karte jedoch erst Monate später mit dem Poststempel 03.11.1942. Aus seinem Schreiben geht hervor, dass die Familie gleich nach der Ankunft im Lager getrennt wurde. Die Postkarte dürfte die Eheleute Meyer nicht mehr erreicht haben, da sie bereits am 12. Juli von Luxemburg aus nach Auschwitz deportiert worden waren.
Flora Hirsch schrieb am 5. Juni 1942 eine Postkarte an ihre Eltern, die zu diesem Zeitpunkt schon nicht mehr in Gonnesweiler wohnten, sondern in Sötern im Haus der

Rosalie Levy (Hausnummer 140). Alles weist darauf hin, dass die Nationalsozialisten die verbliebenen jüdischen Bürger in sogenannten Judenhäusern konzentrierten. Auch Isaak Heymann aus Gonnesweiler wohnte bis zu seiner Deportation im gleichen Haus wie das Ehepaar Kahn.

Flora Hirsch berichtete in ihrer Karte ebenfalls von der schmerzlichen Trennung von ihrem Mann Ludwig, zu dem sie nur noch schriftlichen Kontakt habe. Doch auch diese Mitteilung dürfte die Adressaten nicht mehr erreicht haben, da sie erst am 23.10.1942 abgestempelt wurde, die Eheleute Kahn jedoch schon im Juli deportiert worden waren. Arnold Jost berichtet, dass seine Brüder Fritz und Paul eine Handkarre mit dem Gepäck der Großeltern zum Söterner Bahnhof brachten, wo die vorwiegend älteren Menschen in Viehwaggons verladen wurden. Ein SA-Mann habe seiner Großmutter Charlotte die Ohrringe vom Ohr gerissen bevor sie einstieg. Josef Kahn war zu diesem Zeitpunkt 72 und seine Frau 65 Jahre alt. Sie wurden nach Theresienstadt deportiert, wo sie auf ihre Tochter Melly trafen, die dort als Rot-Kreuz-Schwester tätig war. Sie durften sich allerdings nicht öffentlich zueinander bekennen, sonst hätte dies für die Tochter gefährlich werden können. Im August 1942 erhielt Familie Jost eine Postkarte von Charlotte Kahn aus Theresienstadt. Sie berichtet, dass sie und ihre Tochter Melly gesund seien. Ihren Mann Josef erwähnt sie nicht. Entweder war sie von ihm getrennt worden oder er war zu diesem Zeitpunkt schon verstorben.

Im Spätsommer des folgenden Jahres erhielt Ida Jost die Nachricht vom Tod ihrer Eltern (Schreiben der Henriette Hirsch aus Theresienstadt, abgestempelt am 21.09.1944).

Charlotte und Josef Kahn, *privat*

Lilly Kahn, *privat*

Melly Kahn in Prag, *privat*

Dorfansicht mit Haus Kahn, *privat*

13

- II 7/49 -

Verkündet am 9. August 1949.
....., Justizangestellter
als Urkundsbeamter der Geschäftsstelle
des Amtsgerichts Nohfelden.

B e s c h l u s s .

1) Der Viehhändler Josef Kahn, geb. am 28.5.1870 zu Gonnesweiler,
2) dessen Ehefrau Charlotte Kahn geb. Bach, geb. am 22.2.1877 zu Olewig bei Trier,
beide zuletzt wohnhaft in Gonnesweiler,
3) der Reisevertreter Ernst Meyer, geb. am 7.11.1895 zu Erfurt,
4) dessen Ehefrau Hedwig Meyer geb. Kahn, geb. am 7.7.1906 zu Gonnesweiler,
zu 3 - 4 zuletzt wohnhaft in Luxemburg, Petrusring 80,
5) Ludwig Hirsch, Kaufmann, geb. am 25.5.1903 zu Sötern,
6) Flora Hirsch geb. Kahn, geb. am 2.10.1904 zu Gonnesweiler,
7) Raimund Hirsch, geb. am 8.9.1934 zu Gonnesweiler,
zu 5 - 7 zuletzt wohnhaft in Gonnesweiler,

werden für tot erklärt. Als Zeitpunkt des Todes wird der 31. Dezember 1944 festgestellt.

Die Kosten des Verfahrens fallen dem Nachlass der für Toterklärten zur Last.

G r ü n d e :

Die Ehefrau des Elektrikers Nikolaus Jost, Ida geb. Kahn in Gonnesweiler hat beantragt, ihre Eltern, Geschwister, Schwäger usw., wie sie vorstehend aufgeführt sind, für tot zu erklären, weil sie im Jahre 1942 deportiert worden seien und seitdem eine Nachricht über ihr Schicksal nicht mehr eingegangen sei. Es sei deshalb mit hoher Wahrscheinlichkeit damit zu rechnen, dass sie in der Deportation umgekommen seien.

Die Behauptung der Antragsteller/in über die Deportation der Genannten ist bewiesen durch Vorlage von 4 Postkarten der Betreffenden, die aus der Deportation (Theresienstadt usw.) geschrieben

225 geschrieben sind und auf welchen der Tod des zu 1 Genannten erwähnt wird. Da bekannt ist, dass die Mehrzahl der Deportierten in den Konzentrationslagern, in die sie verbracht wurden umgekommen sind, bzw. umgebracht wurden, ist mit grosser Wahrscheinlichkeit anzunehmen, dass die obengenannten Person nicht mehr am Leben sind.

In dem Aufgebotstermin vom heutigen Tage sind die Verscholle trotz der an sie ergangenen öffentlichen Aufforderung nicht erschienen. Mitteilungen Dritter, die Auskunft über Leben od Tod der Verschollenen geben könnten, sind ebenfalls nicht gemacht worden.

Das Aufgebot war durch Aushang an der Gerichtstafel in der Zeit vom 3.6.1949 bis 8.8.1949 und durch einmalige Einrückur in der Saarbrücker Zeitung vom 8.6.1949 öffentlich bekannt gemacht worden.

Dem Antrag auf Todeserklärung der Genannten war nach § 1,2,? des Gesetzes über die Verschollenheit vom 4.7.1939 stattzugeben. Der Zeitpunkt des Todes ist nach § 9 Abs. 1 und 3d aaO. festgestellt; die Kostenentscheidung beruht auf § 34 Abs. 2 aaO.

Amtsgericht Nohfelden.

Amtsgerichtsrat.

---

225 Archiv der Gemeinde Nohfelden

AN IHREM WOHNORT VERBLIEBENE

Rundschreiben der Gestapo Staatspolizeistelle Koblenz an den Landrat des Landkreises Birkenfeld betr. Statistik der Juden einschließlich der Geltungsjuden, die noch ihren Wohnsitz im Regierungsbezirk Koblenz haben. - 6. Juli 1943 Koblenz.[226]

Nachstehend folgen die Personalien der hier erfaßten Juden bzw. Geltungsjuden, die noch ihren Wohnsitz im dortigen Bereich haben:

1. Juden:
Güntzburger, Haus[227] Willi Isr.; 20.11.82, Idar-Oberstein, -
Haller Siegfried, Isr.; 19.12.85, Idar-Oberstein,-
Hirsch, Ernst-Michael, Isr.; 12.1.07, Sötern, -
Jost, geb. Kahn, Ida, S., 25.4.01, Gonnesweiler, -
Loch, geb. Blumhof, Fanny, S., 265.76, Hoppstädten/Weihersbach,-
Marx, Leo, Nathan, 4.5.95, Herschweiler, -
Schneider, geb. Strauss, Lilly, Mina, S., 4.12..90, Idar-Oberstein, -

2. Geltungsjuden – (Mischlinge 1. Grades, die zum Tragen des Judensterns verpflichtet sind):
Marx, Herold, Isr., 30.11.31, Herschweiler, -
Marx, Lilli, Margot, 3.12.33, Herschweiler.

Ich ersuche, die Meldekarten der angeführten Juden mit dem Vermerk zu versehen, daß jede Veränderung des Wohnsitzes und des Personenstandes unverzüglich nach hier zu berichten ist. Auch über das Ableben des arischen Teils einer Mischehe ist zu berichten. – Ferner ersuche ich, festzustellen, ob außerdem noch

---

226 Zitiert aus: Simmert, Johannes: Die nationalsozialistische Judenverfolgung in Rheinland-Pfalz 1933 bis 1945, in: Dokumentation zur Geschichte der jüdischen Bevölkerung in Rheinland-Pfalz und im Saarland von 1800 bis 1945, Bd. 6, hrsg. von der Landesarchivverwaltung Rheinland-Pfalz in Verbindung mit dem Landesarchiv Saarbrücken. Koblenz 1974, S.253.
Az. Br. Nr. IV B – 507/43; gez. i.A. Prüß. Abschrift. Verbandsgemeinde Birkenfeld Fach 15 Nr. 5 S. 451 (StA Koblenz Film Nr. 33)

227 wohl für Hans

weitere Juden, die gegebenenfalls in Mischehe leben, im dortigen Bezirk ihren Wohnsitz haben. Bei der Meldung ist zum Ausdruck zu bringen, ob es sich um Juden handelt, die gemäß Polizeiverordnung über die Kennzeichnung von Juden vom 1. September 1941 (RGBL.I S. 547) zum Tragen des Judensterns verpflichtet oder vom Kennzeichnungszwang befreit sind. – Ab sofort sind darüber hinaus alle Veränderungen des Personenstandes und des Wohnsitzes der jüdischen Mischlinge 1. und 2. Grades, die nicht der Kennzeichnungspflicht unterliegen, fortlaufend zu berichten.

Fernspruch der Gestapo Außendienststelle Bad Kreuznach an den Landrat zu Birkenfeld betr. Abtransport von Juden nach dem Altersgetto Theresienstadt.

– 10. Januar 1945 um 10 Uhr 15 von H. Merten.[228]

Alle in Mischehen lebenden, arbeitsfähigen, staatsangehörigen und staatenlosen Juden und Jüdinnen – auch Geltungsjuden[229] *– sind ungeachtet z. Zt. bestehender Arbeitsverhältnisse nach dem Altersgetto Theresienstadt zum geschlossenen Arbeitseinsatz zu überstellen. Gepäck kann im üblichen Umfang mitgenommen werden. Von der Überstellung nach Theresienstadt sind ausgeschlossen:*

- *a) alle nicht mehr arbeitsfähigen jüdischen Mischehepartner*
- *b) Juden oder Jüdinnen, die auf Grund besonderer Anordnung von der Abschiebung ausgeschlossen sind,*
- *c) Juden oder Jüdinnen, deren nicht jüdischer Ehepartner als Beamter, Angestellter oder Arbeiter des öffentlichen Dienstes tätig ist,*
- *d) alle Juden und Jüdinnen ausländischer Staatsangehörigkeit (für sie bleibt die Internierungsbestimmung bestehen).*

Wegen des geschlossenen Arbeitseinsatzes jüdischer Mischlinge und jüdisch Versippter ergeht besondere Weisung (......) Zurückbleibende Mischlinge – nicht Geltungsjuden – unter 16 Jahren sind Verwandten oder anderen zurückbleibenden jüdischen Ehepartnern in Pflege zu geben. Minderjährige Geltungsjuden dagegen sind dem Altersgetto

---

228 Abschrift. Verbandsgemeinde Birkenfeld Fach 15 Nr. 5 S. 217 f. (StA. Koblenz Film Nr. 33) Zitiert aus: Simmert, Johannes: Die nationalsozialistische Judenverfolgung in Rheinland-Pfalz 1933 bis 1945, in: Dokumentation zur Geschichte der jüdischen Bevölkerung in Rheinland-Pfalz und im Saarland von 1800 bis 1945, Bd. 6, hrsg. von der Landesarchivveraltung Rheinland-Pfalz in Verbindung mit dem Landesarchiv Saarbrücken. Koblenz 1974, S. 255f.

229 Als „Geltungsjuden" galten nach nationalsozialistischer Definition sogenannte „Halbjuden".

Theresienstadt zu überstellen. Vermögensfragen werden durch diese Maßnahmen nicht berührt. Etwa erforderliche Bestimmungen haben die Beteiligten selbst zu treffen.
Der Transport geht am 14. Februar 1945 um 16 Uhr 34 vom Bahnhof Frankfurt/M. Ost mit Sonderzug nach Theresienstadt ab. Alle für die Wohnsitzverlegung in Frage kommenden Juden und Jüdinnen sind durch die Kreispolizeibehörde so rechtzeitig nach Frankfurt/M. in Marsch zu setzen, daß sie mit dem Transport weggehen. Marschverpflegung für sechs Tage ist den Juden mitzugeben. Dem Transportführer ist eine namentliche Liste mit Personalien der Abzuschiebenden mitzugeben. Durchschrift der Aufstellung ist nach hier zu übersenden. Darüber hinaus ist eine Aufstellung aller noch im Bezirk befindlichen Juden und Jüdinnen zu übersenden. Von der Wohnsitzverlegung nach Theresienstadt ausgenommene Juden sind zur Freimachung von Wohnraum für bombengeschädigte Deutschblütige entsprechend den örtlichen Verhältnissen auf engem Raum zusammenzulegen.

Ernst Diedenhofen, Gustav Simon, Herbert Wild und Johann Jakobs
Foto: Nationalblatt, 04.10.1937; übernommen aus: Jahrbuch, Dorfey, S. 335

ZEITZEUGEN

Interviews mit Helmut K. und Günter H.[230]

Ich war damals sechzehn Jahre alt, und ich kann mich noch gut an diese Ereignisse hier in Sötern erinnern. Was nachts war, das haben wir nicht mitgekriegt. Am anderen Tag mussten die Juden ihre Synagoge ausräumen, alles, was dort drin war, Tische und Bänke, alles musste raus. Die Juden mussten das auf die Strasse werfen. Das waren so ein paar arme Juden, die mussten das machen. Da stand auch die SA dabei, unter denen waren auch Leute von Sötern. Die SA hat dann die Juden gezwungen, alles anzuzünden. Es gab damals bei uns in Sötern so eine Kraftfahrabteilung bei der SA, die konnten schon mit sechzehn Jahren den Motorradführerschein machen. Diese Gruppe bewachte die ganze Aktion. Im Zusammenhang mit der Kristallnacht wurden auch die jüdischen Geschäfte geplündert. Zwei jüdische Geschäfte waren gleich gegenüber der Synagoge. Das war das Geschäft Baum, das größte Geschäft hier in der Gegend, da gab's alles; heute würde man sagen eine Art Einkaufszentrum.

Häuserzeile ehemals Ludwig Wolf, Artur Wolf, Max Baum, *Foto 1994*

230 Erstellt 1987/88 von Hans Eckert. Erstmals in: Eckert, Hans: Die Visionen des Aaron von Illingen, S. 142
- mit freundlicher Genehmigung in: Landau, Michael: Damit es nicht vergessen wird, S. 168
- bearbeitet von den Autoren

Das Geschäft wurde geplündert. Da sind Leute herausgekommen mit großen Säcken auf dem Rücken, mit Schuhen und Kleidern. Dann haben sie die gesamte Einrichtung kurz und klein geschlagen. Ich sehe heute noch den Max Baum, das war der Geschäftsinhaber, und seine Tochter, die war bei uns in der Schule – alle Juden waren ja damals in der katholischen Schule - , wie die beiden die Fenstern mit Brettern vernagelt haben, damit sie nachts nicht kalt hatten, es war ja November. Und dann entsinne ich mich noch des Herrn Wolf, wie der, eskortiert von zwei SA-Leuten, mit Akten unterm Arm zur gegenüberliegenden Bank gehen musste. Der Wolf hatte ein Textilgeschäft.
Wir hatten auch Umgang mit Juden wie mit Christen, da war früher kein Unterschied. Ich entsinne mich zum Beispiel eines Schusters, der hieß Koschelnik, der hatte zwei Kinder[231], die Lotte und den Fritz, die gingen mit mir in dieselbe Schulklasse. Ich bin morgens immer dort vorbei, habe geklopft, und dann kamen die heraus, und wir gingen zur Schule. Aber samstags sind die nicht zur Schule gegangen. Doch samstags habe ich geklopft, und die Frau Koschelnik rief dann immer: „Helmut, komm rein, die Lotte und der Fritz gehn nicht mit; heut ist Schabbes". Am Sabbat gab's bei denen immer Matzen. Ich wusste ja, dass die beiden samstags nicht mit zur Schulen gingen, aber ich habe doch geklopft, weil ich immer von den Matzen bekam.

Dann kannte ich noch einen Juden, der saß neben mir in der Bank, der war unheimlich schlau. Wir machten öfter Unsinn, wie Schuljungen, das halt machen, und der Lehrer, den wir hatten, der hat meistens mit der Uniform in der Schule gesessen, der war hier Ortsgruppenleiter, der hatte immer so einen langen Stock, der ging dann hoch und zack! hatte man eine auf dem Kopf. Einmal passierte folgendes: Wir beide, der jüdische Junge und ich, quatschten miteinander, Der Junge hieß Wolf, die hatten zuhause sieben oder acht Buben. Also wir fielen auf, und der Lehrer rief uns nach vorne, und da hat er mich ordentlichen verdroschen, und ich bin dann in der Pause nach Hause gelaufen. Meine Mutter ging mit mir zum Arzt, der schrieb ein Attest, dass ich viele blaue Flecken von den Schlägen hätte. Der Lehrer besuchte immer den Besitzer eines Sägewerkes in unserem Ort, der war auch einer von den Braunen. Die beiden saßen im Holz und lachten. Und der Lehrer machte so eine Bemerkung. Da meinte mein Vater, der in dem Sägewerk arbeitete, der Lehrer hätte es mit ihm, und mein Vater nahm die Axt und ist auf den Lehrer los. Das war eine große Schweinerei. Der Lehrer hat ihm dann gedroht, mein Vater müsste zum „Barras", denn er war ja der Ortsgruppenleiter und hatte schon einiges zu sagen. Aber der Sägewerksbesitzer hat die Wogen dann wieder geglättet, mein Vater arbeitete ja bei ihm. Ja, so war das

231 richtig: drei Kinder; ... und die Leonore

damals. Als später die konfessionellen Schulen aufgelöst wurden, kamen wir mit den evangelischen Schülern zusammen, da waren die jüdischen Schüler nicht mehr dabei. Die Wolfs, die waren ja nicht arm, die hatten Geld, die hatten sich freigekauft, die sind weg, die hatten reiche Verwandte; der Schuster Koschelnik auch. Andere aber blieben. Zum Beispiel der Nachbar hier, das ist ein Halbjude, drei der Häuser hier sind von Familien bewohnt, die Hirsch heißen. Deren Vater stammt aus einer jüdischen Familie und hat eine christliche Frau geheiratet. Der war zu Hause bis Januar 1945. Da passierte folgendes: Es gab später einen neuen Ortsgruppenleiter, das waren unsere Nachbarn, der hatte etwas Landwirtschaft, und ich half dort ab und zu aus. Eines Tages rief er mich: „Komm her!" und gab mir ein Briefchen. Das war nachmittags. Und er sagte: „Trag das mal runter zum alten Bender", das war der Spitzname für den Juden Hirsch[232], „und dann gibst du denen das Briefchen." Ich kannte die Familie gut, denn die hatten einen Jungen in meinem Alter, mit dem spielte ich oft. Ich war auch oft bei denen in der Wohnung. Ich bin also dorthin und habe das Briefchen abgegeben, und die Luise, das war die Mutter, machte das Briefchen auf, und da ging ein Geschrei lost. Ich wusste ja nicht, worum es ging, hörte aber: „Du wirst eingesperrt, was sollen wir nur machen, was sollen wir nur machen?" Am nächsten Tag hieß es, der Bender ist fort. Nachts war die Gestapo gekommen, um ihn abzuholen. Der Ortsgruppenleiter war informiert worden, und hat den Hirsch brieflich gewarnt. Der Hirsch war deshalb schon weg, als die Gestapo vorgefahren ist. Er hatte sich in dem stillgelegten Backsteinwerk, in der Klinkerfabrik versteckt. Dort lag damals ein Pionierbataillon. Die ehemaligen Trockenöfen für die Backsteine lagen voll mit Teppichen und Decken, Essgeschirr, also mit allem, was so eine Pionierabteilung hat. Die Frau des Betriebsleiters, der damals im Kriege war, die wohnte noch dort oben, die hat den Bender dort ernährt, obwohl die Pioniere doch dort waren, die haben das nicht gemerkt. Die Frau hat ihn also durchgebracht die drei Monate, bis die Amerikaner kamen. Dann ist der Bender herausgelaufen an die Straße und hat die amerikanischen Panzer angehalten: Er ist dann mit einem Panzer ins Dorf gefahren. Am Ortseingang stand ein anderer Mann aus Sötern, der hat den Amerikanern erklärt, dass keine deutschen Soldaten im Dorf seien. Die Amerikaner sind dann eingerückt, und der Bender, der Hirsch, trug dann eine Armbinde und hatte eine Funktion, ich glaube, als Ortspolizeibehörde oder so etwas Ähnliches."

„Es ging mittags, so gegen vier Uhr los. Sie trieben die Juden hier in Sötern aus den Häusern und in die Synagoge. Die Juden mussten dann alles aus der Synagoge hin-

232 Es handelt sich um Ernst Michael Hirsch

auswerfen. Das ging so bis abends, dann haben sie die Sachen vor der Synagoge angezündet. Die Treiber waren in SA-Uniform, die meisten waren nicht von Sötern, es gab aber unter ihnen auch Leute aus Sötern. Ich selbst war nicht an der Synagoge gewesen, meine Großeltern haben mir das alles erzählt. Sie haben die Bibel, die Thorarollen, auf die Straße geworfen, auch der siebenarmige Leuchter verschwand; es ist bis heute noch unklar, wo er hingekommen ist. Was noch zu gebrauchen war, haben die sicher mitgenommen. Jedenfalls wurde die gesamt Einrichtung, die Bänke und das Lesepult und anderes, herausgeholt und verbrannt. Abends ist dann die Gestapo gekommen und hat die jüngeren Juden aus dem Dorf abtransportiert nach Dachau. Ich saß zu Hause bei meinen Großeltern, als die kamen und alles erzählten. Gegen zehn, halb elf kamen Gestapobeamte auch in unsere Wohnung. Sie haben meine Großeltern so geschlagen, dass mein Großvater dadurch ein Auge verloren hat. Ich weiß nicht, wie viele da hereinkamen, denn ich lag unterm Bett im Schlafzimmer; mein Großvater hatte nämlich zu mir gesagt: „Versteck dich!" Ich war Halbjude, und da war es schon besser, wenn ich mich unters Bett legte; meine Mutter war katholisch, und mein Vater war Jude, und da hat man das so genannt: „Halbjude". Die haben richtig getobt, die haben den Küchenschrank umgeworfen und das Geschirr zerschlagen und im Schlafzimmer die Tücher rausgeworfen, und ich lag unterm Bett, und die haben mich nicht gesehen. Ich hab nur gedacht: „Hoffentlich finden sie dich nicht." Das Ganze ging sehr schnell, das hat vielleicht fünf Minuten gedauert. Mein Großvater war damals schon alt, der war schon vierundsechzig. Deshalb haben sie auch nur meinen Vater mitgenommen, weil der noch jünger war, die älteren ließen sie zu Hause. Mein Vater kam nach Dachau. Er war dort etwa drei Monate, von November bis Ende Februar[233], er war einer der letzten von Sötern, der aus Dachau zurückkam. Mein Onkel kam schon eher zurück; der war auch mit einer arischen Frau verheiratet. Die haben sie dann ein wenig geschont; das waren die sogenannten Mischehen. Wenn ein Jude mit einer Katholikin oder einer Evangelischen verheiratet war, konnte er hier wohnen bleiben, aber als dann gegen Kriegsende die Amerikaner immer näher rückten, da wollten die Nazis diese Juden auch noch fortschaffen, aber mein Onkel hat sich dann versteckt. Für meinen Vater galt das aber nicht, denn der war von meiner Mutter geschieden, das hatte aber nichts mit den Nazis zu tun, meine Eltern hatten sich aus anderen Gründen getrennt."

„Als mein Vater aus Dachau zurückkam, hat er zuerst nichts erzählt, weil man ihnen dort eingetrichtert hatte, ja nichts zu erzählen. Später hat er mir dann erzählt, was dort alles passiert ist, aber er sagte: „Sag keinem was!". Sie hätten zum Beispiel stundenlang

233 Genauer: 09.11.1938 bis 27.02.1939

stehen müssen. Ihn selbst hätten sie an einen Baum gebunden und gezwungen, Jauche zu trinken, und dann wäre er auch noch misshandelt worden. Das hat mir mein Vater alles vor 1941 noch erzählt, denn 1941 wurde er ja wieder abtransportiert mit den drei anderen nach Lublin, nach Polen, das war im April oder Mai 1941[234]. Damals sind ja sämtliche Juden hier von Sötern abtransportiert worden. Die wurden alle nach Polen deportiert. Sie mussten sich auf dem freien Platz neben der evangelischen Kirche mit fünfzig Kilogramm Gepäck einfinden, dort, wo es zur „Linsengasse"(Lindenstraße) geht, dort mussten die Juden sich sammeln. Und die Bauern von hier haben sie dann auf die Wagen geladen und nach Neubrücke zum Bahnhof gefahren. Ich hab gesehen, wie sie fortgefahren sind. Sie durften auch noch 50 Mark an Geld mitnehmen, das andere mussten sie abgeben. Mein Großvater hatte mir noch ein bisschen Geld gegeben, und da kam damals der Ortsgruppenleiter und sagte zu mir: „Sie haben doch von Ihren Großeltern noch Geld bekommen. Lügen Sie nicht, wenn Sie von denen Geld bekommen haben, müssen Sie das abgeben!" Ich habe aber gesagt, dass ich nichts erhalten hätte. Aus meiner Familie waren das damals fünf Personen, die abtransportiert wurden. Es waren Pferdefuhrwerke, mit denen Leute hier aus dem Dorf die Juden weggefahren haben. Die Bauern haben nichts gesagt, die hatten ja von der Ortsgruppenleitung oder von wem auch immer den Auftrag, die Juden wegzufahren. Der Ortsgruppenleiter stand in Uniform dabei, als die Juden die Wagen besteigen mussten, der hat das Ganze überwacht, ist aber selbst nicht mitgefahren. In Neubrücke wurde der große Transport zusammengestellt aus allen Juden aus den umliegenden Dörfern, und dann ging's ab nach Polen. Von denen aus Sötern ist keiner mehr zurückgekommen. Einmal hab ich noch eine Postkarte von meinem Vater aus Lublin erhalten, auf der er mitgeteilt hat, dass es ihnen gut geht und alles andere würde er dann erzählen, wenn er nach Hause kommt. Das war die einzige Karte, die ich von ihm bekommen habe."

„In die Wohnungen und Häuser der Juden wurden andere Leute gesetzt. Nach dem Krieg hat die Synagogengemeinde Saar den Besitz regulär an die neuen Inhaber verkauft. Wenn aber noch Angehörige da waren, haben sie das selbst in die Hand genommen, das war aber alles nach dem Krieg. Im Krieg waren allerdings die meisten Häuser schon an gute Parteifreunde verkauft worden; das Geld haben die Besitzer zwar nicht direkt so erhalten, aber wie das genau vonstatten gegangen ist, weiß ich auch nicht. Jedenfalls wurden die Häuser so unter der Hand an Parteileute verkauft.

Ich selbst hatte so direkt nichts zu leiden, aber ich durfte keinen Beruf erlernen, weil mein Vater Jude war. Ich hab dann mal im Steinbruch gearbeitet, auf der Straße, in der Dampfziegelei; nach dem Krieg arbeitete ich bei der Bahn.

---

234 Richtig: am 29.04.1942

Im Jahr 1943 wurden dann die Halbjuden gesammelt, nach Koblenz gebracht und von dort nach Frankreich, dort waren wir dann etwa zwei- bis dreitausend, von Sötern war ich der einzige. Es gab nur wenig Mischehen. Mein Vater hatte meine Mutter geheiratet, und ein Bruder meiner Mutter heiratete eine Schwester meines Vaters. Aber der Sohn, mein Cousin[235], ist schon 1936 nach Israel ausgewandert nach Amerika, nach Israel, und einer, der Schuster Koschelnik, nach Shanghai. In Frankreich haben wir an Befestigungsanlagen gebaut. Wir haben jeden Tag zwölf Stunden gearbeitet, auch samstags und sonntags, es gab keine Ruhepausen. Wir bekamen dafür ein kleines Taschengeld, wohnten in einem Rathaus, und die Behandlung war sonst nicht schlecht, nur dass wir keine Freizeit hatten.
Als die Alliierten dann landeten – wir waren damals in Rouen -, haben wir uns nach Hause geschafft mit Militärwagen, mit den deutschen Truppen. Dann haben wir wieder hier in Sötern gearbeitet; wir haben Panzersperren errichtet. Da musste die gesamte Bevölkerung, alles was da war, mithelfen, bis dann der Amerikaner kam im März 1945. Nach dem Krieg fing ich bei der Bahn an zu arbeiten: vierzig Jahre habe ich bei der Bahn gearbeitet, und seit 1962 habe ich hier die Gaststätte. Das Haus hatte meine Schwiegermutter mit der Abfindung ihrer Kriegsopferrente gekauft und mir dann 1962 überschrieben."

„Ich habe einen Freund, einen guten Kameraden, der war Jude, Volljude. Wir beide hatten im Herbst 1940, als das mit den Juden immer schlimmer wurde, die Idee, nach Luxemburg zu flüchten. Das war kein richtiger Plan, nur so eine Idee, die kam uns ganz plötzlich. Der Werner Wolf, so hieß mein Kamerad, war zwei Jahre älter als ich, so um die zwanzig. Aber die Juden durften ja damals nicht so einfach wegfahren. Wenn die mit dem Zug fahren wollten, mussten sie sich bei der Polizei abmelden. Auch mussten die Juden schon den Judenstern tragen. Wir wollten mit dem Zug nach Trier fahren und von dort nach Luxemburg flüchten. Der Zug fuhr morgens um viertel nach vier. Um vier Uhr waren wir am Bahnhof in Sötern. Ich ging zum Schalter und wollte zwei Fahrkarten kaufen. Das fragte mich der Bedienstete, der war von Otzenhausen und der kannte mich, wohin ich wollte und warum ich zwei Fahrkarten wollte. Ich sagte, ich würde auch die Fahrkarte für meinen Kameraden kaufen, der da hinten steht. Der Wolf hatte unterwegs den Judenstern abgemacht, bevor wir zum Bahnhof gekommen waren. Da hat der Bedienstete geguckt, wir hatten auch gar kein Gepäck, und dann hat er zu mir gesagt: „Geht mal schön wieder nach Hause. Es hat gar keinen Wert, dass ihr wegfahrt. Ihr fallt doch nur auf. Geht nach Hause, und der Fall ist erledigt." Dieser Be-

235 Es handelt sich um Karl Conrad.

dienstete hat uns aber anscheinend doch angezeigt, denn um neun Uhr morgens kam der Wachtmeister hier aus dem Dorf, der war in Ordnung, der hat uns dann zum Amt nach Nohfelden gebracht, zum Amtsbürgermeister Rümmler, der war kein guter. Der hat die Gestapo in Koblenz angerufen, die kamen dann und haben uns abgeholt. Wir sind dann von Nohfelden aus mit der Gestapo im Zug nach Koblenz ins Gefängnis. Wir sind dort eingeliefert worden und mussten uns in dem Gang aufstellen. Da kam so ein junger SS-Mann, der sah uns im Gang stehen, und als er gesehen hatte, dass der Wolf den Judenstern an hatte, da hat er dem ins Gesicht geschlagen. Und dann hat mich betrachtet und sagte: „Hast du keinen Judenstern?". Da sagte ich: „Nein, ich bin Halbjude." Und da hat er mir auch eine gegeben. Dann wurden wir in einer Zelle eingesperrt, wir waren zu zweit in einer Zelle. Wir mussten Tüten kleben für Verbandspäckchen, und es hieß für tausend Stück gäbe es einen Groschen. Wir klebten also Tüten. Das Essen war, wie man sagt, nicht so gut. Ich vergesse es nicht, meistens hat's Steckrübensuppe gegeben, manchmal gab's auch Fleisch; aber wir haben nicht schwer arbeiten müssen. Der Werner Wolf und ich waren in einer Zelle für uns allein. Meine Mutter hatte inzwischen ein Gesuch an den Landrat von Birkenfeld gemacht, der hieß Wild, der war auch in Ordnung, so wie man im allgemeinen gehört hat, und ich bin dann nach vier Wochen entlassen worden. Der Werner Wolf ist vom Koblenz nach Dachau gekommen, und von dem hat man nie mehr etwas gehört; drei, vier Wochen nach seinem Abtransport kam keine Post mehr[236]."

„Es gab in Sötern auch Geschäfte, an denen stand: „Juden haben hier keinen Zutritt". Es gab aber auch noch gute Leute, die dann für die Juden Sachen in diesen Geschäften gekauft haben und es den Juden ins Haus brachten oder heimlich gaben. Ich weiß das von der Großmutter, die schon mal sagte: „Die Nachbarin hat uns das hingestellt." Es hat gute und schlechte Leute gegeben. Diese Schilder „Juden haben keinen Zutritt" oder „Kein Verkauf an Juden" waren ja auch nicht an allen Geschäften.
Der evangelische Pfarrer war ein überzeugter Nationalsozialist, und der katholische Pfarrer, der war umgekehrt, der war ein Gegner, den haben sie auch mal geschlagen, den haben sie zur Gestapo nach Koblenz bestellt. Der Pastor hat mir dann später erzählt: „Da haben sie mir einen Sack über den Kopf gestülpt und haben mich geschlagen." Der Pastor hieß Ignaz[237], der stammte aus der Eifel, aus Bitburg.
Da muss ich noch was erzählen von dem Ortsgruppenleiter, der hat nach dem Krieg noch eine Zeit lang hier gewohnt, ist dann aber weggezogen. Der durfte ja auch keinen

236 Werner Wolf wurde am 14.11.1942 in Dachau ermordet. Dachau II Nr. 4403/1942

237 Pastor Ignaz Schmitz

Unterricht mehr halten. Später hat er aber doch wieder unterrichtet, aber nicht hier in Sötern, sondern in Nunkirchen. Dieser katholische Lehrer hatte früher immer die Orgel in der Kirche gespielt, als er aber Ortsgruppenleiter geworden war, hat er damit aufgehört. Und nach dem Krieg hat ihn der Pastor wieder als Organisten eingestellt, der hat dann wieder die Orgel gespielt. Das war ein großer Fehler, den der Pastor gemacht hat, den wieder als Organisten einzustellen, wo er doch gewusst hat, dass der Ortsgruppenleiter sozusagen gegen die Kirche war. Die Leute haben da natürlich geschimpft, wie das halt im Dorf so geht: der eine ist dafür, der andere ist dagegen. Der Pastor aber hat immer gesagt: „Man muss den Feinden auch verzeihen, man muss auch seine Feinde lieben."

„Bei den Evangelischen gab's nach dem Krieg auch ein Problem. Da wollte der neue Pfarrer[238] – der alte, der überzeugte Nationalsozialist, war ja nicht mehr da – an der Kirche eine Gedenktafel anbringen lassen zum Gedenken an die ermordeten Söterner Juden. Der Vorstand der evangelischen Kirchengemeinde hat das aber abgelehnt. Damit war der Fall erledigt. Man hat später nichts mehr gehört; die haben gemeint, die Gedenktafel sollte dann eben auf dem Friedhof aufgestellt werden. Das ist aber bis heute noch nicht geschehen, nachher ist die Sache dann auch eingeschlafen, und der Pfarrer ist später von hier weggegangen.

Für die Jungen ist das heute alles Geschichte, die sagen: „Was sollen wir heute dazu sagen? Es war eben in der Nazizeit, im 3. Reich, sehr schlecht und schlimm, was die da mit den Leuten gemacht haben. Aber da in der Welt ist ja immer eine Menschenverfolgung, die eine da, die andere dort." Die Alten, die schimpfen noch drüber, vor allen Dingen ältere, die damals in der kommunistischen Partei waren – in Sötern gab's ja früher viele Kommunisten -, die erzählen noch von dem einen oder anderen Nazi. Es gibt ja heute auch noch ein paar, die so angehaucht sind vom Nazigeist. Es wird über die Ausländer geschimpft, weil die Arbeits-

Hugo und Irma Hirsch, geb. Kahn, *privat*

238 Pfarrer Gerhard Großer, vgl hierzu: Deutsche Volkszeitung Nr. 9 / 26. Februar 1976

losigkeit so groß ist und weil noch immer so viele Ausländer rein kommen. Die Leuten sagen dann: „Das geht nicht mehr so weiter, dass man die immer noch hereinholt, wo sie doch keine Arbeit bei uns kriegen. Und der Arbeiter muss immer mehr bezahlen für die. Warum geht man überhaupt noch arbeiten? Die bekommen 800,- Mark, und wir kommen heim mit 1.600,- Mark." Das ist doch klar, dass die dann schimpfen.

Rückseite des Fotos: „New York March. 6. 1949 Für die Lieben Gonnesweiler", *privat*

Ja, für die Jungen ist das alles Geschichte, aber ich muss oft daran denken, wie ich meinen Vater und die Verwandten zum letzten Mal gesehen haben. Das steht dann wieder vor mir, als wär's gestern gewesen. Als die damals abtransportiert worden sind, hieß es, die kämen alle zum Arbeitseinsatz nach Polen. Da wollte ich eigentlich mit. Mein Vater aber sagte: „Bleib hier." Es war ein trauriger Abschied. Die mussten auf die Heuwagen, an denen rechts und links die hohen Gestelle waren. Sie standen dicht gedrängt, es waren keine Bänke drin. Es war auch ein bisschen eng. Meine beiden Tanten, meine Großeltern und mein Vater standen dicht beisammen. Andere saßen auf dem Gepäck. Die Leute standen da herum, die haben sich nichts dabei gedacht, die haben nur gesagt: „Was wollen wir denn jetzt mit den Juden machen? Es sind doch nur arme Juden, die haben doch hier ihre Arbeit gemacht, das sind doch Söterner. Wo wollen die denn jetzt mit denen hin?" Und dann sind sie weggefahren, und sie haben nicht gewinkt; sie haben nur so traurige Gesichter gemacht."

Überwachung durch die Gestapo[239]

Geheimes Staatspolizeiamt

B.-Nr. G. 18833/1506 -III 3 B -

Bei Rückantwort stets anzugeben.

Berlin SW 11, den 10.Dezember 1934.

Prinz-Albrecht-Straße 8

Ausw. ...
II SG 8724
eing. 13 DEZ 1934
1 Anl. ... Durchschl.

Geheim!

Betrifft: Hugo Hirsch aus Sötern u. Gen.

Bezug: Mündliche Unterredung vom 3.10.34 - und mein Zwischenbericht vom 4.10.34 - III 3 B - G.13256/1506 -. II 6540

In der Anlage übersende ich ergebenst Abschrift eines Berichtes der Gendarmeriestation Sötern über das bisherige Ermittlungsergebnis in fraglicher Angelegenheit.

Die genannten Personen werden weiter überwacht.

Im Auftrage:

Förster

An

das Auswärtige Amt
z.Hd.Herrn Geheimrat Voigt,

Berlin W.8,
Wilhelmstr.74/76

J.

239 Polit. Archiv des AA, Abt.II Besetzte Gebiete. Az.:Polit. Angelegenheiten, Bd.: 70 (266/2)

Abschrift von Abschrift.

endarmeriestandort. Sötern, den 30.November 1934.

......

Urschr.

der Staatspolizeistelle

Birkenfeld

mit dem Berichte zurückgesandt, daß der Hugo H i r s c h bis im Frühjahr ds.Js. in Gelsenkirchen als Kaufmann beschäftigt war. Seit dieser Zeit wohnt er in Sötern bei seinen Eltern. Der Bruder des Hugo Hirsch, Kaufmann Ludwig Hirsch, wohnt seit Frühjahr ds.Js. in Gonnesweiler, wo er seit dieser Zeit mit der Flora K a h n aus Gonnesweiler verheiratet ist. Ludwig Hirsch übt das Hausiergewerbe aus.

Trotz eingehender Überwachung der Post in Sötern und Türkismühle konnte nicht festgestellt werden, daß diese Leute mit St.Wendel korrespondieren. Bei dem Hause St.Wendel, Luisenstraße 2-4, handelt es sich um das Kaufhaus S.Daniel in St.Wendel. Dieses Haus ist als Kommunistenzentrale bekannt. In diesem Geschäft sind nun die beiden Schwägerinnen den Ludwig Hirsch, Irma und Inge K a h n aus Gonnesweiler beschäftigt. Diese beiden Personen fahren täglich nach ihrem Wohnort Gonnesweiler zurück. Es dürfte daher kein Zweifel darüber bestehen, daß diese beiden Jüdinnen, wenn Sachen ins Saargebiet eingeschmuggelt wurden, die Sachen in St.Wendel im Kaufhaus Daniel abgeliefert haben. Trotzdem nun diese beiden Personen dauernd überwacht wurden, war es nicht möglich, festzustellen, wann sie etwas derartiges abgeliefert haben.

Eine unverhoffte Durchsuchung der beiden Kahn bei ihrer Abfahrt in Türkismühle erscheint diesseits nicht erfolgversprechend, da die Mitnahme von derartigen Sachen nicht täglich erfolgen dürfte. Wollte man aber eine Kontrolle vornehmen und man hätte das Unglück, daß sie nun gerade nichts bei sich führen, dann wären diese Personen gewarnt und man hätte mit einem Erfolg niemals mehr zu rechnen.

Betr. der Familie Lion konnte nichts in Erfahrung gebracht werden. Dies ist umso schwerer, da es in Sötern mehrere Familien Lion gibt. Verdächtig erscheint ein gewisser Ludwig L i o n und war dieser anfangs als Emigrant behandelt worden. Nach seiner Rückkehr wurde er dann im vorigen Jahre festgenommen und der Staatspolizeistelle in Trier Mitteilung gemacht. Da aber etwas Stichhaltiges gegen Lion nicht vorlag, wurde er wieder entlassen.

gez. Kunz

Gendarmeriekommissar.

J.

Erinnerungen von Else Teutsch Gottlieb[240]

Als Leo und ich am 4. Dezember 1932 heirateten, war meine Mutter sehr froh, dass Leo sich entschlossen hatte, hier unten in Venningen zu wohnen, wo ich geboren wurde und auch meine Eltern, mein Großvater und mein Urgroßvater. Sie alle waren Viehhändler und Bauern, genau wie auch Leos Vater und seine Vorväter, die in Bosen lebten.

Weil mein Vater einige Monate vor unserer Heirat verstorben war, war es gut, dass Leo sein Geschäft übernehmen konnte. Wir waren alle überrascht, wie schnell sich Leo an die Bauern und Metzger in Venningen und in den umliegenden Dörfern gewöhnt hatte. Es ging uns von Anfang an sehr gut, und wir waren glücklich und zufrieden.

Meine Mutter lebte zwei Häuser von uns entfernt mit meiner Schwester Lotte und ein paar Verwandte wohnten ganz in der Nähe.

Leo reiste öfter nach Bosen und kaufte dort Vieh bei seinem Vater. Wir freuten uns auch über den Besuch von Leos Schwester Irma, die sehr schön war.

Nachdem unser Sohn Gert geboren war, fuhr sie ihn in seinem kleinen Kinderwagen umher. Es war überraschend, wie sehr Gert seiner Tante Irma glich. An Feiertagen besuchten wir drei Leos Eltern, und wir trafen Leos Bruder (Ernst) und dessen Frau Martha und deren Sohn Fred, der 5 Monate älter war als Gert. Wir alle erlebten eine erfreuliche Zeit.

Als Hitler 1933 an die Macht kam, bemerkten wir zunächst keine großen Veränderungen, aber 1936 entzog man Leo seine Geschäftserlaubnis, weil er ein Jude war, und somit war es ihm nicht mehr erlaubt, Vieh zu kaufen oder zu verkaufen. Als meine Schwester in Brasilien das erfuhr, wollte sie, dass wir nach dort umziehen sollten. Ein großer Farmer suchte einen Verwalter. Dann aber sagte meine Mutter: „Wenn ihr Bauernarbeit tun wollt, wir haben genug Land und Weinberge." Und so blieben wir.

Weil wir in einem katholischen Gebiet lebten und weil wir nette Nachbarn hatten, merkten wir von der SS nicht viel bis zum Jahre 1938. Dann marschierte die Jugend durch den Ort und sang antisemitische Lieder. Damals erhielten die Geschäfte in den Städten Schilder mit der Aufschrift: Juden sind hier unerwünscht. Leo und Gert bekamen in unserm Ort die Haare nicht mehr geschnitten, und sie mussten dazu wo anders hingehen, wo man sie nicht als Juden erkannte. Und da beschlossen wir: Es ist jetzt Zeit, Deutschland zu verlassen.

---

240 Diese Dokumente wurden an Josef Besch gesandt von Marian Price, Rensselaer, NY, USA. Sie können kopiert und weitergeleitet werden an jedermann in Deutschland. (übersetzt von Herrn Josef Besch)

Wir schrieben an unsere Verwandten in Amerika, und es dauerte nicht sehr lange, bis sie uns ein Affidavit[241] schickten. Wir sind immer noch sehr dankbar dafür, und wir werden es sein, so lange wir leben. Aber inzwischen hatten wir eine sehr schlimme Zeit zu durchleben.

Am 9. November erschien ein Polizist vor unserm Haus und fragte nach Leo, der nicht zu Hause war. Leo war außerhalb der Stadt, und als er zurückkam, sagte ich ihm, dass er zum Rathaus kommen sollte. Leo wollte zuerst aber noch mit unserm Onkel Oscar sprechen, und er nahm Gert mit, aber unterwegs verhaftete ihn ein Polizist, und es wurde ihm nicht gestattet, Gert nach Hause zu bringen. Wir wussten nicht, was mit Leo passiert war, als Gert weinend nach Hause kam. Wir waren alle sehr aufgeregt, und am Abend blieben meine Mutter und Lotte bei mir und Gert in unserm Haus. Wir gingen nicht schlafen, sondern wir blieben in unserm Wohnzimmer.

Ich muss hier bemerken, dass alle Häuser in Venningen einen großen Hof hatten. Bevor man das Haus betrat, war da ein großes Tor, wo die Wagen und Pferde durchfahren mussten, und eine kleinere Tür, wo die Leute hineingingen, und dann läutete eine Glocke, und so hörten wir es im Haus, wenn jemand hindurch ging.

Mitten in der Nacht hörten wir die Türglocke läuten. Dann rannten wir durch unser Haus, über einen Teil des Hofes, durch unsere große Scheune und durch unsern Garten, brachen eine Tür zu unseres Nachbars Garten auf und landeten in einer Nachbarscheune, wo wir die ganze Nacht blieben. Gert schlief in einem Weinfass. Wir waren froh, dass es eine milde Nacht war und nicht kalt.

Am Morgen gingen wir zurück zu unserem Haus und auch zu dem Haus meiner Mutter. Die SS hatte einige Fenster zerbrochen und einige Stühle durch die Fenster geworfen. Noch bevor wir uns von der Erregung der Nacht erholt hatten, kam ein SS-Mann zu unserm Haus und sagte: „ Juden, macht euch fertig!" Ich sagte: Fertig wozu?" Aber er antwortete nicht. In aller Eile packte ich einen Handkoffer. Ich werde es nie vergessen, wie ich meine Kusine Ilse sah, die eine Menge Hemden und Pullover übereinander angezogen hatte.

Dann kam die SS mit einem Omnibus und brachte uns zuerst nach Edenkoben, zu der nächsten Stadt, etwa 3 km von Venningen. Sie hielten vor dem Gefängnis, und zum Glück ließen sie alle die jüdischen Männer heraus, die sie am Tage zuvor verhaftet hatten. Gert war überglücklich, als er seinen Vater sah.

Dann trieben sie uns durch die Innenstadt von Edenkoben, um zu zeigen, dass sie einen ganzen Omnibus voller Juden hatten. Mein Onkel Oscar sang in der Aufregung „Deutschland - Deutschland über alles" und zeigte seine verkrüppelte Hand, die ihm

241 Bürgschaftserklärung für Einwanderer

im ersten Weltkrieg zerschossen wurde. Dann trieben sie uns weiter und brachten uns auf die andere Seite des Rheins.
Sie ließen uns zurück auf einem Feld. Dann sagten sie zu uns: „ Juden, wir haben euch hier hin gebracht. Versucht nur ja nicht mehr, nach Hause zurück zu kommen!" So blieben wir dann für ein paar Stunden sitzen, jedes Mal erschrocken, wenn ein Auto vorbeifuhr, und wir gingen ein wenig hin und her. Irgendwer fand heraus, dass wir in Karlsruhe waren. Zum Glück lebte ein Onkel von mir in Karlsruhe. Wir riefen ihn an, und wir fuhren dorthin mit der Straßenbahn. Das war am Freitag, dem 10. November. Mein Onkel und meine Tante hatten sogar eine Mahlzeit zubereitet für so viele Leute. Sie hatten ein großes Haus und Platz für uns alle zum Schlafen. Die jüngeren Leute schliefen auf dem Fußboden auf Matratzen. Gert schlief im Bett meines Cousins Walter, der vier Jahre älter war als Gert. Alle waren sie so nett zu uns. Weil wir aber nicht allzu viel „Lärm" im Haus meines Onkels machen wollten, verbrachten wir die Zeit auch im Park, oder wir spazierten umher.
Viele jüdische Männer wurden verhaftet und kamen in Konzentrationslager. Mein Onkel Siegfried, der mit seiner Familie in Ludwigshafen lebte, wurde in das Konzentrationslager nach Dachau gebracht, und er hörte, dass sie Leos Namen aufgerufen hatten und auch die Namen aller anderen jüdischen Männer aus Venningen und Edenkoben. Mein Onkel dachte, sie hätten diese Juden getötet. Darum habe ich weiter oben geschrieben, dass es ein Glück für sie war, dass man sie in Edenkoben aus dem Gefängnis entlassen hatte und mit dem Bus nach Karlsruhe gebracht hatte.
Einige Tage später fuhren Gert und ich nach Bosen, aber Leo blieb in Karlruhe. Es war sehr gefährlich für einen jüdischen Mann, an einem Ort zu sein, wo die Leute ihn kannten. Nach einiger Zeit nahmen Leo, meine Mutter, Lotte und noch mehr Juden ein Taxi und fuhren nach Venningen, aber sie durften nicht dort bleiben. Eine Woche oder zwei Wochen später durften sie endlich zurückkehren. Sie waren immer noch besorgt. Besonders nachts.
Etwa eine Woche später kamen Gert und ich zurück von Bosen. Das war das letzte Mal, wo ich Leos Eltern sah und auch für Gert, dass er seine Großeltern sah, die ihn so lieb hatten und natürlich auch Nora und Fred. Sie hatten gerade ein schönes Bild von Nora (Irmas Tochter) erhalten, die gerade zwei Jahre alt war. Wir sind froh, dass wir Deutschland am 24. Februar 1939 verlassen konnten. Kurz zuvor besuchte Leo noch einmal seine Eltern.

Meine Mutter begleitete uns bis nach Ludwigshafen, wo wir noch einige andere Verwandte besuchten, auch meinen Onkel Siegfried, der in einer sehr schlechten Verfassung war, weil er gerade erst zurück gekommen war aus dem Konzentrationslager

Dachau, auch mein Onkel Albert und Tante Jenny aus Karlsruhe. Glücklicherweise entkamen ihre beiden Söhne Hans und Walter nach Israel, wo sie mit ihren Familien leben. Ich fühlte mich sehr unwohl, als ich all diesen netten Leuten, einschließlich meiner Mutter „Auf Wiedersehen" sagte, aber ich wusste nicht, dass ich sie nie wieder sehen würde.

Kurz vor unserer Ankunft in New York an Bord der SS MANHATTAN, am 4. März 1939, sahen wir die hell erleuchtete Freiheitsstatue, und wir hatten ein sehr gutes Gefühl. Die sehr religiösen Juden begannen zu beten, und wir fühlten uns sehr glücklich. Als wir endlich in New York ankamen, lag da ein Brief von Leos Cousine Regina mit einem Scheck über 60 Dollar, womit sie uns begrüßte. Weil das Hitler-Regime uns nur 10 Dollar mit zu nehmen erlaubt hatte, kam dieses Geld genau zur rechten Zeit, wo wir es brauchten. Wir werden immer sehr dankbar sein und auch für das uns erteilte Affidavit.

Wir durften unsere Fahrkarten noch mit unserm deutschen Geld in Deutschland bezahlen. Zwei Jahre später, als Irma, Karl und Nora kamen, mussten ihre Tickets jedoch von Amerika geschickt werden. Eleonore schickte sie nach Luxemburg.

In Philadelphia blieben wir nur 2 Monate. Zu dieser Zeit war Gert erst fünf Jahre alt. Und weil Leo und ich zur Arbeit gingen, war es nicht gut, Gert mit Fremden allein zu lassen. Leo fand einen Job bei der Woodbine -Refugee –Farm als Verwalter. Später arbeiteten wir beide in einer Kleiderfabrik und machten Soldatenmäntel.

Im Oktober 1947 kauften wir hier eine Hühnerfarm. Seit wir in Amerika sind, konnten wir gut leben und brauchten keinerlei finanzielle Hilfe. 1944 wurden wir amerikanische Staatsbürger. Wir sind stolz darauf, dass wir als Bürger dieses großen Landes akzeptiert wurden. Leos Schwester Irma, ihre Familie und meine beiden Schwestern Lotte und Grete konnten während des Krieges nach Amerika entkommen. Sie alle sind seit langem amerikanische Staatsbürger, und sie könnten eine Menge erzählen über das Naziregime. Meine Schwester Gertrude lebt mit ihrer Familie in Brasilien.

Zur Familie des Lehrers Levi Katz

aufgezeichnet von seinem Sohn Robert:[242]

Mein Vater Levi Katz wurde am 23.12.1876 in Beiseförth bei Melsungen als Sohn von Daniel Katz und seiner Ehefrau Berta, geb. Lange, aus Falkenberg geboren. Seine Eltern verzogen 1891 nach Melsungen, wo mein Großvater ein dreistöckiges Fachwerkhaus mit einer Metzgerei gegenüber der Kirche besaß. Mein Vater besuchte von 1892-95 ein Seminar in Würzburg und danach das Lehrerseminar in Kassel von 1895-98.

242 abgedruckt in: Borkener Geschichtsblätter, Nr. 24, Juli 1993, 6. Jahrgang

Seine erste Lehrerstelle hatte er in Bosen, einem Dörfchen an der Nahe. Dort lernte er meine Mutter Bertha, geb. Wolf, kennen und sie heirateten 1902. Er nahm dann eine Stelle als Lehrer und Kantor in Ottweiler (Saarland) an und blieb dort bis zum Jahr 1910, als er nach Borken Bez. Kassel übersiedelte. Dort war er als Lehrer und Kantor in der jüdischen Gemeinde und Schule bis 1938 tätig. Außerdem gab er Religionsunterricht in den Nachbardörfern Großenenglis, Zwesten, Dillich, Zimmersrode, Jesberg, Homberg, Falkenberg und Hebel. Wir bewohnten eine Dienstwohnung mit Hof und Garten; im selben Haus befanden sich auch die Schule und das rituelle Frauenbad.

Im ersten Weltkrieg diente mein Vater von Mai 1916 bis März 1918 als Soldat in Hannoversch Münden und Frankreich. Wir waren eine große Familie mit neun Kindern, Nora 1903, Siegfried 1904, Frieda 1905, Margarete 1909, Käte 1912, Robert 1914, Rut 1915, Lotte 1918 und Werner 1922. Wir hatten ein offenes Haus und lebten in Frieden mit unseren christlichen Nachbarn und vielen Borkener Bürgern. Als dann im Jahre 1933 die Nationalsozialisten zur Macht kamen, war für uns Juden keine Zukunft mehr in Deutschland. Die älteren Geschwister wanderten nach Amerika aus. Meine Schwester Grete heiratete nach Holland und wir jüngeren Geschwister gingen nach Palästina, um uns dort eine neue Heimat aufzubauen. In der so genannten Kristallnacht im Jahre 1938 versteckten sich meine Eltern drei Tage lang im Bürgerwald und als sie zurückkamen hatten die Nazis die gesamte Wohnungseinrichtung aus dem Fenster geworfen. So setzten sich meine Eltern in die Eisenbahn und fuhren zu Verwandten nach Kassel. Danach steckten die Nazis meinen Vater für fünf Wochen in das Lager Buchenwald. Im Jahre 1939 verließen meine Eltern mit dem jüngsten Bruder Werner Deutschland und zogen zu meiner Schwester Grete in Amsterdam. Meine Mutter, die an Asthma litt, konnte das feuchte Klima dort nicht vertragen und verstarb im Februar 1940; sie ist auch dort beerdigt.

Aber kurze Zeit darauf kamen die Nazis auch nach Holland und brachten meine Schwester mit Familie sowie meinen Vater mit Sohn Werner ins Konzentrationslager Waaterborg. Dort blieben sie von Mai 1943 bis Januar 1944. Meine Schwester Grete und ihr Mann wurden dann nach Auschwitz gebracht, wo sie umkamen; ihr Kind überließen sie christlichen Nachbarn. Mein Bruder Werner war ein fleißiger Arbeiter und der Lagerleiter behielt ihn im Lager bis Kriegsende. Danach heiratete er eine Holländerin und ging nach Amerika. Mein Vater kam 1944 in das Lager Theresienstadt, in dem er bei Kriegsende befreit wurde. Er fuhr nach Holland, nahm das Enkelkind aus der Obhut und brachte es zu meinem Bruder nach Amerika, der es adoptierte. Mein Vater blieb in Amerika bis 1949 und wanderte dann nach Israel aus. Er verlebte in Israel eine schöne Zeit und verstarb dort im Jahre 1953; er ist auch dort begraben.

Die Familie Jost während der NS-Zeit[243]

Interview mit Arnold Jost

Ida Kahn wurde trotz Widerstands von Seiten ihrer jüdischen Eltern die 2. Ehefrau von Nikolaus Jost aus Gonnesweiler. Jost war katholisch und auch die Kinder, die aus der Ehe hervorgingen, wurden katholisch getauft. Die Eheleute hatten es nicht einfach, da Mischehen von den Religionsgemeinschaften nicht gern gesehen wurden. So konnten es auch die Eheleute Josef und Charlotte Kahn nur schwer akzeptieren, dass eine ihrer Töchter einen Christen heiratete. Nikolaus Jost war Elektrikermeister, seine Werkstatt war im Hotel zur Post in Türkismühle untergebracht, das später im Krieg durch eine Bombe zerstört wurde.

Nach der Pogromnacht wurde jüdischen Kindern der Schulbesuch an öffentlichen Schulen untersagt. Auch die Kinder der Familie Jost wurden für kurze Zeit von der Schule verwiesen, konnten später aber wieder am Unterricht teilnehmen. Hans und Fritz wurden 1942 regulär aus der Schule entlassen und begannen ihre Ausbildung. Hans lernte Elektro-Installateur im Geschäft seines Vaters. Der 1930 geborene Paul Jost erkrankte 1942 an Diphtherie, er starb wenig später im St. Wendeler Krankenhaus, wo er, nach Angaben von Arnold Jost, nicht ausreichend medizinisch versorgt worden sei.

Ungeklärter Tod des Hans Jost

Im November 1944 wurde der 17jährige Hans zum Volkssturm eingezogen. Am 23. Februar 1945 wurde er angeblich im Kampf erschossen. Seine Familie hat jedoch bis heute erheblich Zweifel, ob dies der Wahrheit entspricht. Sein Vater Nikolaus Jost berichtete darüber in seiner Zeugenaussage in der Voruntersuchung gegen den früheren Amtsbürgermeister Rümmler im September 1947: „Mein ältester Sohn namens Hans wurde zum Volkssturm eingezogen. Der Befehlshaber des Volkssturms war Rümmler. Mein Sohn wurde aus einem Bunker dieses Volkssturms herausgeholt und beauftragt, sich mit vollem Gepäck in Marsch zu setzen. Auf diesem Wege wurde er durch einen Kopfschuss getötet. Die Bevölkerung von Serrig hat mir gesagt, daß mein Sohn von zwei SS-Leuten geholt worden und daß an dem Ort seiner Tötung keine Kampfhandlung stattgefunden habe.“[244]

Ein Weinhändler namens Stöcker aus Serrig, den Nikolaus Jost kannte, benachrichtigte ihn vom Tod seines Sohnes. Er fand den Leichnam eingewickelt in eine Zeltplane. Nach der Platzierung der Kopfwunde glaubte er nicht, daß sein Sohn zum Zeitpunkt

---

243 bearbeitet und mit Quellen versehen durch die Autoren

244 LA Sbr. Sta Sbr. Nr. 1002 Bd. VI. Bl. 49

des Todes einen Helm getragen hatte. Die näheren Umstände des Todes konnten jedoch nie aufgeklärt werden.

Im März 1945 fuhr Nikolaus Jost in Begleitung von Ernst Hirsch und Franz Baltes aus Sötern und Friedrich Jost aus Gonnesweiler nach Serrig um Erkundigungen über den Tod seines Sohnes einzuziehen.[245]

Sie suchten zunächst den Weingutsbesitzer Rudolf Stöcker auf, da dieser die Todesnachricht übermittelt hatte. Er schilderte den vier Männern die Todesumstände: „Hans Erich Jost war Mitglied im Volkssturm, der aufgerufen wurde, um Serrig zu verteidigen. Weil der Genannte von Beruf Elektriker war, hatte er die Aufgabe, die Nachrichtenverbindungen zwischen den verschiedenen Bunkern, in denen die Volkssturmleute untergebracht waren, aufrechtzuerhalten. Wegen seiner beruflichen Kenntnisse habe ich ihn gebeten auch in meinem Weingutsbetrieb gelegentlich Reparaturarbeiten vorzunehmen, was er auch willig tat. Dabei bot ich ihm an, in meinem Weinkeller Schutz zu suchen, was er mit der Begründung ablehnte, er wolle bei seinen Kameraden bleiben. Die Bunkerlinie, die vom Volkssturm besetzt war, befand sich im Tal links der Mosel."

Herr Stöcker verwies sie an einen Postbeamten, der ebenfalls beim Volkssturm im Einsatz war. Er berichtete, „kurz vor dem Angriff der Amerikaner auf Serrig seien zwei SS-Leute in den Bunker gekommen und hätten befohlen ‚Hans Erich Jost mit allem Gepäck fertigmachen und mitkommen'. Dann seien sie mit ihm verschwunden." Nach der Besetzung durch die Amerikaner wurde der Volkssturm aufgelöst. Die Leiche des Hans Erich Jost fand man später im Wald „am Panzhaus", mehrere Kilometer von der Bunkerlinie entfernt, in denen der Volkssturm Stellung bezogen hatte. Herr Stöcker und andere Serriger Bürger hatten bereits die Beerdigung des Jungen vorgenommen.

Am darauffolgenden Tag fuhren Nikolaus Jost und seine Begleiter erneut nach Serrig. Sie hatten einen Sarg dabei, um nach Vereinbarung mit den zuständigen Behörden die Umbettung der Leiche auf den Heimatfriedhof vorzunehmen.

Ernst Hirsch berichtete: „Dabei habe ich die Leiche gesehen und auch die Einschußstelle, die sich genau in der Schläfe befand. Alle Beteiligten, besonders Herr Stöcker und der Postbeamte gelangten zu der Überzeugung, daß die Art der Schußstelle kein Zufall war, sondern ein eindeutiges Indiz für eine ‚Liquidation' durch die SS-Leute. Ebenso deutete auf diese Tatsache die abgelegene und völlig abseits vom Einsatzort des Volkssturms befindliche Stelle hin, an der die Leiche gefunden wurde. Sämtliche Leute, mit denen wir in Serrig gesprochen haben bestätigten uns auf Befragen ausdrück-

245 Quelle der folgenden Schilderungen: Eidesstattliche Erklärungen des Ernst Hirsch, Fritz Jost, Johann Nikolaus Jost und Alois Gierend vor Notar Busch ausgefertigt am 05.April 1967 in Nohfelden. LA Sbr. Nr. 7205 a-b

lich, daß in dem Gebiet, in dem die Leiche gefunden wurde, keine Kampfhandlungen stattgefunden hätten."

Alois Gierend aus Gonnesweiler sagte in dieser Angelegenheit an Eidesstatt aus: „ Um die Zeit des Todes von dem Sohn Hans Erich Jost war in Gonnesweiler allgemein davon die Rede, daß dieser nicht während des Einsatzes des Volkssturms gegen den Feind gefallen, sondern von der SS umgebracht worden sei, weil der Ortsgruppenleiter Rümmler dies veranlaßt habe. M.W. hatte Rümmler Befehlsgewalt bei dieser Volkssturmeinheit."

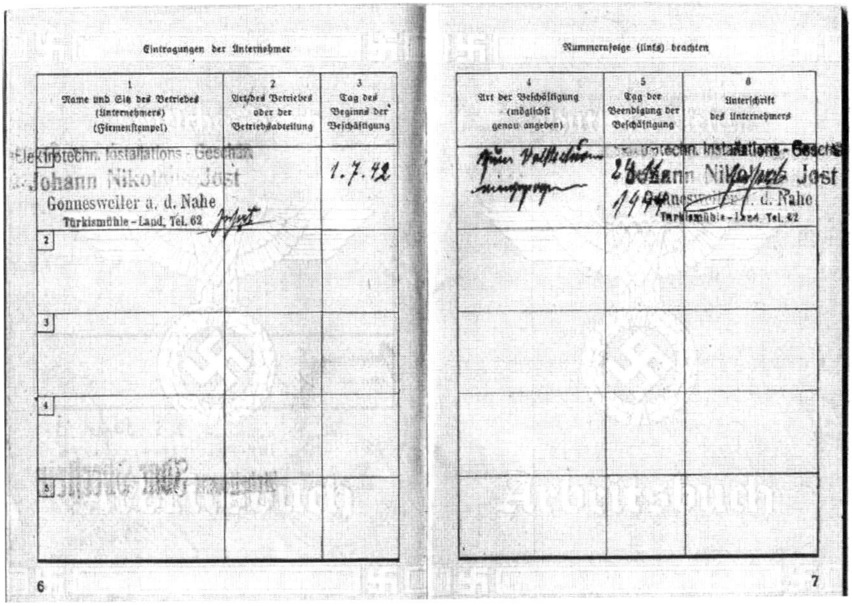
Eintragungen der Unternehmer

1 Name und Sitz des Betriebes (Unternehmers) (Firmenstempel)	2 Art des Betriebes oder der Betriebsabteilung	3 Tag des Beginns der Beschäftigung
Elektrotechn. Installations-Geschäft Johann Nikolaus Jost Gonnesweiler a. d. Nahe Türkismühle-Land, Tel. 62		1.7.42
2		
3		
4		
5		

6

Nummernfolge (links) beachten

4 Art der Beschäftigung (möglichst genau angeben)	5 Tag der Beendigung der Beschäftigung	6 Unterschrift des Unternehmers
	1944	Elektrotechn. Installations-Gesch. Johann Nikolaus Jost Gonnesweiler a. d. Nahe Türkismühle-Land, Tel. 62

7

Arbeitsbuch des Hans Jost, privat

Die drohende Deportation nach Theresienstadt am 10. Febr. 1945[246]

Zu diesem Zeitpunkt lebte die Familie Jost quasi im Untergrund. Nikolaus Jost war Ende 1944 gewarnt worden, dass seine Frau „zum Arbeitseinsatz" abgeholt werden sollte. Sie war von den beiden Deportationen im April und Juli 1942 verschont geblieben, da sie in einer sogenannten Mischehe lebte. Ida Jost befand sich jedoch schon länger im Visier der nationalsozialistischen Verfolgungsmaschinerie. In einem Rundschreiben der Gestapo Staatspolizeistelle Koblenz an den Landrat des Landkreises Birkenfeld wurden die Personalien „der Juden, einschließlich der Geltungsjuden, die noch ihren Wohnsitz im Regierungsbezirk Koblenz haben" mitgeteilt.[247]

246 Weiteres dazu in: Landau, Michael, Ein Jude ist ein Jude...

247 Zitiert aus: Dokumentation Band 6, S. 252f.

Unter den neun Namen befand sich auch der von Ida Jost. Das Landratsamt wurde aufgefordert, jede Wohnortänderung bzw. Personenstandsänderung unverzüglich mitzuteilen. „Auch über das Ableben des arischen Teils einer Mischehe“ war sofort zu berichten. Was dies für den jüdischen Ehepartner bedeutet hätte, war klar. Anfang 1945 wurde jedoch auch für die in Mischehe lebenden Juden die Lage immer bedrohlicher. Auch sie sollten ins sogenannte Altersgetto Theresienstadt deportiert werden. Der Abtransport war für den 10. Februar 1945 geplant. Die Gestapo Außendienststelle Bad Kreuznach erteilte dem Birkenfelder Landrat genaue Befehle den Abtransport der jüdischen Bevölkerung nach Theresienstadt betreffend:
„ Alle in Mischehen lebenden, arbeitsfähigen, staatsangehörigen und staatenlosen Juden und Jüdinnen – auch Geltungsjuden – sind ungeachtet z. Zt. bestehender Arbeitsverhältnisse nach dem Altersgetto Theresienstadt zum geschlossenen Arbeitseinsatz zu überstellen. Gepäck kann im üblichen Umfang mitgenommen werden… Der Transport geht am 14. Februar 1945 um 16 Uhr 34 vom Bahnhof Frankfurt/M. Ost mit Sonderzug nach Theresienstadt ab. Alle für die Wohnsitzverlegung in Frage kommenden Juden und Jüdinnen sind durch die Kreispolizeibehörde so rechtzeitig nach Frankfurt/M. in Marsch zu setzen, daß sie mit dem Transport weggehen. Marschverpflegung für sechs Tage ist den Juden mitzugeben. Dem Transportführer ist eine namentliche Liste mit Personalien der Abzuschiebenden mitzugeben.[248]
Der Birkenfelder Landrat Wild teilte die Sachlage den zuständigen Amtsbürgermeistern des Kreises mit. Die in Frage kommenden Personen sollten dem Landratsamt telefonisch mitgeteilt werden.
Nachdem Nikolaus Jost die Warnung über die bevorstehende Deportation erhalten hatte, reagierte er sofort. Er brachte seine Frau und die Kinder nach Krettnich, wo sie einige Tage im Sägewerk Jost blieben. Danach brachte er sie in einen Bunker zwischen Kastel und Primstal. Er lieh sich das Motorrad des an der Gonnesweiler Schule tätigen Lehrers Zenner und versorgte seine Familie täglich mit Essen. Er selbst lebte weiter in Gonnesweiler. Er war für die Wehrmacht tätig (Ankerwickelei für Motoren) und befand sich wohl in ständiger Panik vor Übergriffen. Als Elektriker machte er sein Haus einbruchsicher, indem er überall Stromleitungen verlegte. An der Tür hing ein Schild: Vorsicht Lebensgefahr. Als ihm daraufhin von der Gemeinde der Strom abgestellt worden sei, habe er mit einem Dieselmotor den Strom selbst gemacht, so sein Sohn Arnold.
Inzwischen war das Versteck seiner Familie verraten worden und er brachte sie zu einer Familie nach Noswendel, wo er sie weitere drei Wochen versteckte. Das jüngste

248 ebda. S. 255

Kind, Ursula,war zu diesem Zeitpunkt erst 4 Jahre alt. Nachdem auch dieses Versteck unsicher geworden war, brachte er seine Familie heimlich nach Hause in den Keller. Zu dieser Zeit war im Haus Jost ein Offizier der Wehrmacht einquartiert, zu dem Nikolaus Jost offenbar ein vertrauensvolles Verhältnis aufgebaut hatte. Er wusste von der im Keller versteckten Familie. Nachdem er jedoch wieder abgerückt war, brachte Jost seine Familie erneut weg, diesmal zu Verwandten nach Kastel. Hier blieben sie bis Kriegsende. Zu Fuß gingen sie über den Peterberg zurück nach Hause. Der zehnjährige Arnold trug die kleine Schwester auf dem Rücken.

Nikolaus Jost

Ida Jost, geb. Kahn

Arnold Jost

Ursula Jost

Oktober/November 1971

Erinnerung an die Heimat

Zu der Veröffentlichung „Juden in Bosen, Gonnesweiler und Sötern" von Karl-Josef Rummel in Nr. 118 und 119 der Hbl. Geschichte und Landschaft erhalten wir aus Amerika folgende Zuschrift, die in mehrfacher Hinsicht bemerkenswert ist. Verfasser ist der aus dem Saarland stammende und 1938 nach 169 Joseph Drive, Tonawanda N.Y. 14150 USA ausgewanderte Lewis Baum. Besondere Beachtung in diesem Schreiben, das eine rührende Anhänglichkeit an die alte Heimat verrät, verdient die kritische Bemerkung über den Zustand des jüdischen Friedhofs in Sötern, obwohl – wie der Verfasser schreibt – „die Kultusgemeinde des Saarlandes (?) eine Vergütung" zur Pflege bekommt. Vielleicht genügt unser Hinweis, um eine Besserung der Verhältnisse herbeizuführen und damit gleichzeitig einer Verpflichtung nachzukommen, die wir als einen – wenn auch nur kleinen – Beitrag zu der so notwendigen Rehabilitierung betrachten. Wir bringen den Brief im Wortlaut: (Re.-)

„Sicherlich seid Ihr erstaunt zu erfahren, daß die Heimatblätter der „Saarbrücker Zeitung" nicht nur im Saarland, sondern auch hier in Amerika gelesen werden – und mit besonderem Interesse. Nicht, daß man sich noch mit dem Saarland, Hunsrück, Primstal verbunden fühlt, sondern schreckliche Erinnerungen von dort mitgenommen und eine neue Lebensbahn wieder hier in Amerika hat aufbauen müssen.

Zwei Kopien der Heimatblätter, August/September 1970 und November 1970 wurden mir zugeschickt von einem Bekannten in der alten Heimat. Selbst war ich in Bosen geboren (1915) und kann mich mit ausgezeichneten Erinnerungen in manche Situation zurückleiten.

Wer ist zuständig?

Herr Karl-Joseph Rummel beschreibt die Lage der „Juden in Bosen, Gonnesweiler und Sötern" (Aug./Sept. 1970) im wahren Sinne der Zeit. Vieles liegt mir noch gut im Sinn rührend aus meiner Jugendzeit, allerdings Berichte aus früheren Jahren wurden mir von meinem Vater und Onkel erzählt. Der Name Kolschelnik in Sötern wurde erst spät, cirka 1918 (in Sötern) hinzugefügt, da Kolschelnik, Beruf Schuhmacher, ein russischer Gefangener war und sich dort niederließ. Jedoch möchte ich hiermit erwähnen, daß der Friedhof in Sötern wo meine Mutter beerdigt liegt im sogenannten neuen Teil, sehr verwahrlost ist, obschon die Kultusgemeinde des Saarlandes eine Vergütung zur Aufrechterhaltung dieses jüdischen Friedhofs annimmt. Selbst war ich dort letzten Juni, um das Grab meiner Mutter zu besuchen. Könnte die „Saarbrücker Zeitung" näheres darüber ausfinden? D. h. das Grab meiner Mutter wird einigermaßen von einer Familie in Bosen sauber gehalten, für welche ich selbst eine Vergütung unternehme. Jedoch die anderen Gräber sind eine Schande unserer Zeit.

*

Als wandernder Geselle 1926 bis 1938 kam ich durch die Landschaft, was beschrieben ist als: „Primstal – altes Kulturland zwischen Saar und Hunsrück". Mein Vater und Onkel waren Viehhändler und wanderten durch die Gegend von einem Dorf zum anderen, um Geschäfte mit den Kleinbauern zu tätigen. Von Bosen ging's nach Neunkirchen, Selbach, Mettnich, za. 1930 umgetauft zu Primstal. Wir kamen zum Viehmarkt in Wadern, sogar nach Bettingen, Lebach usw. und alles dies zu Fuß. Manchmal nahmen wir den Zug von Primstal, rauf über Mariahütte (Kastel) nach Nonnweiler, wo wir umstiegen und nahmen einen Zug nach Eckelhausen, gewöhnlich abends spät, wenn es vielleicht unsicher schien direkt von Primstal über Eiweiler und am benannten Kuhnenkreuz vorbei, und durch den Ochsenwald oberhalb Bosen spät abends durchzulaufen...

Als Schüler in der Bosener Volksschule machten wir Ausflüge zum Hunnenring bei Otzenhausen. Auch besuchten wir Bauern in Otzenhausen wo uns der Weg von Bosen über den Peterberg nahm über die Mintzbach kurz vor Otzenhausen. Eine Ableitungsstraße vom Hauptweg zwischen Schwarzenbach und Braunshausen führte uns über die Mintzbach. In vielen Stellen dieser Ableitung konnte man Überreste von Straßenpfla-

Fortsetzung auf Seite 3

Erinnerung an die Heimat

Schluß von Seite 2

Schluß von Seite 2

ster finden, die wie man glaubte auch an die Römerzeit rührt. Man hat uns in der Schule in Bosen erklärt (Heimatkunde), daß vielleicht diese Straße ein Teil von einem Verkehrsnetz der Römer war, welches nach Trier führte. Meine Wanderungen über den Peterberg – von allen Richtungen – sogar von Eiweiler nach Kastel oder Braunshausen liegen mir in bleibender Erinnerung. An einem sonnigen Tag konnte man vom Kuhnenkreuz oder vom mittleren Kreuzweg über den Petersberg hoch über Braunshausen den Turm vom Schaumberg bei Tholey sehen. Dieser Kreuzweg, der über den Petersberg führt, trifft den Weg nach Schwarzenbach (rechts) nach Otzenhausen gerade aus, nach Braunshausen etwas nach links direkt bei dem holzenen Kreuz. Und wenn man sich auf diesem Treffpunkt nach rechts dreht, führt es durch den Komp nach Sötern und endet im sogenannten Peterweg in Sötern auf die Hauptstraße von Türkismühle nach Trier...

Während meine gezwungene Auswanderung in 1938 nach USA (für mich) herzergreifend war, und ein schwerer Anfang mich hier im neuen Land erwartete, kann ich nur hinzufügen, daß ein Besuch in der alten Heimat nur ein Besuch bleibt und meine USA mein Wohnsitz... und ein guter Platz für den Peterberg gerade dort wo er ist.

Lewis Baum

Bericht von Lewis Baum

Lewis (früher Ludwig) Baum wurde am 19.05.1915 in Bosen geboren. Sein Vater Wilhelm und seine Geschwister Karola, Nathan und Thea wurden am 27.7.1942 deportiert und ermordet. Seine Mutter Sophie (Selma), geb. Kirchheimer starb bereits 1936.

Sein Bericht ist eine Reaktion auf den Zeitungsartikel von Karl-Heinz Rumpel in der Saarbrücker Zeitung.

Die Geschichte der Lilli Klein

Während der Voruntersuchungen gegen die Täter der Pogromnacht in Sötern wurde auch der Lehrer der kath. Schule in Sötern, O.H., als Zeuge vernommen. Er schilderte, wie er am 10. November 1938 die damals zehnjährige Lilli Klein wegbrachte:

„...Etwa im halben Vormittag kam der Bürgermeister Rehmann zu mir in die Schule. Er sagte, er habe die Anweisung des Jugendamtes Birkenfeld bekommen, dass ein Schulkind namens Lilli Klein zu den Franziskanerschwestern nach Idar-Oberstein gebracht werden sollte. Dieses Kind befand sich bei einer Kriegerswitwe Rosalia Levy in Pflege. Die Kindesmutter ...hatte das Kind der Frau Levy nicht lange nach der Geburt übergeben mit der Begründung, der Erzeuger sei ein Sohn der Frau Levy. Das Kind war katholisch getauft und wurde katholisch erzogen und war bei mir in der Schule. Ich nehme an, dass ich aus diesem Grunde den Auftrag bekam, das Kind wegzubringen. Ich bin am Nachmittag etwa kurz vor 4 Uhr nach Idar-Oberstein gefahren

Lilli Klein, *Foto: privat*

und habe das Kind weggebracht. Frau Levy war überrascht und wusste von diesem Vorhaben nichts. Ich konnte ihr keine nähere Begründung geben und habe ihr geraten, dem Kind sämtliche Sachen mitzugeben."[249]

Die Ordensschwester T., die sich seinerzeit im Schwesternhaus in Idar-Oberstein aufhielt, bestätigte diesen Sachverhalt, konnte jedoch keine näheren Angaben über den weiteren Verbleib des Kindes machen. Ihr sei das Kind besonders „am Herzen gelegen, weil die eigene Mutter es einfach bei der Großmutter „abgesetzt" habe. Sie habe lediglich erfahren, „dass das Kind nur aus dem Grunde zu uns kam, weil es ein Judenkind war".[250]

Nachforschungen auf dem Polizeiamt in Idar-Oberstein ergaben, dass das Mädchen am 5. Dezember 1938 bereits wieder aus dem Heim entlassen wurde. Wer es abgeholt hatte und wohin es gekommen war, ging aus den dortigen Unterlagen nicht hervor. Pastor Ignaz Schmitz von Sötern sagte aus: „Meines Erachtens war es vielleicht gut, dass das Kind damals zu den katholischen Schwestern nach Oberstein kam, denn sonst wäre das Kind später mit den restlichen Juden abtransportiert worden und wäre sicherlich heute nicht mehr am leben." Er berichtete, dass das Mädchen später von seiner Mutter abgeholt und nach Trier gebracht worden sei, wo es auch heute noch lebe. Nachforschungen in Sötern ergaben, dass Frau Lilli Kirscht heute noch in Trier lebt. Bei einem persönlichen Gespräch übergab sie der Autorin Fotos und Dokumente ihrer Familie. Ihr Vater Leo Levy war mit seiner 1. Frau Martha, geb. Löb in die USA ausgewandert. Frau Kirscht erzählte, dass sie ein sehr inniges Verhältnis zu ihrer Großmutter gehabt habe. Diese habe streng nach den jüdischen Glaubensvorschriften gelebt. Unter der plötzlichen Trennung habe sie sehr gelitten. Sie habe ihre Großmutter danach nie mehr gesehen. Ihre weitere Kindheit war nicht sehr glücklich.

---

249 LA Saarbrücken, Sta. Sbr. Nr. 1002 Bd. 1, siehe auch: Tigmann, Was geschah am 9. Nov. 1938?, S. 37

250 LA Saarbrücken, Staatsanwaltschaftsakten Sbr. Nr. 1002 Bd. 1, S. 117

Das Schicksal der Familie Koschelnik nach einem Bericht von Olga Liesmann[251]

In Sötern wohnten wir, meine Eltern und ich, eine Zeitlang bei der Familie Koschelnik zur Miete. Herr Isaak Koschelnik war Schumacher in unserem Ort. Er wurde von allen Leuten nur Issi genannt und war sehr beliebt. Seine Frau Hedwig stammte aus Nalbach. Sie hatten drei Kinder: Leonore, Fritz und Lotte. An die älteste Tochter kann ich mich kaum erinnern. Sie lebte bei der Tante in Nalbach. Lotte, die andere Tochter, war nur zwei Jahre jünger als ich; mit ihr war ich befreundet. Sie war ein sehr liebes Mädchen.

In Sötern lebten viele jüdische Familien. Es war eigentlich ein ganz normales nachbarschaftliches Miteinander. Auch die Juden hatten, wie alle richtigen Söterner, ihre Spitznamen, sie waren im Gemeinderat vertreten, ebenso wie in den Vereinen und Parteien. Die Veränderungen nach 1933 vollzogen sich eher schleichend, ohne das man es richtig merkte. Immer mehr Söterner liefen in der gelben Uniform herum.

Meine erste einschneidende Erinnerung war der 10. November 1938. Ich war damals 11 Jahre alt. Wir wohnten nicht weit von der Synagoge entfernt. Ich habe gesehen, dass die Juden selbst das Innere ihres Gotteshauses zerstören mussten. Die Männer mussten alles, was ihnen doch heilig war, aus dem Fenster werfen. Auch jüdische Frauen waren da, sie mussten alles wegfegen. Es war schrecklich. Das Ganze wurde von Uniformierten bewacht. Es hatten sich viele Leute vor der Synagoge eingefunden, die zuschauten. Ich stand da mit einer alten Frau. Ich sagte zur ihr immer „Mutter", so nannte man die Großmutter, obwohl wir eigentlich gar nicht verwandt waren. Aber ich hatte sie sehr gern. Sie hielt mich fest an der Hand, schüttelte missbilligend den Kopf und sagte: Auch das ist eine Kirche. Ob wir das nicht einmal schwer zu büßen haben!"

Wie viele jüdische Männer wurde auch Herr Koschelnik an diesem Tag verhaftet und weggebracht. Er kam erst Wochen später wieder zurück. Da erfuhren wir, dass er im Konzentrationslager Dachau gewesen war. Er durfte nicht erzählen, was er da erlebt hat. Meinem Vater hat er aber doch einiges gesagt. Das schlimmste war jedoch, dass er das Land innerhalb einer bestimmten Frist verlassen sollte. Da Frau Koschelniks Vater in Nalbach sehr krank war, wollte sie jedoch im Moment nicht weg. Herr Koschelnik beschloss[252], zunächst allein auszuwandern und dann seine Familie nachkommen zu lassen. Mit der Familie Sender reiste er nach Shanghai. Von dort wollte er weiter nach

---

251 aus der Erinnerung notiert von Eva Tigmann

252 Herr Isaak Koschelnik war während des ganzen Krieges in einem Lager in Shanghai interniert. Er durfte erst nach dem Krieg in die USA ausreisen. Er heiratete dort noch einmal und starb 1955.

Theodor Isaac Koschelnik, genannt „Issi“, seine Frau Johanna Hedwig, geb. Kahn, ihre Kinder Friedrich (Fritz), Lotte und Leonore. *privat*

Amerika. Seiner Familie gelang es jedoch nicht mehr ihm zu folgen. Frau Koschelnik ging mit den Kindern weg nach Berlin. Das war sehr traurig. Ich bettelte meine Eltern an, sie sollten Lotte doch bei uns verstecken. Aber sie sagten, dass das doch nicht möglich sei. Lotte übergab ihre schöne Puppe und noch einige andere Spielsachen in meine Obhut. Ich sollte darauf aufpassen, bis sie wieder zurückkommt. Das habe ich auch gemacht. Ich habe nie mit dieser Puppe gespielt. Aber Lotte ist nie wieder zurückgekommen. Wie wir später erfuhren, ist die ganze Familie im Konzentrationslager umgebracht worden. Nach dem Krieg kam Lottes Tante aus Nalbach zu uns. Ich übergab ihr die Puppe.

Zwei Tonkrügelchen vom Puppenservice durfte ich als Andenken behalten, die habe ich heute noch.[253]

---

253 siehe Titelblatt.

ANHANG

BENUTZTE LITERATUR IN AUSWAHL

BACH, Dieter: Volksschule im Fürstentum Birkenfeld zur Oldenburger Zeit 1817-1861, Dissertation, Mainz 1972

BATTENBERG, Friedrich: Das europäische Zeitalter der Juden, Darmstadt, 1990

BAUM, Josef: Das Tagebuch einer Dorfschule als Spiegelbild von 100 Jahren jüdischer Geschichte im Rheinland. Eine Dokumentation zum Schicksal der Juden des Dorfes Bosen im Hunsrück, vorgelegt als Magisterarbeit im Fachbereich Neuere Geschichte, Düsseldorf 1984. Unveröffentlichtes Manuskript

BENZ, Wolfgang, GRAML, Hermann und WEIß, Hermann (Hrsg.):Enzyklopädie des Nationalsozialismus, Digitale Bibliothek Bd. 25, Berlin 1999

BORKENER Geschichtsblätter, Nr. 24, Juli 1993, 6. Jahrgang

BOSEN Eckelhausen in Bildern und Beschreibungen aus den letzten 100 Jahren, hrsg. vom Verkehrsverein Bosen- Eckelhausen, Dillingen 1988

BRANDT, H. Peter: Die Regierungspräsidenten in Birkenfeld, Birkenfeld 1990

BROCKE M. u.a.: Stein und Name, Die jüdischen Friedhöfe in Ostdeutschland, Berlin 1994

BROWNING, Christopher R.: Das Reserve - Polizeibataillon 101 und die „Endlösung“ in Polen, Reinbek 1993

BUNDESARCHIV KOBLENZ: Gedenkbuch – Opfer der Verfolgung der Juden unter der nationalsozialistischen Gewaltherrschaft in Deutschland 1933-1945. Koblenz 1986

DAGSTUHLER Geschichtsbilder, hrsg. vom Verein für Heimatkunde e.V., Wadern 1990

DEPORTATIONEN aus Frankfurt am Main 1941 – 1945, Katalog zur Ausstellung „Und keiner hat für uns Kaddisch gesagt....“, Frankfurt a.M. 2004

DOKUMENTATION zur Geschichte der jüdischen Bevölkerung in Rheinland-Pfalz und im Saarland von 1800 bis 1945 Bd. 1 - 9, hrsg. von der Landesarchivverwaltung Rheinland-Pfalz in Verbindung mit dem Landesarchiv Saarbrücken. Koblenz 1974

DORFEY, Beate, „Goldfasane“ oder Hoheitsträger der Kreise?, in: Jahrbuch für west-deutsche Landesgeschichte, hrsg. von Heinz-Günther Borck und Wolfgang Laufer, 29. Jg., 2003

ECKERT, Hans: Die Visionen des Aaron von Illingen, Ottweiler 1988

EVANGELISCHE KIRCHENGEMEINDE SÖTERN (Hrsg.): Die reichsunmittelbare Herrschaft Sötern. Kirche und Dorf im Wandel der Zeit, Otterbach b. Kaiserslautern 1978

ENZYKLOPÄDIE DES HOLOCAUST, 1990 Macmillan Publishing Company, New York, NY 10022

FRANKE, Manfred: Schinderhannes. Das kurze wilde Leben des Johannes Bückler, 2. Aufl., Düsseldorf 1989

FRITZ BAUER INSTITUT (Hrsg.), „Arisierung“ im Nationalsozialismus. Volksgemeinschaft, Raub und Gedächtnis, Frankfurt/M. 2000

GEDENKBUCH der Stadt Kassel

GEISCHER, Hans-Jürgen: Die jüdischen Familien in Spiesen, o.O., o.J.

GIDAL, Nachum T.: Die Juden in Deutschland von der Römerzeit bis zur Weimarer Republik, Köln 1997

GONNESWEILER. Bilder der Erinnerung, Ottweiler 1999

HOFER, Walter (Hrsg.): Der Nationalsozialismus Dokumente 1933-1945, Frankfurt, 46.A. 1999

HORST, Günther, SCHÄFER Franz Josef: Beiträge zur Geschichte der Merchweiler Juden, Merchweiler 2001

IMPRIMATUR Extra, 23. Jg. , Nr. 6

JUDEN in Illingen, eine Dokumentation, Illingen 1989

JUNG, Gerd: Die Juden in Bosen. In: 1000 Jahre Bosen, Geschichte und Geschichten aus einem alten Marktflecken, Bosen 1978

JUNG, Rudi: Familienbuch der Katholischen Pfarrei St. Martin Neunkirchen/Nahe und ihrer Filialen, Ottweiler 1981

Ders: Familienbuch der evangelischen Pfarrei Wolfersweiler und ihrer Filialen, Frankfurt a. M., 1981

KASEL, Walter: Aus der Geschichte der Juden an der Saar. Die Namengebung. In: Saarbrücker Zeitung v. 17.02.1962.

KASPER-HOLTKOTTE, Cilli: „Jud gib dein Geld her oder du bist des Todes“, Die Banditengruppe des Schinderhannes und die Juden, in: ZS Aschkenas 1/1993, S. 113-188

KLARSFELD, Serge und Beate: Le mémorial de la déportation des Juifs de France, Paris, 1978

KLEE, Ernst: „Euthanasie“ im NS-Staat. Die „Vernichtung lebensunwerten Lebens“, Frankfurt a.M. 1985

KÖHLER, Emil R.: Lebenserinnerungen, Birkenfeld 1975

KRÄMER, Markus: Die Reichspogromnacht in Bosen/Sötern 1938, hektogr., 1990

KRONENBERGER, F.L.: Die jüdischen Vieh- und Pferdehändler im Birkenfelder Land und in den Gemeinden des Hunsrücks, Bd. 8 der Schriftenreihe der Kreisvolkshochschule Birkenfeld, Birkenfeld 1983

KUNZ, Fritz: 70 Jahre Truppenübungsplatz Baumholder, Horb am Neckar 2008

LANDAU, Michael (Hrsg.): Damit es nicht vergessen wird. Beiträge zur Geschichte der Synagogengemeinden des Kreises St. Wendel. Veröffentlichungen des Adolf-Bender-Zentrums e.V. St. Wendel 1988

Ders.: Ein Jude ist ein Jude und muß aus Deutschland verschwinden, in: Lebenswege jüdischer Mitbürger, hrsg. vom Landkreis Neunkirchen, S. 101ff, Ottweiler 2009

MAIS, Edgar: Die Verfolgung der Juden in den Landkreisen Bad Kreuznach und Birkenfeld 1933-1945. Eine Dokumentation, Bad Kreuznach 1988

Ders.: Wiedergutmachung? Gewalt und Terror des NS-Staates begangen an den ehemaligen jüdischen Bürgern der Landkreise Bad Kreuznach und Birkenfeld im Spiegel der Akten des Landgerichts Bad Kreuznach. Eine Dokumentation, Birkenfeld 1992

Ders.: Ende und Anfang 1945. Die Kriegs- und Nachkriegszeit des Jahres 1945 im Kreis Birkenfeld, Birkenfeld 1985

MARX, Albert: Die Geschichte der Juden im Saarland – vom Ancien Régime bis zum Zweiten Weltkrieg, Saarbrücken 1992

MARX, Georg: Juden in Hermeskeil, Kell am See 1999

MATTY, H.: Schinderhannes – Zwischen Mutmaßungen und Erkenntnissen, Mainz 1989

MEIGEN, Dorothee: Zur Geschichte der Juden in Idar – Oberstein, Birkenfeld 1986

MÖRSDORF, R.: Die Auswanderungen aus dem Birkenfelder Land, Forschungen zur Rheinischen Auswanderung, Heft 1, Bonn 1939

MÜLLER, Christoph: Der Judenfriedhof in Gonnesweiler, Facharbeit in Geschichte, 1994

MÜNCHEN, Wolfgang H.: „....Zum Hohne der Staatsbehörde...“, Antijudaismus und Laurenz Hannibal Fischers Lösungsversuch der Judenfrage im Fürstentum Birkenfeld 1832, in: ZS Sachor Nr. 13-1/97

NOLDEN, Reiner: Vorläufiges Gedenkbuch für die Juden von Trier, 2. Aufl., Trier 1998

REDMER, Axel: Das Ende der Synagogen – vergessene Gebäude an der oberen Nahe, in: Mitteilungen des Vereins für Heimatkunde im Landkreis Birkenfeld und der Heimatfreunde Oberstein, 62. Jg., Birkenfeld 1988, S. 137 ff.

Ders.: Staatenlos und vogelfrei. Widerstand, Verweigerung und Verfolgung von Menschen aus dem Bereich der oberen Nahe 1933 bis 1945. 1. Teil: Die Ausgebürgerten, Birkenfeld 1993

REICHSVERBAND jüdischer Frontkämpfer (Hrsg.): Die jüdischen Gefallenen des deutschen Heeres, der deutschen Marine und der deutschen Schutztruppen 1914–1918.

RICHARZ, M. und RÜRUP, R. (HG): Jüdisches Leben auf dem Lande. Studien zur deutsch-jüdischen Geschichte, London, Tübingen 1997

RIES, Elmar: Die Deportation von jüdischen Mitbürgern aus Koblenz und Umgebung. In: Beiträge zur jüdischen Geschichte in Rheinland-Pfalz, 3.Jg., Ausgabe 2/1993

RUDNICK, Heinrich: Nachforschungen über das weitere Schicksal der am 22. Oktober 1940 aus dem Saarland nach Gurs verschickten Juden und der Träger des Judensterns im Saarland, in : Jahrbuch für westdeutsche Landesgeschichte, 1. Jg. 1975, S. 337 ff.

RUMPEL, Karl-Heinz: Juden in Bosen, Gonnesweiler und Sötern, in: Saarbrücker Zeitung, Sonderbeilage: „SZ"-Heimatblätter Nr. 118, August/September 1970

RUMPEL, Karl-Heinz: Juden in Bosen, Gonnesweiler und Sötern, in: Heimatkalender des Landkreises Birkenfeld, 1970

SCHABOW, Dietrich: Zur Geschichte der Juden in Bendorf, Bendorf 1979

SCHMITT, Rainer: Auswanderungen aus dem Fürstentum Birkenfeld 1817-1937, Neuhütten, 1992

SCHNEEBERGER, Aloys: Dokumentation über ehemalige jüdische Einwohner von Tholey, Tholey 1981

SCHULER, Robert: Trennung des Eberswaldes von der Pfarrei Nonnweiler, in: Otzenhausener Hefte zur Heimatgeschichte 12/84

STOCKHORST, Erich: Fünftausend Köpfe. Wer war was im III. Reich, Rheinhausen 1967

TIGMANN, Eva: „Was geschah am 9.November 1938?" Eine Dokumentation über die Verbrechen an der jüdischen Bevölkerung im Saarland im November 1938. Eine Veröffentlichung des Adolf-Bender-Zentrums St. Wendel. Saarbrücken 1998

TORSCH, Wilhelm: Pfarrgeschichte der Pfarrei Nonnweiler, geschrieben und zusammengetragen von Wilhelm Torsch, Pastor zu Nonnweiler, 1800, S. 161, in: Otzenhauser Hefte zur Heimatgeschichte 12/84

TÜRKISMÜHLE damals und heute, Nohfelden 1995

WEILER, Helmut: Schinderhannes, zwischen Mythos und Wirklichkeit, Nonnweiler-Otzenhausen 1989

WEILER, Martin: Aus der Geschichte des Laurentius-Markts, in: 850 Jahre Wolfersweiler eine kleine Dorfgeschichte, hrsg. vom Verein 850 Jahre Wolfersweiler e.V., Saarbrücken 2005

WEIRICH, Hilde; STOLL, Erich: Beiträge zur Geschichte der Juden in Rhaunen. Sonderdruck Mitteilungen des Vereins für Heimatkunde im Landkreis Birkenfeld und der Heimatfreunde Oberstein, 65. Jahrgang Birkenfeld 1991

WEIRICH, Hilde; KRAUSE, Winfrid: Beiträge zur Geschichte der Juden in Thalfang, Spiesen-Elversberg 1995

WOLFANGER, Dieter: Das Schicksal der saarländischen Juden unter der NS-Herrschaft, unveröffentlichtes Manuskript

AUSGEWERTETE ARCHIVE:

Archiv der Gemeinde Nohfelden
Landesarchiv Saarbrücken
Landeshauptarchiv Koblenz
Politisches Archiv des Auswärtigen Amtes
Schulchroniken von Sötern, Bosen und Gonnesweiler
Stadtarchiv St. Wendel
Standesämter der Gemeinden Nohfelden und Nonnweiler
Staatsarchiv Oldenburg

PRIVATSAMMLUNGEN UND ZEITZEUGEN:

Dank an:

Adolf-Bender-Zentrum e.V., St. Wendel
Josef Besch, Hüttigweiler
Dr. Luitwin Bies, Völklingen
Manfred Fink, Ottweiler
Rita Finkler, Gonnesweiler
Ilse Heck, Sötern
Arnold Jost, Winterbach
Dr. Heinz Kahn, Polch
Christa Keller, Sötern
Lilli Kirscht, Trier
Hans-Peter Klein, Melsungen
Josefine Kunz, Gonnesweiler
Olga Liesmann, Gonnesweiler
Josefa Martin, Gonnesweiler
Horst Peter, Nohfelden
Hermann Scheid, Oberthal
Hellmut Steffen, Sötern
Hilde Weirich, Kleinich
Dr. Dieter Wolfanger, Niederlinxweiler
Inge Wolfanger, Niederlinxweiler
Raymond Wolff, Berlin

MATERIAL ÜBER INTERNET:

www.online - ofd.de/hochwald/
Familien-Datenbank Südlicher Hochwald
www.lgg-leipzig.de
www.yad-vashem.org.il/
www.mahnmalkoblenz.de
www.ffmhist.de
www.deathcamps.org. occupation.de
www.soetern.de
www.deathcamps.org.sobibor.de
www.staatsarchive.niedersachsen.de
www.verfassungen,de
www.holocaust-chronologie.de